权威·前沿·原创

皮书系列为
"十二五""十三五"国家重点图书出版规划项目

BLUE BOOK

智库成果出版与传播平台

成都志愿服务蓝皮书

BLUE BOOK OF VOLUNTARY SERVICE IN CHENGDU

成都志愿服务发展报告（2020）

ANNUAL REPORT ON DEVELOPMENT OF VOLUNTARY SERVICE IN CHENGDU (2020)

成都市志愿服务联合会 / 编著

社会科学文献出版社
SOCIAL SCIENCES ACADEMIC PRESS (CHINA)

图书在版编目(CIP)数据

成都志愿服务发展报告.2020/成都市志愿服务联合会编著.--北京:社会科学文献出版社,2020.11
(成都志愿服务蓝皮书)
ISBN 978-7-5201-7485-5

Ⅰ.①成… Ⅱ.①成… Ⅲ.①志愿-社会服务-研究报告-成都-2020 Ⅳ.①D669.3

中国版本图书馆 CIP 数据核字(2020)第 204099 号

成都志愿服务蓝皮书
成都志愿服务发展报告(2020)

编　　著 / 成都市志愿服务联合会

出 版 人 / 谢寿光
组稿编辑 / 任文武
责任编辑 / 王玉霞
文稿编辑 / 李艳芳

出　　版 / 社会科学文献出版社·城市和绿色发展分社(010)59367143
　　　　　　地址:北京市北三环中路甲29号院华龙大厦　邮编:100029
　　　　　　网址:http://www.ssap.com.cn

发　　行 / 市场营销中心(010)59367081　59367083
印　　装 / 天津千鹤文化传播有限公司
规　　格 / 开　本:787mm×1092mm　1/16
　　　　　　印　张:23.75　字　数:356千字
版　　次 / 2020年11月第1版　2020年11月第1次印刷
书　　号 / ISBN 978-7-5201-7485-5
定　　价 / 128.00元

本书如有印装质量问题,请与读者服务中心(010-59367028)联系

▲ 版权所有 翻印必究

《成都志愿服务发展报告（2020）》
编委会

主　　任　张映明
副 主 任　梁　红　杨　利
主　　编　王忠平
编　　委　魏　娜　傅修骢　肖治成
　　　　　张　营　林海萍　钟金秀

主要编撰者简介

王忠平 管理学博士,和众泽益创始人、主任,北京林业大学经济管理学院副教授。连续发布2013年、2015年、2017年和2019年《中国企业志愿服务发展报告》,2014年发布《中国企业志愿服务发展评价指数》,2016年发布《中国社会组织志愿者调查报告(2015)》,出版《志愿服务管理理论与实务》、《志愿服务项目评估理论与方法》、《志愿者管理工具包》、《志愿至美——北京市西城区志愿服务发展模式研究》、《志愿服务组织建设与项目管理》和《企业志愿服务实用教程》,参与编写"中国志愿服务蓝皮书",并发表相关论文上百篇。

摘　要

《成都志愿服务发展报告（2020）》由总报告、分报告、专题篇、调研篇、附录五个部分构成，是成都市第一部系统、全面反映全市志愿服务发展状况的报告。

总报告全面梳理了成都志愿服务稳定发展（2008年以前）、加快繁荣（2008~2013年）和全民普及（2014~2019年）三个发展阶段的基本情况。系统阐释了成都志愿服务发展植根于友善公益的天府文化，迸发于抗震救灾的公益行动，融合于不断发展的城市战略，逐步走向繁荣。成都加快建设践行新发展理念的公园城市示范区，牢牢坚持理论创新、制度创新、实践创新、文化创新，在社会化驱动、组织孵化培育、城市精神融入、社区发展治理并进等方面国内领先，形成了特点鲜明、优势明显的"成都逻辑"，志愿服务事业取得了长足发展。最后，提出了在新形势、新任务、新理念下的发展建议。

分报告聚焦志愿服务法制化、应急志愿服务、社区志愿服务、文艺文化志愿服务、学生志愿服务等近年来成都市取得重大突破的领域，进行了专题调研，呈现了上述领域的创新实践，提炼了相关创新经验。专题篇围绕组织发展、项目创新、阵地建设以及信息化建设等志愿服务实践，开展了深入研究，展示了成都在上述领域取得的重大成就。同时，对相关实践做法进行了提炼总结。调研篇坚持理论与实践相结合，收录了成都围绕志愿服务重点任务开展的基础调研报告，分别是《成都新时代文明实践中心建设试点调研报告》《成都打造"友善公益之城"调研报告》。附录包括2005~2019年以来成都志愿服务大事记，以及成都全面深化改革领导小组审议通过的《成都市支持和发展志愿服务组织的实施意见》《成都市公共文化设施开展学雷锋志愿服务的实施意见》。

关键词：志愿服务　志愿者　志愿服务组织　成都

序 言

党的十八大以来，以习近平同志为核心的党中央高度重视志愿服务工作。习近平总书记亲自指导、亲切关怀，主持会议通过了《关于支持和发展志愿服务组织的意见》《关于公共文化设施开展学雷锋志愿服务的实施意见》等重要文件，给优秀志愿服务团队回信，参观视察雷锋纪念馆、天津市朝阳里社区，就志愿服务工作做出系列针对性、时代性很强的指示要求。习近平总书记提出志愿服务是社会文明进步的重要标志，是广大志愿者奉献爱心的重要渠道，强调志愿服务事业要同实现"两个一百年"奋斗目标、同建设社会主义现代化强国同行。习近平总书记希望广大志愿者、志愿服务组织、志愿服务工作者立足新时代、展现新作为，弘扬奉献、友爱、互助、进步的志愿精神，继续以实际行动书写新时代的雷锋故事。志愿服务上升到国家战略高度面临前所未有的机遇，志愿服务正与中国社会生活方方面面充分融合，成为国家治理体系和治理能力现代化的重要组成部分。

在全国持续推进志愿服务的大背景下，成都认真学习贯彻习近平总书记重要指示精神，牢记初心使命，锐意改革创新。成都在第十三次党代会提出了关于发展"创新创造、优雅时尚、乐观包容、友善公益"天府文化的要求，以社会主义核心价值观为引领，大力发展志愿服务事业，提升志愿服务发展水平，加快建设"友善公益之城"。成都市"十三五"规划进一步将志愿服务与成都社区发展治理相结合，提出"创新社会治理和服务机制"，强调改进社会治理方式；"营造良好氛围"，鼓励引导社会力量，激发市民参与城市建设的积极性，提高全民参与度；提高全社会文明素质，深化文明城市建设。2017年，成都创新性地成立中共成都市委城乡社区发展治理委员会，以志愿服务为重要抓手，大力推动和发展社区志愿服务。成都志愿服务

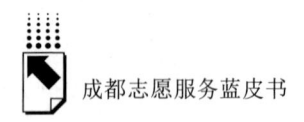

发轫于汶川抗震救灾"应急",目前发展到全民"常态"参与社区发展治理、美丽宜居公园城市建设。成都坚定走中国特色志愿服务之路,广泛汇聚志愿服务力量,激发新时代志愿服务活力,在更好服务党和国家工作大局、服务人民美好生活需要上创新探索,不断书写着志愿服务新篇章。

成都是一座有温度的城市,友善公益是成都精神的独特标识。成都,既有现代都市的快节奏,又有休闲城市的慢生活;既有传统文化的优雅从容,又有现代文明的前卫时尚;既有崇尚创新的基因,又有兼容并蓄的气度;既有聪慧勤巧的秉性,又有友善互助的美德。[①] 在中国志愿服务发展版图中,区别于北京以奥运会、广州以亚运会、上海以世博会等大型赛事及活动为契机推动志愿服务发展的模式,成都志愿服务发展更多的是当地文化内在驱动。2008年汶川大地震、2013年芦山地震、2017年九寨沟地震,这些都持续激发着成都市民抗震救灾以及志愿服务的热情,奠定了成都全国独一无二的志愿服务发展社会化基础。早在2005年成都就颁布了《成都市志愿服务条例》,这是成都也是我国西部地区第一部关于志愿服务的地方性法规。成都内在驱动型志愿服务模式能为众多中西部城市以及没有大型赛事机会的省份和城市提供重要借鉴。

成都是国内志愿者、志愿服务组织数量最多和活跃度最高的城市之一,成都志愿服务不仅实现了规模化增长,其专业化、品牌化也持续提升,志愿者、志愿服务组织、志愿服务项目、志愿服务阵地生态体系也逐步完善,这是成都志愿服务的特色、亮点。此外,成都志愿服务在应急志愿服务、志愿服务法制化、社区志愿服务等方面的探索在国内居于领先地位。

作为公园城市的首提地,成都围绕建设美丽宜居公园城市发展定位,坚持将志愿服务放进城市发展治理大局中谋划,在推进新时代文明实践中心建设中聚焦高水平谋划、高质量发展、高水平推进、高品质打造、高效能助力,坚持场景化打造,将志愿服务融入生产、生活、生态场景,探索可阅读、可感知、可参与的志愿服务路径。同时,依托志愿服务大力推进社会主

---

① 四川省委常委、成都市委书记范锐平在成都市第十三次党代会上的发言。

义核心价值观、天府文化进基层,涵养成都精神、巴蜀文明、中华文化、国际文化。

中国志愿服务在系统梳理京津冀、长三角、珠三角等地区经验的同时,也亟须总结提炼成渝双城经济圈等地区的新发展模式,助力形成中国特色志愿服务协调发展新格局。《成都志愿服务发展报告(2020)》是中西部地区第一本关于志愿服务整体经验模式梳理的成果。在中国志愿服务历程中,"成都经验"是值得尊敬和推广的。

《成都志愿服务发展报告(2020)》是成都市志愿服务联合会在成都市精神文明建设办公室(以下简称"市文明办")指导下主持编撰的年度报告。本书的编写得到了成都市委宣传部、市文明办的大力支持,课题组与市文明办围绕蓝皮书定位、框架、内容进行了多次课题论证。由于时间有限,加之初次编辑,不妥之处请批评指正。

成都市志愿服务联合会

2020 年 5 月

目 录

Ⅰ 总报告

B.1 2019年成都志愿服务发展报告 ……………………………… / 001
  一 成都志愿服务发展历程与基本情况 ……………………… / 002
  二 成都志愿服务发展亮点与优势 …………………………… / 010
  三 成都志愿服务发展未来展望 ……………………………… / 031

Ⅱ 分报告

B.2 成都志愿服务法制化建设发展报告 ……………………………… / 039
B.3 成都应急志愿服务发展报告 ……………………………………… / 064
B.4 成都社区志愿服务发展报告 ……………………………………… / 092
B.5 成都文化文艺志愿服务发展报告 ………………………………… / 118
B.6 成都学生志愿服务发展报告 ……………………………………… / 150

Ⅲ 专题篇

B.7 成都志愿服务组织研究 …………………………………………… / 177

B.8　成都志愿服务项目研究 …………………………………… / 199
B.9　成都志愿服务阵地建设研究 ………………………………… / 223
B.10　成都志愿服务信息化建设研究 ……………………………… / 248

Ⅳ　调研篇

B.11　成都新时代文明实践中心建设试点调研报告 ……………… / 264
B.12　成都打造"友善公益之城"调研报告 ……………………… / 289

Ⅴ　附录

附录1　2005~2019年成都市志愿服务大事记 ………………… / 309
附录2　中共成都市委宣传部等9部门关于印发《成都市支持
　　　　和发展志愿服务组织的实施意见》的通知 ……………… / 324
附录3　中共成都市委宣传部等7部门关于印发《成都市公共文化
　　　　设施开展学雷锋志愿服务的实施意见》的通知 ………… / 336

后　　记 ……………………………………………………………… / 347

Abstract ……………………………………………………………… / 349
Contents ……………………………………………………………… / 351

总 报 告

General Report

B.1
2019年成都志愿服务发展报告

摘　要： 成都志愿服务发展植根于友善公益的天府文化，迸发于抗震救灾的公益行动，融合于不断发展的城市战略，逐步走向繁荣，先后经历了稳定发展（2008年以前）、加快繁荣（2008~2013年）和全民普及（2014~2019年）三个发展阶段。近年来，成都加快建设践行新发展理念的公园城市示范区，牢牢坚持理论创新、制度创新、实践创新、文化创新，秉持制度化、社会化、社区化发展导向，在社会化驱动、组织孵化培育、城市精神融入、社区发展治理并进等方面国内领先，推动志愿服务事业取得了长足发展，志愿服务工作走在全国前列，为中国特色志愿服务事业贡献了成都经验。面临新机遇，成都志愿服务聚焦营城聚势，不断探索现代超大城市治理新路径，开创共建共治共享新局面，助力推进国家治理体系和治

理能力现代化。

关键词： 志愿服务　社区发展治理　天府文化　成都

党的十八大以来，以习近平同志为核心的党中央高度重视志愿服务工作，明确提出志愿服务是社会文明进步的重要标志，是广大志愿者奉献爱心的重要渠道，强调志愿服务事业要同实现"两个一百年"奋斗目标、同建设社会主义现代化国家同行。志愿服务被纳入社会治理体系，成为国家精神文明建设的重要抓手，逐步上升为国家发展战略。习近平总书记要求各级党委和政府，调动各方力量，整合各种资源，创新方式方法，为志愿服务搭建更多平台，更好发挥志愿服务在社会治理中的积极作用。近年来，成都加快建设践行新发展理念的公园城市示范区，在志愿服务发展新时期，牢牢坚持理论创新、制度创新、实践创新、文化创新，探索了志愿服务助力城乡社区发展治理、美丽宜居公园城市建设等市委中心工作的实践路径。十年来，成都志愿服务由规模式增长进入内涵式提升阶段，志愿服务法规、政策、制度体系更加完善，志愿者参与社会发展治理的体制机制运转更加有序、渠道愈发丰富，志愿服务制度化、常态化建设得到进一步深化。

一　成都志愿服务发展历程与基本情况

成都志愿服务发展以1963年"学雷锋"热潮为开端，以2008年汶川大地震为重要节点，以2014年制度化建设为蓬勃发展契机，经历了稳定发展、加快繁荣和全民普及三个发展阶段。成都志愿服务发展植根于友善公益的天府文化，迸发于抗震救灾的公益行动，融合于不断发展的城市战略，逐步走向繁荣。

（一）稳定发展阶段（2008年以前）："学雷锋"活动推动志愿服务实现稳定发展

该阶段成都志愿服务以"为人民服务"为指引，以"学雷锋"为主题，以青年志愿者为主体，主要依靠政府倡导，开展以困难帮扶、社会实践、社区服务为主要内容的志愿服务。成都开始在实践中探索志愿服务法制化、组织化、系统化发展。

1. 以志工委为统筹，树立志愿服务法制化思维

成都志愿服务法制化意识萌芽早，在西部地区率先启动志愿服务法制化建设。2005年，发布《成都市志愿服务条例》，奠定了志愿服务法制保障的良好基础。为进一步统筹制定全市志愿服务发展规划，推进志愿服务相关政策法规的制定与完善，2006年，成都市志愿服务工作委员会正式成立。随后各区（市）县也纷纷成立志愿服务工作委员会，协调和指导本行政区志愿服务活动。在志工委统筹下，成都法制化进程持续推进，配套志愿服务政策，完善志愿服务制度体系，制定了《成都市志愿者组织管理暂行办法》《成都市志愿服务评选表彰暂行办法》等，初步建立了志愿服务工作流程规范。2006年，发布全国第一个志愿服务应急预案《成都市突发公共事件志愿服务应急预案》，开启了成都志愿服务法制化由基础保障到专项领域拓展的新阶段。

2. 以青年志愿为主体，开启志愿服务组织化篇章

以青年志愿者为主体力量，以青年志愿服务总队、青年志愿者协会等形式，组织化、系统化推动志愿服务发展。截至2005年，成都青年志愿者在册人数达40余万，居全国首位。[①] 在各青年志愿者协会成立之前，在蓉高校积极组建青年志愿服务总队，发动青年群体积极投身"学雷锋"志愿服务。1994年，先于中国青年志愿者协会，成都中医药大学率先成立校青年

---

① 《成都市青年志愿服务人数居全国第一》，新浪网，http：//news.sina.com.cn/c/2005 - 03 - 06/12035995218.shtml。

志愿者协会,随后成都信息工程大学、四川大学等高校相继成立青志协。自1989年起,世界自然基金会成都办公室、国际小母牛成都办事处、绿色江河等先后落地成都。1995年,成都市青年志愿者协会成立。2005年,成都市义工联合会成立。依托这些新的联合组织,成都系统推动了青年志愿服务工作,搭建了以青年为主体的志愿者体系,开启了志愿服务组织化篇章。

3. 以国家大政方针为指引,开创志愿服务项目化之路

成都在国家"学雷锋"精神号召下,以奉献爱心为价值指引,开展了志愿者"四进社区"、文化助残、爱心助成长、抗震救灾特别行动等7类关爱邻里、助人为乐的志愿服务活动。伴随着志愿服务活动由零散向系统、由临时向常态的发展趋势,团市委响应国家号召,以项目制方式启动了志愿服务行动,先后组织了"青年志愿者行动"(1994年)、支教支医扶贫接力(1996年)、"三下乡"社会实践活动(1997年)、社区结对帮扶志愿服务接力"三大计划"(2002年)、大学生志愿服务西部计划(2003年)等项目。一系列服务开启了成都志愿服务项目化探索之路,为成都志愿服务活动逐步向项目化、专业化、品牌化发展奠定了良好基础。

4. 以公共文化空间为依托,开拓志愿服务专属化阵地

随着青年志愿服务、自发邻里互助活动对专属活动空间及固定阵地需求的增强,2005年,成都市图书馆设立"志愿服务站"。2006年,成都动物园设置"志愿者之家",探索在公共文化基地常态化开展志愿服务。2007年,成都在全市城镇社区推动建立标准化志愿服务站,启动志愿服务专属阵地建设。社区标准化志愿服务站按照"六有"标准,打造有经常性的志愿服务项目、有稳定的志愿者队伍、有必要的投入经费和运行经费、有适于开展工作的场所并配备办公设备、有专兼职志愿服务管理工作者、有规范的组织管理制度的志愿服务站。从公共文化设施拓展到社区志愿服务站,从自由探索到标准化站点建设,成都逐步开拓志愿服务专属化阵地。

5. 以"奉献社会、服务他人"为主题,培育学雷锋志愿服务精神

此阶段志愿服务以"学雷锋"为主要形式,助力社会主义精神文明建设中的思想道德建设。"雷锋精神"即干一行爱一行的"螺丝钉精神",把

有限的生命投入无限的为人民服务之中去的"为人民服务"精神。[①] 成都每年3月5日"学雷锋日"积极开展志愿服务活动，培育"学雷锋"志愿服务精神，形成了"学雷锋"热潮，活力青少年、耄耋老人、纯真孩童等争相开展了系列爱心活动。30年来，彭长江坚守着龙泉驿区龙泉湖的四个码头，风雨无阻撑起一座"爱心桥"，接送村民过河近20万人次。成都"爱心的士"车队秉持"有爱心、爱奉献"为大街小巷老弱病残孕提供帮助。成都强化奉献意识，涌现了曹于亚等全国第一届道德模范，罗玮、彭涛、朱建平、李全一、邓波等一大批先进模范典型，营造了全市无私奉献、助人为乐的浓厚氛围。"奉献社会，服务他人"的志愿服务理念深入人心，社会影响面逐步扩大。

（二）加快繁荣阶段（2008～2013年）：抗震救灾激发志愿服务实现蓬勃发展

2008年是成都志愿服务发展的重要转折，汶川大地震开启了成都志愿服务加快繁荣与全面建设阶段。此阶段，成都志愿服务制度化建设逐步完善，初步完成了以青年志愿者为主到全民参与的主体过渡，项目开展、阵地建设日渐完善，全民志愿服务氛围渐浓，志愿服务呈现多元化、全域化、社会化的发展特点。

1. 以文明委为统筹，构建志愿服务制度框架

为全面扩大志愿服务参与面和协调力，提升全民思想道德水平，成都志愿服务逐步转移至市文明委统筹协调，成立志愿服务处，推动志愿服务事业全民发展。2009年，成都围绕创建"法治城市"新目标，积极探索志愿服务管理新规范。在全国率先出台《成都市突发公共事件志愿服务应急预案（试行）》《成都市应急志愿者管理暂行办法（试行）》，为全国应急志愿服务制度化建设提供重要借鉴。2012年，发布《成都市注册志愿者管理办法》

[①] 董姣：《从典型形象报道看报纸转型中的话语转向——以〈成都晚报〉1963～2012年"学雷锋"报道为例》，《新闻世界》2012年第10期。

《成都市青年志愿者培训管理办法》，规范了志愿者和志愿服务组织管理与培训工作，为提升志愿服务水平提供了重要指引。此阶段的探索初步搭建起了成都志愿者、志愿服务组织制度管理框架。

2. 以全民参与为主导，加速志愿服务社会化

成都志愿者规模逐步扩大，参与主体日趋多元化，实现了以青年为主体到全民参与的过渡，志愿服务全民化初现端倪。2008年，成都注册志愿者数量达50余万人，2013年达近140万人[①]，志愿者规模实现了快速增长。志愿服务队伍数量也呈现稳步增长态势，2008年，成立各类志愿服务队伍1万余支，2013年队伍数量上升至2万余支，实现了翻倍增长。同期，受抗震救灾影响，社会团体及民办非企业单位开始涌现，极具成都特色的以社会驱动为主的志愿服务生态初步形成。此阶段成都公益组织服务园、成都云公益发展促进会、成都市文化志愿者协会、爱有戏社区发展中心、四川尚民公益研究发展中心等一大批组织如雨后春笋般纷纷登记注册。2009年，成都登记社会组织达5311个，2013年达7160个，数量位居副省级城市第一。成都志愿服务实现了志愿服务主体力量的社会化、全民化发展。

3. 以应急志愿为切入点，延伸志愿服务多元化

以应急志愿服务活动为基础，服务内容从应急事前、事中、事后全流程不断延伸，从救残扶弱到心理救助再到灾后城市建设全方位覆盖，开展了医疗救护、心理康复、安全防护、山地抢险、地震救援、灾害评估、救援培训等诸多活动。一系列应急志愿服务活动不仅参与灾区社区建设，还进一步催生了志愿服务与社会接壤，推动社会力量互动融合，极大地促进了成都志愿服务多元化、常态化发展，社区志愿服务、大型活动志愿服务应运而生。为进一步助力社区发展治理，成都开始系统布局社区志愿服务活动，开展了"三关爱""小小讲解员""社教公益项目""花重锦官城"等常态化社区志愿服务项目。此外，2013年"成都财富全球论坛"1200余名成都青年志愿

---

① 《2013年成都志愿者的力量成为城市中的温暖记忆》，四川文明网，http：//sc.wenming.cn/zyfw/201312/t20131225_1658714.html。

者在会务、接待等方面提供服务,开启了成都大型活动志愿服务进程。

4."线上+线下"融合,构筑志愿服务全域化

成都打造"线上+线下"双轨运行的志愿服务阵地,线下阵地多元发展,线上平台全域铺开,双轨融合构筑志愿服务全域化。2008年,成都团市委、市民政局在全市铺开标准化社区志愿服务站建设。同时,成都依托各级市民服务中心建设志愿者服务基地,设立志愿服务"爱心超市",成立金沙遗址博物馆等成都市公共文化设施志愿服务基地,呈现志愿服务线下阵地多元发展态势。2012年,成都开启线上志愿服务平台布局,上线成都志愿者网,开通成都志愿者微博,完成了全国第一个城市志愿者全媒体平台搭建。成都线上平台全线延伸,线下阵地全域布局,志愿服务活动与项目全城开展,实现志愿服务多维空间覆盖。

5. 以抗震救灾激发公益热情,实现志愿服务深入人心

在抗震救灾大背景下,"共患难,渡难关"的特殊环境持续激发着成都志愿服务热情,涌现了一大批自主自发的优秀志愿者、志愿服务组织,积极发挥示范带动作用,将志愿服务文化火种播散到市民生活各领域、各环节。同时,通过变革志愿服务管理体制,创建全国文明城市等顶层设计以及创作文艺作品等强化志愿服务文化宣传与公民行动,使"奉献、友爱、互助、进步"的志愿服务文化逐渐融入城市生活。2011年,习近平同志考察并称赞国网成都高新供电公司党员服务队为党和人民的"连心桥",这极大提振了志愿服务精神与文化认同。同年,成都完成全国首部青年志愿者形象宣传片,发布《爱在成都》《快乐分享》等文艺作品,以文艺文化作品为载体,传唱成都志愿之歌,志愿服务文化日益显性化、全民化、生活化,志愿精神深入人心。

(三)全民普及阶段(2014~2019年):志愿服务融入城市战略实现全面发展

成都志愿服务制度保障与顶层设计日臻完善,全民参与热情持续高涨,项目活动与阵地打造全面开花,志愿文化与天府文化融合渐深,志愿服务融

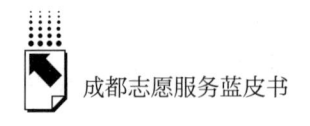

入城市发展,呈现制度化、全民化、常态化、品牌化的发展特点。

1. 以一体多维为载体,深化志愿服务制度化

随着志愿服务被纳入城市战略,融入社区发展治理,成都进一步强化志愿服务顶层设计,完成了全流程、多领域制度体系搭建工作,建立起"一体多维"[①]组织领导体制和市—区(市)县—街道(乡镇)—社区(村)四级志愿服务管理体系,全方位保障了志愿服务健康、规范、可持续发展。2014年,《成都市依法治市实施纲要》出台,进一步明确了成都法制化、制度化建设目标。志愿服务政策制定主体逐渐由市文明办牵头制定基础制度,拓展到市教育局、市发改委等其他部门制定具体行业志愿服务规范;制度内容也从普适的志愿者及志愿服务转向细分的社区志愿服务、学生志愿服务等特定领域。先后出台的《关于推进志愿服务制度化建设的实施意见》《成都市深化社区志愿服务的实施方案》等数十部志愿服务相关政策文件,点面结合推动了成都志愿服务制度化深化拓展。

2. 以多元发展为导向,实现志愿服务全民化

经过加快繁荣阶段的加持,成都志愿者与志愿服务组织形成了增量与提质共进的良好局面,全民参与持续发力,注册志愿者人数与社会组织数量均居于全国前列,同时多元主体融合持续深化,共同助推成都志愿服务发展。成都志愿者、志愿服务队伍、志愿服务组织规模实现稳步增长。2014年,注册志愿者达136万余人,2018年突破210万人,增幅达54.4%。2014年,志愿服务队伍达23675支,2018年持续增加到32916支,近4年队伍总数平均增幅为8.6%。其中社区志愿服务队伍达到5817支,单位志愿服务队伍达到2554支。此外,成都社会组织在2016年突破万级大关,居于全国前列。成都领先于全国已经形成了枢纽型、研究型、执行型等多元志愿服务组织生态,全民化的志愿服务主体力量遍及各区(市)县、各领域、各行业。

3. 以社区发展治理为引领,实现志愿服务常态化

成都将社区发展治理作为推进城市治理现代化的重要抓手和突破口,以

[①] 横向上建立以市文明办与市委社治委为主要领导部门,市民政局、团市委等多部门为协同部门,齐抓共建推动志愿服务发展。

志愿服务融入社区发展治理全领域、多维度，延伸服务群众"最后一公里"内涵，实现社区发展治理的全民参与、常态开展与质量发展。在全民积极参与下，成都志愿服务活动与项目数量增长快速，实现了志愿服务在社区发展治理中的常态化供给。2014年，志愿服务活动达15416个，2018年达77429个，4年间增长超4倍。自2014年起，成都融合社区发展治理，聚焦民生，围绕基层单元的治安巡逻、环境美化，大众群体的健康体育、文艺文化，特殊个体的陪护照顾、扶老助残等需求，累计常态化开展志愿服务活动近20万次。成都持续整合资源，通过强化孵化培育，搭建三级培训体系建设，成立"友善公益·志愿服务专项基金"，举办优秀志愿服务项目交流展示会等常态化举措，实现志愿服务与社区发展治理同频共振。

4. 以"点线面网"为方向，实现志愿服务品牌化

成都延伸拓展志愿服务线下线上阵地，形成"点、线、面、网"全域布局，实现志愿服务品牌化。构建了以成都市志愿者服务活动中心为代表的品牌"点"状阵地，以群团系统"青年之家"为代表的品牌"线"状阵地，以学雷锋社区志愿服务示范站为代表的品牌"面"状阵地，以公共文化设施为代表的品牌"网"状阵地。同时，持续完善成都志愿者网、成都志愿者App功能，联通线下志愿服务阵地，实现线上线下阵地高度融合发展，形成了品牌鲜明的专属阵地。依托无缝衔接的阵地网络，涌现了"关爱农民工子女·名师一堂课""百日红·孵化坊"等15个国家级、省级品牌项目，培育出了成都市武侯区善工家园助残中心、成都晚报全媒体志愿服务队等14个国家级、省级品牌组织、队伍，打造了黉门街社区、晋阳社区等12个国家级、省级品牌社区以及全国首个雷锋精神种子志愿服务站。

5. 以友善公益之城建设为契机，实现志愿服务生活化

成都通过"志愿之城"建设、文明城市创建、核心价值观引领等带动志愿服务文化整体培育，推动志愿服务深度融入社区发展治理、公园城市打造等城市中心工作。将志愿服务文化融入"创新创造、优雅时尚、乐观包容、友善公益"的天府文化，着力推动友善蕴含的大爱情怀和文化温度，

优雅彰显的文明风尚和生活哲学，赋予成都志愿服务文化友善公益的本土内涵。大力推进总结表彰，持续开展"四个十佳""四个100""成都好人""成都市道德模范"等评选，激励全民践行志愿精神，提升市民现代文明素养。以志愿服务日、志愿服务文化周等方式延伸志愿服务文化触角。在全国率先设立"12月22日"为成都社区志愿服务日，发布成都社区志愿服务之歌《爱在邻里间》，设立每月11日为成都市中小学生志愿服务日，大力营造志愿服务全民参与的氛围，志愿服务蔚然成风，内化为市民行动自觉与生活方式。

二 成都志愿服务发展亮点与优势

对比全国其他志愿服务先进地区，如北京、上海等大型赛事驱动的发展模式，成都各领域社会力量联动，多元互促同频共振，内生化、社会化基础深厚，优势明显。经2008年抗震救灾洗礼，成都成为全国极少数拥有大量自发志愿者和志愿服务组织的地区。近年来，成都立足打造友善公益之城，在法制建设、社区发展治理、应急救灾、文化文艺、学生志愿服务等领域取得了显著成效。成都推动志愿服务与天府文化深度融合，坚持全域志愿服务发展理念，大力推进"志愿服务+"思维，将志愿服务纳入社区发展治理体系，以孵化培育赋能志愿服务提升专业化水平，带动志愿服务队伍、项目内涵式发展，多元主体跨界融合实现了志愿服务良性运作，形成了与社区发展治理相适应的志愿服务工作体系。

（一）突破单一行政化驱动志愿服务发展，内生驱动国内领先

1. 以抗震救灾为带动，自主参与志愿者规模日趋扩大

一是抗震救灾激发天然公益热情，志愿者数量庞大，居全国领先地位。在抗震救灾中，上千辆出租车自发奔赴灾区抢运伤员，上万市民自主排队献血，一批批志愿者前赴后继前往抗震救灾一线，市民友善公益的特质在抗震救灾面前得到充分展现。截至2008年10月，成都市20个区（市）县各级

团组织累计接受抗震救灾志愿者报名登记 177390 人。① 汶川大地震不仅开启了应急志愿服务元年，也大大激发了市民日常参与志愿服务的热情。在平日里，一批批志愿骨干自发活跃在大街小巷，数以万计的热心人士积极参与扶危济困。在无数自发志愿者的广泛参与下，成都志愿者规模不断实现新突破。2012 年，成都志愿者数量近 133 万人，超过深圳和上海，与北京基本持平。2015 年，成都志愿者数量近 150 万人，与上海基本持平。自 2012 年起，成都志愿者数量年增长率超过 8%，2017 年达到近年来最高增幅12.79%，呈现稳步快速增长态势。截至 2018 年底，成都志愿者达 2104068 人，约占常住人口比例的 13%，较 2012 年增幅高达 58.52%（见图 1），与广州基本持平。

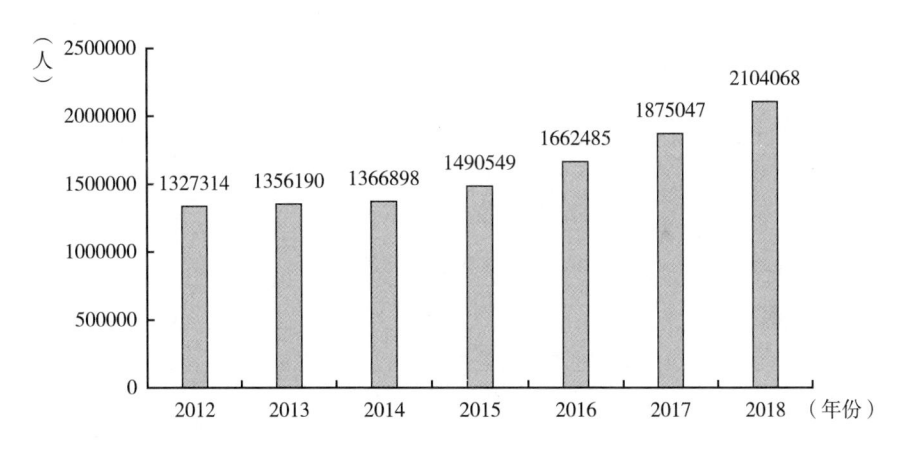

图 1　2012～2018 年成都注册志愿者数量

资料来源：成都市志愿者网与成都市文明办。

二是自主自发投身志愿服务，志愿典型涌现，发挥示范带动作用。在抗震救灾激发与带动下，成都涌现了一大批自发性优秀志愿者与志愿者领袖，他们身体力行，充分发挥典型示范作用，诠释了新时代的奉献精神。如原是成都某血液中心普通员工的刘飞，自发组建了戏剧社投入灾后服务，随后创

---

① 《成都将组建 13 支应急专业志愿者服务队》，华声在线，http://www.voc.com.cn/article/200810/200810301606556702.html。

办了全国知名志愿服务组织"爱有戏"。震后第一时间从洛阳赶赴灾区后扎根四川为公益奔走的董明珠，后成长为成都授渔公益发展中心副秘书长。除应急救灾外，越来越多的优秀志愿者自发投身基层开展志愿服务，如活跃在多个公益组织的大爱志愿者郝成桃（已逝）、十年来自发为群众补胎修车服务的王美军、心系儿童的退休工人张晓清、长期自发帮扶贫困居民的刘端元、关注聋哑人的媒体人秦坤。这些细微善举，不断提升着成都城市温度，持续塑造着城市精神。基于友善公益的城市基因，2014~2019年，成都多次获得国家级、省级奖项（见表1）。成都城市慈善指数全国排名从2014年的第75位上升到2018年的第9位，是西部唯一进入前十位的城市，也是中西部排名第一位的城市。①

表1 2014~2019年成都志愿服务获奖情况

级别	奖项	数量	合计
国家级	全国最美志愿服务社区(个)	5	20
	全国最佳志愿服务组织(个)	5	
	全国最佳志愿服务项目(项)	5	
	全国最美志愿者(个)	5	
四川省级	四川省十佳志愿服务社区(个)	9	76
	四川省十佳志愿服务组织(个)	11	
	四川省十佳志愿服务项目(项)	11	
	四川省十大最美志愿者(个)	9	
	四川省百名优秀志愿者(个)	36	

资料来源：成都市志愿者网与成都市文明办。

2. 以民间组织为主体，自发驱动志愿服务组织规模日渐扩大

一是志愿服务组织规模大，居于全国领先地位。区别于北京、上海等大型赛事需求带动发展，成都志愿服务独具一格，抗震救灾、困难帮扶、社区

---

① 《从200万元到2.84亿元 成都慈善总会用行动诠释"友善公益"》，成都全搜索新闻网，http://news.chengdu.cn/2019/1223/2089388.shtml。

服务等民生需求持续激发着志愿服务组织蓬勃发展。在天府文化的积淀及抗震救灾精神的激发下，成都社会组织具有天然的志愿服务属性且自发性显著。成都社会组织、志愿服务组织总体数量全国领先。2009年，成都登记社会组织5311个；2013年达7160个，在副省级城市中位居第一；2016年，突破万级大关，达10445个，同重庆、上海、南京、深圳、北京一样迈入数量过万行列。此后，成都进入由增量向增质转型阶段，增速趋于稳定。截至2018年底，成都市登记注册的社会组织达11509个，初步形成了门类齐全、结构优化、布局合理、管理规范的社会组织体系。① 同时，成都志愿服务队伍呈现稳步上升态势，2012年达21996支，随后稳步增长，2018年达32916支，较2012年增长了49.65%，近7年队伍总数平均增幅为6.98%（见图2）。随着成都志愿服务组织数量和质量不断提升，其逐步成为社会治理体系的重要组成部分。

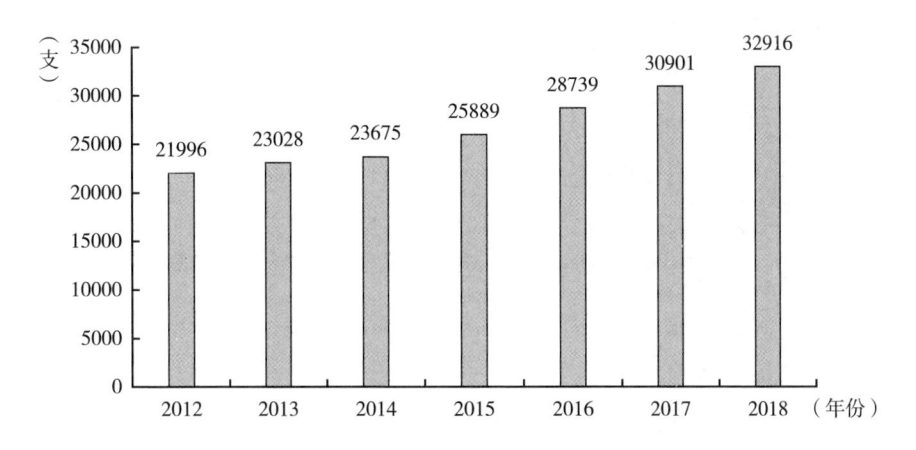

图2 2012~2018年成都志愿服务队伍总数量

资料来源：成都市志愿者网与成都市文明办。

二是民间志愿服务组织涌现，发挥示范引领作用。成都志愿服务民间组织因抗震救灾等需求而发起，围绕社会治理新形势而成长。震后经

---

① 杨婷，刘飞：《社会组织参与城市社区治理的探索——以四川省成都市爱有戏社区发展中心为例》，《社会治理》2019年第4期。

过内外部力量不断孵化培育，成都涌现了如成都天虎防灾减灾公益服务中心、成都高新区益众社区发展中心、彭州市中大绿根社会工作发展中心等专注于抗震救灾的优秀组织；如成都心家园社会工作服务中心、成都市武侯区新空间青少年发展中心、成都爱有戏社区发展中心等诸多由灾区服务志愿者自发结合，专注于社区发展、民生需求的优秀组织。2012年后，成都自发性民间组织逐步形成了枢纽型、研究型、执行型等多种形态共生发展格局，自发涌现了成都公益组织服务园、成都云公益发展促进会、成都市朗力社会工作中心等一批特点鲜明、影响广泛、品牌效应明显的组织，切实发挥了辐射带动作用。在良好政策环境、优越区位条件、浓厚公益氛围发酵下，美国国际小母牛项目组织、英国农村发展组织等众多境外组织及和众泽益等全国性组织，纷纷自发在成都设立办事机构。成都本土以及外来志愿服务组织立足成都，辐射带动西南乃至全国志愿服务发展。

3. 以民生需求为导向，全民参与志愿服务社会认同日趋增强

一是志愿者来源广，服务参与率、活跃度高。志愿者年龄覆盖面广，下至几岁幼儿，上至耄耋老人，其中20～50岁年龄段最集中，占比超60%，形成了以中青年为主体，覆盖少年及老年群体的广泛的分布格局。志愿者职业来源广泛，各行各业参与度高。志愿者职业涵括学生、专业技术人员、职员、农民、自由职业者、教师、公务员、无业人员等，学生是志愿者最大群体来源。志愿者政治面貌广泛，各党派及群众志愿者均有参与。志愿者覆盖共产党员、民主党派成员、无党派民主人士等，共产党员占比最高，达40%。志愿者活跃度高，2018年，超过30%的志愿者年度服务时长超过10小时，超过14%的志愿者服务时长超过25小时（见图3）。志愿者人均志愿服务小时数从0.73小时增长到19.26小时，实现25倍增长。近40%的志愿者利用节假日参与志愿服务活动，近30%的志愿者利用平时时间参与志愿服务活动，志愿服务日渐成为市民生活方式。

二是志愿服务涵盖领域广，服务人次、社会认同度高。成都志愿服务活动紧扣民生需求，内容广泛，涵盖关爱空巢老人、留守儿童、残疾

大于25小时
14.25%

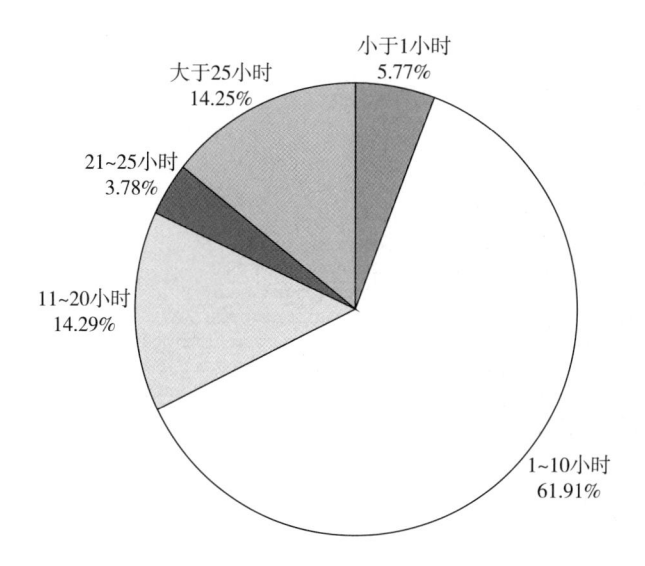

小于1小时
5.77%

21~25小时
3.78%

11~20小时
14.29%

1~10小时
61.91%

图3　2018年成都志愿者服务小时数占比情况

资料来源：成都市志愿者网与成都市文明办。

人、困难职工以及节庆日主题、环保、文化体育、平安建设、医疗卫生、文明交通等17大类主题，其中关爱空巢老人、节庆日主题、环保活动占比均超10%（见图4）。在志愿服务组织、队伍广泛推动下，志愿服务发布活动数量呈现持续稳步增长态势，2018年活动数量达77429个，3年增长超过1倍（见图5），近7年累计发布总数达218304个。2018年，成都志愿服务突破881960人次，较2017年度增长34.88%（见图6）。成都志愿服务人次呈现逐年显著上升的良好发展趋势。伴随志愿服务活动量、服务人次增加，志愿服务社会认同度显著提高。以成都志愿者数据化平台为例，团市委对接数据超过20万条，平台已连接市生态环境局、市科协等21个市级公众号，向天府市民云推送信息超过9万条。同时，星巴克、咕咚运动、美团、贝壳网等近400家企业积极加入志愿服务积分商城，组建爱心联盟回馈志愿行动。成都志愿服务获得党政部门、社会各界广泛赞誉。

015

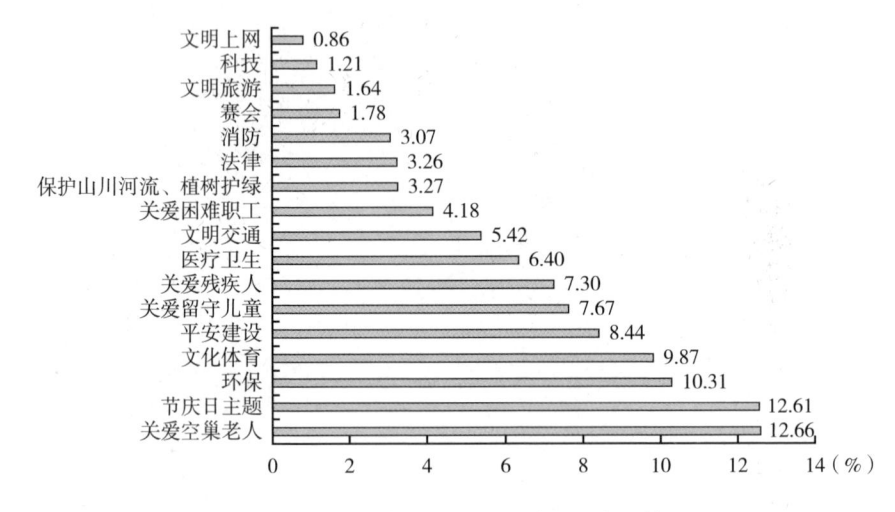

类别	占比(%)
文明上网	0.86
科技	1.21
文明旅游	1.64
赛会	1.78
消防	3.07
法律	3.26
保护山川河流、植树护绿	3.27
关爱困难职工	4.18
文明交通	5.42
医疗卫生	6.40
关爱残疾人	7.30
关爱留守儿童	7.67
平安建设	8.44
文化体育	9.87
环保	10.31
节庆日主题	12.61
关爱空巢老人	12.66

图4　2018年成都志愿服务活动登记占比情况

资料来源：成都市志愿者网与成都市文明办。

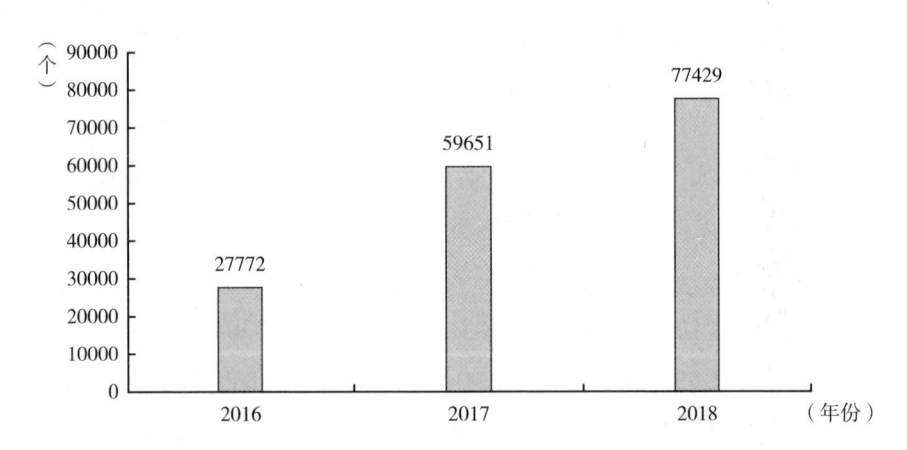

年份	数量（个）
2016	27772
2017	59651
2018	77429

图5　2016~2018年成都志愿服务活动数量

资料来源：成都市志愿者网与成都市文明办。

（二）以孵化培育带动志愿服务内涵发展，多元主体优势显著

1. 孵化培育扩大参与力量，服务能力显著提升

一是重孵化，大力培育志愿服务组织，扩大了服务主体。通过实施公益

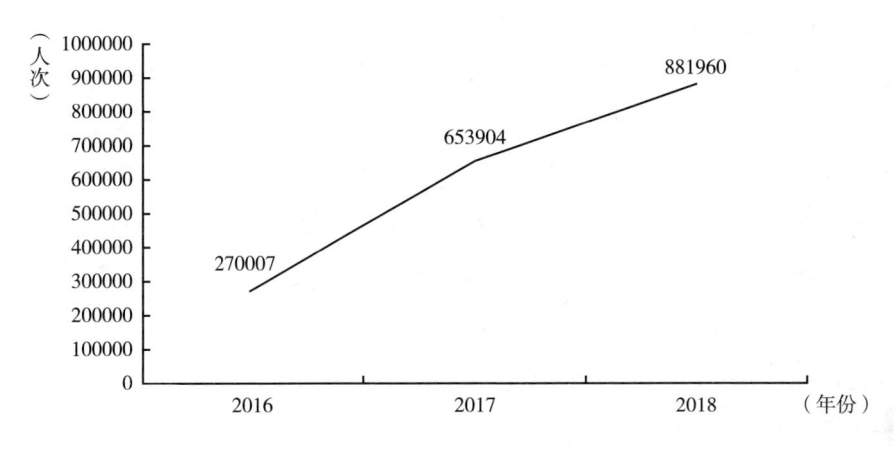

图6 2016～2018年成都志愿服务人次

资料来源：成都市志愿者网与成都市文明办。

慈善、社会福利、文体活动等社会组织直接登记或备案运行"双轨制"等举措，培育孵化志愿服务组织。搭建市—区（市）县—街道（乡镇）—社区（村）四级孵化体系，全面推进志愿服务组织可持续发展，助力志愿服务组织参与公共服务和社会治理。根据不同时期志愿服务组织不同的发展需求，设计了全流程培育、分阶段培育、联动培育、竞争式培育、土壤培育、品牌加速器培育和枢纽平台培育7个主题的组织培育，以组织发展带动志愿服务整体发展卓有成效，仅成都公益组织服务园就培育了286家志愿服务组织。同时，各区（市）县也紧抓孵化培育，壮大志愿服务主体力量，如锦江区大力发展社会组织，先后成立锦江区社会组织发展基金会、成都社会组织学院、社会组织服务中心等。截至2018年8月，锦江区已培育社会组织1020个，每万人拥有社会组织14.5个，高出全国平均水平3.65个。①

二是强培训，大力培养志愿服务人员，增强了服务能力。坚持以学促进，以训带战，增强志愿服务专业化三级培训，编写《志愿者管理与发

---

① 参见《锦江区培育1020个社会组织 激发社区发展治理活力》，成都全搜索新闻网，http://news.chengdu.cn/2018/0828/1997485.shtml。

展》《志愿大家说——中外志愿服务经典语录集萃》等教材。自2014年，聚焦社区培训需求累计开展了150多个社区志愿者培训。自2016年，开展全民志愿服务训练营，针对青少年、高校志愿者等群体，开展特色集训，累计服务12万余人次，分别建立200支亲子家庭志愿服务队，180支高校志愿服务队。自2016年起，实施了公益慈善专业人才培养计划，深度建设行业梯队人才库，2018年精心实施了综合管理人才培养计划，实现从专业人才到管理人才强化升级。自2016年起，打造了线上线下专题志愿服务培训平台——百日红·大讲堂，先后邀请了来自全国近40位顶级公益志愿专家开展高品质线上线下活动，参与志愿者达数十万人，凭借线上优势，获得全市乃至全国志愿者广泛好评。

2. 多元主体发挥优势作用，服务能级显著提升

一是多元政社主体，为志愿服务提供了资金支持，实现志愿服务可持续发展。联合成都市慈善总会，设立成都市友善公益·志愿服务专项基金，支持志愿服务专业化提升。成都市城乡社区发展治理委员会（以下简称社治委）创设保障与激励双轨并行社区经费机制，建立十余亿元的社区保障激励资金，投入包括社区志愿服务等微细公共服务项目，鼓励基层治理创新，提升志愿服务能级。2014年，在财政预算中创设了培育发展社会组织专项资金，预算安排2000万元以资助项目的方式，重点支持社会组织能力发展、公益生态营造、公益人才培育等项目类型，提升组织发展能力和专业能力。通过集市、共同购买、辖区单位和社区居民捐赠、企业冠名、创办社会企业等多种方式，建立社区公益微基金，有效整合社会资金，提升志愿服务能力。截至2018年底，全市有19个区（市）县65个街道在成都慈善总会建立了290支微基金助力志愿服务发展[①]。

二是多元民间组织，为城乡居民提供了精细服务，实现志愿服务常态化发展。依托民间社会组织力量，持续向民生细分领域延伸，构建了全员

---

① 参见《从200万元到2.84亿元 成都慈善总会用行动诠释"友善公益"》，成都全搜索新闻网，http://news.chengdu.cn/2019/1223/2089388.shtml。

参与、全域覆盖、全时服务志愿服务工作格局。在社会关爱领域，成都市武侯区善工家园助残中心从提供基础陪护发展到支持性就业，543社工中心提供专业化养老、开发临终"身、心、灵"关怀等各类特色社工服务。在环保领域，成都根与芽环境文化交流中心、成都城市河流研究会、成都观鸟会等组织，专注于绿色社区营造、垃圾分类、生物多样性保护等领域，开展常态化志愿服务，助力美丽公园城市建设。在法律领域，双流区整合行业专家、政法干警、律师、法学学生等多元法律志愿服务资源，2016年在中西部率先成立了法律服务志愿者协会。通过建设专业队伍，将服务超市开进社区，将公共法律服务触角延伸到群众身边。截至2018年底，协会共受理群众来信来访案件近7000件，提供直接公共服务2万余人次。

3. 跨界整合多元参与资源，服务成效显著提升

一是整合部门资源，实现共享。补充志愿服务力量，持续整合部门资源，汇聚志愿服务人员、阵地、项目、资金等要素，探索资源共享机制，为提升服务成效提供了有力支撑。市直机关工委、市教育局、市民政局、市公园城市局、市文广旅局、市卫健委、市妇联、市科协、市残联、市红十字会等单位立足主业主责和特色优势，组建了文明、医疗、巾帼、红十字等专属志愿服务队伍，积极开展特色志愿服务活动。2016年，成都单位志愿服务队伍突破2000支，2018年达到2554支，占成都志愿服务队伍总数的近10%。单位志愿服务队伍呈现逐年稳步增长的良好态势（见图7）。2016年，市教育局增加了39支队伍；2017年，市直机关工委增加了81支队伍；2018年，市科协增加了295支队伍（见表2）。整合现有综合文化服务中心、文化站等基层空间以及图文两馆、妇女儿童中心、青少年活动中心等社会化空间，形成了志愿服务共享场景。通过整合部门资源，不断满足居民美好生活需求与向往，以部门特色志愿服务进一步提升群众幸福感、获得感、安全感。

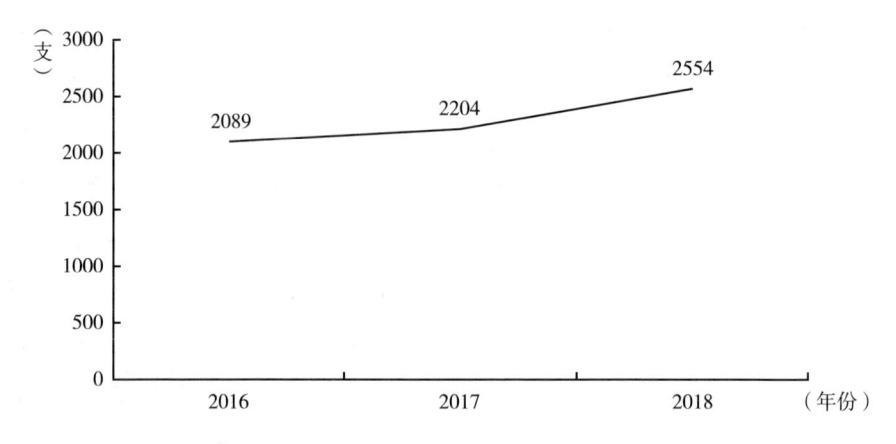

图7 2016～2018年成都单位志愿服务队伍数量

资料来源：成都市志愿者网与成都市文明办。

表2 2016～2018年成都单位志愿服务队伍增加排名前三情况

单位：支

年份	单位	数量
2016	市教育局	39
	市民政局	38
	市财政局	38
2017	市直机关工委	81
	市民政局	15
	市红十字会	6
2018	市科协	295
	市残联	21
	市民政局	11

资料来源：成都市志愿者网与成都市文明办。

二是整合企业资源，实现共赢。在友善公益的浓厚氛围浸润下，作为市场主体的企业积极融入志愿服务常态化发展，进一步有效补充了政府力量不足，取得了良好社会效应。在成都志愿者积分商城里，380余家爱心企业组成爱心联盟为志愿者提供交通、医疗、文创等近900种礼品。在商城里超90%的回馈来源于爱心联盟商品，仅有9.38%的由市文明办提供。爱心企业积极履行社会责任，扩展公益边界，激励志愿者爱心与行动。宜家成都通过"校园可持续发展"志愿服务项目，将可持续发展理念深入高校，志愿服务累计时长达30680小时，覆盖人群达7万余人次。在永兴街道，中建蓉成建材公司联合政府、社会组织打造了"童伴家园"志愿服务项目，项目由永兴街道办事处提供场地，中建蓉成建材公司提供资金支持，志愿者协会负责具体运营。项目以让农村贫困留守儿童享有同等的艺术培训为目标，为永兴留守儿童提供了舞蹈、美术艺术培训等专业志愿服务。

（三）天府文化与志愿服务文化深度融合，友善优雅独具魅力

1. 志愿服务精神丰富天府文化，互助友爱提升城市底蕴

一是天府文化历史源流存续志愿服务精神。天府文化深植中华文明沃土，儒、释、道三家协同发展，孕育了成都敢于开拓进取、善于兼容并蓄、深具人文情怀的精神。从古蜀国三星堆到金沙文化遗址，从唐代胡人音乐舞蹈到历史上多次出现的"移民潮"，成都文化与外来文化交流互鉴无处不在。天府文化也正是在这种交流互鉴中逐渐形成了包容的文化特点。"我行山川异，忽在天一方。但逢新人民，未卜见故乡"，这是杜甫对蜀地人民热情好客的描述。乐观包容、友善公益的文化基因历久弥新。到了近代，慈善事业愈发卓著。在20世纪20年代到40年代，成都曾出现过近400个慈善团体，其中包括"中国慈善第一人"尹昌龄以及由社会贤达和西方传教士联合筹备的"中西组合慈善会"。① 现在，成都公益事业仍蔚然成风，志愿服务存续了天府文化助人为乐、家国融通、善济天下的传统美德。

二是志愿服务精神体现天府文化当代价值。志愿服务所内秉的"奉献、友爱、互助、进步"的精神理念与"创新创造、时尚优雅，乐观包容、友善公益"的天府文化高度契合，在当前各种思想文化相互激荡、各种矛盾相互交织的时代背景下，广泛开展志愿服务活动，为天府文化注入新生机，具有极其重大的社会意义和实践价值。志愿服务以自愿、无偿为前提，在服

---

① 蔡尚伟：《天府文化的历史韵味与时代表达》，《人民论坛》2019年第5期。

务他人与社会的同时锤炼自己，有利于塑造健康人格。志愿服务既是"助人"又是"自助"，参与者既帮助了服务对象，又提升了自己的道德素养和人格特质；既有利于实现市民道德素养整体提升，又有利于塑造国民健康人格。210余万活跃志愿者，是良好社会风尚培育和形成的有力推动者与积极践行者。数以万计的志愿者在各类志愿服务活动中积极奉献、友爱互助，把志愿服务种子和天府文化底蕴内化于心、外化于行。

2.志愿服务行动践行天府文化，时尚优雅彰显城市魅力

一是开展天府文化润城行动。依托志愿服务，天府文化进社区、进校园。2018年，以"天府文化·社区在行动"为主题，开展全市第四届雷锋精神时代颂·志愿百日社区行项目大赛，联动一级学雷锋社区志愿服务示范站，以"志愿召集令"方式开展天府文化进社区活动。共开展大型主题志愿服务活动18场，带动700余名志愿者直接参与服务，服务总时长达3000小时，直接服务近1万人次。蒲江县开展了"川西天府文化 共建绿色蒲江"进校园系列志愿服务活动，邛崃市开展了"寻找身边的天府文化"，金牛区开展了"一校一品"承袭天府文化活动等。成都各学校以创建活动传承天府文化，以课堂教学渗透天府文化，在做好活动创建、课程开发中将天府文化融入具体活动中，将学生带动起来共同参与挖掘天府文化、培育天府文化，促进天府文化创造性转化和创新性发展。

二是开展市民友善优雅行动。依托志愿服务，强化文明礼仪宣传普及，开展主题教育引导。以提高市民现代文明素养为第一任务，着力提升友善蕴含的大爱情怀和文化温度，优雅彰显的文明风尚和生活哲学。制定《市民友善优雅行为导则》《学生文明礼仪行为规范》，传承优秀传统礼仪，融入通行国际礼仪，构建了市民文明行为规范。聚焦礼让他人、文明出行、不乱扔垃圾等小切口，广泛开展了主题实践活动，引导市民文明有礼、友善优雅。加强友善优雅场景营造。在主要街道、交通路口、窗口行业、社区、乡村、学校、家庭等打造了一批示范典型，以环境营造影响带动市民友善优雅。开通成都文明热线，受理市民问题建议60余万条，及时曝光不文明行为，大力弘扬文明风尚，以友善优雅移风易俗，引导市民崇尚文明进步。

3. 志愿服务文化融合天府文化，友善公益提振城市精神

一是两者融合践行核心价值观。不断探索24字社会主义核心价值观内涵和外延，坚持将志愿服务文化与天府文化贯穿、结合、融入，落细、落小、落实。依托志愿服务和天府文化的常态化、具体化、生活化，将社会主义核心价值观全过程、全方位渗透城市生活中。通过志愿服务、天府文化包含的思想道德教育内容和实践理念与方向，不断推动社会主义核心价值观深度融入践行新发展理念的公园城市示范区建设全领域、各方面，社会主义核心价值观建设卓有成效。2017年，中宣部在成都召开社会主义核心价值观融入社会生活现场经验交流会，成都获高度评价。在全国优秀志愿服务"四个100"评选活动中，总数位居全国第一方阵。近年来，全市涌现以梁益建、刘源等为代表的一大批道德模范、文明市民，192人荣登"中国好人榜"，入选数量居于全国前列；傅艳、袁家天、张信威等17人获得全国道德模范称号及提名奖，总数在副省级城市位列第4。

二是两者融合促进城市创建。坚持"全域成都，全域创建"理念和"以测促创"思路，以弘扬天府文化为重点方向，以志愿服务为有力抓手，强调志愿服务与天府文化融合，持续完善和深化创建工作机制，有力推动市民文明素质和城市文明程度实现新跨越。得益于志愿服务与天府文化深入融合，成都在全国文明城市中测评成绩优异，连续四届蝉联全国文明城市。2008年，以省会、副省级城市第2名的成绩正式进入全国文明城市行列；2011年，位列省会、副省级城市第2名；2014年，以全省第1名的成绩继续蝉联第四届全国文明城市；2017年，再次以优异成绩蝉联第五届全国文明城市。先后累计评选全国文明单位31个、全国文明村镇21个、全国文明家庭2户，省级文明单位343个、文明村镇（社区）41个、文明家庭15户，市级文明单位749个、文明社区140个、文明村镇91个、文明家庭60户（见表3）。在全国创新开展"三美"示范村建设，打造了360个"三美"市级示范村，将培育文明风尚、促进乡风文明、改善农村环境、提升生活水平等文明创建工作落细。

表3 成都各类精神文明创评情况

单位：个

级别	文明单位	文明村镇（社区）	文明家庭	合计
国家级	31	21	2	54
四川省级	343	41	15	399
成都市级	749	231	60	1040

资料来源：成都市志愿者网与成都市文明办。

（四）志愿服务与社区发展治理双轮并进，创新领导全国首创

1. 创设部门，完善机制实现新融合

一是创立市委社治委，形成社区志愿服务双领导。创新社区志愿服务组织领导体系，形成志愿服务参与社区发展治理一盘棋格局。2017年，率先在全国创造性地成立市委城乡社区发展治理工作领导小组，在市和区（市）县两级党委序列设立社治委，构建起由党组织统一领导的城乡社区发展治理新机制。社治委自成立以来，将社区志愿服务政策纳入"1+6+N"政策体系。[①] 依托志愿服务，建立组织联建、引领共治机制，社区党组织引领业委会、物业机构组织建设，引领居民根据业缘、趣缘组建自组织，引领商家建立商居联盟。建立事务联议、问题共商机制，共商解决社区发展治理难题，化解社会矛盾。建立活动联办、资金共筹机制，通过政府支持、社区激励、居民自筹，常态化开展志愿服务邻里活动。市委社治委与市委文明委成为推动社区志愿服务发展的强效有力领导力量，打造了志愿服务与社区发展治理双轮并进的发展优势。

二是专项行动，实现社区志愿服务重点融合。2017年，市委社治委、市文明办、市民政局等出台《成都市深化社区志愿服务的实施方案》，把社

[①] 成都出台6个城乡社区发展治理系列配套文件，涉及转变街道（乡镇）职能、社区总体营造、培育社会企业、政府购买社会组织服务、提升物业服务管理、社区专职工作者管理6个方面。成都构建了城乡社区发展治理"1+6+N"政策体系，其中，"N"是主要用于指导具体工作的配套文件。

区志愿服务纳入社区发展治理体系中。提出了社区志愿者队伍发展、组织培育、效能提升、评价激励等五大专项行动，进一步明确了志愿服务与社区发展治理重点融合发展方向。支持社区成立志愿服务队，引导青少年参与社区志愿服务，将中学生志愿服务活动情况纳入综合素质评价体系；培育志愿服务枢纽组织，健全社区志愿服务组织孵化机制，建立社区志愿服务组织孵化基地；开发社区志愿服务项目，将社区空巢老人、留守儿童、残疾人等特殊困难居民的志愿服务项目作为志愿服务重点内容，强化供需对接；完善社区志愿服务组织评价机制，推行星级志愿者评选制度，并与积分落户制度相衔接。

2. 软硬兼备，人气十足实现新突破

一是延伸触角，实现社区志愿服务阵地全覆盖。2007年，启动社区志愿服务站建设，后持续完善社区志愿服务站建设，实现了全市城乡社区志愿服务站点全覆盖，做到了有队伍、有方案、有记录、有宣传。自2016年起，连续四年开展成都学雷锋社区志愿服务示范站创评活动，将志愿服务融入社区15分钟生活场景。目前，全市已建成社区志愿服务站1358个，其中获评示范站200余个（见表4）。社区志愿服务站已成为推动社区志愿服务和社区发展治理的重要力量。同时，深入推进公共文化设施（图书馆、博物馆、文化馆、美术馆、科技馆、窗口单位等）设立志愿服务站（点），鼓励公共文化设施志愿服务站（点）加强与驻地社区联系。如成都市文化馆以"文化连锁店"为载体，通过阵地共享、队伍联建等方式服务基层社区，深化社区志愿服务。

表4 2016~2019年成都学雷锋社区志愿服务示范站创评情况

单位：个

年份	奖项	数量	合计
2016	一级示范站	15	140
	二级示范站	25	
	三级示范站	30	
	优秀志愿服务项目	70	

续表

年份	奖项	数量	合计
2017	一级示范站	15	140
	二级示范站	25	
	三级示范站	30	
	优秀志愿服务项目	70	
2018	提名示范站	80	120
	三级升二级示范站	20	
	二级升一级示范站	10	
	特色项目	10	
2019	提名三级示范站	10	40
	特色项目	30	

资料来源：成都市志愿者网与成都市文明办。

二是全面赋能，形成社区志愿服务人气旺态势。将社区志愿服务队伍、组织纳入社会组织孵化重点范围，建立社区志愿服务组织孵化基地，在项目开发、能力培养、合作交流、业务支持等方面为社区志愿服务队伍、组织全面赋能。截至2018年底，成都社区志愿服务队伍达5817支，占成都志愿服务队伍总数的17.76%，社区志愿服务队伍总体呈现稳步上升态势（见图8）。以社区邻里互助会、社区互助之家等形式，开展了关爱空巢老人、节庆日主题、环保、文化体育、平安建设、环境保护等数十类社区志愿服务活动，2012~2018年全市累计服务居民超200万人次。近80万志愿者在社区开展了助残活动，近70万志愿者开展了助老活动，近30万志愿者开展了幼儿教育活动。

3. 民生导向，聚焦五态实现新成效

一是成都逻辑，开创志愿服务与社区发展治理创新实践。把创新城乡社区发展治理作为完善城市治理体系和提升治理能力的基础性战略工程。着眼高质量发展、高品质生活、高效能治理，推进城乡社区形态、业态、文态、生态、心态同步提升，深化社区分类、创新、精细治理，探索出了以"三新"塑"五态"的志愿服务与社区发展治理双轮驱动新路径，用社区发展治理带动城市发展治理，构建人、城、境、业和谐统一。"三

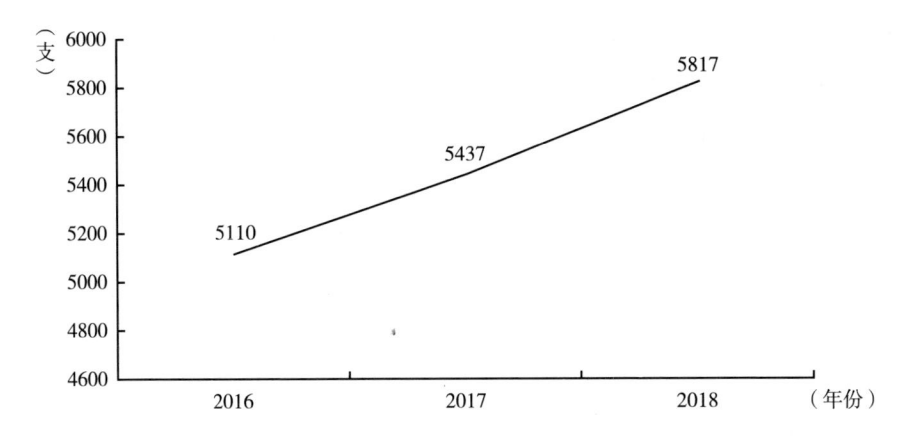

图 8　2016～2018 年成都社区志愿服务队伍数量

资料来源：成都市志愿者网与成都市文明办。

新"指新元素、新纽带、新关系，"五态"指社区优美形态、活力业态、天府文态、系统生态、和谐心态。通过党建引领，将志愿服务浸入文化、公园、教育、健康、医疗等新场景，融合互联网、融媒体等新技术，基于传统的血缘、地缘以及新兴的业缘、趣缘等新纽带连接，① 实现党委领导、政府负责、社会协同、公众参与、法治保障的共建共享共治社会治理格局。

二是聚焦"五态"，实现志愿服务与社区发展治理融合发展。将城市文明程度、市民文明素养提升和增加社区绿色有机结合，创造优良宜居环境，志愿服务美化了社区形态，建设宜居公园城市；结合社区居民15分钟生活场景、便民服务场景、娱乐场景等，融合志愿服务打造新场景，志愿服务丰富了社区业态，打造活力生活场景；以社区营造为主要形式，常态化开展社区艺术节、社区故事荟等志愿服务活动，志愿服务涵养了社区文态，传承友善优雅文化；通过创新社区服务招引模式，大力推广公益服务，志愿服务营造了社区生态，助力美好品质生活；开展与邻为善、与邻为伴、守望相助系

---

① 于显洋、林超：《探索新时代城市基层社区治理新思路》，《中国社会科学报》2019 年 6 月 19 日。

列活动，弘扬向上向善向美的社区精神，志愿服务塑造了社区心态，浸润和谐文明风尚。紧紧围绕"五态"建设，仅2018年，就开展宣传类活动2万余次，助老活动12000余次，环境保护活动近1万次。2016~2018年，开展宣传、助老、助残、环境保护、文化艺术、治安等社区志愿服务活动频次较多（见图9）。

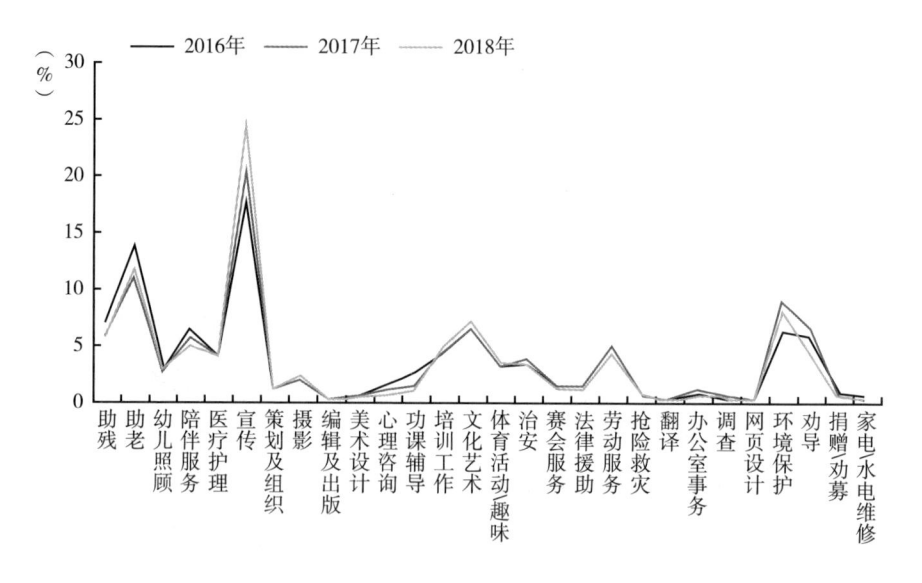

图9 2016~2018年成都志愿服务活动开展次数占比情况

资料来源：成都市志愿者网与成都市文明办。

（五）统筹规划志愿服务生态圈良性运作，跨界融合持续探索

1. 坚持全面系统，完善顶层设计实现制度化

一是党委领导，形成了"一体多维"领导体系。经过多年探索实践，成都志愿服务逐步形成了在市委文明委领导下，由市文明办组织协调，各有关单位和部门共同配合的"一体多维"志愿服务组织领导统筹机制，并且得到党政部门的高度认同。具体而言，成都志愿服务工作由市委文明委统一领导，市文明办统筹协调，市民政局、团市委、市总工会、市妇联等单位和部门多维共同参与。纵向上，各区（市）县文明

委、文明办负责各自区（市）县志愿服务的领导和管理，并向市委文明委、文明办汇报；横向上，各有关部门负责自身业务领域志愿服务归口管理。"一体多维"领导体系确保了志愿服务资源充分利用，有效解决了"多头管理"痛点。

二是构建机制，形成了系统全面的制度体系。2005年，成都率先在西部地区发布第一部志愿服务服务条例《成都市志愿服务条例》，发挥了良好示范效应。2005年至今，市级层面共出台了《成都市注册志愿者管理办法》《关于推进志愿服务制度化建设的实施意见》《成都市志愿者和志愿服务组织激励回馈制度（试行）》《成都市志愿者星级评定制度》等十余个志愿服务相关规章制度。同时，《成都市文化馆文化志愿服务管理办法》《成都市志愿者无偿献血宣传服务队志愿者管理办法》等文化系统、卫生系统专项管理制度也不断完善，有力推动了不同领域志愿服务专业化、制度化、常态化发展。此外，22个区（市）县围绕志愿者管理、志愿服务供需对接、志愿服务时数记录、志愿服务激励，制定了数百个更精准、更精细、更多元的志愿服务管理制度，构建了纵横交错的志愿服务制度保障网。

2. 坚持网络思维，强化数据支撑实现信息化

一是搭建体系，"互联网+"实现志愿服务管理智能化。创新思路，提前布局信息化建设。在市文明办指导下，积极顺应"互联网+"发展趋势，适时提出了"互联网+志愿服务"信息化新思路。自2012年起，开通了"一网"（成都志愿网）、"一端"（成都志愿者App）、"两微"（成都志愿者微博、微信公众号）志愿者全媒体平台，搭建起了全市志愿服务信息化管理体系，为全市志愿者和组织实现数据共享、项目对接、参与交流提供了高效便捷通道。成都志愿者网自运行以来，共开放各级管理账号2.6万个，统筹覆盖全市多部门、行业专业队伍、基层骨干。据第三方数据机构评测，成都志愿者网在全国8个国家中心城市及部分志愿服务特色城市（深圳、杭州、青岛、厦门）志愿者网站中，影响力和流量排名第三，仅次于上海志愿者网和志愿深圳网站。成都志愿者网被百度收录条目超过54万条，在全

国主要城市志愿者网站中居于首位。①

二是功能完善,构建地图推进志愿服务供需精准化。成都志愿者网作为210万注册志愿者的数据中心,是成都志愿服务信息化管理综合平台,承载着全市志愿者线上注册登记、管理使用和志愿服务项目发布、志愿者招募、服务记录、宣传展示"全流程"服务等功能。成都志愿者网App在全国志愿者管理系统应用中首创开发人脸识别功能,通过App"扫脸",实现了快速登录参与志愿服务。基于完善功能,全市线下所有街道(乡镇)、社区(村)及所属志愿服务队伍全部使用成都志愿者网进行志愿服务活动招募和记录、志愿服务队伍管理等工作,实现了社区志愿服务电子化、数据化全覆盖。依托成都志愿者网,市文明办专门研发后台督查管理系统,每月对全市1358个城乡学雷锋社区志愿服务站和志愿服务队伍的线上活动全面开展常态督查,精准对接线上线下服务资源。同时,将博物馆、图书馆、医院等公共服务设施纳入常态化线上志愿服务站点布局。成都志愿者网已构建起全市线上线下志愿服务地图,有效推进了志愿服务供需对接精准化。

3. 坚持生态运作,跨界助力发展实现融合化

一是打造志愿服务生态链,实现上下互动。为顺应"互联网+"时代潮流,成都志愿服务不断优化结构,改进创新,积极运用新技术、新思维,推动志愿服务实现新突破,全市先后创立了线上"一网"(成都志愿者网)、"一微"(成都市志愿者微平台)、"一热线"(成都雷锋热线),线下"一园"(成都公益组织服务园)、"一云"(成都云公益发展促进会)、"一校"(志愿服务系统化培训基地)、"一刊"(《志愿服务 时刻在线》)、"一报"(成都志愿者全媒体平台)、"一中心"(成都市志愿者服务活动中心)等9个志愿服务平台。构建了志愿服务信息化工作平台、一键式参与平台、全民互助平台、组织孵化培育平台、社会资源整合平台、专业资讯平台、舆论宣传平台、综合枢纽平台,形成了线上线下、相互利用、相互依存、良性互动

---

① 参见《发扬友善公益的城市文化 成都打造志愿之城》,中国文明网,http://www.wenming.cn/dfcz/sc/201801/t20180105_4549949.shtml。

志愿服务生态链。

二是打造志愿服务生态圈，实现良性运作。成都通过体制机制创新，秉持"还权""赋能""归位"理念，厘清政社权责边界，使政府权力、市场权力与社会权力三者之间相互补充、相互监督，协同参与社会发展治理。志愿者、志愿服务组织作为重要社会力量，承担起部分政府转移的社会职能，协助政府从直接服务中解脱出来，更好地履行监督和指导职责，形成了多元主体合作关系，共同构建了志愿服务生态体系。通过志愿服务，政府在资源信息掌握和决策上的优势，社区在了解居民需求和组织整合上的优势，志愿服务组织在专业和技术上的优势都得到了充分发挥，这不仅极大提高了社会动员能力，还培育了社会资本，营造了社会共同体。成都将自主权还给基层，以人民为中心，充分激发了志愿服务活力，形成了多元共存、跨界合作、良性运作的志愿服务生态圈。

三 成都志愿服务发展未来展望

多年来，成都志愿服务秉持制度化、社会化、专业化、社区化发展导向，在城市精神融入、社区发展治理、组织孵化培育方面可圈可点，推动志愿服务事业取得了长足发展，志愿服务工作走在全国前列，为中国特色志愿服务事业贡献了成都经验。在新时代新形势新要求下，志愿服务事业不断向纵深推进，成都志愿服务在面临难得的历史机遇的同时，也面临一系列挑战，具体表现为服务大局能力相对不够充分，顶层设计有待进一步加强；志愿服务生活化相对不够全面，场景营造有待进一步深化；志愿服务全民化相对不够深入，社会认同有待进一步增强。为进一步夯实志愿服务发展基础，构建志愿服务长效机制，助力新时代成都可持续发展，现针对成都志愿服务发展，提出以下三点发展思路。

（一）推动高质量发展，持续完善顶层设计实现城市有变化

1. 立足城市战略，进一步推动城市可持续发展

一是围绕公园城市，提升内涵式发展。有效依托志愿服务，打造以绿色

为底色、以绿道为脉络、以人文为特质、以街区为基础的"人、城、境、业"和谐统一的新型城市形态，塑造"家在园中"城市生活空间，注重渗透社区、院坝、林盘等场景，融入群众日常生活。按照可进入、可参与、景区化、景观化要求，突出场景化激发志愿服务在服务人、建好城、美化境、提升业四大维度上的活力，让居民在公园城市建设中享受文明生活，让优质服务成为居民普惠福祉。

二是围绕"三城三都"，探索特色化发展。坚持让文化成为城市发展动力，用文化引领城市发展，塑造城市特色，彰显城市魅力，传扬城市美誉。依托志愿服务，增强以天府文化为核心的城市文化竞争力，着力建设独具人文魅力的世界文化名城。推动文创与城市文化传承、美学设计融合，培育志愿服务文创品牌；深化推进"旅游+志愿服务"思维，提升旅游品质；依托志愿服务让体育健身、体育休闲成为生活新时尚；结合志愿服务传播成都多元特色美食文化。

三是围绕空间战略，实现差异化发展。聚焦"东进、南拓、西控、北改、中优"城市空间发展战略，以志愿服务为新渠道、新路径、新载体，为实现新时代成都"三步走"战略目标提供有力支撑。东进区域以志愿服务助力产城融合，南拓区域以志愿服务优化营商环境，西控区域以志愿服务打牢城市生态本底，北改区域以志愿服务聚焦人居环境助力城市更新，中优区域以志愿服务深度融合天府文化提升城市宜居性和市民归属感。

2. 强化顶层设计，进一步统筹志愿服务资源

一是完善志愿服务制度化建设。立足成都实际，加快修订《成都市志愿服务条例》，强化志愿服务法治保障。把志愿服务、新时代文明实践等纳入社会发展相关法规、政策、制度安排，进一步细化完善志愿服务登记管理、资金支持、人才培育、项目运作、监督评估、供需对接、服务记录、基地建设等配套制度，进一步构建"条例—制度—办法"相互衔接、完整全面的志愿服务法律保障制度体系。

二是健全"一体两翼"工作格局。健全由市委宣传部、市文明办统筹规划指导，联合会联络各方壮大队伍，志愿服务友善公益基金募集资金大力

支持的志愿服务"一体两翼"工作格局。鼓励推动区（市）县成立志愿者协会、联合会，重点吸纳有影响力的志愿者骨干和志愿服务组织加入协会、联合会，充分发挥枢纽平台作用，认真履行引领、联合、服务、促进职责。不断创新探索，充分整合社会资源，扩大志愿服务友善公益基金规模，为志愿服务发展提供更多保障。

三是强化志愿服务智力支撑。邀请特聘一批全国行业专家、知名高校学者组建成都志愿服务智库，充分发挥"智囊团"智力支撑作用，为成都志愿服务整体决策提供政策参考和发展思路。加强产学研结合，围绕志愿服务开展实施一批调研课题、调研项目，全面系统、及时总结提炼成都志愿服务特色做法、优秀经验，形成研究报告、培训教材、宣传视频等文字影音材料，不断扩大志愿服务成果产出。

3. 坚持国际视野，进一步提升志愿服务能级

一是吸纳国际先进经验。精准对标国际先进地区，聚焦志愿服务法制化、志愿服务专业化、社区志愿服务体系化、志愿服务生活化等成都志愿服务发展面临的突出问题，明确成都发展优势、劣势、机遇、挑战。积极吸收借鉴先进发展理念、思路与具体举措，坚持国际标准，以国际视野不断拓宽志愿服务发展思路，持续提升志愿服务国际化水平和服务大局能力。

二是增强国际交流合作。通过举办国际志愿服务主题会议和分论坛等形式，推动国际志愿服务交流与合作，鼓励吸引志愿组织和社会力量参与，进一步深化国际志愿服务长效合作机制，探索建立"一带一路"等国际性志愿服务联盟。打造志愿服务资源共享平台、学习交流平台、造福民众平台、记录历史及友谊平台，推动国内外志愿服务经验和成果知识共享。

三是着力培养国际人才。依托在蓉高校，整合市级相关部门（单位）、行业资源，成立成都市志愿服务学院，培养一批拥有国际视野和理念的志愿服务人才，探索搭建综合型实践育人载体，聚焦专业应用能力、国际理解能力、跨文化交流能力等，系统提升国际志愿者应具备的理论知识和实践技能。积极引导鼓励外国志愿服务人才参与、融入成都"三步走"发展战略，提升成都志愿服务能级。

（二）创造高品质生活，强化提升服务体验实现市民有感受

1. 夯实社区治理，进一步健全共建共治共享体制机制

一是持续深化统筹资源实现共建。进一步夯实四级志愿服务组织体系建设，赋能社区志愿服务，统筹城乡志愿服务同步发展。重点推动家庭服务、健康服务、养老服务、育幼服务等领域的社会组织、社会企业等力量主动融入社区便民利民服务网络，推动多样化的志愿服务在社区落地生根。鼓励支持有条件的社会组织广泛吸纳社会工作专业人才，进一步发挥"三社联动"优势。协调有关部门加大对社区志愿服务发展的资金支持，推动建立多元规范的资金保障机制。

二是继续加强民主协商实现共治。以志愿服务为载体，引导志愿服务组织、队伍在基层党组织领导下，参与基层民规公约制定，协助提升社区矛盾预防化解能力，凝聚社会治理最大共识，推动社区居民有序参与基层群众自治实践，依法开展自我管理、自我服务、自我教育、自我监督等活动。以志愿服务为有效途径，引导社区居民有序表达利益诉求，养成协商意识，掌握协商方法，提高协商能力，协商解决涉及社区公共利益的重大事项和关乎居民切身利益的实际问题。

三是强化数据互联互通实现共享。加强数据整合，以成都志愿者网为统一平台，继续整合其他数据平台，实现社区志愿服务数据互通，建立社区志愿服务大数据发布机制。将志愿服务信息对接纳入"天府市民云"，通过一站式"互联网＋"公共服务平台连接更多资源推动社区志愿服务发展，打造线上线下融合联动的社区服务体系。创新探索社区发展治理、志愿服务与大数据、云计算、物联网、人工智能等新技术有机融合，有效提升志愿服务科学化、智能化、信息化。

2. 依托场景叠加，进一步助力志愿服务可感知可体验

一是构建多维场景。创新志愿服务场景叠加生活服务、生产服务、生态体验等功能，引领志愿服务综合发展。结合社区邻里中心、党群服务中心、志愿服务站等构造志愿服务社区场景；围绕商务楼宇、双创基地、工业园

区、产业功能区等构造志愿服务生产场景；依托中小学、大学、科研院所等构造志愿服务教育场景；融合体育馆、博物馆、文化馆等公共文化设施场景以及天府绿道、川西林盘等构造志愿服务公共空间场景。

二是强化场景运用。在优质高效的服务场景、邻里守望的互助场景、绿色低碳的生态场景、品质宜人的空间场景、活力多元的产业场景、共建共享的治理场景和互联互动的智慧场景中深化志愿服务。利用场馆化表达，注重宣传教育与践行参与相结合，理论宣讲与技能传授相统一，实现教育与实践的良性互动，扩大参与覆盖面。结合不同场景，再造志愿服务需求收集发布、服务组织实施、事后评价反馈全流程管理，优化服务提升群众幸福感、安全感、获得感。

三是增强服务体验感。坚持生活美学，在服务场景中，运用创新技术和载体，丰富志愿服务现代性、国际范，以浸入式、互动化的形式设计志愿者、志愿服务形象识别系统，创作和推广一批具有天府底蕴、成都特色、时代特点的可感知、可欣赏、可消费志愿服务产品。坚持志愿服务与城市美好生活融合，把志愿服务融入群众衣、食、住、行、游、购、娱各领域，在扩大群众参与率的基础上，增强志愿服务吸引力、感染力，以极具特色活力的志愿服务提升城市软实力。

3. 强化品牌培育，进一步提升志愿服务知晓度美誉度

一是打造志愿服务城市品牌。结合全国"志愿之城"试点，充分发挥成都在全国志愿服务领域"排头兵"和"试验田"作用，进一步推进志愿服务理论创新、制度创新、机制创新、文化创新、模式创新，深度融合"创新创造、优雅时尚、乐观包容、友善公益"天府文化要求，高标准推进"志愿之城"建设，创新营城之道，打造"友善公益"城市品牌。

二是打造志愿服务组织品牌。进一步推进落实志愿服务组织统一标识工作，加大资金、人才、政策扶持力度，建立志愿服务组织运营和服务标准，制定品牌志愿服务组织考核标准与考核机制，重点支持一批基础好、能力强、信誉高的志愿服务组织、队伍，重点打造一批枢纽型、资助型、研究型志愿服务品牌组织，切实发挥典型带动、示范引领作用。

三是打造志愿服务项目品牌。分类梳理创意好、需求大、后劲足的志愿服务项目、活动品牌，理顺品牌体系，重点在文明旅游、生态环境保护、养老助残、教育医疗、科技文艺、应急救援、扶贫救济、妇女儿童发展等与民生息息相关的领域和赛事服务、大型活动服务等领域发展一批重点示范志愿服务品牌项目、活动，分级分批逐步建立层次分明、门类齐全的志愿服务品牌项目库。

（三）坚持高水平推进，探索新时代文明实践实现社会有认同

1. 把握机遇，利用新时代文明实践政策红利发展志愿服务

一是加强组织领导，全域统筹。通过新时代文明实践"一把手"工程，压实区（市）县—乡镇（街道）—村（社区）党委主体责任，建立新时代文明实践中心三级组织体系。县级党委是新时代文明实践中心建设的责任主体、一线指挥部，要主动推动、统筹推进，将新时代文明实践中心建设与区域中心工作一体谋划、同步推进。探索完善"中心吹哨、部门动员、各方参与"的工作机制，强化各单位参与感，提升社会认同感，形成成都新时代文明实践和城市发展一盘棋格局。

二是强化考核监督，点面结合。结合志愿服务发展，深化新时代文明实践中心日常监管、月度拉练、季度展示与年度考核工作，建立各中心、分中心、站考核档案，制定考核前端标准制定、考核过程公开透明、考核后端激励表彰全流程管理体系。整合政府和社会力量，组建新时代文明实践中心评估组，定期对全市新时代文明实践中心进行督导评估，将新时代文明实践中心建设纳入文明创建工作测评体系，加大对各区（市）县、相关部门（单位）的考核力度，以考促学、以评促进，提升新时代文明实践中心工作成效的群众认可度。

三是完善制度保障，示范带动。加快完善成都市级、区（市）县级、乡镇（街道）级以及村（社区）级新时代文明实践试点建设工作方案、建设指南、工作细则等制度体系。强化对示范点位建设工作的系统总结，提炼可复制、可借鉴、可推广的好经验，评选一批成效显著、群众认可的新时代文明实践品牌，持续发出新时代文明实践"成都声音"，建立常态化交流推广机制，发挥示范引导、辐射带动作用，推动全市新时代文明实践中心建设上水平、上台阶。

2. 引领思想，依托新时代文明实践志愿服务助力营城聚人

一是重宣讲，巩固思想传播阵地。紧紧围绕新时代文明实践中心重点任务，打造一批特色新时代文明实践宣讲项目，围绕学习宣传习近平新时代中国特色社会主义思想，培养时代新人、弘扬时代新风。培养一批新时代文明实践宣讲员，以接地气、沁人心、入人脑方式传播科学理论，加强基层思想政治引导。活用一批新时代文明实践阵地，运用 AI、VR 等智能化互动场景和时尚有趣的浸入服务，创建可参与、可感知、可欣赏的理论学习平台。

二是重实践，打造利民惠民项目。坚持场景思维与逻辑，从需求出发，定期开展全民新时代文明实践需求调研，推进场景与美好生活需求精准匹配，紧扣民需，精心策划新时代文明实践项目。从重点出发，聚焦孤寡长者、留守儿童以及残障人士等困难群体，制定一系列关爱帮扶机制和关爱纾困项目，织牢织密新时代文明实践服务保障网。依托新时代文明实践项目，让居民主动融入营城全过程，让文明实践成为思想自觉和行动自觉。

三是重融合，建立多元参与机制。融合多元文化，交融志愿服务文化、天府文化、红色文化、国际文化，增强新时代文明实践文化底蕴；融合多元平台，坚持系统思维，打造打通理论宣讲平台、教育服务平台、文化服务平台、科技与科普服务平台、健身体育服务平台、社区便民平台，实现全民共享多方资源；融合多重成效，围绕城市发展大局，聚焦思想政治引领，紧扣民生服务需求，全面助力践行新发展理念的公园城市示范区建设。

3. 创新探索，打造新时代文明实践增强社会认同成都经验

一是坚持双轮驱动，夯实社会认同。开创成都市委宣传部、市委社治委"双牵头"，深化志愿服务、社区发展治理"双驱动"，构建"党建引领＋文明实践＋社区发展治理"成都特色发展格局。全面贯彻新时代文明实践中心以志愿服务为基本形式的整体要求，以志愿服务创新社会治理发展，以社会治理充实志愿服务，深度融合拓展新时代文明实践成效，增强社会认同感。

二是深化社会推动，凸显成都优势。坚持以人民为中心，依托成都市民天然公益热情，进一步释放社会内生动力，充分调动社会各界积极性、主动性、创造性，为新时代文明实践志愿服务注入源源不断的发展动力。强化健

全文明委领导、文明办牵头协调、"一体多维"的工作机制和格局,有针对性地开展、支持、资助和孵化培育新时代文明实践志愿服务力量,畅通参与路径,拓展服务领域,扩大新时代文明实践触达面。

三是探索试点模式,打造特色亮点。立足成都特色,坚持创新创造的天府文化要求,大胆创新,以基层创造力激发新时代文明实践生命力。鼓励试点单位在满足基本建设标准基础上,实施"一点一主题"特色化、差异化打造。重点围绕加强组织领导、组建志愿服务队伍、整合资源平台、开展文明实践活动、建立运行机制、设立检查评估体系等维度,做到理念新、方法新、内容实,因地制宜、因时制宜探索一批有特色亮点、可复制推广、在全国叫得响的成都经验。

参考文献

[1] 董姣:《从典型形象报道看报纸转型中的话语转向——以〈成都晚报〉1963~2012年"学雷锋"报道为例》,《新闻世界》2012年第10期。

[2] 杨婷、刘飞:《社会组织参与城市社区治理的探索——以四川省成都市爱有戏社区发展中心为例》,《社会治理》2019年第4期。

[3] 蔡尚伟:《天府文化的历史韵味与时代表达》,《人民论坛》2019年第5期。

[4] 《先锋》编辑部:《成都确立新时代"三步走"战略目标到本世纪中叶——全面建设现代化新天府成为可持续发展的世界城市》,《先锋》2017年第12期。

[5] 陈藻:《超大城市基层社会治理创新的成都模式》,《先锋》2019年第6期。

[6] 胡跃琼:《志愿服务与法同行——写在〈成都市志愿服务条例〉颁布实施三周年之际》,《中国人大》2008年第16期。

[7] 李芳、魏娜、林顺利、曹仕涛:《志愿服务事业如何进一步"高质化"发展》,《中国社会工作》2019年第7期。

[8] 于显洋、林超:《探索新时代城市基层社区治理新思路》,《中国社会科学报》2019年6月19日。

[9] 《从200万元到2.84亿元 成都慈善总会用行动诠释"友善公益"》,成都全搜索新闻网,http://news.chengdu.cn/2019/1223/2089388.shtml。

[10] 《发扬友善公益的城市文化 成都打造志愿之城》,中国文明网,http://www.wenming.cn/dfcz/sc/201801/t20180105_4549949.shtml。

分 报 告

Topical Reports

B.2
成都志愿服务法制化建设发展报告

摘　要： 志愿服务法制化是依法治国的重要组成部分。志愿服务法制化既受国际倡导及国家政策影响，也是志愿服务事业规范发展的必然要求。志愿服务法制化内容包含基本概念界定，志愿者、志愿服务组织、志愿服务管理规范，志愿服务保障及激励等。在法制化实践中，各国有不同侧重，我国从中央到地方也各有特点。成都的政策、经济、文化及社会环境为志愿服务法制化提供了良好基础。成都志愿服务法制化进程大体经历了起步探索、初步建立、逐步成熟及多元拓展四个阶段。成都在志愿服务法制化的探索及实践上，从市级层面到各职能部门、区（市）县级都取得了良好成效，同时也面临新时代发展下的新挑战。当下及未来成都志愿服务法制化重点方向是提高战略观念及价值观念，及时对现有规章制度进

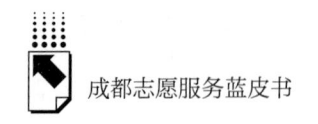

行修订完善，同时拓展志愿服务配套制度，强化实施机制及法制化实效。

关键词： 志愿服务　法治体系　法制建设　成都

一　志愿服务法制化概述

（一）志愿服务法制化基本概念及现状

志愿服务法制化是依法治国的重要组成部分，也是志愿服务长效发展的必由之路。随着广大志愿者广泛参与到国家建设和社会发展中，依法开展和管理志愿服务成为必然要求。

党的十八届四中全会通过的《中共中央关于全面推进依法治国若干重大问题的决定》指出，全面推进依法治国，坚持法治国家、法治政府、法治社会一体建设。其中尤其强调加强重点领域立法，"保障公民经济、文化、社会等各方面权利得到落实，实现公民权利保障法制化"。"志愿服务法制化的首要基础是志愿服务法律规范体系的制定，包括规范和促进志愿服务活动的所有法律、法规、政策以及规章制度。"[①] 按照立法主体、立法程序、立法效力的不同，志愿服务法制的具体内容包括志愿服务立法、志愿服务行政法规、志愿服务部门规章，与志愿服务有关的规范性文件、政策文件、党内法规、团体规定等。

目前，在志愿服务领域尚无正式颁布执行的法律。2016年9月1日起施行的《中华人民共和国慈善法》，在关于"慈善服务"的条款中对志愿服务的基本原则、权利义务、记录管理、权益保障等做了初步规定，在全国范围内起到了一定的示范作用。2017年由国务院颁布实施的《志愿服务条例》

[①] 毛立红：《中国志愿服务法制化研究》，中国人民大学出版社，2013，第25~34页。

是我国第一部全面、系统规范志愿服务的行政法规，对推动志愿服务的法制化建设具有历史性意义。民政部、教育部等也出台了支持或规范志愿服务及志愿组织的规范性文件，如民政部发布的《志愿服务组织基本规范（征求意见稿）》《关于做好志愿服务组织身份标识工作的通知》，教育部发布的《关于教师参与志愿服务活动的指导意见》《关于加强和改进普通高中学生综合素质评价的意见》等。

（二）志愿服务法制化驱动力

1. 国际倡导

国际支持和动员是志愿服务法律和政策的重要推动因素。联合国将2001年定为国际志愿者年，2002年在支持志愿服务发展的专题会议上鼓励各国政府了解志愿服务价值，制定全面战略和计划促进其发展。其中的建议包括提升公众对志愿服务的意识及参与，完善志愿服务立法框架及风险管理，消除志愿服务发展障碍，加强志愿服务财政措施及预算保障等。[1] 这些建议为许多尚未制定志愿服务法律政策的国家提供了很好的指引。如尼加拉瓜在2005年制定的《社会服务法》，黎巴嫩在国际机构的倡导和支持下建立志愿服务国家常设委员会。[2]

联合国志愿人员组织1981年正式在中国开展项目。2001年以前，该组织的主要工作集中在通过全球经济援助或技术发展等项目，帮助中国完成经济改革与现代化建设。从2001年开始，随着国际社会对志愿服务认知的进一步拓展，联合国志愿人员组织将中国地区的工作重点从过往以国际项目运作为主，转为支持及促进中国志愿服务发展，包括提高公众对志愿服务的认识，将志愿服务与国家社会及经济发展相结合，协作成立志愿服务相关组织及协会。[3] 国际社会的支持及倡导，是中国志愿服务法制化的重要外部推动力量。

---

[1] UN：*Recommendations on Support for Volunteering*，A/RES/56/38，2002.
[2] UNV：*Laws and Policies Affecting Volunteerism* since 2001，2009.
[3] UNV：*UNV and China：35Years of Collaboration*，2018.

2. 国家政策响应

政府对志愿服务在社会发展中作用的认识，直接影响相关法律及政策的制定。以美国为例，志愿服务一直被视为"美国精神"及"美国软实力"的一部分。20世纪70年代，美国陆续出台《志愿服务法》《志愿者保护法》《国家和社区服务法》《服务美国法》①，支持志愿者活动和志愿服务组织发展，国内服务社区，国际上积极组织和参与国际志愿者行动，在全球传播美国文化，扩大国家战略影响。德国志愿服务的法律及政策，一定程度上也显示了政府关注点的变化，从鼓励公民参与及社会服务的《促进志愿社会年法》，到强调志愿服务与环保的《促进志愿生态年法》，再到合并及修订两法形成的《促进青年志愿服务法》，都与德国政治、经济、社会的发展息息相关。②

中国志愿服务法制化的进程也离不开政府对志愿服务的高度重视。党的十六届六中全会《关于构建社会主义和谐社会若干重大问题的决定》提出，"深入开展城乡社会志愿服务活动，建立与政府服务、市场服务相衔接的社会志愿服务体系"。党的十七大报告则将志愿服务与精神文明创建、社会风尚结合，强调"开展群众性精神文明创建活动，完善社会志愿服务体系"。党的十八届三中全会更是从创新社会治理的角度，提出"激发社会组织活力，正确处理政府和社会关系，加快实施政社分开，支持和发展志愿服务组织"。党的十九大进一步指出"推进诚信建设和志愿服务制度化"。志愿服务从单纯的学雷锋做好事日渐上升为国家战略，这也对志愿服务法制化及制度化提出更高要求。

3. 灾难响应

志愿服务具有反应迅速、动员规模大等特点，同时具有社会包容性、融合性等作用，这大大增强了社会的容灾减灾能力。在许多国家，重大的政治、经济危机及自然灾难常是志愿服务法律和政策出台的另一个驱动力。例

---

① 薛宁兰、邓丽：《中国慈善法研究与立法建议稿》，中国社会科学出版社，2014，第46~52页。
② 王漠：《德国志愿服务立法的特点》，《新疆人大（汉文）》2016年第1期。

如在阿根廷，2002年至2004年的一次重大经济危机导致社区行动和志愿服务激增，主要利益相关者呼吁组织立法，并最终在2004年通过了《社会志愿服务法》。萨尔瓦多在2001年的一次重大地震之后发起了一项志愿服务法起草倡议。巴基斯坦在2005年克什米尔发生的严重地震后，促使政府开始重视志愿服务的规范及引导。[1] 日本1995年发生的神户大地震在日本志愿服务的发展史上也具有重大历史意义，直接刺激了《特定非营利组织法》的出台。[2]

2008年5月12日发生的汶川大地震也是中国志愿服务法制化、规范化发展的重要转折点。一方面，这是中国自1949年以来破坏力最强、波及范围最广、救灾难度最大的一次地震；另一方面，也是中国历史上规模最大的一次志愿行动，震后前40天内，有超过130万人次的中外志愿者在灾区工作，他们为救援、安置、重建工作提供服务，同时，千千万万的志愿者在后方提供赈灾宣传与募捐服务。[3] 汶川大地震，一方面，让政府意识到了民间行动及志愿者的力量；另一方面，由于志愿者队伍庞大，部分无序的志愿服务行动也给整个救灾工作带来了新的挑战，从而引发了一系列关于志愿者引导、活动规范及保障的讨论。

4. 志愿服务发展需求

推动志愿服务事业快速发展，也是部分国家制定志愿服务法律及政策的重要驱动因素。如阿拉伯联合酋长国，在相关法规出台前，随着志愿者人数的日渐增长，相关志愿服务组织已无法承接所有的志愿者，由此推动鼓励和发展志愿服务组织政策的出台。[4] 中国的志愿服务发展离不开2008年的北京奥运会，奥运会是继同年汶川大地震后，又一次规模庞大的志愿者行动。据北京奥组委统计，北京奥运会志愿者报名人数超百万，成为历届奥运会之

---

[1] UNV: *Laws and Policies Affecting Volunteerism* since 2001, 2009.
[2] Anheier, H. K. & Salamon, L. M., "Volunteering in Cross-national Perspective: Initial Comparisons," *Law and Contemporary Problems*, 62 (4), 1999.
[3] 谭建光：《汶川大地震灾区志愿服务调查分析》，《中国党政干部论坛》2008年第7期。
[4] UNV: *Laws and Policies Affecting Volunteerism* since 2001, 2009.

最。北京奥运会的志愿者工作，大大提升了志愿者的社会地位，进一步加强了社会大众对志愿服务的认知，同时也让各级管理部门认知到志愿服务的社会效益及经济效益，间接推动了我国志愿服务体系的建设。[①] 近年来，中国志愿服务事业恰逢历史性发展机遇，《慈善法》和《志愿服务条例》的颁布明确表明中国政府大力推动志愿服务发展的决心。

5. 志愿服务规范需求

虽然志愿服务旨在服务社会，但公众对志愿服务了解程度不高、志愿者自身不专业等问题，均可能导致活动过程中的风险。主要有两种表现：一是志愿者在服务过程中可能遭受损失，二是在志愿服务过程中可能给服务对象或他人带来损失。2006年，韩国通过《志愿服务基本法》，要求国家和地方政府确保在安全的环境中进行志愿服务，并且规定了对志愿者的具体保护措施，包括为志愿者提供保险、实物保护以及保护志愿者在服务过程中可能发生的人身安全侵害及财产损失。[②]

大型赛会志愿者因人数众多，易面临疾病、工伤、交通事故等各种类型的风险；应急救灾中，志愿者亦面临自然灾害带来的人身安全威胁；日常社区志愿服务，部分志愿者因缺乏专业技能，在照顾老人或残障群体时，可能给其带来身体上的伤害。这些都引发了我国对志愿者安全及志愿服务风险管理的重视。《慈善法》要求，在参与慈善服务前，志愿者或志愿服务组织需提前告知服务对象活动过程中可能发生的风险，如有必要，可事先与志愿者签订协议，服务前为志愿者购买人身意外伤害保险等，更好地保护了志愿者，规范了志愿服务活动的执行，促进了行业的发展。

（三）志愿服务法制化常见内容体系

1. 基本概念界定

志愿服务法制化的第一步是界定志愿服务相关概念。以我国台湾地区

[①] 何珍文、王群：《试论北京奥运会志愿服务活动对建立和完善我国社会志愿服务体系的影响》，《北京体育大学学报》2008年第3期。

[②] UNV: *Laws and Policies Affecting Volunteerism* since 2001, 2009.

"志愿服务法"为例,其中对志愿服务及志愿者做了详细规定,如其定义"志愿服务"是"民众出于自由意志,非基于个人义务或法律责任,秉诚心以知识、体能、劳力、经验、技术、时间等贡献社会,不以获取报酬为目的,以提高公共事务效能及增进社会公益所为之各项辅助性服务"。这一定义很好地将志愿服务的自愿性、无偿性、公益性涵括在内,并将志愿服务与义务服务及其他辅助性刑事处罚性社区服务及义工劳动区分开来。①

我国目前虽然尚无全国范围的志愿服务法,但2016年《慈善法》对志愿服务及组织做了初步的界定。如"本法所称慈善组织,是指依法成立、符合本法规定,以面向社会开展慈善活动为宗旨的非营利性组织。慈善组织可以采取基金会、社会团体、社会服务机构等组织形式"。另《慈善法》对志愿服务也做了初步界定,"本法所称慈善服务,是指慈善组织和其他组织以及个人基于慈善目的,向社会或者他人提供的志愿无偿服务以及其他非营利服务",将志愿服务纳入慈善服务之中。2017年,国务院颁布实施的《志愿服务条例》进一步规范了基本概念。如条例规定"志愿者,是指以自己的时间、知识、技能、体力等从事志愿服务的自然人","志愿服务组织,是指依法成立,以开展志愿服务为宗旨的非营利性组织"。

2. 志愿者、志愿服务、志愿服务组织及管理规范

志愿服务以自愿为原则,又因其具有无偿性、公益性的特点,通过立法及制定相应政策对其进行规范尤其重要,其内容一般包括对志愿者、志愿服务及志愿服务组织的管理规范。

关于志愿者的规范。以我国台湾地区"志愿者伦理守则"为例,其规范了志愿者的基本伦理,如"持之以恒""不享受特权""不敷衍应付""不涉及政治、宗教、商业行为""配合志愿服务运用单位""尊重他人,维护隐私"等,在一定程度上防止了部分志愿者以"志愿服务"的名义谋取私利。②《慈善法》在慈善服务相关条款中并未特别对志愿服务行为及道德

---

① 参见我国台湾地区"志愿服务法",淘豆网,https://www.taodocs.com/p-104411673.html。
② 参见我国台湾地区"志愿者伦理守则"原文。

规范做出规定,但《志愿服务条例》中强调了"志愿服务,应当遵循自愿、无偿、平等、诚信、合法的原则,不得违背社会公德,损害社会公共利益和他人合法权益,不得危害国家安全"。

志愿服务管理的规范多体现在志愿服务法律及政策中对主管单位及涉及志愿服务相关部门权责的规范。如我国台湾地区"志愿服务法"规定了志愿服务主管机关及其他事业主管单位需规划、研究、协调志愿服务发展,鼓励公共部门运用志愿服务。① 英国、美国、澳大利亚、阿根廷、韩国等数十个国家,也对志愿服务相关机构的宗旨、结构、职能、法律执行及资源协调制定了相应的规范。② 我国志愿服务发展一直面临"多头管理"的难题,《志愿服务条例》初步进行了管理机制规范,如指出精神文明建设指导机构负责协调统筹,民政部门负责行政管理等。

志愿服务组织的规范在各法律条文及政策文件中最常见的体现如志愿者招募,志愿者登记管理、培训,志愿服务活动规范。如《慈善法》要求"慈善组织应当对志愿者实名登记,记录志愿者的服务时间、内容、评价等信息。根据志愿者的要求,慈善组织应当无偿、如实出具志愿服务记录证明","慈善组织招募志愿者参与慈善服务,需要专门技能的,应当对志愿者开展相关培训"。

3. 志愿者及志愿服务保障

志愿服务以为社会公共利益服务为目的,但如果管理不当或对风险把控不及时,则极易让志愿者的合法权益受到侵害。志愿服务保障方面的立法不仅是对志愿主体基本权益的保护,也是志愿服务可持续发展的重要促进条件。以美国为例,在1973年颁布实施《志愿服务法》后,随着志愿服务在美国的发展及志愿人数的增加,对志愿者权益的疏忽及法律责任的模糊,导致志愿者遭受人身伤害及财产损失的情况时有发生。为此,1997年美国出台了专门针对志愿者保障的《志愿者保护法》,规定政府及非营利组织对志

---

① 毛立红:《台湾志愿服务法制建设及其借鉴意义》,《甘肃理论学刊》2011年第5期。
② UNV: *Laws and Policies Affecting Volunteerism since 2001*, 2009.

愿者提供额外保护，要求遵守风险管理程序并对志愿者实施强制性培训，同时规定组织对志愿者行为承担与雇主相当的法律责任。①

近年来，我国开始重视志愿者和志愿服务的立法保障，《慈善法》关于慈善服务的规定中明确提出"保障志愿者的合法权益"，"为志愿者购买相应的人身意外伤害保险"，并规定了慈善服务过程中的法律责任及赔偿责任。《志愿服务条例》对志愿服务及相应法律责任、保障提供了进一步的方向指引。其中包括尊重志愿者及志愿服务对象的隐私及人格尊严，为志愿者购买相应保险，依法记录志愿服务信息，并对部分严重违规行为给予如罚款、通报、查处等规定。

4. 志愿服务激励

志愿者自愿、无偿参与社会服务，一定程度上表现为随机性和不可持续性，为此，在志愿者管理及规范中，如何激励志愿者成为不可或缺的内容。英国激励志愿服务的方式包括税收优惠、政府购买、设立专项基金。② 美国在志愿服务激励法制化的呈现上则更多元，1990年发布的《国家与社区服务法案》，以法律形式明确了多种教育奖励计划，如确定教育奖励金额，学生根据志愿服务时长及服务内容的不同，可获得从500到1000美元金额不等的奖学金；设立总统服务奖，为提供重要服务的个人和优秀的服务项目提供奖励；为志愿者提供就业奖励，部分经评定的优秀志愿者可在经批准的国家服务职位上任职。③

《慈善法》在关于"慈善行为"的条款中提到了税收优惠、慈善表彰等促进措施，但并未专门针对"慈善服务"行为给予明确的激励条文。《志愿服务条例》补充了《慈善法》关于志愿服务激励的措施，提出将学生志愿服务纳入实践学分管理，将志愿者记录纳入公务员考录及事业单位招聘考察内容，优秀志愿者享受公共服务优待等。

---

① 参见美国《志愿服务法》原文。
② 李磊、席恒：《英美志愿服务立法的经验及启示》，《郑州大学学报》（哲学社会科学版）2017年第2期。
③ 参见美国《国家与社区服务法案》原文。

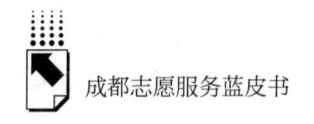

（四）志愿服务法制化实践

1. 各国志愿服务法制化趋势及特点

综观不同国家志愿服务法制化进程，其中有两个重要特点值得注意。

一是多数国家采取志愿服务法律及政策并行的方式。立法有助于消除志愿服务发展过程中可能存在的基础性法律障碍，政策则往往更加灵活，多用于引导志愿服务阶段性发展的目标，推动志愿服务的持续发展，为临机出现的问题提供帮助。以新西兰为例，2002年，新西兰政府制定了与志愿服务相关的政策，承认志愿服务在社会经济发展中的作用，鼓励社区志愿服务发展及政府采购志愿服务机构服务。随后两年，该国陆续设立了支持志愿服务的专项基金，建设了社区志愿者中心，进一步推动了志愿服务机构的发展，并在2007年启动了后续的立法工作。欧洲国家尤其注重法制建设，并在法律框架下，各阶段的相关政策同样体现出志愿服务的发展趋势。最具代表性的是英国，2009年，英国政府提出的"大社会"概念，强调通过志愿服务实现社区参与，鼓励人们在社会中发挥积极作用，并陆续出台"大社会资本""大社会网络""志愿者与社会发展计划"等相关政策，鼓励和刺激了志愿服务的长足发展。[1]

二是部分国家通过修订现有法律或政策促进志愿服务发展。由于单独立法往往面临程序复杂、耗时过长等问题，部分国家在确定了现存志愿服务面临的特定法律障碍后，会采用修订相关条文的方式保障志愿服务发展。如2003年，澳大利亚修订了《民事责任法》，保护志愿者在从事社区工作时，免于承担民事责任。2004年，南非修订了《移民法》，以便为国际志愿者提供签证程序。[2]

2. 中央层面志愿服务法制化趋势及特点

中央层面在出台专门针对志愿服务的法律及政策之前，部分涉及志愿服

---

[1] Dillon, D. & Fanning, B., *Lessons for the Big Society: Planning, Regeneration, and the Politics of Community Participation*, Routledge, 2011.

[2] UNV: *Laws and Policies Affecting Volunteerism since 2001*, 2009.

务的条文散见于不同的法律法规，如《中华人民共和国红十字会法》《中华人民共和国公共文化服务保障法》《社团登记管理条例》等。近十年来，随着国家对志愿服务的重视，相关法律及政策越来越多，其中有四个较明显的趋势及特点。

一是加强志愿服务信息管理。我国志愿者人数庞大，为此相关部门陆续出台与志愿服务信息管理相关的政策。如2012年，民政部出台《志愿服务记录办法》；2013年，团中央发布《中国注册志愿者管理办法》；2015年，民政部推出《志愿服务信息系统基本规范》，为志愿者登记注册、志愿者信息管理、服务时间管理、团体信息管理、评价投诉信息管理提供了规范及指引。2018年，民政部进一步印发《"互联网+社会组织（社会工作、志愿服务）"行动方案（2018～2020年）》。该方案指出，到2020年，实现各级社会组织登记管理机关信息化办公、网络化服务，全国社会工作和志愿服务等相关数据的互联互通、共建共享。

二是完善志愿服务组织规范。《志愿服务条例》对"志愿服务组织"做了概念界定，初步将志愿服务组织与其他慈善组织、社会组织、社工组织、社会团体等区别开来。2016年，中央宣传部、中央文明办、民政部等8部门印发《关于支持和发展志愿服务组织的意见》，提出建立布局合理、管理规范、服务完善、充满活力的志愿服务组织体系。2018年，民政部先后发布《关于做好志愿服务组织身份标识工作的通知》《志愿服务组织基本规范（征求意见稿）》，规定了志愿服务组织的基本要求、服务、管理、评估与改进等。

三是志愿服务与各个部门工作结合。随着我国志愿服务的发展，志愿服务逐步渗透精神文明建设、青年发展等，并成为创新社会治理的一个重要方式。2015年，教育部发布《学生志愿服务管理暂行办法》，将志愿服务纳入实践学分及素质教育。2016年，中央文明办发布《关于公共文化设施开展学雷锋志愿服务的实施意见》，深入推进图书馆、博物馆、文化馆、美术馆、科技馆等公共文化场馆的志愿服务。2018年，团中央、教育部印发《关于在高校实施共青团"第二课堂成绩单"制度的意见》，将社会实践锻炼、志愿服务公益纳入高校学生发展服务体系。同年，中国文联发布《文艺志愿服务管理办法》，对文艺志愿者和文艺志愿服务组织做了规定，推动文艺志愿服务制度化。中共中央办公厅印发《关于建设新时代文明实践中心试点工作的指导意见》，将志愿服务与乡村振兴、农村精神文明实践等相结合。

四是加强相应惩罚措施。国家对志愿服务的法制化不仅体现在志愿服务的管理及规范上，还体现在法律责任及惩罚措施的进一步细化上。如《慈善法》规定，慈善组织泄露志愿者信息，视情节严重情况，民政部门将给予警告、责令限期改正、整改、吊销登记证书等惩罚措施。在慈善服务过程中，因过错造成受益人、第三人损害的，视原因及严重程度，依法追究慈善组织或者志愿者责任。政府部门强行指定志愿者提供服务，由上级机关或者监察机关责令改正或给予处分。《志愿服务条例》除扩展了《慈善法》中关于慈善服务的违规惩罚措施外，还进一步补充了其他规定。如志愿服务组织、志愿者如有向志愿服务对象收取或变相收取报酬的，由民政部门予以警告、责令退还；情节严重的，将处以所收取报酬一倍以上五倍以下的罚款。以志愿服务名义进行营利性活动的组织和个人，由民政、工商等部门依法查处。

3. 地方层面志愿服务法制化趋势及特点

各地由于经济、文化、社会基础的不同，志愿服务的发展各有特色，相应的法律法规也不尽相同。对比不同省、区、市与志愿服务相关的法规及政策，其中有两大趋势及特点。

一是紧跟中央方向，完善政策制定。截至2018年底，我国共有40余个省市地区颁布了该行政区域内的志愿服务条例。随着2017年12月1日国务院《志愿服务条例》实施，部分省市也结合自身实际，对本级条例进行修订。目前，天津市、辽宁省、浙江省、河南省、山西省对志愿服务条例进行了调整。

二是因地制宜，创新发展。如上海除了学习全国《志愿服务条例》，完善《上海市志愿服务条例》外，还进一步制定了《上海市突发事件志愿服务管理办法》、《上海市志愿者服务基地创建管理办法》、《上海市志愿者协会志愿服务总队管理办法》、《上海市社区志愿服务中心功能优化评估标准》和《上海市区级志愿服务指导中心功能优化评估标准》，加快了上海志愿服务的法制化进程。

二 成都志愿服务法制化

（一）成都志愿服务不断夯实的法制化基础

1. 政策基础

2009年，成都市委、市政府下发《成都市创建全国法治城市工作方案》，对新时代下的成都市的法治提出了新的要求，并于第十五届人大常委会第十次会议通过了《成都市人民代表大会常务委员会关于创建全国法治城市的决议》。2014年，《成都市依法治市实施纲要》出台，进一步规划了成都市未来六年的法制化建设目标。2016年1月15日，成都市第十六届人民代表大会第四次会议通过的《成都市国民经济和社会发展第十三个五年规划纲要》，尤其强调了"运用法治思维和法治方式推动发展"，包括做好地方性法规制定，发挥立法推动和保障经济社会发展的作用；建设法治政府，将政府活动全面纳入法治轨道。这些都为成都志愿服务法制化提供了很好的政策基础及立法方向指引。

2. 经济基础

成都是西部重要的中心城市，是国务院规划确定的西南地区科技、商贸、金融中心和交通、通信枢纽中心。成都在"十二五"期间积极"打造西部经济核心增长级、建设现代化国际化大都市"。全市的GDP从2010年的5551.3亿元提升到2015年的10801.2亿元，人均GDP达到12085美元。城乡居民收入年均增速明显，2015年，城镇居民人均可支配收入达33476元，农村居民人均纯收入达17690元。除了经济上的发展，成都在"十二五"期间也率先开创内陆城市走向国际化的尝试，逐步成为联通世界的航空枢纽、铁路枢纽、公路枢纽和口岸服务中心，不仅实现了85条国际（地区）航线、蓉欧快铁双向运营，而且在中西部率先实施72小时过境免签政策。成功举办《财富》全球论坛、世界华商大会。外国政府获批在成都设立领事机构达15个，世界500强企业数量居中西部之首，被评为"全球最佳新兴商务城市""中国最佳表现城市"。在此基础上，成都"十三五"规划进一步提出将成都打造成"现代治理先进城市""幸福城市"。志愿服务日渐成为成都下一步国际化发展及现代化城市治理的重要战略之一，也由此对志愿服务的法制化提出国际化、精细化的要求。

3. 文化基础

成都不仅是西部重要的政治经济中心，还是国务院首批公布的24个历史文化名城之一。成都被誉为"天府之国"，是古蜀文明重要发祥地，孕育形成了独具魅力的天府文化。成都市第十三次党代会提出"传承巴蜀文明，发展天府文化"，并诠释了以"创新创造、优雅时尚、乐观包容、友善公益"为核心的现代天府文化。这不仅体现了成都人友善互助、乐善好施的传统美德，也进一步彰显了天府文化的现代风采。同时，党代会还进一步提出"改善城市民生""使城市发展更有温度"，倡导邻里互助、关爱老人，保障妇女、未成年人和残疾人合法权益。无论是"友善公益"还是"使城市更有温度"，这些都与志愿服务的内涵接近，与成都市民的获得感、幸福感、安全感息息相关，也为成都志愿服务的发展提供了良好的文化土壤和群众基础。

4. 社会基础

四川西部是地震多发带，如2008年的汶川地震、2013年的芦山地震、2017年的九寨沟地震，这些重大应急救援都持续激发着当地市民的抗震救灾及志愿服务热情。相比北京以奥运会、广州以亚运会、上海以世博会等大型赛事及活动为契机，推动志愿服务发展不同，成都的志愿服务发展在社会化基础方面，在全国独一无二，有着天然的群众基础。近些年来，成都志愿服务组织和志愿者规模不断扩大，据成都市文明办官方网站统计，截至2018年底，成都市注册志愿者总人数超200万人，志愿服务队伍近2.5万人，志愿活动总数超27万次。成都市"十三五"规划进一步将志愿服务与社会发展及治理相结合，提出"创新社会治理和服务机制"，强调改进社会治理方式；"营造良好氛围"，鼓励引导社会力量，激发市民参与城市建设的积极性，提高全民参与度；"提高全社会文明素质"，深化文明城市建设。成都志愿服务无论是抗震救灾"应急"，还是全民"常态"参与，都为其法制化发展积累了良好的社会基础及精神内涵。

（二）成都志愿服务日益规范的法制化进程

1. 2008年以前：起步探索阶段

2017年，在国务院正式颁布全国《志愿服务条例》前，从1999年《广东省青年志愿服务条例》我国第一部有关志愿服务的地方立法就已开始。随后山东、福建、黑龙江等省份，宁波、杭州、抚顺等城市陆续出台地方条例。2005年6月6日，成都正式实施《成都市志愿服务条例》，明确了志愿者组织职责、志愿者权利义务以及关于志愿服务的支持保障及法律责任。这是全国第九部也是西部第一部志愿服务地方性法规，是成都市志愿服务法制化建设历程上的重要里程碑。

2. 2008～2013年：初步建立阶段

2009年，成都市委、市政府下发创建"法治城市"的新目标，对新形势下的法治管理提出新规范和新要求。为了适应成都市志愿服务的发展，参照《成都市志愿服务条例》《中国注册志愿者管理办法》，2012年，成都市志愿服务工作委员会办公室发布《成都市注册志愿者管理办法》，规范了志愿者注册登记方式，要求建立注册志愿者档案和服务需求档案，并制定了志愿者星级评定、评选表彰、荣誉授予等规定，大大地推动了成都志愿服务的发展。同年，成都市青年志愿者协会发布《成都市青年志愿者培训管理办法》，规范志愿者培训管理工作，其中提出的系统性、制度化、主动性、多样化和效益性五大原则，为成都青年志愿服务水平的提升提供了重要指引。

3. 2014～2016年：逐步成熟阶段

2014年，成都提出未来六年法制化建设目标，2016年，成都"十三五"规划强调建设"法治政府",用法治推动和保障发展。中央对志愿服务也提出制度化、体系化要求,陆续印发《关于推进志愿服务制度化的意见》《关于支持和发展志愿服务组织的意见》。成都志愿服务紧跟成都市发展需求及中央精神,2014~2016年,由成都市文明办牵头,先后发布了《关于推进志愿服务制度化建设的实施意见》《成都市志愿者和志愿服务组织激励回馈制度(试行)》《成都市志愿服务供需对接制度(试行)》《成都市志愿者星级评定制度》《成都市志愿者注册登记管理办法(试行)》和《成都市志愿服务记录办法(试行)》。这些制度文件在《成都市志愿服务条例》的基础上明确了志愿者从登记到记录再到供需对接及评定激励等多方面的措施,对促进成都志愿服务管理的精细化具有重大意义。

4. 2017年至今:多元拓展阶段

随着政府对志愿服务的高度重视,志愿服务已成为成都市城乡社区发展治理,打造"友善公益"天府文化的重要方式。成都这一阶段志愿服务制度及政策的制定,逐渐由文明办牵头制定基础制度,拓展到教育局、发改委等其他部门制定具体行业志愿服务规范,文件内容也从广泛的志愿者及志愿服务向社区志愿服务、学生志愿服务及城市治理等多元式发展。2017年,成都市文明办、民政局、组织部、城乡社区发展治理委员会印发《成都市深化社区志愿服务的实施方案》,提出构建社区志愿服务队伍体系,培育社区志愿服务组织,鼓励干部职工及青少年深入社区开展志愿服务,并进一步为社区志愿服务的激励、评定、传播等提供了建议。2018年,成都市推进户籍制度改革,《成都市居住证积分入户管理办法(试行)》规定申请人参加志愿者服务,在成都志愿者网(App)实名注册登记并获得志愿服务时长,根据不同服务时长可申请不同额度的入户积分。

(三)成都志愿服务法制化成效及挑战

1. 成都市级层面

经过近15年的探索,成都在志愿服务法制化、制度化的发展进程中已取得初步成效(参见表1)。

表1 2005年以来成都市志愿服务部分重点文件及规章

序号	发布/实施年份	文件名称	重点内容
1	2005	成都市志愿服务条例	规定了志愿者组织主要职责、志愿者基本条件、权利及义务、志愿服务的范围、对象、志愿者、志愿者组织、志愿服务对象的关系、经费保障及支持措施、法律责任
2	2012	成都市注册志愿者管理办法	在《成都市志愿服务条例》的基础上进一步明确了志愿者权利及义务,规范了志愿者注册登记的申请、审核、记录机制,要求志愿者组织建立注册志愿者档案和服务需求档案,明确了记录志愿服务活动时数、志愿者一星级到五星级的评定标准,劝退机制及法律责任
3	2012	成都市应急志愿者管理暂行办法	规定了应急志愿者组织管理机制,应急志愿者类型,应急志愿者招募、培训、派遣、激励、保险、保障等机制
4	2014	关于推进志愿服务制度化建设的实施意见	从志愿服务招募注册制度、培训管理制度、供需对接制度、服务记录制度、激励回馈制度、政策和保障制度六个方面提出了成都建立健全志愿服务制度的具体意见
5	2015	成都市志愿者和志愿服务组织激励回馈制度(试行)	建立了以星级评定、优秀志愿者荣誉评选、推荐评选、宣传奖为主的荣誉嘉许方式;对志愿服务激励回馈的内容和程序进行了规定,明确了出行优惠、参观旅览、医疗保险、就医保障、公共服务、培训优惠、生活帮扶、场地使用等九类志愿服务激励措施
6	2016	成都市志愿服务供需对接制度(试行)	鼓励注册志愿者根据自己的特长和意愿,通过官方志愿者网认领服务岗位;在城乡社区和社会服务机构推广设立志愿者服务站,提高便利性;收集整理群众志愿服务需求拟定项目;有志愿服务需求的单位或个人需求信息发布方式;志愿服务活动相关方书面协议指引
7	2016	成都市志愿者星级评定制度	细化了成都市志愿者星级评定基本条件、各级权限及评定流程、评定周期及公示标准
8	2016	成都市志愿者注册登记管理办法(试行)	明确了"志愿者""注册志愿者""注册志愿组织"概念,规范了注册志愿者条件、注册程序、注册志愿者权利及义务,相关部门及组织对注册志愿者的管理
9	2016	成都市志愿服务记录办法(试行)	规范了成都市志愿服务记录内容及标准,包括志愿者个人基本信息、志愿服务信息、培训信息、表彰奖励信息、被投诉信息等
10	2017	成都市社区应急志愿服务队管理办法	规定了全市社区应急志愿服务队组织体系、招募条件、权利及义务、保障及培训、管理及调用、奖惩等

资料来源:成都市志愿者网与成都市文明办。

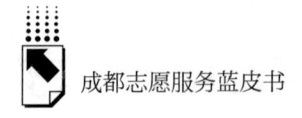

2.成都市级职能部门层面

成都市级各职能部门在其各自负责的业务领域，积极落实相关法规及文件。与此同时，积极探索将志愿服务与其业务领域结合，在推动不同领域志愿服务的专业化、制度化、常态化发展方面取得不少成果。

（1）成都市民政局

成都市民政局对志愿服务制度化，尤其是志愿服务组织规范化发展起着重要作用。市民政局先后发布《成都市支持和发展志愿服务组织的实施意见》《关于对全市志愿服务组织队伍激励补贴的通知》，提出要积极建立健全志愿服务组织体系，推进志愿服务组织依法登记，完善志愿服务组织监督管理。同时，民政局积极倡导"社工+志愿者"的社区服务及创新治理模式，2017年，市级层面开展了首批"五星级志愿者"评定，评定超过1500小时服务记录的周红、王可成、苏世杰等10名志愿者为"五星级志愿者"，对全市志愿者的发展起到了很好的精神激励作用。

（2）成都团市委

成都团市委志愿服务工作，主要依托成都市青年志愿者协会开展。协会由志愿从事社会公益与社会保障事业的各界青年人士组成，通过组织和指导志愿服务活动，弘扬"奉献、友爱、互助、进步"的志愿者精神。团市委对成都青少年志愿服务精神培养及成都大型活动志愿服务支持起着重要作用。在规章及政策上，团市委陆续出台《成都市青年志愿服务培训管理办法》、《成都市青年志愿组织管理办法》、《成都市大型赛会志愿服务项目管理办法》、《成都市青年志愿服务评选表扬办法》和《成都市青年志愿服务激励措施》。

（3）成都市卫健委及直属部门

成都市卫健委直属事业单位共20家，开展了医疗健康、应急救助、无偿献血、关爱老人等具有医疗健康特色的志愿服务，形成了较大的社会影响。在制度方面，各支志愿者队伍结合实际工作，不断规范完善志愿活动，建立了志愿者管理、星级志愿者评定、志愿服务培训、登记注册、服务工时管理、考评奖励等工作制度，如成都市第六人民医院《志愿者工作制度》

《志愿者培训制度》《志愿者服务制度化工作安排》、第七人民医院《医院志愿服务流程》《医院志愿者管理办法》以及《成都市志愿者无偿献血宣传服务队管理体系》《成都市无偿献血宣传服务队奖励办法细则》《成都市志愿者无偿献血宣传服务队志愿者管理办法》。

（4）成都市教育系统

成都市教育局坚持以评价为导向，鼓励中小学生参加各类志愿服务活动，着力培养中小学生的道德品质和实践能力，取得了一些实效。2012年，市教育局下发了《成都市教育局关于深入推进全市教育系统志愿服务工作的通知》，成立了全市教育系统"学雷锋"志愿服务总队，建立机关、教师、大学生、中学生、小学生五个志愿服务大队，极大地促进了成都教育系统志愿工作的发展。同时，教育局发布了《成都市教育现代化阶段性督导评估指标》体系，注重对学生"爱护环境卫生、遵守规则行为、志愿服务"等情况做出评价；研制《成都市中小学教育质量综合评价指标体系》，把志愿服务纳入考核内容；研制《成都市中小学生综合素质评价手册》，对学生的社会责任感、爱心奉献等公民素养进行评定。

（5）成都市文化系统

成都积极贯彻落实中央《关于加快构建现代公共文化服务体系的意见》，在全市依托公共文化服务设施大力开展文化志愿服务活动，不断培育和发展志愿者服务队伍，有效推动了成都文化志愿服务制度化、规范化、常态化发展。结合成都实际，相关部门及单位陆续发布志愿服务规章及制度，规范文化志愿服务健康发展，包括《成都市文化馆文化志愿服务管理办法》、《成都市文联文艺支教志愿服务项目志愿者管理办法》、《成都市文化馆文化志愿服务制度》、《成都图书馆志愿者管理办法》、《成都博物馆志愿者章程》、《成都武侯祠博物馆文化志愿者章程》和《金沙遗址博物馆志愿者章程》等。

3. 成都市各区（市）县级层面

成都市各区（市）县结合其实际情况也在不断探索在地化的志愿服务制度化发展之路，尤其注重有当地特色、更贴近生活、更多元化的激励及表彰机制制定（参见表2）。

表2 成都市各区（市）县部分代表性规范文件

区域名称	文件名称
青羊区	《青羊区推进志愿服务制度化工作安排》《青羊区志愿服务公益积分兑换实施办法（试行）》《青羊区志愿服务基层定期培训制度（试行）》《青羊区志愿服务骨干队伍工作例会制度》
天府新区	《天府新区推进志愿服务制度化工作安排》《天府新区志愿者和志愿服务组织激励回馈制度（试行）》
武侯区	《武侯区志愿服务注册登记管理办法》《武侯区志愿服务供需对接制度（试行）》《武侯区志愿服务记录办法》
郫都区	《郫都区志愿者星级评定制度》
龙泉驿区	《龙泉驿区志愿服务嘉许回馈实施办法（试行）》
青白江区	《青白江区优秀志愿者和志愿服务组织激励办法》
新都区	《成都市新都区志愿者星级评定实施细则》
锦江区	《锦江区志愿者星级评定制度（试行）》《锦江区志愿服务激励回馈办法（试行）》
彭州市	《彭州市志愿服务激励回馈办法》
简阳市	《简阳市志愿服务管理办法》
大邑县	《大邑县志愿者星级评定制度》

资料来源：成都市志愿者网与成都市文明办。

4. 成都志愿服务法制化现状及挑战

成都在志愿服务法制化进程中取得初步成效，同时也体现了一定的成都地域特色。如2005年发布的《成都市志愿服务条例》，不仅是成都第一部关于志愿服务的地方性法规，也是我国西部地区第一部，为西部其他城市起了很好的示范效应。由于地域环境，抗震救灾是成都志愿服务的重要内容之一，2012年印发的《成都市应急志愿者管理暂行办法》，为其他城市在应急志愿者、应急志愿组织及队伍建设和应急服务管理机制等方面，都起到了一定的示范作用。2017年，《成都市社区应急志愿服务队管理办法》的出台，进一步将成都市应急志愿者的管理推向制度化、常态化、专业化、社区化。

各职能部门积极将志愿服务纳入常态化工作，并在各自领域探索完善相应制度。如卫健委及下属单位大多建立了志愿者招募、培训、队伍管理、奖励措施等细则，保证了与医疗相关的志愿服务的安全性、专业性及规范性。教育部门积极推动各类与教育相关的志愿服务队伍的建立，并将其纳入评价标准，初步尝试了将志愿服务与行业发展多维深度结合。各区在响应市相关制度的同时，积极探索区级管理特色，制定区级工作细则及执行机制，尤其是激励回馈办法因地制宜，将物质奖励、精神奖励及入户积分等有效结合，为推动志愿服务的属地化、区域化、社区化管理助一臂之力。

然而相比其他城市，成都志愿服务的制度体系仍有待进一步完善。一是制度修订略滞后。虽然《成都市志愿服务条例》开了我国西部志愿服务法制化管理之先河，但随着近几年志愿服务的快速发展，《成都市志愿服务条例》已远不能满足成都市当前志愿服务发展的需求，有必要及时对标国务院《志愿服务条例》，并结合其他省市经验进行修订。二是缺乏整体志愿服务管理体系。目前虽然各职能部门逐步意识到志愿服务在其领域的作用，各区、县及社区亦不断寻求因地制宜的管理方式，但对比如广州、深圳等其他城市，成都在全市的协调及管理机制仍有待统筹、完善，而这在未来也将进一步影响制度的落实及成效。三是制度的多元性及多维度有待拓宽。目前制度多聚集于志愿者管理，如志愿者注册登记、管理规范、评定激励等，但较少关于志愿服务体系化发展的配套制度，如志愿服务基地管理、志愿服务基金会管理、志愿者培训管理等专项及精细化制度。四是现有制度的落实跟进。如《成都市志愿服务激励办法》对志愿者个人激励、志愿服务组织评估及奖励、社区志愿服务激励等责任均落实到各相关部门，后期如何跟进制度的落实情况仍有待进一步细化及完善。

（四）成都志愿服务法制化发展方向

1. 高屋建瓴，顶层设计提高战略定位

志愿服务的法律和政策由国家需求和政府方向所驱动，在志愿服务发展前期，通过立法及政策的出台，提高公众对志愿服务需求的认识以及志愿服务的价值和目的尤为重要。近几年随着国际社会对志愿服务认知的提升，越来越多国家，如澳大利亚、新加坡等将志愿服务视为实现可持续发展目标的重要途径，并将志愿服务与国家及城市发展战略相结合。

我国志愿服务从20世纪80年代以社会民众自主发起为主，进入21世纪,特别是2008年后逐步进入国家视野。从党的十六届四中全会论及党的执政能力建设正式提及"志愿服务",到党的十八大提出大力发展志愿服务,再到党的十九大提出推动志愿服务制度化,志愿服务已逐渐上升为国家战略并与践行社会主义核心价值观、促进社会文明进步、创新现代社会治理等相结合。国家"十三五"规划也将志愿服务纳入其中,提出支持慈善事业发展,广泛动员社会力量开展志愿服务活动。成都相比其他国内外城市,在志愿服务发展上有很好的社会、经济、文化基础,但在塑造志愿服务文化内核、价值方面,战略观念仍有待加强。如何将志愿文化与成都的城市文化结合,与成都的经济及社会发展结合;如何将志愿服务发展纳入成都市未来综合发展规划,融入城乡社区治理和社会建设;如何与其他各项社会事业统筹考虑,协调推进,这些都将决定成都志愿服务法制化未来的价值内核、发展高度及治理体系。

2. 与时俱进,修订条例强化法制保障

志愿服务法制化非一蹴而就,而是一个与时俱进、不断发展、及时更新的过程。《成都市志愿服务条例》作为全市性第一部关于志愿服务的综合性法规,自2005年实施以来,对成都志愿服务起到了重要的指导和规范作用。近15年来,成都发展日新月异,对标当前国家对志愿服务的管理方向、国务院《志愿服务条例》的最新规定,以及成都经济、社会、文化发展的现状,条例均已无法满足现有需求,有必要及时进行修订完善,其中尤其需注意五大方面。一是基本定义及概念。《成都市志愿服务条例》中志愿服务、志愿者、志愿服务组织的定义均与国务院《志愿服务条例》有所不同,需及时调整,保持同步。二是志愿服务管理体系。国务院《志愿服务条例》初步明确了文明办系统统筹,民政系统行政管理、各负其责的志愿服务管理体系。《成都市志愿服务条例》制定时间较早,未对志愿服务管理体系进行规定。三是志愿服务信息管理。国务院《志愿服务条例》规定了志愿服务信息平台,并要求按统一的信息数据标准录入指定的志愿服务信息系统,实现数据互联互通。《成都市志愿服务条例》在2005年实施时,志愿服务管理部门尚未开发志愿服务电子信息平台,需结合现状对此方面进行补充。四是权利及义务。国务院全面规定了志愿者在活动开展不同阶段所享有的权利和义务，《成都市志愿服务条例》需对应不同方面进行增加。关于志愿服务组织义务、志愿服务活动的规范，两条例均有所差异，成都需及时更新。五是促进措施及法律责任。《成都市志愿服务条例》的促进措施多围绕资金管理及志愿者表彰，国务院《志愿服务条例》的促进措施还涉及政策制定、意识培养、政府购买、氛围营造等多方面，须对标中央做相应延伸。法律责任方面，《成都市志愿服务条例》主要围绕志愿服务活动，还需完善对志愿服务组织、管理部门以及社会监管方面的责任规定。

3. 精细管理，拓展志愿服务配套制度

志愿服务的法制化是一个系统工程，配套制度的设计是志愿服务精细化、系统化管理的必然要求。借鉴其他国家及其他省市先进经验，建议成都可从四个方面着手。一是制定涵盖志愿服务各环节的规章制度。如志愿者服务守则、志愿者注册管理办法、志愿者信息管理办法、志愿者奖励办法等，从招募、面试、签约、训练、服务、督导、考核、奖励等各个环节规范，从全市层面，在各环节的运作程序上做出明确规定。二是制定与志愿服务组织相关的制度，规范组织发展。如志愿服务组织注册登记管理办法、志愿服务组织评估标准、志愿服务组织标识管理规范、社区志愿服务站点管理办法等。三是从内容上做制度细分。如学生志愿服务管理办法、企业志愿服务管理规范、专业志愿服务操作指南、农村志愿服务管理办法、党员志愿服务管理制度、外籍人士志愿服务管理规定等。四是区（市）县级及各职能部门配套制度设计。如各区（市）县在全市法规及制度下，完善各自实施细则，制定有针对性的区级规章，督促本级各职能部门将志愿服务纳入发展战略及日常工作，参照市级条例，配套各领域法规及制度。同时，按照《立法法》的规定，制定地方性法规，对上位法已经明确的内容一般不做重复性规定，因此，各区（市）县制定区级层面的法规，更应着重区域特色。

4. 贯彻落实，全面强化法制化实效

法律、法规、规章只是志愿服务法制化的第一步，制度的贯彻落实是决定法制化成效的关键。建议可从三方面强化。一是加强学习宣传，强化志愿服务法制化精神。面向成都全社会宣传好志愿服务各规章制度倡导的主要精神，提高市民对志愿服务的知晓度，充分认识志愿服务在精神文明建设、城市建设及社会发展中的重要作用，帮助市民理解志愿服务过程中的责任意识、规则意识、奉献精神。二是加强工作队伍建设，保障制度落实。可借鉴其他城市经验，设立成都市志愿服务联合会以支撑政策执行；发展成都市志愿服务基金会，保障预算经费；建立成都市志愿服务学院，开展关于志愿服务的法律政策学习及培训。形成以市文明办为领导，以志愿服务联合会为抓手，以志愿服务基金会和志愿服务学院为支撑的"一体两翼"志愿服务工作体系，全方位保证法律规章学习落实到位。三是大力发展志愿服务组织，规范志愿服务活动，深化政策实践。引导志愿服务组织不断提升能力，充分发挥枢纽性平台，如云公益发展促进会和成都公益组织服务园的作用；依托综合服务设施、各类公共服务机构、工业园，广泛设立志愿服务站点，如社区志愿服务中心、商务楼宇志愿服务站等；引导广大志愿服务组织依据法规制定的原则、程序和标准，合法合规开展志愿服务活动，并逐步形成制度化落实的评估考核机制，做到有奖有罚。

参考文献

[1] 毛立红：《中国志愿服务法制化研究》，中国人民大学出版社，2013。

[2] UN：*Recommendations on Support for Volunteering*，A/RES/56/38，2002，https：//www.unv.org/sites/default/files/A%20RES%2056%2038.pdf.

[3] UNV：*Laws and Policies Affecting Volunteerism since 2001*，2009，https：//www.ifrc.org/docs/IDRL/Volunteers/VolunteerismLaws2001.pdf.

[4] UNV：*UNV and China：35 Years of Collaboration*，2018，https：//www.unv.org/publications/unv-and-china-35-years-collaboration.

[5] 薛宁兰、邓丽：《中国慈善法研究与立法建议稿》，中国社会科学出版社，2014。

[6] 王漠：《德国志愿服务立法的特点》，《新疆人大（汉文）》2016年第1期。

[7] Anheier, H. K. & Salamon, L. M., "Volunteering in Cross-national Perspective：

Initial Comparisons," *Law and Contemporary Problems*, 62 (4), 1999.
[8] 谭建光:《汶川大地震灾区志愿服务调查分析》,《中国党政干部论坛》2008 年第 7 期。
[9] 我国台湾地区"志愿服务法"。
[10] 我国台湾地区"志愿者伦理守则"。
[11] 毛立红:《台湾志愿服务法制建设及其借鉴意义》,《甘肃理论学刊》2011 年第 5 期。
[12] 美国《志愿服务法》。
[13] 美国《志愿者保护法》。
[14] 何珍文、王群:《试论北京奥运会志愿服务活动对建立和完善我国社会志愿服务体系的影响》,《北京体育大学学报》2008 年第 3 期。
[15] 李磊、席恒:《英美志愿服务立法的经验及启示》,《郑州大学学报》(哲学社会科学版) 2017 年第 2 期。
[16] 美国《国家与社区服务法案》。
[17] Dillon, D. & Fanning, B., *Lessons for the Big Society: Planning, Regeneration, and the Politics of Community Participation*, Routledge, 2011.

B.3
成都应急志愿服务发展报告

摘　要： 2008年汶川大地震中的应急志愿服务是成都志愿服务大规模发展的开端。应急志愿服务是成都志愿服务社会力量参与较多、发挥作用相对较大的重要领域。成都应急志愿服务呈现从分散到统一，从经验式应对到科学化、法制化应对，从单一主体到多元主体的发展脉络。成都聚焦突发事件事前、事中、事后三个阶段，围绕防、做、说、建四项工作开展了系列创新实践；政社协同、开放合作、基层覆盖、规范发展、激励回馈等经验做法取得了明显成效。

关键词： 应急志愿服务　应急管理　灾害治理　成都

一　成都应急志愿服务发展历程

新中国成立以来我国应急救灾可以分为四个阶段。一是1949年至1978年，特点是"强调农业保障的生产救灾"。二是1979年至2003年，随着中国改革开放大幕的拉开，应急救灾呈现"经济为先的灾害管理"特征。三是2004年至2008年，非典开启了中国应急管理体系建设，特征是"突出政府能力的应急管理"。四是2008年至今，汶川大地震之后中国全面进入社会力量多元参与的灾害治理阶段。[1] 中国应急管理体系建设始于2003年非典，

---

[1] 张强：《社会救援力量十年发展：从无序到专业》，《中国应急管理报》2018年7月11日，第3版。

而2008年汶川抗震救灾则开启了应急志愿服务元年。

回顾成都应急志愿服务的发展历程，可以清晰地看到成都应急志愿服务从无到有，从分散到统一，从经验式应对到科学化、法制化应对，从政府单一主体到多元社会主体，从不被重视到被高度重视的发展脉络。救援理念从过去的以物为本转变为现在的以人为本。

（一）2003～2008年：从无服务到有服务

尽管在1998年长江、松花江、嫩江流域发生特大洪水时，已有数百万青年志愿者参与抗灾救助活动，发挥了突击队的作用，但直到2003年，志愿服务才开始形成"应急"概念。在2003年非典期间，上千万青年志愿者参与了"抗击非典，与您同心"志愿服务行动。经过五年发展，志愿者队伍已形成一定规模。2008年，应急志愿者在汶川大地震救援中"集体亮相"，从幕后走到台前。因此，有媒体和学者将2008年称为"应急志愿服务元年"。[1]

2008年的汶川大地震也开启了成都市志愿服务史上参与面最大、影响度最高的一次志愿行动。在抗震救援阶段，成都志愿者发挥积极作用。据不完全统计，截至2008年10月28日，成都市20个区（市）县各级团组织累计接受抗震救灾志愿者报名登记177390人，派出志愿者113654人，他们在抢险救援、群众安置、物资搬运、抢耕抢收、伤员转运、心理抚慰等方面发挥了积极的作用。

成都应急志愿服务持续参与灾后重建。成都市青少年发展基金会广泛发动志愿者，通过爱心格子大爱助学网募集资金，以1000元/人的标准资助成都地区重灾家庭学生，并为困难青少年提供学习辅导等形式多样的志愿服务。成都市团市委开展以"感恩""关怀"为主题的志愿活动，广泛招募志愿者赴灾区为援建部队官兵、建筑工人、灾区群众提供理发、理疗、文艺演出等20余项志愿服务，累计派出志愿者共计2210人次，接受服务人员达1.3万人。同时，积

---

[1] 朱伟、王亚飞：《加快建设我国应急志愿服务体系》，《社会治理》2018年第5期。

极动员民间志愿者团队、青年文明号志愿者、青联服务团志愿者赴灾区与安置点开展"三孤"群体结对帮扶工作。同时,团市委在受灾区(市)县安置点按照"六有"标准,有规范地建立志愿服务站,即有经常性的志愿服务项目、有稳定的志愿者队伍、有规范的组织管理制度、有必要的投入经费和运行经费、有适于开展工作的场所并配备办公设备、有专(兼)职志愿服务管理工作者。

2006年,成都团市委发布了《成都市突发公共事件志愿服务应急预案》,这是全国第一个关于志愿服务的应急预案。2008年8月,成都团市委召开由成都市级有关部门、志愿者和志愿者组织代表、专家学者等参加的成都市突发公共事件志愿服务应急工作座谈会,对《成都市突发公共事件志愿服务应急预案》征求意见,并于当年修订公布。修订后的《成都市突发公共事件志愿服务应急预案》改变了以往志愿服务仅针对团系统内部的做法,将相关市级部门、单位一并纳入志愿服务体系,明确了各责任单位的具体职责,充分考虑了各种应急和操作情况。

2008年,成都市团市委提出要结合抗震救灾志愿服务工作开展情况形成应急志愿者管理制度,从应急志愿者招募、培训、派遣、保障等方面做出规定。提出发挥成都市志愿服务工作委员会办公室的作用,推动和联合公安、卫生、交通、环保、建筑等部门,在原有基础上组建消防、医疗救护、卫生防疫、无偿献血、心理援助、治安防范、交通管理、环境保护、交通运输、建筑安全等13支应急专业志愿者服务队,定期开展培训和演练,在成都形成多支招之即来、来之能战、战之能胜的应急志愿者队伍。①

(二)2009~2013年:从无组织到有组织

2008年汶川大地震后,全国各地开始组建应急志愿者队伍,应急服务的管理机制也日臻完善,志愿服务进入了专业化、组织化的发展期。

成都市陆续出台了应急志愿服务相关政策。2009年相继发布了《成都市突发公共事件志愿服务应急预案(试行)》《成都市应急志愿者管理暂行

---

① 参见刘祎《成都将组建13支应急专业志愿服务队》,《成都晚报》2008年10月30日。

办法（试行）》。作为全国最早的应急志愿服务体系制度化保障政策，《成都市突发公共事件志愿服务应急预案（试行）》根据突发公共事件的发生过程、性质和机理，将成都市突发公共事件分为自然灾害、事故灾害、公共卫生灾害、社会安全事件4类。《成都市应急志愿者管理暂行办法（试行）》明确了志愿组织应为在志愿服务中不幸遇难的志愿者申报见义勇为基金，同时协助保险理赔。

成都市组建了多个应急志愿服务组织。从2009年4月开始，在消防救援、医疗救护、治安防范、防震救灾、心理援助等11个领域1200余名报名者中，通过层层选拔，遴选出512名志愿者，组成成都市综合应急志愿者服务队，并于2009年5月13日正式成立。成都市志愿者培训学校也同步揭牌，该校常设于成都市团校，每月分批对服务队的512名队员进行相关的技能培训。① 2010年6月4日，在龙门山镇宝山村设立应急志愿者培训基地，成都市综合应急志愿者服务队更名为成都市应急志愿者总队，成立应急救援突击分队。成都市应急专业志愿者服务队扩充为12支。②

成都作为"首位城市"在芦山抗震救灾中发挥了重要作用。相比汶川大地震中志愿者的自发行为，芦山地震中成都志愿者的组织凸显有序、理性和专业化，志愿服务方式也更多元化，服务水平得到显著提升。地震发生后，成都志愿者平台第一时间开展了一系列有序行动，包括发布权威信息，组织有经验的志愿者有序进入灾区，组建物资搬运、献血、应急救援、秩序维护、心理咨询等志愿者分队有序进入灾区。在物资接收、运输、发放过程中均采取了公开透明的方式。③

（三）2014年至今：从单体系到系统化

《国家突发事件应急体系建设"十三五"规划》提出了提升社会协同能

---

① 参见吴凤《成都成立应急志愿者服务队》，《成都商报》2009年5月14日。
② 参见王欢《成都设立应急志愿者训练基地》，四川在线，http://dzb.scdaily.cn/2010/06/05/20100605124540 8644.htm。
③ 参见《首位城市驰援芦山 志愿者全媒体平台通过首次大考》，《成都志愿者》电子杂志，http://magazine.cdvolunteer.com/p/md14.html。

力的目标，并将提升公众自救互救能力和支持引导社会应急力量发展作为主要任务。一方面，此阶段应急志愿服务的重点演变为面向基层，即在平时向基层民众普及应急知识，在战时发挥第一响应人的作用；另一方面，2017年以来，我国的应急志愿服务进入系统化发展时期，即从单一的应急救援目标，转向系统化的体系建设，通过完善法规制度建设，进一步明确应急志愿者的权利和义务。通过健全应急志愿服务机制，完善应急志愿者的招募、培训、管理，提高应急志愿者参与政府应急工作的有序性，逐步形成应急志愿服务的健康体系，使其真正成为我国应急体系中重要的组成部分。

成都在政社协同方面走在全国前列。一是2008年汶川大地震后，成都市防震减灾局（现为成都市应急管理局）第一时间与市域内各个村合作组建了村地震安全员队伍，每年度由成都市防震减灾局对村地震安全员进行防震减灾知识培训，不断提高他们的工作水平。这些地震安全员在突如其来的灾害面前发挥了重要作用，如2013年4月20日芦山地震发生后，邛崃市高何镇靖口村的安全员杨帮俊在应急救援灾情上报方面就作出了突出贡献。同时，成都市防震减灾局在有条件的社区组建了志愿者队伍，通过实施"一三四一"工程，实现地震安全防范社区标准化建设，即一项要求、三项工作、四项硬件和一支队伍，这里的一支队伍就是志愿者队伍。二是从2014年10月初开始建设成都市地震应急专用技术平台，该平台已于2016年建成。平台具备地震监测预警、辅助决策、应急指挥、灾情采集、震害预测五大功能，其中灾情采集功能被称为"天眼地网"灾情采集系统。"天眼地网"作为政社协同的重要成果，对提升全社会的防灾减灾意识和综合应急救援能力有重大意义。三是于2017年出台《成都市社区应急志愿服务队管理办法》（以下简称《办法》）。《办法》制定了社区应急志愿服务队的行为规范，特别提出社区外应急事件发生时，应急志愿者不得擅自行动，需根据统一征集调配，以应急志愿者组织名义前往，即不提倡志愿者或公民个人以单独个体形式参与救援行动。[①]

[①] 参见《借助社会力量做好地震应急救援工作》，其为成都市应急管理局提供的2016年中国灾害应急救援峰会暨地震应急救援专业委员会年会交流材料。

成都是中欧应急管理合作项目的重要试点地区。中欧应急管理合作项目于2012年启动。2014年，成都应邀参与该项目的试点工作，承担了"社区应急能力建设"和"志愿者队伍建设"两个试点子项目。2014年3月成都试点活动落地启动，同年4月中欧应急管理合作项目试点工作坊在成都召开。工作坊提出合作框架，包含六项具体提案。一是进一步开展促进活动，向政府、社区、社会组织促进志愿者行业。二是特别培训具体领域，针对风险频发、易受灾害的地方进行培训，发挥救援人员的作用。三是到欧洲互访，或欧洲国家到成都周边访问，加强公民救援者能力。四是开展三个方面的研讨会：针对女性与孩子，针对残障人士、老年人士和弱势脆弱人群提出行动计划；针对每天和弱势群体在一起开展工作的组织负责人设定应急培训课程方案。五是开展全方位演习，包括警察、应急人员、消防队员、志愿者，发挥志愿者作用，协调各方力量。六是整合医院力量进行演习。此后，成都在试点过程中开展了一系列富有成效的工作，通过举办应急管理专题工作坊、课题开发与研究、赴欧考察培训以及推进地方规范性条例建设等多种方式，进行了基层应急能力提升的有益探索，合作取得了丰硕成果。[1]

成都积极构建统一领导、权责一致、权威高效的应急能力体系。2018年，第十三届全国人民代表大会第一次会议确定新的国务院机构，中央层面设立应急管理部，指导各地区、各部门应对突发事件工作。其成立标志着我国综合应急能力走上新台阶，"大应急"体系的蓝图迈出坚实一步。同年，中国共产主义青年团四川省委员会宣布成立全国首个省级社会力量应急服务机构——四川联动青年社会力量应急服务中心，发布《应急志愿服务管理规范（征求意见稿）》四川标准。[2] 在此背景下，根据《成都市机构改革方案》，成都组建了市应急管理局。成都市应急管理局作为市政府工作部门，将市安全生产监督管理局的职责，以及市政府办公厅的应急管理职责，市公

---

[1] 参见《中欧应急管理合作项目工作坊试点成都》，成都文明网，http：//cd.wenming.cn/syxw/201404/t20140415_1117186.shtml。

[2] 参见《全国首个省级社会力量应急服务机构在川成立》，四川叙永网，http：//www.xuyong.gov.cn/xwzx/zwyw/content_56698。

安局的消防管理职责、市民政局的救灾职责、市防震减灾局的相关行政职责、相关机构的地质灾害防治、水旱灾害防治、森林防火等职责，防汛抗旱、减灾、森林防火等指挥部（委员会）的职责等整合，以加强、优化、统筹应急能力建设，构建统一领导、权责一致、权威高效的应急能力体系，推动形成统一指挥、专常兼备、反应灵敏、上下联动、平战结合的中国特色应急管理体系。①

二 成都应急志愿服务发展的现实状况

成都市应急志愿者是指市和区（市）县突发公共事件应急管理部门面向社会招募的，为突发公共事件提供应急志愿服务的自然人。②该定义突出"应急"，以突发事件为中心，主要针对突发公共事件应急管理过程。本节以突发事件事前、事中、事后③三个阶段为主线，围绕防、做、说、建四项工作，多角度、全方位地呈现成都志愿服务参与应急管理现状。

（一）事前阶段：以防为主，促进民防体系全面建立

防灾减灾重在防灾，防灾是人类对自然最深的情感，既要用"力"，也要用"心"。用"力"防灾，就是对危害人类生存的地球环境进行工程修复、治理、保护和质量提升，这对减轻自然灾害来说是必要举措，是减轻灾害风险的基础和前提。用"心"防灾，是让大众了解灾害，正确应对灾害；调适心理，适应灾害环境；调动社会力量，参与减灾救灾，真正做到与灾害同行。志愿服务参与防灾就是要建立群防群控的体系，成都在这方面做了许多有成效的探索。

---

① 参见《市应急局主要职责》，成都市应急管理局网站，http：//yjglj.chengdu.gov.cn/cdaqj/c108368/2019-04/22/content_dd06a30879204325833a587dfd6b6017.shtml。
② 参见《成都市应急志愿者管理暂行办法》。
③ 邓通：《改革开放以来中国红十字会参与危机管理的历史考察》，硕士学位论文，苏州大学，2010。

1. 提升全民防灾减灾意识

提高每一个公民的忧患意识和自救互救能力是一项非常重要的任务，任何灾难的第一响应人是至关重要的。借鉴国际经验，日本灾害伤亡率远低于世界平均水平的重要原因即完善的全民应急文化建设机制。回顾国内情况，汶川大地震中桑枣中学奇迹和玉树地震中玉树民族第一中学无一人伤亡，也得益于日常灾难求生教育。因此，应急文化建设是促进公众关注灾害、关注安全、提高全民防灾减灾救灾能力的基础性工作。

总体上看，我国应急文化建设还处于初期阶段，社会公众对灾害认知程度低，防灾减灾意识仍然淡薄。成都目前正处于发展动力转换期、超大城市成长期、多重矛盾凸显期，防范化解安全风险，就是要按照政府主导、分类管理、多方参与的原则，持续通过提升应急意识，完善风险识别、风险评估，推动应急管理"关口前移"。在这个过程中，成都应急志愿者主要开展了如下工作。

（1）普及防灾减灾知识

成都坚信基层是应急管理和防灾减灾的一线，社区居民是灾害的第一响应人，对他们的宣传教育最为关键。鉴于在知识技能传播上具有影响广泛的特点，学生和员工是两个非常重要的宣教对象。因此，成都应急志愿者坚持防灾减灾知识进社区、进学校、进企事业单位、进家庭，不断改进基层宣传教育工作方式，开展社区居民参与式灾害风险管理，让社区居民由被动教育变为主动参与。如成都天虎防灾减灾公益服务中心/四川天虎应急救援队以防减灾常识普及、安全与应急知识科普、社区安全服务与咨询、基层灾害管理能力建设培训为主要任务。截至2018年底，每年累计开展留守儿童安全自护教育活动60余场次，累计开展示范社区与示范学校的安全与防减灾项目活动200余场次、第一救援人项目培训2场次、防减灾师资项目培训3场次。此外，成都温江公共交通有限公司、成都温江区光华巴士公交有限公司、成都第五人民医院、温江区人民医院、温江区城乡社区志愿服务促进会、迎晖路社区妇联联手开展"医疗应急救助进公交"志愿服务活动，持续开展急救知识、急救技能尤其是心肺复苏等知识的宣讲和培训。

（2）开展应急培训和演练

为使社会各界提高自救互救能力，真正掌握在危险中迅速逃生、自救、互救的基本方法，成都市应急志愿者开展了多次应急培训和各类应急演练，积极应对各种突发事件，努力提升自救互救能力，确保生命安全。如成都锦江区九安青少年志愿服务中心联合成都市应急管理局为森林消防总队开展应急救护员、水域救援等多次培训，效果显著。又如崇州豪芸防震减灾应急救援队参与成都、崇州地震应急综合演练，并为崇州市社区和学校举行了多场应急救援培训和宣传活动，同时积极参与各类大型活动保障工作，多次代表成都市地震系统基层救援队做经验交流。成都市锦江区蓝天应急救援中心广泛参与大众应急知识培训。2016年至今，救援中心联合成都市各乡镇开展"三网两学一做"，建设基层救援能力，另外还深入学校、机关、企业等地开展救援、知识宣讲、急救培训等公益活动202次，派出队员1832人次。据不完全统计，受训人数达3000余人，辐射影响上万个家庭。

2.明确规范应急志愿服务管理制度

在2008年汶川大地震中，应急志愿者从幕后走向台前，成都市政府充分肯定了应急志愿者在防灾减灾抗灾中的重要作用，并据此于2009年5月12日出台了《成都市突发公共事件志愿服务应急预案（试行）》和《成都市应急志愿者管理暂行办法（试行）》。这两项政策成为全国最早的应急志愿服务体系制度化保障。除此之外，成都各级应急预案中都规定了应急志愿服务的重要作用。2017年发布《成都市社区应急志愿服务队管理办法》，逐步规范基层应急志愿服务发展。一系列有利政策的发布，从顶层设计的角度为成都应急志愿服务的有序参与、协同发展提供了基础保障，是对成都现代化治理体系探索和治理能力提升的有力推动。

（1）明确应急志愿服务的管理主体

2009年发布的《成都市突发公共事件志愿服务应急预案（试行）》中规定，发生突发公共事件后，按照事件发生的级别情况及实际工作需要，由市委宣传部、市文明办、市防震减灾局、市卫生局、市公安局、市环保局、市交委、市建委、市财政局、市安监局、市总工会、团市委等单位组成成都市应急志愿服务指挥部。指挥部办公室设在团市委，办公室主任由市志愿服务工作委员会办公室主任、团市委分管副书记担任，日常工作由团市委志愿者工作部负责。各区（市）县成立相应的应急志愿服务指挥部和办公室，统一协调、指挥本区域内的突发公共事件志愿服务应急处置工作。

（2）界定应急志愿者参与应急管理的范围和方式

成都市要求志愿者平时参与应急宣传、培训和演习。应急响应启动后，首先，按照分级处置的原则，根据突发公共事件的不同等级，对应各类突发公共事件专项应急预案级别进行响应。其次，在成都市应急志愿服务指挥部的统一领导和指挥下，与各主要相关单位实施应急联动，协同开展应急志愿服务工作。事发地区区（市）县指挥部和办公室按照各自职责，在成都市指挥部统一指挥和协调下，实行应急联动，共同实施应急处置。最后，指挥部主动配合新闻宣传部门，及时、公开、准确地公布应急志愿服务工作的相关信息。应急处置过程中及时续报有关情况。后期处置过程中，动员社会各界和广大市民以志愿服务形式参与灾后重建，污染物收集、清理和处置等事项，并开展社会救助活动。

（3）制定应急志愿者招募培训派遣的相关制度

成都市将应急志愿者分为专业应急志愿者和临时应急志愿者。专业应急志愿者由各类应急志愿者组织招募并经常从事应急志愿服务工作，临时应急志愿者根据突发公共事件事态发展情况招募，为突发公共事件提供一般性志愿服务，其中专业技能较高的临时应急志愿者根据需要可补充进入专业应急志愿者服务队。应急志愿者需经过培训后方能安排志愿服务。培训完毕，颁发由成都市志愿服务工作委员会办公室统一印制的证书。在应急状态下，所有志愿者均由应急志愿者组织调派前往服务目的地。

（4）规定应急志愿服务的保障举措

一是队伍保障。建立健全各类专业志愿者数据库，建立长期的应急专业志愿者服务队，一旦突发事件发生，紧急招募组建临时志愿者队伍。二是物资和经费保障。物资方面，根据应急志愿服务需要，建立常备物资储备、调拨和紧急配送系统。经费方面，根据应急志愿服务需要，设立应急志愿服务工作专项资金。建立资金使用管理制度和加强应急专项资金使用的监督管理。三是保险保障。协调志愿者组织和保险机构，对参与应急处置的志愿者提供保险及有关赔付工作。四是社会动员保障。协调志愿者组织通过发布倡议书、公开信、建立热线电话、社区宣传栏粘贴海报、街头巷尾发放宣传资料、挨家挨户动员等多种方式，动员社会各界和广大市民积极参与应急志愿服务。

3. 培育发展应急专业志愿者队伍

应急专业志愿者队伍（或称社会志愿应急救援队伍）是成都市应急救援体系不可或缺的重要组成部分，是参与应急救援行动的重要辅助力量，已成为防灾减灾的重要力量。具有群众基础好、贴近一线、组织灵活、专业性强等优势。根据成都市安全生产应急救援中心救援协调和预案管理处《成都市应急救援队伍建设调研报告》数据，成都市有准确信息的应急志愿者队伍20支，队员1381人。应急专业志愿者队伍主要任务是协助政府应急体系开展灾害救援，进行大型群众性活动安全保障和防灾减灾教育培训。成都现有应急专业志愿者队伍的主要特点如下。

一是组织形式多样，涵盖领域宽泛。应急志愿者组织中，包括民政系统注册机构，志愿者团队备案组织，不同层面含省、市、区县级分类注册机构。所从事的活动领域涵盖救灾全过程，包括灾时通讯、医疗救护、心理康复、安全防护、水上救援、水下搜救、山地抢险、地震救援、灾害评估、减灾、救援培训等。

二是管理有序，机动灵活。志愿者队伍属民间组织，队伍自愿成立，队员自愿加入，但经过多年发展，已建立较完善的组织体系和相应的工作制度，特别是应急救援预案。各队伍从队伍组织组建、财务管理、人员调度、装备使用、个体防护、队伍建设等各方面都建立了相应的管理制度。同时，志愿者队伍分散在各个区（市）县，具有相应的灵活性、机动性。队伍可以根据灾情、政府或社会的需要及时调配相应力量和装备，应对突发事件具有响应快、行动迅速的特点。

三是个人志愿，公益高效。志愿者队伍依托的队员来自不同领域、具备一定专业技能，满怀热情投入救援事业。加之经历各种救灾过程的洗礼、多方面的培训与教育，救援队伍的整体能力得到较大提升，奠定了志愿救援队伍作为应急救援辅助队伍的基石。

4. 建设推广应急救护专业志愿服务

2003年非典疫情后，中国全面加强突发事件应急体系建设。在卫生领域，打造出了极具中国特色的突发事件卫生应急体系。在全国卫生应急建设的基础上，四川省大力加强应急医疗救助体系、力量的建设，进一步提升全省地震灾后医疗救护水平。成都市政府于2016年正式成立成都市突发公共卫生事件应急指挥部，坚决贯彻省委、省政府关于应急医疗救助的方针政策，全面提升全市应急医疗救护水平。

一是健全应急医疗救护体系。在省委、省政府的领导下完善公共卫生事件应急指挥体系，建立卫生应急预案体系，规范有序开展突发公共卫生事件应急处置工作。加强监测预警评估体系建设，完善突发公共卫生事件监测预警指标体系，提升突发公共卫生事件卫生应急风险监测和分析评估能力。二是完善应急医疗救护机制。落实全国及四川省医疗机构和疾控机构卫生应急工作规范，健全和完善应急指挥决策、组织指挥协调、监测预警和风险评估、应急值守、应急处置、请示报告等工作机制，规范突发公共事件卫生应急处置流程，整体提升卫生应急管理水平。三是提升应急医疗救护能力。坚持面向社会公众和基层单位，开展卫生应急知识宣传，增强社会民众和卫生系统各医疗卫生单位的灾害风险防范意识。同时，紧密结合卫生行业工作实际，组织开展形式多样、内容丰富的各项工作，包括防灾减灾宣传教育、卫生应急救援演练、安全隐患排查和风险防范治理等，以提高卫生系统防灾减灾和职工自救互救能力。

应急志愿服务在参与成都突发事件卫生应急体系建设过程中，应急救护培训专业化志愿服务活动是突出亮点，其中尤以成都市红十字会的实践为典型代表。应急救护培训专业化志愿服务活动是成都市红十字会"三救三献"核心业务的日常工作，主要是面向普通群众开展应急救护知识和技能的培训，着力提高群众应对突发急症和突发意外的自救互救能力。成都市红十

会不仅身体力行，同时加强对外合作，广泛开展"四进"（进小区、进家庭、进学校、进企业）活动。

目前在成都市红十字会指导下，成都各区（市）县红十字会建立了应急救护培训师资志愿服务队，其中 8 个区（市）县红十字会成立了应急救援志愿服务队。截至 2018 年底，成都市红十字会注册志愿者达 3400 余名，其中应急救护培训师资志愿者超过 800 人，志愿服务队 49 支，培训红十字救护员 20 余万人次，普及培训超过 100 万人次，服务总时长超过 4 万小时。

5. 创建维持政社协同灾情采集系统

突发事件发生前预警和发生后的灾情信息快速获取一直是政府与学术界关注的焦点。以地震为例，"利用地震预警系统可实现的减少人员伤亡率随着震级的升高而增大，8 级左右地震时，减少人员伤亡率可达 76%，但该系统对 6 级以下地震几乎无减灾效益"。[1] 灾情发生后，各类灾情信息将大量产生，多数灾情发生地及周边地区的用户会使用移动设备（手机、平板电脑、笔记本电脑等）将灾情以文本、图片、视频等多媒体的形式发布到互联网上。移动设备的普及为灾情信息的获取提供了基础，同时移动设备自带的定位功能又为灾情获取提供了前提条件。[2]

《中共中央国务院关于推进防灾减灾救灾体制机制改革的意见》在"完善信息共享机制"中明确提到："研究制定防灾减灾救灾信息传递与共享技术标准体系，加强跨部门业务协同和互联互通，建设涵盖主要涉灾部门、军队和武警部队的自然灾害大数据和灾害管理综合信息平台，实现各种灾害风险隐患、预警、灾情以及救灾工作动态等信息共享。"《国家综合防灾减灾规划（2016~2020 年）》中将自然灾害综合评估业务平台建设工程列为首项重大工程，指出要"研发多源异构的灾害大数据融合、信息挖掘与智能化管理技术，建立全国自然灾害综合数据库管理系统"。

成都深刻吸取汶川大地震教训，投资近 2000 万元用于建立成都市地震

---

[1] 夏玉胜、杨丽萍：《地震预警（报）系统及减灾效益研究》，《西北地震学报》2000 年第 4 期。

[2] 杨茜、徐敬海：《志愿者微信地震灾情获取研究》，《测绘科学》2018 年第 1 期。

应急专用技术平台。2016年，该项目因技术先进性和融合式发展思维，获得"2016年度Esri最佳应用奖"。平台具备地震监测资料汇总、地震灾情快速预评估上报、地震应急指挥系统、灾情搜集和地震震害预测功能。同时，通过成都市电子政务网与四川省地震局、成都市应急联动成员单位及成都市重点区（市）县地震应急指挥中心实现互联互通，已成为成都市地震应对重要支撑平台。其中的灾情搜集功能（又称"天眼地网"灾情采集系统），因需要广泛的社会参与特别是应急志愿者的响应，成为成都市应急志愿服务不可或缺的部分。

"天眼地网"灾情采集系统中的"天眼"指该系统接通了成都全市2万多个公安摄像头，结合卫星影像分析和无人机信息采集，可直观综合研判地震灾害分布及核查重点灾害点位；"地网"指该系统连接了全社会100多万个微博用户，特别是和众多社会组织进行微博互动，在发布地震权威信息的同时，随时采集分析用户发布的文字和音视频信息。依托"天眼地网"，调动社会大众的力量，向应急志愿者特别是个人非专业应急志愿者提供了有效的参与应急管理体系的渠道，有利于最大限度发挥社会上一切可以团结的应急志愿者的力量，将应急工作从单纯的政府层面或政府与符合应急条件的社会组织的参与局面转变为全民参与的局面，提升防灾减灾救灾成效。

（二）事中阶段：透明公开，动员社会力量有序参与

灾害发生后的72小时是救援的最佳时机。在此阶段，应急志愿者主要参与赈灾、募捐、物资搬运、心理援助等服务。

1. 配合进行舆论引导，维持社会稳定

突发事件应急处置中信息发布和舆情引导是重要问题。《国家突发事件应急体系建设"十三五"规划》中要求"完善信息发布机制。加强新媒体应用，及时回应社会关切，并根据事态进展动态发布信息；强化信息发布人员的专业性和权威性；加强领导干部和政府新闻发言人突发事件信息发布能力培训"。《关于加强应急基础信息管理的通知》规定应急管理部应建立健全应急基础信息发布制度，统筹应急基础信息发布工作。据此，各地区、各

有关部门加强了与广播、电视、报纸、互联网等社会媒体和基础电信运营商等信息发布渠道的协调对接，按照相关法律法规和制度规定，及时向社会发布应急基础信息。应急基础信息发布后，加强对相关舆情的监测分析，及时发现处置各类舆情事件，为应急管理工作营造良好舆论氛围。在发生突发公共事件后，及时准确地向公众发布事件信息，是政府部门负责任的重要表现，对公众了解事情真相，避免误信谣传具有重要意义。

对应急志愿服务来说，内部协调一致，做好分工，同时积极利用新媒体进行舆情引导，不传谣不信谣，控制流言大范围传播，加强舆论监督和对权力的制约，认真做好善后工作，是一个长期任务。2008年汶川大地震时，成都交通广播第一时间发声，进行了持续238个小时的特别直播节目，及时、权威、务实、温情，从政府公告到开启生命通道，从信息传递到爱心汇集，展现了应急时刻广播媒介的重要性。2013年芦山地震发生后，成都志愿者全媒体平台第一时间展开一系列有序行动，发布大量及时的权威信息，有效消除公众恐慌，稳定社会情绪。地震当天，通过微信搭建起的"成都公益圈"救援平台诞生，该平台设有对外联络部、物资管理部、灾情信息收集部等12个部门，各部门均确定了专门负责人，并在群内公开联络方式，各公益组织定期召开协商会议，共享信息，分工协作。平台作为应急志愿组织内部联系平台，起到了信息分享、开放合作的重要作用。志愿者加入成都公益圈后，根据分工各司其职、有序高效地开展活动。2017年5月12日，成都应急广播FM91.4开通。在突发事件发生时，停止一切日常节目，立即启动应急信息发布流程，配合政府各部门做好应急事件的信息发布。

2. 分级分类组织队伍，维护救援秩序

国际先进经验表明，发展成熟的民间救援团体，可以充分发挥反应速度快、灵活性强的优势，在灾后救援中为官方救援起到良好的补充和辅助作用。目前，主要由地震救援志愿者队伍组成的民间救援力量已经成为我国自然灾害抢险救灾工作中不可或缺的一员。2018年，在民政部救灾司的指导下，多家社会组织共同发起制定了《社会力量参与一线救灾行动指南》。该指南提出了社会力量参与一线救灾工作的两个首要的基本原则：一是定位准确，有序参与，即应在政府统一指挥和统筹协调下有序参与救灾工作；二是理性救灾，量力而行，即不要超出社会力量的自身能力或开展对灾区无实质性帮助的活动。成都在这方面做了有效尝试。

成都设置了专业和临时两类应急志愿者分类。专业应急志愿者由各类应急志愿者组织招募并经常性地从事应急志愿服务工作，临时应急志愿者根据突发公共事件事态的发展情况招募，为突发公共事件提供一般性志愿服务。应急状态时，应急志愿者组织在各级应急指挥机构统一指挥下，根据突发应急事件类型，及时组织相应的专业志愿者，迅速反应，实施志愿服务行动。所有志愿者均由应急志愿者组织调派前往服务目的地。

2013年芦山地震，成都市按照《成都市应急志愿者管理暂行办法（试行）》组织应急志愿者提供服务。4月20日，成都志愿者全媒体平台在成温邛高速入口设立了志愿者招募联系点，组织有经验的志愿者有序进入灾区，对仅有热情、装备不充分的志愿者进行劝返。地震后12个小时内，通过成都志愿者全媒体平台微博私信报名信息已超7000条。成都志愿者全媒体平台据此第一时间组织了物资搬运、献血、应急救援、秩序维护、心理咨询等志愿分队，首批应急志愿者携带12万瓶纯净水等物资于当日即抵达灾区，其他志愿者则根据安排随时待命出发。

3. 募集匹配救援物资，确保有序透明

依据《成都市突发公共事件志愿服务应急预案（试行）》规定，根据应急志愿服务的需要，建立了常备物资储备、调拨和紧急配送系统，确保处理突发公共事件所需的物资供应。加强对储备物资的管理，防止储备物资被盗用、挪用、流失和失效，对各类物资及时回收利用，给予补充和更新；在应急救援过程中，物资储备不足时，成都市应急志愿服务指挥部向市应急办和市应急指挥部申请调配，同时动员社会各界捐助，组织协调救援物资的社会援助工作。

以芦山地震为例，地震发生后，救灾物资以最快速度送至最需要的地方。同时，成都志愿者全媒体平台在物资接收、运输、发放过程中采取公开透明的传播方式，通过微博直播、网站随时更新信息、报纸跟进深度报道等，赢得了公众的信任和支持，也以此成就了新媒体时代的抗震救灾样本。同时，大量企业如百事可乐、可口可乐、蒙牛乳业、伊利乳业、白家食品、新希望乳业、彩虹电器、凡客诚品等纷纷汇聚到志愿者平台，践行企业公民的社会责任。

（三）事后阶段：以建为主，赋能受灾区域恢复发展

在我国，灾后重建阶段，公共设施基础建设、城镇规划、产业调整等宏观工作均由中央主导，地方配合，民间支持；社区重建和生活重建等较为微观并需要考虑地域和人群特殊性的重建领域，由地方主导，民间参与，中央支持。在这一阶段，志愿服务组织能够充分利用自身的专业技能在灾区开展生产生计、心理恢复、文化活动等直接服务，并进一步引入更多资源为灾区提供更为长远的支持。志愿服务组织不仅参与社区建设，而且探索更多合法正当的公共参与途径，进而催生志愿服务组织和社区行动的接壤，推动内外力量的互动、融合。

汶川大地震是新中国成立以来破坏最为严重的自然灾难，造成了巨大的人员伤亡和财产损失。汶川灾后重建不仅任务艰巨，而且面临着生态环境恶化、资源承载能力下降、移民安置困难、就业形势严峻、灾区群众心灵创伤严重等诸多挑战。从国内外经验来看，灾后重建往往要经历一个长久的过程，而汶川灾后重建的三年规划在两年内已基本完成。此次灾后重建坚持自强自立与外部援助相结合、多部门协同与多渠道筹资相结合、高度集中与充分授权相结合、硬件设施与软件制度相结合，同时将灾后重建与城镇化、工业化、农业产业化进程和生产方式转变相协调，通过科学规划实现灾区社会经济的可持续发展，在新的起点上实现灾区生产方式和生活方式的跨越式发展。

一是自强自立与外部援助相结合，在推动中国特色对口支援计划的同时，充分发挥灾区民众的主动性、积极性和创造性，实现内力与外力联动。都江堰市的灾后重建充分重视发挥灾区广大干部群众的主动性、积极性和创造性，提倡自强自立、艰苦创业，依靠自己的双手，创造美好生活。在强调

受灾群众重建主体意识的同时，需要政府的大力支持和全社会的帮扶，实现自救和他救相结合。志愿者队伍是灾后重建的一支生力军，也是对都江堰市社会工作队伍的极大补充，大量志愿者来到灾区开展各种各样的服务。2008年下半年，都江堰市共接洽上海社工和社会志愿服务组织十余次，如上海市阳光社区青少年事务中心、上海市浦东新区社会工作者协会、"热爱家园"、"微笑未来"等，协助引导与基层乡镇联合开展援助项目。对接上海市团市委组织的8支大学生暑期社会实践队，如复旦大学、华东理工大学、上海海事大学、华东师范大学、上海中医药大学等，引导帮助实践队开展医疗卫生服务、流动幼儿园和灾情调研等志愿服务。

二是多部门协同与多渠道筹资相结合，政府和民间力量互动，强有力的自上而下的组织领导体制和高效的多方协同机制相配合。一方面，国务院成立了汶川大地震灾后恢复重建工作协调小组，省、市、县相应成立了由政府主导，企业、社会团队和个人共同参与的重建机构，在一定程度上实现了跨地区、跨部门的协调，有效引导了各方重建主体间的互相配合。高效的多方协同机制使政府和民间力量有效互动，形成了多方合力；强有力的自上而下的组织领导体制使上下级政府间高效互动，保证了重建执行力。另一方面，充分调动各方主体的积极性，创新筹资方式，拓展筹资渠道，构建一个公开、透明、监督有力、多渠道的筹资机制，实现财政拨款、社会募集、对口支援、市场运作等多渠道筹资，为完成重建任务提供资金保障。

三是高度集中与充分授权相结合，既充分展示集中力量办大事的体制优越性，又充分尊重民众的知情权和选择权。灾后重建的显著成效充分展示了社会主义国家集中力量办大事的优越性，体现了强大的中央政府有效组织社会援助、协调区域发展的重要作用，这是区别于其他国家灾后重建的最大优势所在。同时，在重建工作中，国家也建立了相应的授权机制。通过向基层赋权，强化村民自治组织等灾区基层组织，吸收当地群众和基层政府参与规划制订、资金筹措及使用安排、重建过程决策与管理，充分尊重灾民的知情权和选择权，反映了灾民的真实需求，确保了利益相关群体有效、全程参与灾后重建。如彭州市政府将村民议事会引入灾后重建的各个环节，探索出

"以村党组织为领导核心,以3个村民自治组织为社会主体,以集体经济组织为市场主体、其他组织共同参与"的"131N"新型治理机制。

四是硬件设施与软件制度相结合,在优先重建住房、交通、水利等基础设施硬件的同时,又推进了医疗卫生、养老保障、教育文化等公共服务制度的城乡统筹。灾后重建不是简单的恢复,不仅仅局限于生产方式重建,也延伸到生活方式重建。如都江堰汶川大地震灾后重建中,志愿者与本土社工积极配合,进入社区、安置点开展了暑期兴趣班、大型社区活动、社区义诊、安全宣讲、文艺汇演等活动,得到了安置点居民的一致好评。志愿者们的工作在给都江堰人民带来快乐感动的同时,也在都江堰市民心中种下了志愿服务的种子。在被服务的过程中,都江堰本土的志愿服务也初具形态,如"勤俭人家"和"滨河新村"安置点成立了青少年、老年人志愿服务队,负责社区安全巡逻、青少年助老等工作,提升了社区居民的归属感和志愿服务参与意识,进一步促进都江堰志愿服务在灾后的发展与壮大。①

三 成都应急志愿服务的发展经验

(一)政府社会协同合作,发挥应急志愿作用

从汶川到玉树再到芦山、长宁,每次重大自然灾害发生后,志愿力量都在不断探索适合他们参与灾害救助的新领域、新业务和新方式。实践证明,志愿力量在救助资金募集、志愿服务开展、灾后重建支持等方面发挥着越来越突出的作用,志愿服务已然成为政府主导下的自然灾害救助工作中不可忽视的力量。

一是转变应急理念,从应急管理转向灾害风险治理。逐渐转变以政府为中心的应急管理理念,建立起以社区为中心的灾害风险治理理念,全力推动

---

① 参见《辜胜阻:汶川地震灾后重建彰显"五结合"中国模式》,东方网,http://news.eastday.com/c/20100608/u1a5250869.html。

社会公众灾害风险治理理念的转变。成都经验与日本经验有异曲同工之处。日本阪神大地震后，提出"自助·共助·公助"的减灾理念，认为灾害风险防治只有实现公民的自助、共助和公共部门公助的紧密结合，才能有效应对灾害风险。2011年以来，日本进一步提出从"防灾"到"减灾"的灾害风险治理理念，只有提高公众的自救、互救能力，才能提升灾害风险治理绩效。

二是转变应急体系架构，以政府为中心转向政府与社区、社会组织协同应对。打破传统的以政府为中心的应急管理模式下多头领导、条块分割、各自为政的局面，推动包括政府公共部门和社区范围内所有公众参与，实现应急资源共享、有序参与、密切配合、沟通顺畅和协同应对的治理格局，形成包括政府公共部门、基层单位所有公私部门和公民等社区公众广泛参与的、全方位、多层次、立体化、综合性的灾害风险社会网络化治理机制。

三是逐步扩大组织间合作内容。在地震应对的合作网络中，组织之间的交互在不断加强。(1)信息交流：从合作需要中介组织向多主体合作转变。汶川大地震中信息的交换经常是在有智库、政府背景的社会组织和基金会之间形成的有限群落里进行。但到芦山地震后，信息交换的典型特征发生了巨大变化，有政策合作，同时双向、多元地开展了更多的合作。(2)物质交换：从散点向区域整合转变。在汶川大地震以后，物质交换呈散点状况，非常清晰，交互较少，且交互主要发生在以政府为主轴的圈子里。物质交互基本是基于项目的，在项目实施期间发生。芦山地震之后，合作群落非常明显，物质交换频率加快，物质交互不仅基于基金会或者项目，更多的是基于整个区域的需求来进行资源配置。(3)资金交互：从系统内部少量交互向跨界转变。汶川大地震之后的资金交互是非常少量的，且基本发生在一些既定的项目框架下或同一组织系统内，比如在中国红十字会和地方红会、中国慈善总会和地方慈善会的框架下流动。芦山地震之后，资金交互的网络虽然不如信息交换多元，但是在程度上取得拓展，形成了很多交互群落。(4)行动联合：从零星散点式的基层合作向全面系统的多层级合作转变。汶川大地震后，行动联合主要发生在散点项目里，处于基层模式探索过程。芦山地震后，联合行动的活跃程度极大提升且深入到方方面面。①

（二）志愿队伍广泛发展，补充政府应急力量

发展各类应急志愿者队伍最重要的是在思想上认识到专业化应急救援志愿者队伍建设的重要性。应急管理水平高的国家都非常重视专业化应急救援志愿者队伍的建设。如在德国，已经形成一个分布广泛、人数众多，涵盖各行各业、隶属不同组织的庞大的应急救援志愿者队伍。在德国，在180万名消防员中仅有3.3万名是专职消防员，其余全部为志愿者消防员；8万名技术救援队员中，只有829人属于专职；全国各地668个基层技术救援站全部由应急救援志愿者担当。多数领域需要持证上岗，这些志愿者经过严格的培训，技术水平与专职救援人员相当。平时他们就职于本职工作岗位，一旦突发灾害事件则根据指令迅速集结，参与救灾。②

大力支持推进社会各类应急救援队伍建设，如志愿者队伍、应急组织等，作为各级应急管理局的应急资源，担当自然灾害等方面的抢险救灾补充力量是成都应急志愿队伍不断发展的重要经验。

2008年，我国的应急救援志愿队伍主要有消防应急救援志愿队伍、地震应急救援志愿队伍和红十字会应急救援志愿队伍。消防应急救援志愿队伍最早出现，地震应急救援志愿队伍从2003年开始试点后逐步推开，红十字会应急救援志愿队伍组建于2005年。2008年成都已建立赈济、供水、大众卫生、搜救、水上、心理等7支救援队伍。"蓝天救援队""北极星山地救援队"等民间应急救援队伍发展迅速，具备一定规模。③ 经过十余年发展，成都社会应急救援志愿者队伍达100余支，逐步解决了民间应急救援队伍发

---

① Zhang H, Zhang X, ComfortL, etal., "The Emergence of An Adaptive Response Network: The April 20, 2013 Lushan, China Earth Quake," *Safety Science*, 2016, 90: 14 – 23.
② 参见昌业云《德国专业化应急救援志愿者队伍建设经验及其借鉴》，青岛市志愿服务学院微信公众号，https://mp.weixin.qq.com/s/IeUsab – 9TM2Qm7N3k4uxUw。
③ 高艳蓉：《我国应急志愿服务管理机制研究》，《人民论坛》2015年第7期。

展不足的问题。除此之外，成都还积极建设了社区应急志愿者队伍，应急志愿组织发展成效显著。

（三）应急救护全面开展，增强应急处置能力

应急救护对于挽救伤员生命、防治伤病恶化和促进伤病员恢复有重要意义。现实中，在现场救护中人们常常将抢救危重急症、意外伤害伤员寄托于医院和专业的救护人员，缺乏对及时在现场救护伤员的重要性和可实施性的认识。这种传统的观念，往往使处在生死之际的伤员丧失了最宝贵的黄金救命时刻。实际上，在救援中最有效的救援人员往往是第一目击者，因此，应急知识是每个人都应该掌握的必备知识，应急志愿者更是如此。

应急救护专业化志愿服务，主要是指红十字会针对各种意外及自然灾害，对社会群众等非专业医护人员进行的基本救护知识和应急技能培训。这些培训可以提高群众在突发事件和意外伤害事故中的避险应急技能和自救互救能力，而应急救护本身也就是志愿服务。成都在此方面做了有益尝试。

一是在应急救护培训的形式上，综合采取了在线学习，面对面教学，手机、视频教学等多种方式。如在"守护生命救在身边"急救知识与技能培训公益项目中，创新探索了"搭平台、扩师资、强管理、分层级、重宣传"的"成都路径"，包括了城市自动体外除颤器公共化配置和社会公众急救培训等项目，整合了医疗卫生、公益组织、志愿者团体、重点公共场所和社会媒体的优质资源，形成了培训技术专业、民间力量可靠、媒体传播有力的合作平台，最大限度凝聚了社会共识，拓展了项目推广范围，激发了多渠道社会参与的宣传效应。

二是在应急救护培训的范围上，积极开展应急救护培训志愿服务"四进"（进小区、进家庭、进学校、进企业）活动。以成都市金牛区九里堤北路社区志愿服务站为例，服务站依托红十字博爱家园项目，配备了相关物资、器材（如投影仪、人体模具、急救包、绷带等），每年开展"四进"志愿服务活动不少于12场次，服务社区居民、学生600余人次。

三是在应急救护培训的组织方式上，以项目化方式创新性推进各领域各

相关行业员工应急救护技能提升，编织应急救护网络。以成都市温江区"医疗应急救助进公交"志愿服务活动为例，通过组建医疗应急救助志愿服务队，温江区持续开展了急救知识、急救技能尤其是心肺复苏等知识宣讲和培训，为温江区公交公司1200余名交通服务人员、社区志愿者进行分批次的急救知识培训，提高了公共场所医疗应急救助能力，带动更多的人加入志愿服务活动中来，形成公共交通出行安全网。

（四）应急力量组织化成长，扩大应急志愿影响

在汶川大地震后，成都发展成长起一批本土社工组织，它们在自己的专业领域实现社会工作的本土化，持续推动成都市社会工作专业化、职业化发展。它们各具特色，大致可以分为两类。

一是外地志愿服务队伍在灾后援建中直接推动建立的社会工作组织，如都江堰市华循社会工作服务中心和都江堰市上善社会工作服务中心。都江堰市华循社会工作服务中心是四川省第一家民办非营利的、专门从事社会服务的专业社会工作机构。其前身是"上海社工灾后服务团"成员之一的华东理工大学志愿服务队。作为汶川大地震后第一支进驻都江堰灾区的社会工作服务组织，服务队坚持"嵌入、建构、增能"服务理念，立足"勤俭人家"这一都江堰市规模最大、人口最多的安置点，积极开展以社会关系重建为基础的社会支持体系、社会服务体系和社会管理体系的构建。同时香港循道卫理社会服务部自始至终选派优秀社工参与该服务队的工作。2009年1月11日，在服务队随上海社会工作服务团完成阶段性任务撤出灾区前，为了帮助灾区实现社会工作的本土化，推动都江堰市社会工作专业化、职业化发展，华东理工大学社会与公共管理学院与香港循道卫理社会服务部共同筹集资金和人才资源，于2009年经都江堰市民政局批准，成立都江堰市华循社会工作服务中心。

二是应急志愿者在灾后组建的社会工作组织，如陈奎安和龙泉驿区新市民志愿者协会、曹永能和四川凉山惜缘爱心行动团队、雷建和成都新空间青少年发展中心。2008年汶川大地震抗震救灾中，陈奎安发起组织了来自全国各地的 2000 多名志愿者募捐物资。2011 年 11 月，陈奎安发起成立龙泉驿区新市民志愿者协会，这是全国首家以新市民为主要成员，又面向新市民服务的民间慈善机构。2013 年芦山地震，陈奎安三进地震重灾区，带领当地志愿者团队建立"返程车"项目。2014 年鲁甸发生 6.5 级地震，陈奎安联合成都云公益发展促进会在市文明办、昭通市文明办等的大力支持下，建立志愿服务工作站，成都云公益发展促进会负责成都的对接工作，龙泉驿区新市民志愿者协会负责统筹鲁甸地震灾区具体的救灾工作，其工作受到了高度评价。

这些社会组织使得志愿服务从个体行为转向组织行为，从自发性转向组织性、规范性，从随意性转向专业化，从而进一步促进了志愿服务理念的传播，在突发事件应对中发挥了更大的作用。

四　成都应急志愿服务的发展展望

（一）重视政社协同，明确应急志愿的发展理念

一是政府方面。应充分意识到政府与社会组织的协同是做好应急管理工作的重要方式。重大自然灾害和灾难事故是全社会共同的敌人，在应急处置中单靠政府的力量是不够的，只有动员全社会力量，齐心协力协同应对，才能把灾害造成的人民生命财产损失减少到最低限度。必须意识到社会组织志愿者队伍是政府救援力量的重要补充，在某些方面还发挥着不可替代的独特作用。因此，应搞好总结推广、加大宣传力度，让全社会都行动起来，提升全社会的防灾减灾意识，提升全社会的综合应急救援能力。

二是应急志愿者方面。一方面，各类社会组织志愿者队伍应充分发挥覆盖面广、聚集各行业各种人才的优势，加强培训和自身建设，在各种应急救援中发挥出独特作用。这种作用发挥得越好，对社会的贡献就越大，社会组织志愿者队伍就越能得到全社会的关心和支持，体现加强社会组织志愿者的队伍建设的价值和意义；另一方面，应急志愿者要更新参与理念，赋予

"一方有难，八方支援"优良传统以新的内涵，变"不求也应"为"有求才应"，使全社会树立有序参与就是对灾区最大贡献的理念。

（二）加强开放合作，探索合作发展的更多方式

一是要大力支持推进社会各类应急志愿者队伍建设。要将应急救援志愿者队伍作为各级应急管理局的应急资源。可以针对如生产安全、地质灾害等专业技能要求高的应急救援采用政府采购服务形式管理。要更加重视志愿者队伍在城市安全发展中的作用，科学、灵活解决基层单位力量不足问题，协调采取政策资金扶持，形成常态化运行机制。

二是要推进应急救援信息系统向全社会开放使用。要快速推进成都市应急救援指挥决策子系统建设，在系统运用中持续发展完善系统功能。要向全社会开放系统功能，指导督促各级各类应急救援队伍、应急组织注册使用系统，登记维护各自应急人员、应急装备、应急技能等应急资源信息，实现全市应急资源信息集约化实时动态管理，网络实时救援任务指令发送，事故信息推送，救援资源需求实时征集审核和事故处置辅助决策等使用。

三是要促进应急训练场地向符合条件的社会应急力量开放使用。要协调原消防训练基地、防震减灾基地等训练场地向符合条件的社会志愿救援队等应急力量开放使用，以基地为应急平台载体，联络聚集互动各类应急队伍力量。

（三）增强基层覆盖，建立自救互救的一线体系

一是政府方面，要意识到政府的应急救援能力不可能覆盖所有区域的。绝大部分应急事件（95%以上）发生在区县及以下基层，伤亡人数较多或影响比较大的应急事件占总数的不到5%。而在区县以下，需要出动综合性消防救援队伍开展应急处置的比例不高，大部分应急事件在乡镇、社区层面就已经得到了处置。也就是说，绝大部分应急事件发生后，专业救援队伍还没有到达现场，事件就已经得到初步控制或者处置。

二是应急志愿者方面，要充分加入第一线自救互救体系。应急志愿者应该意识到应急志愿服务的重点在社区，要以应急志愿组织和应急志愿者为核

心，搭建社区应急处置网络，建立社区（包括小区、自然村）自救互救体系。要发挥应急志愿组织和应急志愿者对社区熟悉的特点，开展应急、安全知识宣传，鼓励居民开展参与式学习，提升安全体验。要善于借助平台，依托安全社区、减灾社区等工程，提升社区安全水平。

（四）促进规范发展，提升应急志愿的专业水平

一是要完善招募认证机制。可以参照日本应急志愿者招募工作，针对不同的需求分为两种形式：一种是技能型志愿者的招募，对这种志愿者的专业技能水平要求相对较高，如骨科医生、护士、房屋拆迁人员等；另一种是一般工作志愿者的招募，这类工作技术含量不高，如信息传递员、搬运人员、一般的服务人员等。

二是要建立分级制度。可以根据在救援活动中的职能将应急志愿者分为初级、中级、高级、特级、特一级五个等级。初级应急志愿者负责处理突发事件救援最初阶段的基础处置工作，需要具备常识性应急救援技能，是通用型应急志愿者。中级应急志愿者负责疏散、分类、基础施救等工作，为专业救援人员提供有力帮助，是衔接型应急志愿者。高级应急志愿者需要具备应对四大突发事件的相应技能，负责现场各项救援工作，是专业型应急志愿者。特级应急志愿者负责指挥救援行动，而且能在非救援时期负责对初、中、高级应急志愿者的培训指导工作，是指导型应急志愿者。特一级应急志愿者负责组织指挥应急救援活动并编制各项工作方案，是管理型应急志愿者。[1]

三是要加强业务培训演练。要根据应急志愿者的身体基本情况、兴趣爱好、活动时间等各方面因素，广泛开展与应急救援相关的技能培训活动。要加大政府对队伍培训的指导和监督力度，由救援协调和预案管理处、成都市安全生产应急救援指挥中心按"一专多能"的要求有针对性地统一组织队伍轮训。要充分学习和借鉴军队优良传统来加强救援队伍的建设，分批次、分时段让救援队伍接受队列训练、一日生活制度、紧急集合训练、内务卫生

---

[1] 钱洪伟、范靖文：《应急志愿者个体通用标准化体系架构策略研究》，《安全》2018年第12期。

评比等军事化教育和训练,进行部队条令条例和政策法规教育,将习近平总书记对国家综合消防救援队"对党忠诚、纪律严明、赴汤蹈火、竭诚为民"训词要求和军队"听党指挥、能打胜仗、作风优良"的要求贯彻到救援队全体队员的日常工作和行动中去。要多开展联合演练,以练代训,提高应急响应速度和处置效率。

四是要开展应急志愿者队伍标准化建设。对应急志愿者队伍要制定各应急领域队伍建设规范,在队伍人员组成、装备配备、基础设施、培训演练、应急响应、救援及管理制度等方面推行标准化建设。结合成都市机构改革后应急管理面临的新形势、新要求,重新修订《社区(村)应急能力建设规范》《成都市工业园区安全生产应急救援队建设规范》等标准规范。各队伍在成都市应急管理局的统一领导调度下,按相应规范要求,在队伍基础设施、人员配置、装备配置、运行管理等方面开展队伍标准化建设,接受成都市应急管理局队伍标准化登记评定审核。

五是要加强应急志愿者队伍救援能力考核。各重点扶持建设及运行的队伍每年至少应接受一次市级部门综合技能考核,一次"双盲"的队伍应急响应拉练。年度内考核的队员有成绩,有排名,内部试行队伍资质等级鉴定,考核成绩与队伍运行资金投入挂钩。队伍的日常工作开展由属地应急部门进行考核和指导,市上进行监督抽查。

(五)完善激励回馈,优化应急志愿的发展环境

一是要建立应急志愿者政府补偿机制,并形成长效机制。可通过政府支持购买应急志愿服务响应险种,当应急志愿者在紧急状况下因为其无偿的救助行为造成某种损害时,给予应急志愿者有限的豁免权。可以通过颁发相关奖励证书,在入户积分、子女上学等个人事务方面给予倾斜考虑。

二是要建立具体有效的应急志愿者激励机制。在志愿者激励方式的选择上,在结合传统精神激励方式的同时,要注重应急救援志愿者的参与动机,综合考虑采取激励方式,通过内在激励、外在激励、物质激励、精神激励、重视负激励等多种激励方式相结合,使应急救援志愿者的个人期望和组织目

标相一致，激励应急救援志愿者以更大的热情投入应急救援志愿服务事业之中。在志愿者激励措施的规范化上，要采取制度规范的方式使应急志愿者激励方式在法律层面规范具体化，使其能够得到最大限度的保障。在志愿者激励的时限上，对应急救援志愿者的激励应该贯穿整个应急救援志愿服务过程中，通过不间断的激励使其保持最佳工作状态，确保应急救援工作高效完成。

参考文献

[1] 尹媛、王锐兰：《应急志愿服务临时性团队的信任影响因素及管理路径研究》，《东华大学学报》（社会科学版）2016年第1期。

[2] 高艳蓉：《国外应急志愿服务的特点及经验借鉴》，《中国青年研究》2015年第8期。

[3] 秦绪坤、喻声援、周玲：《完善应急愿服务的建议》，《社会治理》2017年第2期。

[4] 朱伟、王亚飞：《加快建设我国应急志愿服务体系》，《社会治理》2018年第5期。

[5] 韩芸：《应急救援志愿者管理模式与运行机制研究》，《理论界》2009年第5期。

[6] 郭其云、魏清、刘松、夏一雪：《我国应急救援志愿队伍激励机制研究》，《灾害学》2016年第3期。

[7] 钱洪伟、范靖文：《应急志愿者个体通用标准化体系架构策略研究》，《安全》2018年第12期。

[8] 李志义、宣舟斌、陈隽、韩雪：《德国应急救援志愿者队伍建设经验及其借鉴》，《上海预防医学》2016年第5期。

[9] 江海：《应急志愿者服务管理体系研究——以四川省志愿服务为例》，硕士学位论文，电子科技大学，2013。

[10] 莫于川、梁爽：《关于完善中国的应急志愿服务法律保障体系之管见》，《河北法学》2011年第5期。

[11] 宋云超：《关于借鉴日本应急志愿服务机制的思考》，《法制与社会》2014年第27期。

[12] 夏玉胜、杨丽萍：《地震预警（报）系统及减灾效益研究》，《西北地震学报》2000年第4期。

[13] 杨茜、徐敬海：《志愿者微信地震灾情获取研究》，《测绘科学》2018年第1期。

B.4 成都社区志愿服务发展报告

摘　要： 提高社区治理能力，打造现代社区治理体系是社会治理的重要内容，社区志愿服务是完善社区治理体系的重要组成部分。社区作为社会治理的最基层单元，成为志愿服务助力社会治理创新的有效载体。近年来，成都以志愿服务美化社区形态，更新宜居公园城市；以志愿服务丰富社区业态，打造活力生活场景；以志愿服务涵养社区文态，传承友善优雅文化；以志愿服务营造社区生态，助力美好品质生活；以志愿服务塑造社区心态，浸润和谐文明风尚。探索了一系列志愿服务深化城乡社区发展治理的实践路径，形成了社区志愿服务成都逻辑。

关键词： 志愿服务　社区治理　成都

党的十九大报告指出要打造共建共治共享的社会治理格局。加强社会治理制度建设，完善党委领导、政府负责、社会协同、公众参与、法治保障的社会治理体制，提高社会治理社会化、法制化、智能化、专业化水平。习近平总书记指出："社会治理的重心必须落到城乡社区，社区服务和管理能力强了，社会治理的基础就实了。"提高社区治理能力，打造现代社区治理体系是社会治理的重要内容。社区志愿服务是完善社区治理体系的必要环节，也是培育居民公共意识与公益精神的重要途径。

党的十八大以来，以习近平同志为核心的党中央，高度重视志愿服务工作，明确提出志愿服务是社会文明进步的重要标志，是广大志愿者奉献爱心的重要渠道，强调志愿服务事业要同实现"两个一百年"奋斗目标、同建设社会主义现代化国家同行。要求各级党委和政府，调动各方力量，整合各种资源，创新方式方法，为志愿服务搭建更多平台，更好发挥志愿服务在社会治理中的积极作用。志愿服务被纳入社会治理体系，上升为国家发展战略。

社区作为社会治理的最基层单元，成为志愿服务助力社会治理创新的有效载体。近年来，成都市加快建设全面体现新发展理念的城市，探索了志愿服务助力城乡社区发展治理、美丽宜居公园城市建设等工作的一系列实践路径，不断推进志愿服务制度化、常态化、社区化，形成了社区志愿服务的成都逻辑。

一 社区志愿服务发展背景

（一）社区志愿服务概念界定

托克维尔对社区志愿服务活动进行了分析与研究，他认为志愿服务的开展有利于促进民主化进程。[1] 萨拉蒙认为社区志愿服务活动可以把各个参与主体连接得更加紧密。[2] 国内侯玉兰、唐忠新认为，社区志愿服务活动是社区内的居民在不以获得物质上和精神上的任何回报的前提下，个人主动贡献自己的时间、精力来促进社区的发展，提高社区的建设与管理水平。[3] 宋煜认为社区志愿服务具有工具与价值的双重属性[4]，并根据志愿者、志愿服务

---

[1] 〔法〕托克维尔：《论美国的民主》，董果良译，商务印书馆，1988，第198页。
[2] 〔美〕萨拉蒙等：《全球公民社会——非营利部门国际指数》，陈一梅译，北京大学出版社，2007，第57页。
[3] 侯玉兰、唐忠新：《社区志愿服务理论与实务》，中国社会出版社，2009，第8页。
[4] "工具性"是指社区志愿服务是开展社区治理的一种手段，通过它可以引导公民主动参与到社区治理中来，完善社区公共服务，提升社区自治能力。"价值性"是指社区志愿服务传播了友爱奉献、互帮互助的正能量，是一个社会文明程度的重要标志。

组织的属地来源不同,将社区志愿服务分为广义和狭义两个方面。广义的社区志愿服务是指参与社区志愿服务的组织或个人不仅仅是社区居民或社区内组织,更包括来自社区外的社会组织等参与主体自愿参与到为社区服务中来。狭义的社区志愿服务指参加社区志愿服务的志愿者或组织来源于社区内部。① 民政部等9部门在《关于进一步做好新形势下社区志愿服务工作的意见》中曾指出,社区志愿服务是居民主动利用自身的时间和技术,为社区公共事务的顺利开展提供帮助的行为,社区居民都能从中获益。《中国志愿服务大辞典》中将社区志愿服务界定为,社会组织和个人自愿用自身的时间、技能等资源,在社区为居民和社区慈善事业、公益事业提供帮助和服务的行为。在这一概念中突出了服务场域为社区,服务对象是居民和社区慈善事业及公益事业。②

本文采用广义社区志愿服务的概念,所提社区志愿服务是指以社区为服务场域,以促进社区进步和提高社区的整体福利为目的,充分利用各种资源,围绕社区居民需要和社区公益事业开展的志愿服务。主要工作是为社区居民提供养老、医疗保障、环境卫生、咨询培训、保健科普、教育辅助等相关公共服务,着力于提高社区居民的生活质量,改善社区环境,完善社区公共服务,同时培养社区居民参与社区治理的意识。社区志愿服务具有自愿性、无偿性、公益性等特征。③

(二)社区志愿服务新征程

1. 新任务:服务、融入国家发展战略

一系列推动志愿服务发展的相关政策文件的出台,既充分肯定了志愿服务在社会发展中的价值和地位,又为社区志愿服务发展提出了新要求和新方向。志愿服务要紧紧对接国家发展战略,提升服务党和国家工作大局的能力。城乡社区是乡村振兴、脱贫攻坚、创新社会治理等国家发展战略的前沿

---

① 宋煜:《助推社区志愿服务发展的建议》,《中国国情国力》2017年第10期。
② 北京志愿发展研究会:《中国志愿服务大辞典》,中国大百科全书出版社,2014,第9页。
③ 许晨光:《郑州市社区志愿服务融合发展研究》,硕士学位论文,郑州大学,2019,第9页。

阵地，同时也是志愿服务的重要落脚地。社区志愿服务要以制度化、常态化为方向，服务国家战略部署，与"两个一百年"奋斗目标、同建设社会主义现代化国家同行。

2. 新力量：参与、协同社会治理创新

作为一种新型的社会组织形式，志愿服务具有激发社会活力、动员社会资源、提供社会服务等一系列社会功能。尤其是社区志愿服务，居民通过参与志愿服务，可以最直接地发现、解决基层问题，进而有效降低社会治理的成本，提高社会治理效益。这有利于构建多元治理格局、完善社区治理和社会治理生态。总之，社区志愿服务要积极协同参与社区发展治理和社会治理创新，在推动国家治理能力和治理体系现代化中发挥特有作用，作出应有贡献。

3. 新载体：培育、践行社会主义核心价值观

志愿服务作为现代社会文明进步的重要标志，是加强精神文明建设、创新社会治理、培育和实践社会主义核心价值观的重要内容。社区志愿服务立足基层，贴近民生。"奉献、友爱、互助、进步"的志愿服务理念与社会主义核心价值观的基本内涵和根本要求一脉相承，是践行社会主义核心价值观的题中应有之义。在城乡社区，广大志愿者身体力行将新时代社会主义核心价值观的内容和要求润物细无声般融入服务实践中，内化于心、外化于行，营造向上向善向美的社会氛围。

二 成都志愿服务深化社区发展治理概况

成都把志愿服务纳入社区发展治理体系中，与"学雷锋"活动紧密结合，大力培育和践行社会主义核心价值观，弘扬天府文化，培育了一批具有奉献精神、专业素养、常态化参与社区服务的志愿者队伍，建成了一批管理规范、服务完善、充满活力的社区志愿服务组织。社区志愿服务法规、政策、制度体系更加完善，志愿者参与社区发展治理的体制机制运转有序、渠道丰富顺畅，向上向善向美的社区精神得到弘扬，基本建成了与社区发展治

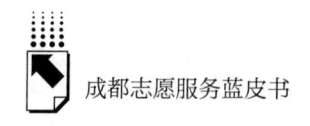

理相适应的社区志愿服务体系，形成了与邻为善、与邻为伴、守望相助、乐观包容的良好社区氛围，为建设全面体现新发展理念的国家中心城市提供坚强保障。[1]

2018年，成都市新增16万名注册社区志愿者，2000多支志愿者队伍活跃在基层。[2] 社区志愿服务服务对象主要涉及基层单元、社区群体和群众个人三个层次。针对基层单元的服务项目主要有治安巡逻、安全排查、交通协管、文明劝导、环境保护等；针对社区群体的服务项目主要有健康义诊、文艺表演、走访慰问以及各类教育培训和理论宣传等；针对群众个人的服务项目主要有陪护照顾、家政维修、临时寄送、纠纷调处以及定点扶老助残、关爱妇幼等。成都社区志愿服务基本情况如下。

（一）以队伍体系化，搭建了社区志愿服务系统

1. 建立了四级社区志愿服务体系

健全市、区（市）县、乡镇（街道）、村（社区）四级志愿服务体系。支持社区成立志愿服务队，村（社区）干部作为组织者率先进入服务队，并大力组织发动社区居民参与。以"社区邻里互助会""社区互助之家"等形式，开展社区居民自我服务、邻里守望活动。

2. 建立了社区党员志愿服务先锋队

2018年4月，成都制定了《全市党建引领城乡社区发展治理集中攻坚行动方案》，深入开展"蓉城先锋·党员示范行动"，推行"互联网+双报到"党员志愿服务，全市有7400多个党组织近13万名党员在社区开展服务，充分发挥了党员先锋模范作用。[3] 同时，在全市全面执行"红马甲"制度，开展党员志愿服务。

---

[1] 参见《成都市深化社区志愿服务的实施方案》（成社治办发〔2017〕9号）。
[2] 参见《挺进"无人区"后，如何再探新路》，《四川日报》2019年3月8日。
[3] 参见《推窗见绿树 进门有书香——成都建设高品质和谐宜居社区》，《人民日报》2018年9月10日。

3.引导了学生参与社区志愿服务

深入推进中小学生、大学生参与社区志愿服务工作。将培养青少年志愿服务意识纳入思想品德教育内容。高等院校、中等职业学校、技工学校和普通中学将学生参加志愿服务活动情况纳入综合素质评价体系。实施"青苗友爱"计划，高中、初中阶段学生、小学高年级学生积极参加社区志愿服务，服务记录如实完整归入学生综合素质档案。

（二）以阵地共享化，丰富了社区志愿服务载体

1.打造了专属空间，形成社区基础服务阵地

成都完善社区志愿服务站建设，实现城乡社区志愿服务站点全覆盖，做到有队伍、有方案、有记录、有宣传。社区推广"社工＋志愿者"模式，引入社会组织参与社区志愿服务。连续三年开展成都学雷锋社区志愿服务示范站创评活动，将志愿服务融入社区15分钟生活场景。目前，全市已建成社区志愿服务站（点）1358个，其中获评示范站200余个，社区志愿服务站已成为推动社区志愿服务和社区发展治理的一支重要力量。

2.整合了基层空间，拓展社区志愿服务场景

城乡社区充分整合党群服务中心、组织部党员之家、妇联妇女儿童之家、团委青年之家等多元主体空间。重点打造社区志愿服务融合场景，发挥阵地支撑、团队建设、信息收集、项目发布、形象展示等功能，形成社区志愿服务共享化，聚焦基层群众对美好生活的需求和向往，常态化开展一系列基础和专业社区志愿服务。

3.融合了公共设施，强化社区志愿服务阵地

成都深入推进公共文化设施（图书馆、博物馆、文化馆、美术馆、科技馆、窗口单位等）设立志愿服务站（点），壮大公共文化设施志愿者队伍，精心设计开展志愿服务项目。鼓励公共文化设施志愿服务站（点）加强与驻地社区联系。如成都市文化馆打造"文化连锁店"面向社区群众按需打造综合性基层文化志愿服务空间。通过阵地共享、队伍联建等方式服务基层社区，深化社区志愿服务。

（三）以资金多元化，拓展了社区志愿服务边界

1. 专项资金，充分发挥了政府引导作用

成都重点支持社区志愿服务项目，以"以奖代补"、政府购买服务等方式为社区志愿服务发展提供经费保障。中共成都市委城乡社区发展治理委员会（以下简称"社治委"）创设保障与激励双轨并行社区经费机制，整合市县两级部门下沉社区资金，建立15.9亿元的社区保障激励资金，以街道社区党组织为主渠道投入社区志愿服务等微细公共服务项目，服务群众，鼓励基层治理创新。此外，2014年成都在财政预算中创新设立了"培育发展社会组织专项资金"，每年预算安排2000万元用于加大支持社会组织开展志愿服务等社会服务项目，且资金体量呈现逐年上升趋势。同时，市民政局制定了三年城乡社区可持续总体营造行动，全市投入支持社区营造的资金达15亿元。

2. 社会参与，探索成立了社区发展基金

成都鼓励社会各界通过直接捐赠、项目认领、委托服务等方式，有效整合社区志愿服务资金资源。从2014年起，成都在社区内发起了通过集市、共同购买、城乡社区互动、辖区单位和社区居民捐赠、企业冠名、创办社区社会企业等多种方式建立的社区公益微基金，每年市级投入500万元用于扶持城乡社区设立社区基金。成都发展了武侯社区发展基金会、锦江区社会组织发展基金会等基金会，社区慈善基金已覆盖成都中心城区和郊区市县，基金数量达300余只，基金规模达2500万元。[①] 社区发展基金致力于以市场化途径优化服务供给，以项目化运作回应群众需求，以多元化推动志愿服务参与社区治理，促进优质的资源要素加速向社区流动。其既是个人、志愿服务组织、企业参与社区治理，增强社区造血功能的重要平台，也是解决社区民生问题的有效途径。各类社区基金降低了公益慈善门槛，扎根社区，鼓励更

---

① 参见《播撒公益种子 成都探索建立社区基金》，公益时报网，http://www.gongyishibao.com/html/gongyizixun/16677.html。

多企业、社区甚至个人设立专项基金或者微基金，同时在资金的使用渠道上更加灵活便捷，以有效回应和支持社区个性化需求。

（四）以项目品牌化，提升了社区志愿服务质量

1. 问需于民，精准策划了志愿服务项目

聚焦居民需求，针对性设计社区志愿服务项目。将社区空巢老人、留守儿童、残疾人等特殊困难居民的志愿服务项目作为志愿服务重点内容。引入专业志愿服务组织，加大对心理疏导、康养护理、技能培训等领域志愿服务项目的开发。鼓励高校、中等职业学校、中小学与社区志愿服务组织（队伍）结对策划志愿服务项目。指导社区志愿服务组织树立项目意识、品牌意识。

2. 设计主题，特色打造了志愿服务品牌

在城乡社区，以"关爱"为主题，大力弘扬友善公益的天府文化。以"众筹时光·情系桑榆"为题，开展"友善公益·关爱空巢老人"志愿服务；以"童眼云世界""有福同享"等志愿服务项目为载体，开展"友善公益·关爱留守儿童"志愿服务；以社区联动，开展"友善公益·关爱困难职工"志愿服务；以社区、街道、乡镇为依托，开展"友善公益·关爱残疾人"志愿服务。以"文明"为主线，在城乡社区深入实施"一切为了成都好"主题活动。

3. 提升专业，精品打造了志愿服务项目

着力提升专业化水平，统筹开展社区志愿服务活动。组织专业化社区志愿服务活动，各部门（单位）结合本行业优势，组建文化、医疗、法律、消防、环保、科技、教育、财务等专业志愿服务队伍，常态化进社区开展志愿服务，帮助居民解决实际问题。实施"成都有爱"系列专业志愿服务，充分利用重大活动、纪念日、节庆日开展主题志愿服务活动，推进社区项目常态化、品牌化。开展青少年"微志愿"服务活动，推动各级各类学校广泛开展社区志愿服务活动，以"微志愿"带动社会"大志愿"。

（五）以发展常态化，巩固了社区志愿服务成效

1. 将社区志愿服务纳入党建引领重点工作

创新社区志愿服务组织领导体系，推动形成志愿服务参与社区发展治理一盘棋。2017年，成都率先在全国创造性地成立市委城乡社区发展治理工作领导小组，在市和区（市）县两级党委序列设立社治委，构建起由党组织统一领导的城乡社区发展治理新机制。社治委自成立之初，就把社区志愿服务纳入社区发展治理体系中，将社区志愿服务政策纳入"1+6+N"政策体系。[①] 在党建引领下，社治委、文明办、市民政局等出台《成都市深化社区志愿服务的实施方案》。在社区志愿服务发展过程中，成都坚持党建引领，市社治委与市文明委成为推动社区志愿服务发展非常重要的领导力量，形成了社区志愿服务发展成都特色。

2. 将社区志愿服务组织纳入社会组织孵化重点范围

在项目开发、能力培养、合作交流、业务支持等方面对社区志愿服务组织提供扶持。建立社区志愿服务组织孵化基地，在社区志愿服务组织启动和初期阶段对其进行扶持。搭建社区志愿服务组织与机关、群团组织、企事业单位、其他社会组织和村（居）委会的沟通交流平台。全市城市社区共自主培育4209个社会组织[②]，其中多半具有志愿服务组织属性。

3. 设立社区志愿服务日推进社区志愿服务常态化

开展"在社区·爱成都"社区志愿服务周活动，全国率先设立社区志愿服务日。成都以社区为本，将每年12月22日设为成都社区志愿服务日，首发社区志愿者之歌。启动社区志愿服务联合行动——伙伴牵手计划，通过

[①] 成都出台6个城乡社区发展治理系列配套文件，涉及转变街道（乡镇）职能、社区总体营造、培育社会企业、政府购买社会组织服务、提升物业服务管理、社区专职工作者管理6个方面。成都构建了城乡社区发展治理"1+6+N"政策体系，其中，"N"是主要用于指导具体工作的配套文件。

[②] 参见《社区"强身"群众舒心》，《中国组织人事报》2018年12月24日。

招募专家导师志愿者致力于志愿者品牌项目升级、品牌项目推广、志愿服务标准化建设等，推进社区志愿服务常态化。

三 成都志愿服务深化社区发展治理实践

近年来，全国社区志愿服务日渐深化，在社会治理实践层面积累了丰富经验，形成了诸如上海、青岛、沈阳以及武汉百步亭、杭州下城等社区治理模式，取得了显著社会效果。当前构建共建共治共享的社会治理格局的重心在基层，着力点也在基层。成都把创新城乡社区治理作为完善城市治理体系和提升治理能力的基础性战略工程。社区志愿服务着眼高质量发展、高品质生活、高效能治理，推进城乡社区形态、业态、文态、生态、心态同步提升，深化社区分类、创新、精细治理，探索出了一条志愿服务深化社区发展治理的新路径。

（一）聚焦"五态"，聚力探索志愿服务深化社区发展治理

1. 志愿服务美化社区形态，更新宜居公园城市

成都美化社区形态以聚焦老旧城区改造、背街小巷整治、特色街区创建等为主攻方向，社区志愿服务聚力美化社区形态，将城市文明程度、市民文明素养的提升和增加社区绿色、暖色有机结合，创造优良宜居环境，建设美丽宜居公园城市。

一是聚焦环境整治，打造美丽宜居公园街区。锦江区以"花园督院"项目为引领，依托志愿服务通过社会资源共享平台，打造美丽宜居公园街区。首先，高品质推进社区形态提升。深入实施"五街五院十巷"整治工程，扎实推进"两拆一增"，创新融入国际元素，完成2条特色街区打造、6个街头"微绿地"建设、5个院落改造，点面结合的生态体系不断完善，公共空间品质有效提升。其次，携手打造"花重锦官城"。深入实施"增花添彩"，广泛开展"四美"评选，系列活动持续培力，助推民众绿化意识不断增强、绿化微组织不断涌现、绿色力量不断壮大，掀起全民"造绿添彩"

的热潮。最后，深化街区环境治理。深入实施"突出环境问题整治'百日攻坚'"专项行动，推动专项整治与商家自治相结合，针对辖区海鲜市场管理老大难问题，变单纯的执法整治为政府、企业和商家共同治理，实行"街长制"、推行垃圾分类，街区环境品质持续改善。武侯区玉林街道持续推进片区打造。按照"全域旅游"理念，以展示玉林生活美学为导向，以"三街九巷两聚落"为重点，组建"美丽街巷营造"志愿服务队伍将玉林片区打造为市井生活场景旅游体验区、成都生活居住特色风貌区。加快推动城市有机更新。结合背街小巷特色治理工作，变"拆改建"为"留改建"，"美丽街巷营造"志愿服务队伍持续营造"花开玉林"，努力建设"花园式社区、公园式街区"。

　　二是聚焦社区微更新，打造美丽宜居公园社区。高新区三元社区以居民需求为切入点，利用院内现有资源，对院内公共空间进行"小而美"的精细化改造，打造了颜值与诗意、实用与便民并存的"小涧流舟"项目。"小涧流舟"充分挖掘志愿者资源，是社区在地化和专业化营造师共同合作打造社区"微景观"，将原本简陋杂乱的楼间绿地"变身"成为设计独特、绿化精致、设施齐全的邻里互动空间。[1]成华区致强社区围绕"绿漫致强、情满街坊"主题，创新共建共治共享机制，积极探索"小街坊治理模式"。深化社区规划师制度，将社区治理、社区服务、社区营造与自治服务信息化有机融合，一方面将致强社区A座的院落连心驿站、楼栋架空层升级打造成"街坊家空间"；另一方面在"滨海家园2.0"院落自治服务互动系统的基础上，研发"社区绿岛"多元治理服务，努力将政务服务、公共服务、志愿服务、商业服务等"打捆"推进院落，构建全域化的社区生活服务体系，提升居民的社区获得感。[2]

---

[1] 参见《成都高新区："微更新"让三元社区兼具颜值与品质》，滨海文化网，http://news.022china.com/2019/02-11/280418_0.html。

[2] 参见《痛点创新亮点：构建院落云平台 打造"街坊家空间"——成都市成华区青龙街道探索小街坊治理和老旧社区现代化》，成华区人民政府网，http://www.chenghua.gov.cn/chqrmzfw/c143764/2018-10/11/content_aa2cb17ce6cc41e7813a5fb65562669c.shtml。

三是聚焦垃圾分类，打造美丽宜居公园院落。青羊区升平社区在童子庭苑实行垃圾分类，探索"源头减量、互联网+智能生活垃圾分类"的居民小区生活垃圾分类新模式。近半年时间，居民参与率达86.8%，收集可回收物21.5吨，居民通过奖励积分提现共2.1万余元。小区紧紧围绕厨余垃圾减量处理和可回收垃圾循环利用，以专职引导员、志愿者为"领头羊"，通过逐户宣传、组织居民学习制作环保手工制品、设立"瓶子菜园"、评选"垃圾分类达人"等方式，让大家在潜移默化中成为垃圾分类的积极践行者。[1] 天府新区安公社区早在2017年便开始探索居民小区生活垃圾分类试点工作。垃圾分类工作的持续开展基于全民积极参与，更离不开志愿者们。44名积极参与垃圾分类的小区居民组建志愿者队伍，与居民小组长、楼栋单元长等一起，对垃圾分类进行宣传监督工作。为常态化开展垃圾分类，小区设立了垃圾分类超市，依托志愿者对可回收垃圾实施"积分+现金"管理。试点小区垃圾减量达300吨/年，减量率达67%以上。[2]

2. 志愿服务丰富社区业态，打造活力生活场景

成都结合社区居民的15分钟生活场景、便民服务场景、娱乐场景、生产场景、休闲场景、教育场景，聚焦居民需求和向往，融合志愿服务提供社区居民可感知、可欣赏、可参与、可消费的新业态、新场景，提升社区高品质生活。

一是丰富社区综合业态，构建社区服务场景。锦江区大慈路社区坚持党委领导、市场运作，探索"企业出资建设、权属移交社区、共同参与后续运行"的建设运营模式，与英雄互娱、腾讯众创、抖音等企业和延安学院等，共同打造近5000平方米的大慈寺国际青年社区服务活动场所，为志愿服务、社区建设、服务党员群众搭建阵地平台。其中，党建咖啡包括咖啡茶座和符合党建、社会主义核心价值观产品的设计和营销推广，青年剧场包括

---

[1] 参见《探索垃圾分类 成都这个小区半年积分提现2.1万》，新浪四川，http://sc.sina.com.cn/finance/xfsh/2019-07-08/detail_f-ihytcitm0451153.shtml。

[2] 参见《一个成都小区的垃圾分类样本》，搜狐网，http://www.sohu.com/a/331419857_120044203。

非物质文化遗产推广和舞台剧目排练演出，延安书院是红色文化基本阵地，腾讯众创是作为新经济主力的年轻人创新创业载体，演出场馆是各类公益性文化、艺术展览的交流平台，青年滑板广场是年轻人的时尚聚会和展示场所。这些场景化平台与载体依托志愿服务，不断丰富着社区业态。

二是丰富社区生产业态，打造社区产业场景。锦江区督院街道依托志愿服务助推辖区产业发展。充分利用领事资源，积极促进市水产协会与新西兰、加拿大等国扩大海鲜水产领域的经贸合作，推动辖区特色产业发展。引入成都市楼宇经济促进会，坚持引育并举，推进特色楼宇建设，全力支持企业做强做大。新津县平岗社区精准发力，建设"有活力"的社区。成立平岗社区劳务服务公司，承接交通文明劝导、临时市场管理等项目，年集体经济收入达40万元。搭建就业平台，与工业园区建立合作关系，向美好食品、得益绿色等企业输送就业人员100余人；组织居民参加"春风行动"招聘30余场，实现群众就业280余人；开展"手绘幸福里""绳编技艺"等特色技能培训，实现"4050人员"灵活就业创业20余人。培育新型业态，结合新津小金结对共建，引进金津同心超市，同步叠加医保、社保等便民服务。

三是丰富社区生活业态，搭建社区邻里场景。武侯区簧门街社区搭建邻里互助志愿服务平台，社区积极引导广大居民参与社区营造，培育孵化居民互助服务组织，开展贴近居民生活的公共服务项目，引导居民积极参与互助志愿服务，搭建了居民互助融合平台"奶奶厨房"，开展由低龄老人为高龄老人提供送餐等志愿服务。搭建居家便利惠民志愿服务平台。社区引入"菜宅送"志愿服务队，探索出了"社区居委会与村民委员会互动、社区与蔬菜专业合作社对接，社区、企业搭建平台一体联动"的"221"模式。"菜宅送"志愿服务队每月为社区的低保贫困人员免费送价值50元的新鲜蔬菜。设置爱心超市、社区杰出贡献奖、优秀志愿服务组织、邻里互助优秀志愿者等表彰嘉许机制，让志愿服务受到全社会的认可和尊崇。搭建文化志愿服务平台。社区充分整合辖区资源，发挥公共文化设施培育和弘扬社会主义核心价值观、传播社会主义先进文化的重要作用，以"空间换资源"的方式，引入四川省传统文化保护协会，在箕门街75号开设"文化聚落"，搭建文化志愿服务平台，为辖区居民群众提供文化志愿服务。同时，社区还邀请画家邵仲茚等知名艺术家到社区做文化志愿者，为辖区居民提供艺术辅导，传播先进文化。

3. 志愿服务涵养社区文态，传承友善优雅文化

发展天府文化根本在人，基础在社区院落。成都针对社区文态的提升，依托志愿服务大力推进天府文化进社区，以社区营造为主要形式，常态化开展社区艺术节、社区故事荟等志愿服务活动，以文化人，传承巴蜀文明、天府文化。

一是传承天府文化，弘扬时代风尚。成都市文化馆"文化连锁店"直接服务社区，开设市民文化艺术培训学校，为社区居民提供舞蹈、音乐、美术等免费艺术普及培训服务；举办市民文化教育讲座，以"成都百姓故事会"为背景，讲述成都历史、城市精神和人文风情；针对群众特点推出"点单式"志愿服务，在府城社区针对老年群众开设了广场舞等课程，为辖区居民提供精准文化服务，为社区持续植入"创新创造、优雅时尚、乐观包容、公益友善"的天府文化基因。"文化连锁店"持续拓宽公共文化服务基层覆盖面，通过一系列创新性的文化志愿服务思路和模式，为传承巴蜀文明、发展天府文化、弘扬时代新风助力。

二是弘扬传统文化，释放文化新生。锦江区国槐路社区以"槐·里"为主题重塑邻里文化，提出"槐里成长、槐里绽放、槐里乐活"三大品牌活动，在社区全面推广"亲子、惜己、敬老"的生活主张，从社区教育、文化等方面增进居民的幸福感。锦江区水井坊112院落在院落党支部的引领下，汇文化、汇情感。在忆惜坊、创工坊、蓉味坊，依托社会企业连接优质公共教育和文化资源，以四季为主题、二十四节气为主线，以诗歌、礼仪、游戏、养生、饮食、活字印刷、非遗等为主要内容，将传统文化与志愿服务相结合，使传统文化释放新吸引力。武侯区玉林北路社区在全国率先以不存钱的"银行"为载体，通过晒家风、讲家风、评家风，将优秀传统文化融入居民生活、院落文化、社区治理、主题活动、廉洁教育中。社区以"家

风"为主题开展了丰富多彩的志愿服务，形成了"家风四季""家风沙龙""建库换柱""家风故事巡讲""家风微电影拍摄""我家的家风墙""名人存家训""一字家风"等一系列服务品牌，艺术再现了家风传统文化的新内涵。

三是延续工业文化，承载社区历史。成华区下涧槽社区，"邻里月台"留住工业记忆，感知社区温度。成华区工业企业滕迁社区承载的不仅是建筑，更是记忆，因此在对原机车厂生活区实施改造中，坚持以尊重社区历史、激发社区活力为目标。带有机车厂元素的"邻里月台"，是企业生活区改造中整合边角地重点打造的公共活动空间，在打造过程中活跃着社区志愿者的身影，他们为空间打造贡献了人力、物力、财力。下涧槽社区以"邻里月台"为空间载体，努力实现自下而上的社区参与、居民自助互助和社区文化重建。①

四是开展国际交流，交融中外文化。锦江区督院街道以"文化督院"为引领，营造国际文化繁荣氛围。实施国际少年培养行动。利用辖区教育资源优势，引导盐道街小学志愿者研发国际化社区文创产品和"少年引领未来"系列社区游学课程，帮助青少年在社区接触世界，从社区走向世界，得到了16个国际同行友好学校的认同与合作。打造"China·青石桥"文化品牌。依托双创载体，发动各类社会组织和志愿者，成立"China·青石桥"国际文化交流沙龙，开展包含陶瓷、美食、川剧、剪纸等非遗系列文化交流活动，推动传统文化"走出去"。依托辖区内省川剧院等文化阵地和外国领事机构，开展川剧票友节、海外风情展系列"多彩督院"活动，吸引外域文化"走进来"。相关志愿服务活动吸引了辖区中外居民的广泛参与，有效促进了中外民众相亲、文化相融，提升了他们对社区的认同感。

4. 志愿服务营造社区生态，助力美好品质生活

成都通过创新社区服务招引模式，在公共服务、商业服务的基础上，大力推广公益服务，形成了有机融合的社区服务生态圈。以智慧化手段等新元

---

① 参见《探访成华区以人为本的社区发展治理实践》，《天府早报》2019年1月10日。

素推动文化、医疗等服务在社区集成,构建社区发展治理新生态。

一是建设社区综合体,打造社区生态圈。成华区和美社区以社区综合体建设为重点,充分释放志愿者和志愿服务组织能量,结合和美社区特点和资源禀赋,以"一园五中心"为载体,立足"城市治理的基石、市民生活的家园、城市文化的窗口、党建引领的阵地、共建共享的平台"定位,以和谐社区·美丽家园为目标,精心建设展示蜀风雅韵的文化窗口、党建引领的示范阵地、共建共享的交流平台、和谐温馨的美好家园。和美社区商业资源丰富,树立市场化逻辑,按照"商业化运行、企业化管理"的思路,打破政府大包大揽旧式社区治理服务机制,积极引入社会企业"创女时代"来整体运营社区新空间——和美党群服务中心和文体活动中心,探索"四联"互动社区综合体运营新模式——管理委员会+社会企业,明晰责任权属;市场+公益,丰富服务内容;中心+小区,扩大覆盖人群;服务+孵化,增强造血机能。用商居联盟整合连接资源,用众创联盟发动群众参与,将和美社区党员义工队、专业社会组织与群团组织资源进行有效整合,组成和美社区社团联盟,为居民提供更专业、更便捷、更高效的服务模式。用社团联盟提升服务能级,把高品质服务打包进社区。①

二是打造志愿服务体系,形成社区生态链。高新区安公社区通过打造志愿服务队伍、创新志愿服务管理体系、连接社会资源,打造了志愿服务社区生态。首先,以志愿服务"四向发动模式",发动党员志愿者、社团志愿者、小区志愿者、社会志愿服务群体,实现了志愿服务广泛参与。其次,通过"三大激励机制",开发全民志愿积分兑换系统,设置慈善公益榜、志愿五十强榜、安公好人榜三大榜单,构建志愿者晋升机制,完善志愿服务体系建设。最后,通过成立社区基金、社会募集和经营造血,搭建服务资源平台。同时,构建政府+社区+学校+家庭+社会"五位一体"教育模式,提升全民参与志愿服务意识。

---

① 参见《美好社区怎么打造?成都市成华区和美社区成样本》,四川经济网,http://www.scjjrb.com/newsDetail/220945?from=groupmessage&isappinstalled=0。

三是创新社区公益+N，实现社区新模式。武侯区簧门街社区创新"公益+社会化"模式。为实现志愿服务的常态长效，增强社区志愿服务组织"造血"功能，创新探索社会企业"211体系"，成立了成都市首家社区社会企业，企业提取利润的20%用于公益志愿项目，让公益与商业相融，情怀与效益并举，有效解决志愿服务组织的发展、提升和成长问题。社区探索建立社区发展公益基金，定向用于社区公益服务。成华区和顺社区创新"公益+市场化"模式。2018年，成都宜家社区中心在和顺社区成立。社区中心具体模式：由宜家出资设计以及装修，社区提供场地，企业和社区共同出资购买社会组织的日常管理服务，企业员工志愿者、社区居民志愿者、大学生志愿者定期到社区中心开展志愿服务。该模式以企业为主导，企业、社区、社会组织、志愿者发挥各自优势，多方共建打造多功能的社区中心，延伸社区公共服务，为社区居民打造一个"延伸的家"。同时，项目周期为五年，有效保证了社区志愿服务的持续性。

四是聚焦社区内部动员，营造社区内生态。温江区岷江村地处社会外部资源严重不足的农村地区，通过党委领导，打造核心志愿服务队伍，开展常态化志愿服务项目，依靠社区内生力量，建立起了在地的志愿服务体系。首先，党委高度重视志愿服务工作，对村内志愿服务队伍的建设、管理、激励进行统筹，引领村内志愿服务方向，坚实了志愿服务组织保障。其次，针对村内环境整治、特殊人群关爱等生活实际需要，成立院落管理委员会、老龄文化协会、爱心互助会三大组织，打造核心志愿者队伍。最后，运用物质+精神激励手段，常态化开展农村垃圾分类项目、辖区困境人群关爱、文化类等志愿服务项目。岷江村在延续村民互助形式的基础上，以志愿服务理念对村民公益情怀进行了有效激活和创新，打造了符合农村特点、满足村民需求、切合乡村治理实际的内生型志愿服务模式。

5. 志愿服务塑造社区心态，浸润和谐文明风尚

成都通过党建引领，依托志愿服务开展与邻为善、与邻为伴、守望相助系列活动，增强社区共同体意识，弘扬向上向善向美的社区精神，以和谐心态实现聚民心、暖人心、筑同心。

一是党建引领，发挥示范带动践行文明。武侯区"党建引领＋志愿服务"充分整合志愿者资源。依托社区党群服务中心，组建志愿服务联盟，设置便民服务岗、矛盾调解岗、爱心帮扶岗、政策帮扶岗及特色服务岗，分类建立服务台账。全面推进驻区单位党组织和党员到社区"双报到"，认领服务岗位，签订共驻共建协议，不断提升共驻共建治理成效。该区创新开展"服务社区百姓·共建美丽家园"活动，以服务社区发展治理、服务群众为重点，以需求、资源、项目、进度"四张清单"管理为抓手，引导机关（国企）党组织整合政策、资金、力量、项目、服务等优质资源下沉社区，引导各级党组织和广大党员走进社区，认领服务项目，同心同向共建高品质和谐宜居生活社区，推动62个机关（国企）党组织认领社区服务项目141个。玉林街道打造一支"党建引领强基"志愿服务队伍，推动"奋进玉林"见成效。持续推进"党建质量行"，深化党组织书记"头雁孵化"工程和支部委员"精准提能"行动，开展支部党建志愿服务工作特色示范创建行动，夯实基层基础；持续深化推进"两新"组织"两个覆盖"，健全"两新"组织党组织志愿服务体系，升级打造"人南商圈党建示范点"，策划开展"玉林楼宇节"两新党建志愿服务品牌活动。

二是矛盾调节，建强防控体系促进和谐。锦江区牛沙路社区积极组织志愿者进小区、院落，开展矛盾纠纷调处，培育孵化"晋哥聊天室"等个性化调解组织。在多方互动中摸清社情民意，在议事说理中化解邻里矛盾纠纷，解决院落难点问题，实现小事不出院落、中事不出社区、大事不出街道，最大限度地把矛盾纠纷化解在萌芽状态。双流区法律服务志愿者协会探索在信访维稳、立案诉讼、政务服务、机场便民、景区管理等一线设岗设点，着力打通法律志愿服务"最后一米"，逐步建立了多处志愿服务基地。坚持"两贴近四聚焦"，即贴近法治一线、贴近基层群众，聚焦空港便民服务、聚焦少数民族法律服务、聚焦黄龙溪景区法治实践、聚焦信访维稳热点。为满足基层群众法律服务需求，将志愿服务下沉至镇(街道)和村（社区），在全区各镇（街道）、五洞桥社区以及全区最大的农民安置小区——东升双桂花园三期设立法律服务工作站，由协会专职工作人员驻点为社区居民提供集法律咨询、人民调解、司法公证预约、法律援助预约、办事导航服务于一体的一站式法律服务，有效化解了基层社会矛盾。

三是邻里互助，社区共同体营造新风尚。锦江区点将台社区组织居民共同打造了以农耕种植及微景观组成的口袋公园，通过"共享菜地"改善了院落环境，增进了邻里交流，把社区建设成为大家的绿色家园。佳宏路社区搭建"时间银行"平台，共享互助服务，志愿者义务服务以小时为单位存入"爱心账号"，当志愿者需要帮扶时，可以提取相应服务时间，形成了邻里互助可持续运转的良好机制。武侯区南虹村社区联合多方发起"爱心冰箱"社区营造类公益项目，通过"爱心冰箱"，工会、企业、社会组织、社区、志愿者资源得到有效整合，倡导了守望相助、睦邻友好、永续发展的共建共享精神，营造了向上向善向美的社区氛围。龙泉驿区围绕"携手志愿行 大爱龙泉驿"志愿服务品牌打造，针对城乡统筹及"生态移民"进程中出现的农民集中居住区增多、新市民尽快融入城市生活等现实需求，以社区文艺自助坝坝宴形式，发掘客家人文化，以"新客家·新市民"为主题创编文艺节目，并举办邻居节，激发了居民自我管理、自我教育、自我服务的热情，营造了文明新风尚。

四是民主参与，畅通渠道促进社区自治。院落作为居民生活空间的"最后一米"，高新区兴蓉社区积极推进院落软硬件打造。该社区从2010年开始探索居民骨干志愿者自治体系，搭建"三驾马车"组织架构，"三驾马车"成员全部由居民骨干志愿者组成。该社区制作"院落公章"，将认证权限下放给院落议事会，成为全国第一个有"院落公章"的社区，赋予院落收集社情民意、提议权、自治事务决议权等权限。该社区持续完善基层保障体系，建立务实志愿者服务工作机制，打造居民+志愿者的服务模式。锦江区水井坊112院落，在议事坊，院落党支部和自治组织共同议事协商，居民个人愿望和诉求有了表达平台；同时，议事坊开辟了"阳光下午茶——服务面对面"，每周一到周五下午，分别有社区书记、法律顾问、"两委员一代表"等，在这里与群众"零距离"沟通，真正做到问需问计问效于民。武侯区簧门街社区探索"网格+志愿"模式。依托社区开展志愿服务网格化管理，以街道为条、院落为块，将辖区划分为4个网格，由每个网格上的网格负责人牵头，组织驻区单位志愿者和居民骨干成员组建各类"志愿服务队"，协助社区将公共服务延伸到单位、商铺、院落和家庭。社区网格志愿者每天下沉到院落里，建立了民情专递流水线，实时掌握社情民意，确保了群众诉求及时反映、及时解决、及时反馈。

（二）需求导向，志愿服务深化社区发展治理取得显著成效

1. 市民有感受：补充服务，满足美好生活需求与向往

成都通过志愿服务参与社区治理，养老、医疗、就业、教育、文化健康等基层公共服务不足的现实得到一定有效补充和缓解。如武侯区玉林辖区各驻区单位党组织认领志愿服务项目430个，服务群众4万余人次，包括龙德集团投入10万元成立"花开玉林"基金、国家电网高新供电中心认领"点亮回家的路"项目、君子兰社工对福苑广场花卉进行日常养护等，这些志愿服务有效补充了环境、就业、医疗等社区公共服务的短板。高新区安公社区长期活跃志愿者多达400余人，城市文明劝导、交通秩序维护、"牛皮癣"清理等日常事务已全面由志愿者完成，此外，社区图书馆潜溪书院的日常管理和运营基本靠志愿服务。志愿者群体成为提供社区公共服务的重要力量，有效满足了居民多元化的需求。武侯区晋阳社区依托自身孵化的18家"草根"志愿服务组织，围绕居民需求开展"430快乐学堂""跳蚤市场""社区营造沙龙"等活动，为居民提供"原汁原味"的便利服务，实现志愿服务精准化。

2. 城市有变化：营造场景，建设美丽宜居公园城市

成都通过聚合志愿服务要素、整合志愿服务资源，将公园城市理念贯穿社区发展治理全过程。依托志愿服务营造场景，彰显了公园城市的生态、美学、人文、生活价值。2018年，全市改造棚户区1.2万户、城中村2.7万户、老旧院落327个，1918条背街小巷换了新颜；160处"小游园·微绿地"点缀坊间，建成65个社区综合体。[①] 社区成为居民"第二个家"，这些

---

① 参见《挺进"无人区"后，如何再探新路》，《四川日报》2019年3月8日。

成就的背后都活跃着志愿者的身影。开展"花重锦官城"社区助绿志愿服务项目，整合市级部门、区市县、街道（乡镇）、社区（村）等资源，面向全市社区、中小学、楼宇等招募项目场景点位，联动公益机构、环保机构、高校社团等志愿服务组织400余家，构建专业平台引领、社区主体参与的项目模式，截至目前已经完成"一点一特色"助绿示范点位30个，培育美丽宜居公园城市助力志愿者队伍百余支，持续开展绿色社区打造、环境保护宣讲活动超过千次。围绕天府绿道场景，温江区北林绿道环线依托志愿服务建设"生态道、经济道、健康道"，整合沿线村镇推进连片治理。2018年以来，北林绿道志愿者联盟驿站劝导和救援下河游客400多人次，河道救援20余人次，医疗救助50余人次，服务游客4000余人次。立体的志愿服务体系，为北林绿道高品质发展提供了坚实的保障。

3. 社会有认同：畅通渠道，实现社会共建共治共享

成都通过志愿服务，畅通了政府与志愿者、居民、社会组织等多元主体自下而上、自上而下参与社区发展治理的通道，促进了多元资源对社区的有效供给，助力了社会共建共治共享。依托成都文明热线96110，在简阳市等区县建立"96110社区联络志愿站"，畅通志愿服务供需渠道，常态化开展扶贫帮困、法律咨询、就业服务等志愿服务活动。锦江区督院街道通过平台策划公共议题撬动本地十余家企业、270余家商户为社区基金募集资金，吸引了7个市级社会组织项目落地，引入项目资金180余万元，促成了14个需求转化为项目。辖区企业如仁恒置地，文教单位如省川剧院、盐道街小学，高端商场如财富中心等以专业技术、资金、设施、场地等形式投入辖区治理中，平台会员单位达300余家，参与活动达4000余人次。成华区保和街道借助于社区议事会、社区规划众创组、业委会、文体协会等自治组织，组成社区众创联，畅通居民参与发展治理的渠道。紧紧抓住群众最关注的物业、小区环境、公共空间等议题，让居民说话，用"专家+社团"模式、聘请社区规划师等方式共同解决问题。和美社区众创联盟打造的169号院架空层空间改造项目——"锦绣乐园"，得到了辖区单位、居民和街道的支持，小区676户人家，540户参与需求调查，113户参与项目实施，累计开

展各类活动20余场，有效拉近了居民之间的距离，营造了和睦温馨的锦绣乐园。

四 成都志愿服务深化社区发展治理创新经验

成都市将志愿服务融入社区发展治理，社区发展治理成为志愿服务的风向标，志愿服务成为社区治理的着力点，实现志愿服务真正扎根社区、服务基层，也让社区治理更有品质、更有温度。成都以志愿服务为抓手深化社区发展治理取得了良好成效，形成了一体两翼，以"三新"塑"五态"的创新模式。通过厘清边界，释放志愿服务发展空间；统筹内外，聚合志愿服务新力量；党建引领，联动志愿服务新资源；参与协商，构建志愿服务新格局等创新经验，形成了社区发展治理带动城市建设品质的成都路径。

（一）成都"一体两翼，以'三新'塑'五态'"创新模式

成都社区志愿服务以提升服务大局能力为重点，创新探索"一体两翼，以'三新'塑'五态'"模式，以社区发展治理带动城市发展治理，构建人、城、境、业高度和谐统一的现代化城市，打造党建引领、社会联动、共建共治共享发展的社会治理格局。其中，"一体"指党建引领城市发展，"两翼"指志愿服务、社区发展治理，"三新"指新元素、新纽带、新关系，"五态"指社区优美形态、活力业态、天府文态、系统生态、和谐心态。通过党建引领，将志愿服务浸入文化、公园、空间、教育、健康等新场景，融入互联网、融媒体等新技术，基于传统的血缘、地缘以及新兴的业缘、趣缘等新纽带连接[1]，实现党委领导、政府负责、社会协同、公众参与的共建共享共治的社会治理格局。

---

[1] 于显洋、林超：《探索新时代城市基层社区治理新思路》，《中国社会科学报》2019年6月19日。

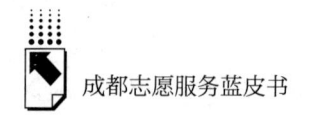

（二）成都志愿服务深化社区发展治理创新经验

1. 理念：厘清边界，释放志愿服务新空间

在党建引领下，将自主权还给基层，充分激发治理活力是具有突破性的成都经验。在国家—市场—社会的三元架构中，三者既存在功能上的差异，又形成互补关系。构建共建共治共享社会治理格局就是要着力通过体制机制创新，以联带动，使政治权力、市场权力与社会权力三者之间相互补充，相互监督，协同参与社会治理。成都通过"还权""赋能""归位"，厘清政社权责边界。

成都改革创新社区发展治理体制机制，重点采取联席会议、责任清单、规划引领、资源整合、多元协同等方式，统筹推进城乡社区发展治理工作。针对街道职能不优、社区行政化等问题，出台《关于转变街道（乡镇）职能促进城乡社区发展治理的实施意见》，强化街道（乡镇）统筹社区发展、组织公共服务、实施综合管理等职能，赋予街道社区重大决策建议权，下沉社区事项统筹协调权、职能部门派出机构负责人考核意见反馈权。优化街道（乡镇）组织架构，按照"5＋X"模式[①]，提高发展治理和公共服务能力，推动街道社区减负提能，建立街道社区工作事项准入机制，明确禁止向社区下沉行政执法、招商引资等事项，新增事项须经区（市）县委社治委审批。全市积极推动街道社区职能归位，聚焦聚力抓好党的建设、基层治理等主责主业，为志愿服务参与社区发展治理拓展了发展空间。[②]

2. 体制：统筹内外，聚合志愿服务新力量

统筹体制内资源促进志愿服务深化社区发展治理。目前成都已建立四级志愿服务体系，由市文明委统一领导，市文明办统筹协调，市、区（市）县、街道（乡镇）、社区（村）四级志愿服务组织体系架构初步完成。社区志愿服务站（点）作为社区的连接平台，已经在城区全部覆盖，农村地区

[①] 在街道（乡镇）设置党群办、社区发展办、社区治理办等5个内设机构，在优先发展的重点街道（乡镇）适当增设1~2个内设机构。

[②] 参见《社区"强身"群众舒心》，《中国组织人事报》2018年12月24日。

逐步覆盖。成都把社区志愿服务纳入社区发展治理体系，在推动社区志愿服务上持续发力，赋能社区志愿服务，推进高品质和谐宜居生活社区建设。2016年，市民政局首次在全市范围内大力推行社区营造，将志愿服务纳入其中，市民政局不仅提供资金支持，而且连接多方资源提供智力支持、技术支持、人员支持、管理支持和服务支持。

统筹体制外社会、市场要素，赋能志愿服务，深化社区发展治理。依托成都云公益发展促进会、成都公益组织服务园等志愿服务枢纽型平台，赋能社区志愿服务，为社区志愿服务队伍建设、需求调研、活动开展、形象展示等助力。同时，通过政府购买服务、委托服务等形式，积极支持志愿服务组织承接社区居民扶贫、济困、扶老、救孤、恤病、助残、救灾、助医、助学等社会民生领域的服务项目，聚合社会组织、企业等体制外力量推动志愿服务在社区落地生根。

3. 机制：党建引领，联动志愿服务新资源

党建引领，推动社区志愿服务制度化。成都不断强化街道党工委、社区党委和其他各级党组织对志愿者服务的核心引领作用。按照党建引领志愿服务的总体思路，充分发挥基层党组织的战斗堡垒作用、党员模范带头作用，深入挖掘社区内外资源，广泛动员党员、群众和社会力量。在充分发挥党员示范引领作用的基础上，对社区的社会工作者、志愿者资源进行整合，构建社区志愿服务对象和服务项目对接平台，推动志愿服务向精准化、规范化延伸。

政社共建，引导志愿服务常态化。创新系列机制，提升志愿服务能力。依托志愿服务，建立组织联建、引领共治机制，社区党组织引领业委会、物业机构组织建设，引领居民根据业缘、趣缘组建自组织，引领商家建立居商联盟。建立事务联议、问题共商机制，共商解决社区发展治理难题，化解社会矛盾。建立活动联办、资金共筹机制，通过政府支持、社区激励、居民自筹，常态化开展志愿服务邻里活动。

4. 方式：参与协商，构建志愿服务新格局

自党的十八届三中全会首次提出"社会治理"概念以来，社会治理逐

渐由过去政府一元化管理体制转变为政府与各类社会主体多元化协同治理体制，社会参与在社会治理中的地位与作用越来越凸显。成都市充分发挥志愿服务在社区发展治理、创新社会治理中的作用，强调在党建引领下，政府与志愿服务组织、社区、居民多主体合作治理。在成都，志愿者、志愿服务组织作为重要的社会力量，承担起部分政府转移的社会职能，协助政府从直接服务中解脱出来，政府更好地履行监督和指导职责，形成多元主体合作关系，共同构建社区服务供给网络。

通过志愿服务，政府在资源信息掌握和决策上的优势，社区在了解居民需求和组织整合上的优势，志愿服务组织在专业和技术上的优势等都得到发挥，进而提高了居民自治参与意识和协商共治能力，培育了社区社会资本，营造了社区共同体。在与城市可持续发展同步的社会管理和公共服务中，志愿服务组织成为部分社会公共服务的直接提供者，通过社区发展治理主体优势互补，打造了共建共治共享的社会格局。

参考文献

［1］〔法〕托克维尔：《论美国的民主》，董果良译，商务印书馆，1988。

［2］〔美〕萨拉蒙等：《全球公民社会——非营利部门国际指数》，陈一梅译，北京大学出版社，2007。

［3］侯玉兰、唐忠新：《社区志愿服务理论与实务》，中国社会出版社，2009。

［4］宋煜：《助推社区志愿服务发展的建议》，《中国国情国力》2017年第10期。

［5］北京志愿发展研究会：《中国志愿服务大辞典》，中国大百科全书出版社，2014。

［6］许晨光：《郑州市社区志愿服务融合发展研究》，硕士学位论文，郑州大学，2019。

［7］《挺进"无人区"后，如何再探新路》，《四川日报》2019年3月8日。

［8］参见《推窗见绿树 进门有书香——成都建设高品质和谐宜居社区》，《人民日报》2018年9月10日。

［9］《播撒公益种子 成都探索建立社区基金》，公益时报网，http://www.gongyishibao.com/html/gongyizixun/16677.html。

［10］《社区"强身"群众舒心》,《中国组织人事报》2018年12月24日。

［11］《成都高新区:"微更新"让三元社区兼具颜值与品质》,滨海文化网,http：//news.022china.com/2019/02-11/280418_0.html。

［12］《痛点创新亮点:构建院落云平台 打造"街坊家空间"——成都市成华区青龙街道探索小街坊治理和老旧社区现代化》,成华区人民政府网,http：//www.chenghua.gov.cn/chqrmzfw/c143764/2018-10/11/content_aa2cb17ce6cc41e7813a5fb65562669c.shtml。

［13］《探索垃圾分类 成都这个小区半年积分提现2.1万》,新浪四川,http：//sc.sina.com.cn/finance/xfsh/2019-07-08/detail_f-ihytcitm0451153.shtml。

［14］《一个成都小区的垃圾分类样本》,搜狐网,http：//www.sohu.com/a/331419857_120044203。

［15］《探访成华区以人为本的社区发展治理实践》,《天府早报》2019年1月10日。

［16］《美好社区怎么打造?成都市成华区和美社区成样本》,四川经济网,http：//www.scjjrb.com/newsDetail/220945?from=groupmessage&isappinstalled=0。

［17］于显洋、林超：《探索新时代城市基层社区治理新思路》,《中国社会科学报》2019年6月19日。

B.5
成都文化文艺志愿服务发展报告

摘　要： 通过搭建多方参与体系、培育特色队伍、完善工作制度、打造多维空间、探索信息化平台、开展国际交流等创新实践，成都文化文艺志愿服务取得了显著成效。成都文化文艺志愿服务项目驱动特点明显，形成了响应类、市域推广类、区县开创类和社区营造类四大类品牌项目体系，以贴近民生、喜闻乐见的方式丰富了群众精神文化生活，弘扬了天府文化，践行了社会主义核心价值观。未来，成都文化文艺志愿服务将聚焦制度化、常态化、精准化、品牌化、内培化、外联化等维度，力求全面提升文化文艺志愿服务品质。

关键词： 文化志愿服务　文艺志愿服务　志愿者　成都

一　成都文化文艺志愿服务发展背景

（一）文化文艺志愿服务概念

本文提到的"文化文艺志愿服务"是文化志愿服务和文艺志愿服务的合称。

根据文化部2016年发布的《文化志愿服务管理办法》，文化志愿者，是指"利用自己的时间、知识、技能等，自愿、无偿为社会或他人提供公益性文化服务的个人"；文化志愿服务组织单位，是指"组织开展文化志愿服务的文化行政部门、文化单位";文化志愿服务组织,"是指以开展文化志愿服务为宗旨的非营利性社会组织"。①

根据中国文联2018年发布的《文艺志愿服务管理办法(试行)》,文艺志愿者,是指"不以物质报酬为目的,利用自己的时间、文艺技能、文艺成果以及社会影响力等,从事志愿服务的文艺家、文艺工作者和文艺爱好者";文艺志愿服务组织,是指"各级、各类文艺组织成立的文艺志愿者协会、文艺志愿者团(队)等或文艺志愿者以个人名义发起的志愿者团(队)等"。②

文化志愿服务的范围主要包括:在公共图书馆、文化馆(站)、博物馆、美术馆等公共文化设施和场所开展公益性文化服务,为老年人、未成年人、残疾人、农民工和生活困难群众等提供公益性文化服务,参与基层文化设施的管理和群众文化活动的组织等工作,参与文化行政部门和文化单位开展的文化遗产保护、文化市场监督等工作,开展其他公益性文化服务。③

文艺志愿服务分为现场服务型和非现场服务型。现场服务型是指文艺志愿者前往服务地,现场参与文艺志愿服务活动,如慰问演出、交流辅导、培训讲座、调研策划等。非现场服务型是指文艺志愿者不在服务现场开展的作品创作、展览展示、远程培训、宣传推广等文艺志愿服务活动。④

总体而言,二者同属于"大文化"的范畴,有许多相似之处。因此本专章将文化志愿服务和文艺志愿服务联合阐述。

(二)成都文化文艺志愿服务的发展背景

对于一个国家、一个民族来讲,文化文艺工作实际是在培根铸魂,更着

---

① 引自文化部《文化志愿服务管理办法》(文公共发〔2016〕15号)第二章、第三章规定。
② 引自中国文联办公厅2018年10月8日印发的《文艺志愿服务管理办法(试行)》第一、二、三章规定。
③ 引自文化部《文化志愿服务管理办法》(文公共发〔2016〕15号)第四章文化志愿服务的范围规定。
④ 引自中国文联办公厅2018年10月8日印发的《文艺志愿服务管理办法(试行)》第四章文艺志愿服务分类规定。

眼于点滴积累和扎实建设。对于一个城市来讲，文化文艺志愿服务就是不断以文铸魂、以文化人、以德润城、以文塑城、以文立品，是不断引领城市文明进步的重要途径。

根据中共中央办公厅、国务院办公厅《关于加快构建现代公共文化服务体系的意见》，中宣部、中央文明办、民政部等8部门《关于支持和发展志愿服务组织的意见》，中宣部、中央文明办等7部门《关于公共文化设施开展学雷锋志愿服务的实施意见》，文化和旅游部、中央文明办《关于开展2018年文化志愿服务工作的通知》和中共中央《关于繁荣发展社会主义文艺的意见》等相关文件精神，随着中国特色社会主义进入新时代，发展文化文艺志愿服务在构建现代公共文化服务体系、举精神旗帜、立精神支柱、建精神家园方面的作用日益彰显。文化来源于群众，也应服务于群众。文化建设和繁荣不仅在于剧院、博物馆、图书馆、体育中心等设施的展现，更重要的是在软件设施、服务态度上打造成"民心工程"。

随着经济的发展、物质生活水平的提高，公众对精神文化生活的需求也在不断提高。满足人民群众对美好生活的期望，既需要在城市建设、硬件设施等方面加强建设，也需在文化文艺等软性基础上加强投入，以保障人民更有获得感、幸福感、安全感。当前我国正在进行社会主义现代化建设，在工业化和城镇化的发展过程中，文化文艺可以发挥价值引领作用，为现代化发展保持共产主义方向保驾护航。特别是愈演愈烈的城镇化建设，使得村落逐渐向社区转化，作为经济稳定器的农村社区，要真正实现现代化，走向共产主义，最重要的标志就是文化的现代化。要让民主、权利的观点真正走向农村、农民，让农民真正意识到自己是国家的主人，是国家的建设者，而不是被动的接受者、被救济者，文化引领是关键。文化文艺活动走向基层、走进乡村，把文化文艺基地建在基层，帮助基层提升权利意识，对公民社会的建设，对让广大基层民众从文化的奴隶变成文化的主人、文化的创造者具有重要意义。对困难群众，除了生活保障外，更要从价值导向上引导他们、鼓励他们发挥自己的主观能动性，去改造生活、改变自己的生存环境，真正做到以文化人、用文润心。

对成都而言，文化文艺志愿服务服务于成渝经济圈建设、"三城三都"①建设、城乡统筹一体化、城乡社区发展治理、绿道林盘文化建设和文艺氛围营造，以及自由化、便利化、国际化营商环境打造等各个领域，是建设新时期，全面体现新发展理念区域，奋力实现新时代成都"三步走"战略目标，弘扬"创新创造、时尚优雅、乐观包容、友善公益"的天府文化，实现区域高质量发展，完成党和政府郑重嘱托的重要内容。

成都文脉历经数千年，在各个历史时期，巴蜀大地英杰辈出，巴蜀文化源远流长。到了近代，更是以保路运动、抗战精神闻名于世。进入建设时期，成都是整个中国工业建设的大后方和重要的战略堡垒，在中国工业崛起中发挥了重要作用。新时期，成都承载了新的历史使命，成为最早的一批城乡综合改革试验区、自由贸易试验区，是公园城市理念的最早践行地，这些都是党和国家对成都的重托。面对新时期新任务，成都各界坚持以新理念引领新发展，不负时代使命。成都文化文艺志愿者作为精神文化的传播者，发挥传承优秀传统文化、弘扬革命建设精神、践行新时期新理念的先行者的作用，通过宽领域、广覆盖、有深度的文化传播，引领时代风尚，践行"不忘初心、牢记使命"的庄严承诺，深入基层、深入城乡社区，将精神文化送到每一个人身边，以优秀作品感染人、以先进理念引领人，真正实现了以文化人、培根塑魂的目的。成都文化文艺志愿者深入理解新理念、主动作为传播新思想、不惧艰险困难践行优秀文化的作为值得尊敬和弘扬。

二 成都文化文艺志愿服务的创新实践

成都市文化志愿者协会主动作为，不等不靠，积极发挥枢纽社会组织功能，联合高校、部队等单位，在基层广泛开展文化志愿服务活动。截至

---

① "三城三都"：高水平建设世界文创名城、高起点建设世界旅游名城、高标准建设世界赛事名城，高品位建设国际美食之都、高品质建设国际音乐之都、高质量建设国际会展之都。

2018年底，成都市文化志愿者协会①注册登记的市级文化志愿者人数超2万人，成员单位超50家，指导各区（市）县成立文化志愿服务队伍100余支，年均组织实施的市级文化志愿服务集中示范活动十余场，指导各级各类文化志愿服务活动100余场。

成都市文联2013年即组建成都市文艺志愿者协会，组织广大文艺家开展文艺志愿服务，成立以来，从未间断，以项目为引领在摸索中逐渐探索出自己的项目运作方式和组织运行方式，不断完善制度建设，常态化开展文艺支教活动，引导文艺家在基层建立文艺工作站，其"山坳上的画室"等文艺家工作坊贴近群众，自有风骨，既完成了文艺采风的作用，又带动了地方文化发展，更形成了自己的品牌。成都市文艺志愿者主动奋斗在脱贫攻坚、乡村振兴的第一线，老一辈艺术家主动提携后辈，培养新人，特别是培养基层文化新人，实现文化传承，真正体现了"为天地立心、为生民请命、为往圣继绝学"的先贤使命。截至2018年底，全市文联注册登记的个人文艺志愿者近300名，志愿者队伍近50个，类型为各区（市）县文联文艺志愿者协会（服务分团）、成都市文联直属（挂靠）学文志愿者服务分团、新文艺组织文艺志愿者服务分团。2018年服务总时长约为2000小时，人均志愿服务时长达2小时。全年志愿服务年度投入工作经费210万元，为志愿者提供了专业培训4场。协会年度开展志愿服务活动数量200场左右，项目数量5项，年累计服务人次4万人左右。

（一）构造和搭建多方参与的组织体系

1. 文化文艺单位积极引领

总体而言，成都文化文艺志愿服务在市级层面成立志愿者协会，作为文化文艺志愿服务的统筹力量。在此基础上成立衍生组织和区（市）县对应组织，并在社区（村）、学校、产业园区等地点建立基层文化文艺志愿服务

---

① 成都市文化志愿者协会是成都市文化馆联合成都图书馆、成都画院、成都博物馆、成都武侯祠博物馆、成都杜甫草堂博物馆、成都艺术剧院有限责任公司7家单位发起，各区（市）县文化馆、图书馆、高校等51家单位参与。

工作站，以点带面构建文化文艺志愿服务网络，实现了对基层社区（村）文化文艺志愿服务的全覆盖。成都文艺志愿服务主要由成都市文艺志愿者协会及其相关组织组织实施，成都文化志愿服务主要依托于公共图书馆、博物馆、文化馆等各级各类公共文化设施单位开展实施。二者作为成都文化文艺志愿服务的统筹力量在成都文化文艺志愿服务事业发展上发挥了重要作用。

（1）成都文艺志愿服务组织体系

成都市文艺志愿者协会于2013年9月成立，是由文艺志愿者、文艺志愿服务组织以及关心支持文艺志愿服务事业的单位或组织自愿组成的全市性、平台型、联合性、非营利性社会组织，是党和政府联系广大文艺志愿者的桥梁和纽带，是中国文艺志愿者协会团体会员，是成都市文学艺术界联合会的团体会员。2016年，成都文艺志愿者协会入选中宣部、中央文明办、学雷锋志愿服务"四个100"最佳志愿服务组织。

多年来，成都市文艺志愿者协会建设形成了广覆盖的组织体系。一是构建了多层级的文艺志愿服务组织。协会积极推进区（市）县文联成立文艺志愿者协会，成为全市文艺志愿服务的主体力量；鼓励广大文艺家、文艺家协会、新文艺组织组建文艺志愿服务分团（小分队），作为文艺志愿服务的有力补充。二是建立基层文艺志愿工作站。将社区（村）、学校、产业园区等作为文艺志愿者开展文艺志愿服务活动的支撑，以点拓面构建文艺志愿基层服务网络，努力实现基层社区（村）文艺志愿服务全覆盖。三是打造文艺名家工作室。鼓励推荐优秀艺术家到"人民群众最需要的地方"有序建立文艺名家工作室，"二度梅"川剧名家刘芸在彭州市九尺镇小学设立的个人工作室，成都市书协副主席、成都大学书法教授王兴国担任了彭州市教师书法创作高研班导师，成都文艺志愿协会副主席、成都市曲艺家协会主席任平在彭州建立的"四川清音"名家工作室，在确保文艺志愿服务项目落地生根，日常文艺志愿服务活动常态开展上发挥了重要作用。

（2）成都文化志愿服务组织体系

成都市文化志愿者协会于2012年在市民政局注册成立，由成都市文化馆牵头，市级文化单位和区县文化单位共同参与建设，日常工作由市文化馆牵头负责。协会承办过文化部全国文化志愿服务管理人员培训班，参加中国文化馆年会，并展示了获奖的文化志愿服务项目。其牵头打造的文化志愿服务示范点受到了文化部领导和相关领域专家的好评。协会一是统筹人员管理，实行"分管理、共使用"原则。各成员单位既可独立招募、管理、培训和使用文化志愿者，又可共享文化志愿者资源。二是创新工作机制，实行"总指导、分实施"原则。总会和各分会的工作，既独立又融合。在活动中，总会可对分会进行业务指导，同时，也可与分会共同举办志愿服务项目。三是完善培训模式，总分培训相结合。总会组织进行高层次、高标准的业务培训，分会不定期举办基础知识培训，形成基础培训和提升培训相结合、业务培训和经验学习相结合的培训模式。

通过与四川师范大学、电子科技大学、成都大学、四川旅游学院等全市范围内的多所高校合作，成都有效增加了高校文化志愿服务力量。通过与四川省内某部队建立军民共建合作关系，部队文工团被纳入成都市文化志愿者协会成员单位，部队为协会组织的文化志愿服务活动提供了人才资源。

各区（市）县相应建立基层文化志愿服务组织架构。文化志愿服务作为学雷锋志愿服务的重要内容，在县级及以下志愿服务实践中是以学雷锋志愿服务的方式来组织实施的。以彭州市学雷锋志愿服务[①]为例，彭州市建立了市、镇、村三级志愿者服务组织。一是各镇、市级有关部门、各窗口行业在原有志愿服务队伍的基础上，进一步加强"弘扬雷锋精神"志愿服务队伍建设工作。二是市级有关部门成立了公共文明劝导志愿服务队伍，在广场、公园、旅游景点、医院、汽车站、影院、交通路口和路段、公交站点以及街巷、小区建立了学雷锋文明劝导志愿服务队伍。三是各镇、市级有关部

---

① 2016年，由习近平总书记主持召开的"中央全面深化改革领导小组"第二十七次会议通过《关于公共文化设施开展学雷锋志愿服务的实施意见》，在中央最高会议和中央文件中固定了"学雷锋志愿服务"的口径和提法。"志愿服务"作为19世纪初期兴起于欧美的一种带有宗教性质的慈善事业，与20世纪90年代到21世纪初期在我国持续了数十年的"学雷锋活动"相得益彰，"学雷锋志愿服务"作为东西方文化的冲撞与融合的产物，是志愿服务中国化的最新表达，对社会大众开展互帮互助活动、和谐人际关系、普及社会主义核心价值观具有重要意义。

门建立学雷锋志愿服务阵地，在广场、公园、旅游景点、汽车站、医院、农民集中居住区等公共场所设立学雷锋便民利民志愿服务站点，设置宣传公示栏对便民服务内容和服务情况进行公示。

除成都市文化志愿者协会外，成都市各公共文化设施单位均建立了文化志愿服务组织，一般由单位志愿服务管理部门和志愿者团队两部分构成，不同单位略有不同。以金沙遗址博物馆为例，其志愿服务架构包含金沙遗址博物馆开放部和志愿者团队两个部分。博物馆开放部代表馆方开展志愿者团队招募、培训、日常管理和制度建设等相关工作。志愿者团队包括讲解、外宣、翻译、视觉、服务五个组别，每组根据需要设组长1~2人，负责志愿者与馆方的沟通交流和志愿者小组的内部管理。

2. 社会大众力量广泛参与

成都市积极鼓励社会力量建立专业志愿者团队，参与文化文艺志愿服务，典型的有成都龙泉驿诗书画教师志愿者协会、邛崃市"醉悠扬艺术团"等。同时，有效引导文化文艺单位加强与社会组织交流合作，典型的如成都市图书馆与社会公益组织合作，邀请第二届"全人教育奖"提名奖获得者、北京亦庄实验小学教师钱峰老师为市民做题为"万物启蒙——带领孩子走进世界"的少儿公益志愿者讲座；与社会公益组织合作邀请教育专家、国家二级心理咨询师陈欧老师长期为大众免费讲授关于亲子关系、婚姻情感、职场减压、身心健康成长方面的"家长沙龙"讲座培训。

（二）培育和发展独具特色的志愿队伍

成都市文艺志愿服务队伍由成都市文艺志愿者协会牵头，实行统一管理，彭州市文艺支教志愿者队伍[①]是其典型代表。成都市文化志愿服务队伍以成都市文化志愿者协会和各文化单位为代表，呈现不同的队伍形态和略有差别的管理制度，具有自身的鲜明特色，其中博物馆类的成都武侯祠博物馆

---

① 鉴于本专章第三部分品牌项目中彭州市"艺术点燃梦想"志愿服务项目介绍中已有彭州市文艺支教志愿者队伍介绍，此处不再赘述。

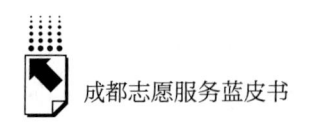

志愿者团队、图书馆类的成都图书馆"义务小馆员"志愿者团队是其典型代表。

1. 博物馆类：成都武侯祠博物馆志愿者团队

截至2018年底，通过武侯祠博物馆官方考核并已上岗的志愿者已近150人，职业构成多元，如教师、学生、医生、公务员等。其中社会组志愿者40人，学生组志愿者60人，国际组与专家组志愿者10人，廉洁文化志愿者40人。志愿者年龄横跨8周岁到60周岁。

博物馆馆内志愿者分为社会组、专家组、学生组、国际组四大类。其中，专家组提供学术讲座、文化专业培训等。学生组以常态化服务的小小讲解员和与高校合作的团体志愿者为主。国际组与外语培训机构联动。社会组2018年7月由博物馆宣教部开始面向社会统一招募，目前社会组志愿者的职业构成已涵括教师、学生、医生、公务员等多种类别。

博物馆馆外志愿者以"孔明送东风"文化志愿服务小分队为代表。该小分队承担的工作，一是文化宣传进社区，向如桐梓林、凉水井等社区的居民宣传三国文化、传统文化、廉洁文化。二是文化传承进校园，将原创的三国文化课程在成师附小等学校讲授。三是文化扶贫进乡村，结合博物馆2011年开展的三国文化遗存调查工作，小分队在三国文化遗存地区开展文化扶贫工作。

除此之外，博物馆作为四川省廉洁文化基地，和成都市武侯区纪委联动开展廉洁文化宣讲项目，配备专门的廉洁文化讲解员。博物馆另有专门的社教文化志愿者，其主导的社教项目荣获2018年成都优秀志愿服务项目称号。

2. 图书馆类：成都图书馆"义务小馆员"志愿者团队

成都图书馆拥有一支以"义务小馆员"志愿者团队为典型代表的文化志愿者服务队伍，每年寒暑假定期面向社会招募义务小馆员，建立了相对完善的志愿者管理体系。

一是建立了志愿者服务活动领导小组。领导小组由馆长担任组长，书记和副馆长为副组长，各部室负责人为成员，评估指导义务小馆员志愿服务活动的各项工作。

二是形成了较为完善的管理制度。图书馆制定了《义务小馆员招募制度》《义务小馆员管理办法》，形成了从招募到管理以及退出的一系列制度设计。

三是实现了有针对性的志愿者招募。对申请的少儿读者，图书馆首先了解他们的意向、素质与特长，对确定招募的小馆员志愿者，要求其明确服务范围、岗位职责与能力要求，尽可能避免发生盲目参与、惰性对待等情况。

四是实现了常态化的志愿者培训安排。对合格的小馆员志愿者，图书馆安排专门馆员对其进行培训，尽可能使志愿者个人能力与图书馆服务要求相一致。

五是制定了规范的志愿者激励制度。图书馆在每年寒暑假结束时，定期举办优秀小馆员评选活动，并在年终公布"最美义务小馆员"名单，给予适当鼓励。

截至2018年底，共有2000余名少儿读者参与"义务小馆员"志愿服务活动，其中500余名志愿者获得了由成都图书馆颁发的优秀义务小馆员荣誉证书，21名志愿者被评为图书馆年度"最美义务小馆员"。

（三）制定和完善标准规范的制度体系

为促进志愿服务常态开展，成都市文艺志愿者协会参照中国文联《文艺志愿服务管理办法（试行）》，从会员登记注册、志愿服务活动记录等方面，对文艺志愿服务试行常态化管理。协会制定《成都文艺志愿者管理办法（试行）》、《成都市文艺志愿服务专项资金管理办法》、《成都文艺志愿者活动基地（联系点）管理办法》和《成都文艺支教志愿服务管理办法（试行）》等系列制度，为文艺志愿服务活动开展提供场地、交通等多项保障。依托公共图书馆、文化馆、博物馆等公共文化设施，成都开展了丰富多彩的文化志愿服务活动，制定《成都市文化馆文化志愿服务制度》、《成都图书馆志愿者管理办法》、《成都博物馆志愿者章程》、《成都武侯祠博物馆文化志愿者章程》和《金沙遗址博物馆志愿者章程》等相关制度，让文化志愿者学有教材、行有规范、做有标准。

在制度运转实施方面，成都文化文艺志愿服务形成了广泛参与、有效衔接的顺畅易行的运转方式。成都文艺志愿服务管理机构一是为志愿服务活动开展提供有效保障。相关单位积极争取党委、政府和社会力量支持，为文艺志愿者提供必要的工作条件、意外保险和适当的交通、误餐补贴，确保文艺志愿服务活动顺利实施。如成都市文艺志愿者协会规定支教文艺志愿者服务期间，享受政策规定的误工补贴（每人每小时100元，学期服务结束时统一发放）、保险（大病医疗、人身意外伤害和医疗保险，每人200元）、体检（每人300元）。同时协调服务单位为文艺志愿者提供必要的工作条件，帮助解决文艺志愿者在工作中出现的困难、问题，安排文艺志愿者在国家法定节假日正常休息。二是为志愿者及志愿服务活动提供必要的宣传和激励。成都市文艺志愿者协会将文艺家个人参加文艺志愿服务情况纳入市级文艺家协会入会、参与"德艺双馨"评选、职称评定等评优考核标准，激励文艺家将文艺志愿服务作为文艺家生活方式的一部分。同时，协会综合评价文艺志愿者、文艺志愿服务组织、文艺志愿服务小分队的服务时间、服务质量等核心内容，评选出星级组织、星级会员，对其志愿服务事迹进行多渠道广泛宣传。

成都文化志愿服务制度建设各个单位各有特色。如成都市图书馆建立了文化志愿服务管理部门，先后出台了《成都图书馆志愿者管理办法》《成都图书馆义务小馆员招募办法》《成都图书馆志愿者评选办法》等制度，对全馆志愿服务工作开展进行了统一规划、部署。图书馆每年有组织、有计划、有规范地开展志愿服务工作，举办义务小馆员志愿者招募、培训，年度最美义工、最美义务小馆员评选颁奖暨志愿者联欢活动。作为制度建设的核心工作，图书馆为每一位文化志愿者建立档案，了解志愿者基本情况、服务特长、服务意向，确保为每一位需要帮助的读者提供精准服务。成都图书馆的志愿者保障经费在读者服务部活动经费中列支，志愿者直接经费年均约30万元。

成都杜甫草堂博物馆和成都武侯祠博物馆都设计了志愿者淘汰机制。杜甫草堂博物馆每年定期对志愿者讲解项目进行考核，考核实行打分制，年年有淘汰。武侯祠博物馆的志愿者需通过初试、面试、培训，最后需考核通过后方可上岗，在严格招募的同时博物馆还设有志愿者淘汰制度。

成都金沙遗址博物馆对志愿者采取以精神激励为主、以物质激励为辅的激励方式。博物馆志愿者管理人员淡化志愿者物质激励，强调通过激发志愿服务精神来促成真正的志愿服务行为，具有参考价值。博物馆的激励举措包括志愿者可以免费参加博物馆的各种讲座、重要活动以及与藏品相关的各种培训，可以免费使用金沙遗址博物馆提供的业务书籍和学习资料，可以享有金沙遗址博物馆举办的各类文化活动和教育活动的优先参与权或一定程度的优惠，志愿者本人购买博物馆门票可享8折优惠，志愿者本人在博物馆礼品商店消费可享受折扣优惠（特殊商品除外），志愿者在博物馆餐厅可享受与博物馆职员一样的折扣，志愿者可以享受在金沙遗址博物馆对外停车场免费停车等。博物馆对志愿者设有奖励机制，奖励措施包括公示"游客留言"；每季度服务时间满36小时的志愿者可领取赠票3张；每季度服务时间满36小时且时长为小组前两名者为"服务之星"；每年年终对志愿者进行综合考评、年终评优，在年终总结会议上予以表彰，并颁发证书及奖品；授予荣誉称号等。

（四）建立和打造多种类型的阵地空间

成都市建立了多种类型的文化文艺志愿服务阵地。市域范围内的综合阵地有文艺志愿服务的院子文化创意园、文化志愿服务的成都市文化馆、成都市市民艺术培训学校及各区（市）县市民艺术学校分校、成都市各级各类公共文化设施以及成都市学雷锋志愿服务示范单位（如红军长征邛崃纪念馆）等。区（市）县范围内的阵地有成都高新区天府新谷"文化连锁店"等，基层社区阵地有武侯区簧门街社区新时代文明思想文化阵地等。

1. 市级协会阵地：院子文化创意园

院子文化创意园总面积达到1500平方米，是一个融合、创造的青年文创园。院子文化创意园和玉林的倪家桥社区采取共融模式，即社区与文创园区相融共生，实现功能叠加、错时服务，为成都市民提供更丰富的精神享受和文化需求。成都文艺志愿者协会已在院子文化创意园基地成功开展了"12·5国际志愿者日系列活动"与"5·23天府名家讲坛系列活动"。

2. 文化单位阵地：红军长征邛崃纪念馆

红军长征邛崃纪念馆位于邛崃市高何镇高兴村，占地面积约26000平方米，距离邛崃市区60千米。该馆于1998年建立并对外开放，是成都市区域内唯一的长征纪念地，现为四川省级爱国主义教育基地，同时也是邛崃市首批入围成都市公共文化设施开展学雷锋志愿服务的示范单位。

馆内现有志愿服务站1个，配备志愿者4人。纪念馆结合自身定位和参观对象的不同特点，广泛组织各类红色文化相关系列宣教活动，激发爱国热情，凝聚人民力量，培育民族精神。馆内日常开展咨询、文明引导、便民、能帮就帮、景区线路引导等志愿服务。结合"七一"建党节、"八一"建军节、"十一"国庆节等重要节庆日，纪念馆积极开展相关志愿服务活动，年均接待群众来访和各级各类机关单位开展红色体验教育活动约15万人次。

3. 区（市）县阵地：高新区天府新谷"文化连锁店"

成都高新区携手新华文轩集团成功打造了成都市首家"一街（社区）一书屋"示范点——天府新谷·府城社区"读书书吧"，书屋采用线上线下相结合的方式，为居民提供新书免费借阅、文轩姐姐讲故事、社区读书会等十余项文化活动和快递、宽带、充值等多项便民服务，促进了政企合作的长效化。

府城社区还通过购买服务的方式引入了成都市文化馆资源——成都市文化志愿者协会，二者合作打造了全市首家"文化连锁店"。"连锁店"定期开展文化需求征集活动，通过微信公众号在线留言"点单"模式，有针对性地开设需求较高的文化培训课程。"文化连锁店"已面向不同年龄段免费开设拉丁舞、国画、古筝、电子琴等15类精品培训课业，每周有效服务群众500余人。高新区天府新谷"政府出资建设—多元力量参与—社区居民受益"创新性运行机制，切实满足了不同类型群体、不同需求群众的文化需求。

4. 社区阵地：武侯区簧门街社区新时代文明思想文化阵地

武侯区簧门街社区打造簧门街 75 号（文化聚落）为新时代文明思想文化阵地。社区契合玉林街道"花开玉林""映巷玉林"等品牌，邀请大学老师、手工艺者、各个领域专家学者作为志愿者，共同推动社区志愿服务制度化、常态化建设。

社区紧紧围绕习近平新时代中国特色社会主义思想，大力弘扬共筑美好生活梦想的时代新风，以传统节日、老旧墨线、古筝弹拨、亲子家书、公益课堂、史书说文、花艺茶饮、面塑手工等为载体，致力于形成向上向善的社会风气和道德风尚，极大提升了辖区居民的获得感、幸福感、安全感。

（五）探索和建设互通共享的信息化平台

移动互联网时代，成都在文化文艺志愿服务信息化建设方面进行了积极探索。成都市文联联合成都广播电视台开设了名家艺术讲堂、艺术成都等特色项目，邀请名家进行网络演出直播，方便市民接受高雅艺术熏陶。成都市文化志愿者协会依托市文化馆独立开发了数字化系统"文化天府"App 平台，平台增加文化志愿者模块，在该模块上发布志愿者招募和活动信息，进行文化志愿服务活动的宣传、推广。截至 2018 年底，"文化天府"平台已拥有 2 万余名注册文化志愿者，30 万名长期关注观众，50 万名注册粉丝。成都市公共文化设施单位也有一些拥有独立的志愿服务信息系统，典型的如成都金沙遗址博物馆。

成都"文化天府"App 平台因其覆盖面广、专业性高、普惠性强，成为成都文化文艺志愿服务信息化建设成就的典型代表。"文化天府"平台涵盖了 WEB 网站、手机 App、微信公众号三大部分，整合了成都市文化馆公共服务资源，具有文化地图、文化日历、培训报名、活动预约、场馆预约、活动直播、文化超市、在线培训、互动反馈、群众文化需求大数据分析、慕课、在线公益课堂、艺术培训众筹等多重功能，是一个集全市文化信息资源于一体的多功能服务平台。近年来，通过打造"文化天府"云平台，成都市文化存量资源打破了信息壁垒，被全面盘活，文化活动信息发布和群众参与渠道更加畅通，做到了"百姓有需求、平台有资源"。通过"文化天府"云平台的打造，成都收集了大量的用户数据、行为数据、资源数据，建立了成都市公共文化服务数据库，为国家公共文化大数据实验基地提供了真实的一手数据，丰富了国家实验基地的数据样本。在数据库的基础上，成都建立覆盖全市的公共文化大数据分析系统，为成都市公共文化服务提供了可靠的数据支撑。成都还建立了公共服务数据的挖掘机制，在海量公共服务数据中，挖掘分析老百姓的真实需求，为成都市公共文化资源供给侧结构性改革提供数据支持。"文化天府"App平台的文化志愿者版块建立了成都公共文化资源供需对接数字化机制，为文化志愿精准服务提供了有效支持。

2017年9月，成都市文化馆全面启动了"文化天府——成都市公共数字文化服务平台"与基层文化阵地互联互通工作。成都市温江区、新都区、双流区、成华区、邛崃市、彭州市6个区（市）县级分平台正式与市级平台连接，实现了"文化天府"对各区（市）县文化场馆的实时视频监控。2018年底，成都市文化馆完成全域县级以上平台的互联互通，基本完成了"文化天府"的全覆盖。成都"文化天府"总平台和22个子平台正式成为成都市公共文化数字化服务的主战场。平台通过文化志愿者版块，完成更多优质资源与文化志愿服务的对接，为成都市民提供了一站式和更多元的公共服务，使成都文化志愿服务更加扁平化、便利化和均等化，为提供普惠的公共文化服务提供了便利。

（六）开展和加强交流互鉴的国际合作

成都在做好本土文化文艺志愿服务工作的同时，积极加强文化文艺的国际交流合作。成都画院（成都美术馆）、成都武侯祠博物馆、成都杜甫草堂等众多文化单位均有国际交流合作方面的探索。

成都画院（成都美术馆）在美术馆展览的前期策划中，引入留学归国的艺术专业志愿者参与策展。如成都武侯祠博物馆与摩洛哥拉巴特中国文化中心联合开设"三国书院"之"中国小诸葛"系列课程，特聘拉巴特文化中心授课工作人员为"成都武侯祠博物馆国际文化志愿者"，设置了专门针对摩洛哥儿童教育的文化课程，包括"智慧孔明"、"大画三国"、"成语三国"、汉礼传习等，让更多海外未成年人感受三国文化的魅力。武侯祠小小讲解员于2013年开始招募，后升级为"双语小小讲解员"项目，武侯祠国际组的三位外籍志愿者哈佛大学教育学博士Jason Rosenberg、宾夕法尼亚大学常春藤联盟跨文化交际硕士和教育学博士Elizabeth A. Tuleja与英国约克圣约翰大学英语教学专业硕士Timothy John Derbyshire积极参与"双语小小讲解员"课程培训，现场教学，并对英语讲解词提出了极有价值的撰写和修改意见。"5·18国际博物馆日"，武侯祠博物馆"双语小小讲解员"以双语向来自五湖四海、世界各地的观众提供三国历史的公益讲解，传递文化，展示风采。

成都在社区层面也开展了丰富多彩的文化志愿服务国际交流活动。金牛区九里堤北路社区国际志愿服务进社区项目中，结合国际化社区建设，每年定期组织国际志愿者队伍进入社区开展国际志愿服务，在中外文化融合、风俗礼仪建设、人文环境共享等方面开展志愿服务活动，促进国际化社区建设。

三 成都文化文艺志愿服务的品牌项目

（一）响应类志愿服务品牌项目

此类项目旨在响应上级部门号召，项目由相关部门结合自身实际设计，并在上级部门指导下开展。

1. 春雨工程全国文化志愿者边疆行行动

以2018年为例，为贯彻落实文化和旅游部、中央文明办《关于开展2018年文化志愿服务工作的通知》精神，成都市文广旅局在2018年组织了两场春雨工程全国文化志愿者边疆行行动。活动结合四川省文化精准扶贫的重要内容，聚焦文化发展战略，以文化志愿服务为载体，紧密结合少数民族地区文化发展需要和群众实际文化需求，搭建民族地区和内地文化交流平台,全面加强了成都市和少数民族地区的文化资源共享,促进了两地文化合作发展,为民族地区的社会团结、经济发展和文化繁荣作出了贡献。

两场行动中的一场是成都市文化志愿者走进阿坝州区域文化交流活动。2018年4月24日至28日,成都市文化广电新闻出版局组织成都市文化馆文化志愿者,邀请行业专家走进阿坝州,开展专题讲座、艺术培训、文艺演出等文化志愿服务活动。活动以大舞台、大讲堂、大展堂的方式,结合阿坝州地区文化发展需要和群众实际文化需求,组织专家文化学者、舞蹈编排艺术创作人才作为文化志愿者,提供理论梳理、业务培训、文化采风、现场展览、演出现场指导点评和长期未成年儿童基地建设等文化志愿服务,加强了区域之间的文化志愿服务联动。另一场是"锦城讲堂——讲述巴蜀文化的故事"走进大凉山志愿服务活动。2018年6月12日至15日,成都市文化广电新闻出版局组织成都图书馆文化志愿者,邀请四川本土画家李金远和文化学者袁庭栋走进西昌开展"锦城讲堂——讲述巴蜀文化的故事"志愿服务活动。李金远老师组织开展了以《以泰初为邻——大凉山的写生与创作》为题的主题讲座,与当地群众分享交流其创作经历。袁庭栋老师开展了以《巴蜀文化的主要特色》为题的主题讲座,并与当地群众分享了自己多年来研究巴蜀文化的心得体会。

2. 成都市文联文艺支教志愿服务项目

从2014年开始,成都市文联响应中国文联号召,在中国文联文艺志愿者服务中心指导下,在艺术师资力量及艺术教育水平不足的成都第三圈层区(市)县积极开展文艺支教志愿服务项目。按照就近、择优原则,成都市文联在成都二、三圈层欠发达地区依托当地具有音乐、舞蹈、美术、书法等专长的各类协(学)会文艺家开展可持续、长效文艺志愿服务项目,力求通过文艺支教,提升欠发达地区乡镇中小学生艺术教育水平、文艺素质和乡镇艺术教师视野与学校办学质量。

2014年,成都市文联选拔大学生优秀志愿者在大邑县3所乡镇学校开展3期文艺支教活动,并号召全市各区(市)县文联结合当地实际探索文艺支教新方式。

2014年2月，成都市文联指导彭州市文联策划开展"艺术点燃梦想"文艺志愿者进乡村学校活动，鼓励当地艺术家作为支教，助力开展文艺志愿服务。经过一年多的实践，支教活动取得了较好成效，学校、学生、学生家长、参与部门均予以好评。

2015年，成都市文联党组将"艺术点燃梦想"文艺志愿者进乡村学校项目纳入文艺志愿服务重点工作，特设"文艺支教志愿服务项目（彭州试点）"，划拨25万元经费重点保障，并制定《成都市文联文艺支教试点项目志愿者管理办法（试行）》进行规范，确保项目的可持续实施。

截至2018年底，"艺术点燃梦想"文艺志愿者进乡村学校项目已招募当地艺术家30余名，按照一校一名志愿者的匹配模式，在30所乡村学校实施。5位当地艺术家在条件成熟的10所乡镇学校设立艺术家工作站，力求通过服务，提升欠发达地区乡镇师生艺术水平和文艺素质。

在文艺支教项目开展过程中，知名艺术家在条件成熟乡镇学校设立艺术家工作站，定点帮扶中小学教师和培育艺术新苗成为成都市文艺支教的亮点。

3. 成都市文联"天府文艺名家讲坛"活动

该活动是成都市文联深入贯彻落实习近平总书记关于文艺工作的系列重要论述，坚持"二为"方向，落实省委常委、市委书记范锐平"文艺进社区"的批示，处理好文艺与人民群众关系的重要举措。活动主要目的在于为广大文艺工作者、基层群众解读天府文化，指导基层文艺创作，推动基层文艺队伍建设，为弘扬中华文明、发展天府文化、建设世界文化名城作出贡献。

代表性的如成都市文联、成都市文艺志愿者协会开展的"天府文艺名家讲坛"活动。刘正兴、舒炯、张徐、姚叶红、陈岳、王微致等78位艺术家，分赴21个区（市）县78个点位，开展美术、书法、摄影、音乐、文学、舞蹈、朗读、戏剧、曲艺等艺术门类的专场讲座、辅导活动。

本次活动一是采取了"订单式"文化惠民服务。区（市）县文联在充分了解群众需求的基础上，收集反馈信息，成都市文联根据需求邀请相应的优秀艺术家担任主讲老师，使活动更具针对性和实效性，实现了将最好的精神食粮送到群众身边，提升基层群众艺术鉴赏水平、理论认知及创作能力的目标。二是采取了"互联网+文艺"模式。78场中的其中一场是由成都市文联与腾讯联合开展的小提琴专场讲座，腾讯大成网进行了全程网络直播。讲座由刚从德国回到家乡的著名青年小提琴演奏家王微致博士授课，共有200余名小提琴爱好者参加了活动。通过在志愿服务中融入"互联网+文艺"的模式，活动参与率和影响率得到了提升，使更多热爱音乐的人能不出家门就听到高品质的讲座。

（二）市域推广类志愿服务品牌项目

1. 优化公共服务品质

（1）成都公共文化体验师项目

该项目是2018年成都市文化馆拓展文化志愿服务、优化文化志愿者队伍、提升服务品质方面的一次创新举措，旨在通过体验师们的深度参与、体验公共文化服务项目或产品，利用他们的行业知识和"他人"视角，提供详尽、个性化的体验报告，用独特的文化志愿服务模式，为成都市公共文化服务建设提出有价值的建议，促进公共文化服务优化品质、提升效能。

截至2018年底，该项目共招募"体验师"近90名，既有省政协委员、高校教授、文化杂志主编，也有社会公益组织负责人、企业管理者、媒体评论员等。"公共文化体验师"项目架起了群众和公共文化服务项目责任单位的桥梁，让项目活动更有温度。

（2）成都街头艺人品牌项目

该项目是成都市文广旅局为规范和促进成都街头艺术表演形式，培育浓厚的音乐文化氛围，丰富成都市民的文化生活，联动有关部门启动的品牌项目。在项目中每一位街头艺人都是一名优秀文化志愿者，是成都音乐类文化志愿者库中的一员，为成都营造了良好的音乐氛围，丰富了成都市民的文化生活，展现出了成都这座城市的温度与气度。项目集招募与表演于一体，对街头艺人实行动态化管理。

2018年4月成都市文化馆正式启动"成都街头艺术表演"项目。截至2018年底，项目共招录艺人近300人，设立表演点位近60个，街头表演场次近2000场，吸引现场观众50余万人次。

（3）成都"声刻记意"品牌项目

该项目由成都市文化馆打造，于2018年5月正式推出。参与群众可在朗读亭通过阅读或者歌唱的形式，用声音记录自己的感情并转载分享，通过专家型朗读表演类文化志愿者的帮助，一件件音频作品从"传统"变为"时尚"，从"普通"变为"高端"，从"平淡无奇"变为"动人心扉"。在日常朗读的基础上，项目利用母亲节、父亲节、国庆节的契机开展主题活动，给予录音者一个良好的展示平台，表达心中的感情，激发广大群众参与文化志愿服务活动的积极性，提升公共文化服务阵地的文化志愿服务效能。

截至2018年10月，项目共吸引到朗读者550人，参赛选手216人，相关作品被分享1356次，总播放3421次，累计点赞12470次。

2.推广单位特色文化

（1）"草堂一课·春雨计划"志愿服务项目

该项目由成都杜甫草堂自2012年开始开展。截至2018年底，项目累计开展志愿服务2000余次，服务时长逾6万小时，参与志愿者超1万人次。

项目定位以诗为魂，开展以诗歌文化为特点的文化志愿服务活动，推进全年常态化服务。志愿者招募根据不同的志愿岗位需求限定招募条件，涉及的志愿者构成包括专家顾问、志愿服务站点服务、"草堂一课"义务讲师、"我是草堂小小讲解员"队伍、高校志愿者团队和社会志愿者。按照技能需求，博物馆分别设置了影像组、讲解组、宣传组、服务组等分组。项目内容涉及专题培训、活动策划、活动摄影、文化讲座、义务咨询、校外辅导、义务讲解等。

项目为加强志愿者队伍管理，设有考评淘汰制度，如义务讲师每一年度由考评小组考核产生"一级讲师"和"停课讲师"，小小讲解员产生"优秀"和"不及格"，社会志愿者产生星级志愿者和淘汰人员等。项目建立以精神奖励为主、以物质奖励为辅的激励机制，促进团队优胜劣汰、健康有序发展。

志愿者不仅在馆内开展服务，而且带着自己的专业知识和丰富的馆藏资源走进贫困山区、边远区县，与大家分享杜甫的伟大精神和中国文化之秀美。如2014年9月，志愿者走进蒲江县西来小学传播活字印刷与传拓技艺，支援新龙县、德格县、甘孜县教育建设工作。2015年，志愿者在周末走进草堂小学开展诗歌系列亲子讲座活动，走进都江堰灌口镇北街小学讲授活字印刷课程活动。2017年通过文教联合，志愿者走进校园举办"草堂讲解员进校园——校园诗歌使者"活动，"草堂一课"送课下乡，走进金堂实小、白玉县小学、棕北小学、双楠小学、崇州锦江小学等周边区县小学，关爱偏远地区青少年等活动。2018年"草堂讲解员进校园——校园诗歌使者"活动覆盖龙泉驿区、郫都区、温江区等二圈层区县，并走进凉山州昭觉县库依乡各莫村、支尔莫乡阿土勒尔村（悬崖村）、三岔河乡三河村、解放乡火普村和宜宾珙县的米市街小学和上罗中学，传播杜甫精神。

（2）"点点金沙"志愿服务项目

"点点金沙"志愿服务项目是由志愿者们提出的创意，取意金沙遗址博物馆的点滴，它表达的既是志愿者用微小的爱心聚集起的团队力量，也是金沙志愿者团队倾心致力于点滴小事的公益愿景。项目由博物馆作为志愿者活动的支撑，负责活动的全部费用支出。从2014开始，截至2018年底，"点点金沙"公益品牌活动已开展40余场，活动开展时间大多选择在黄金周和节假日，扩大了参与人的范围，参与人数3万余人。

项目一方面充分发挥了志愿服务公益属性，关爱特殊群体。如志愿者们在节日邀请了聋哑人朋友、盲人朋友、环卫工人走进金沙参观，以团体形式参加了"相约暖冬"的四川青年公益性活动，在成都特殊教育学校来馆参观时，提供志愿服务；另一方面为日常来馆参观观众提供服务。如多次开展并广受好评的"金沙寻宝"活动，以寻宝图的形式对游客的参观路线及重点参观对象进行引导，并给予一定奖励。"志愿者与你做文创"，即以金沙文物为原型的文创产品制作活动。"海上生明月·金沙共此时""蜀中祭明月·金沙共此时""金丝绕中秋"等，依托古蜀文明推广金沙文化。此类活动不仅让游客了解了金沙的相关知识，加深了对金沙文化的印象，更重要的是增强了博物馆与参观者之间的互动，在丰富游客参观体验的同时，更好地发挥了博物馆的公益教育职能。

(3)"天府文化·时代风采"志愿服务项目

该项目由成都公益组织服务园于2018年5月正式启动，目的在于通过举办"天府文化·时代风采"高校社团文明礼仪实践季项目，引导高校大学生志愿者作为城市文明礼仪倡导者、督促者和实践者，培育和践行社会主义核心价值观，全面提高市民素养和社会文明程度。截至2018年底，项目已完成"文明礼仪学堂"导师团组建、2018年高校交流平台见面会1场，2018高校交流平台群英会1场，文明礼仪学堂主题沙龙4场，"文明礼仪学堂"主题宣讲20场，项目支持20个，评选4个文明礼仪实践品牌项目及5名文明礼仪实践青年，文明礼仪实践纪录片2个。

项目充分利用成都公益组织服务园、成都市志愿者服务活动中心官方微信、《成都日报》、国际在线、成都全搜索等宣传平台，每场活动前固定发布预告信息，活动后发布简报。项目累计推送相关信息共计近300条，平均每周3~4条，总浏览量10万余次，总点赞量共计8000余次。通过微信、官网推动、海报张贴、召开发布会、举办路演答辩等形式，项目共计服务高校大学生、高校教师、社会人士6万人左右，在成都市高校圈掀起了文明礼仪实践的热潮。通过项目的开展，培养了一批高校文明礼仪传播使者，为持续推进成都市志愿服务制度化，传递向上向善正能量，营造浓郁文明氛围作出了应有贡献。

(三)区(市)县开创类志愿服务品牌项目

1. 彭州市"艺术点燃梦想"志愿服务项目

该项目由彭州市文艺志愿者协会针对乡村学校艺术教师缺乏现状策划的。项目坚持以"文艺支教"为导向，多位一体联动推进；坚持以"文艺扶教"为导向，精准补齐乡村学校文艺人才紧缺短板；坚持以"文艺助教"为导向，积极探索文艺助教的长效运行机制；坚持以"文艺兴教"为导向，

实现乡村学校艺术教育繁荣发展。

项目由四大部分组成。一是"进校园，开展艺术教师培训"，即各文艺志愿者根据各自对口联系学校的需求和统一安排，对学校教师进行艺术辅导和培训，提高教师艺术兴趣和素养，调动学生的积极性和参与性，形成全校参与艺术、感受艺术、交流艺术、创造艺术的良好氛围。二是"进教室，开展艺术教育教学"，即各文艺志愿者根据各自对口联系学校的统一安排，充分利用学校的音乐课、美术课、书法课、语文课等教学时间，开展曲艺、音乐、舞蹈、国画、摄影、书法（毛笔或硬笔）等艺术教育辅导。三是"进社团，开展艺术社团辅导"，即各文艺志愿者根据各自对口联系学校文艺社团的需求，开展相应的社团艺术辅导工作，进一步培养学生的艺术实践能力，提升学生的艺术素质。四是"创特色，协助文艺特色学校创建"，即各文艺志愿服务队要积极协助对口联系的学校对自身文化特色进行深入挖掘和培育，创出各自文艺特色，将彭州市未成年人素质教育引向深入。

项目自 2014 年启动以来，已在彭州 28 所乡村学校中普遍实施，提供支教服务 4000 余场次。项目的持续实施，在促进彭州市乡村学校艺术教育活动特色化的同时，使彭州市文艺文化活动呈现"文艺支教、文艺扶教、文艺助教、文艺兴教"的繁荣景象。

2. 郫都区"享阅读创生活"未成年人阅读志愿服务项目

该项目由郫都区文明办围绕未成年人工作职责，借助乡村学校少年宫和社区平台开展，不断探索"社会+学校+家庭"以及"社会+社区+家庭"三结合的模式。

项目内容包括三个方面。一是编印本地读本，寻踪郫都文脉。编写组通过走访民俗专家、查阅史料、召开讨论会的方式，充分挖掘乡土文化资源，了解郫都风土人情。历时一年半，2018 年秋季《郫都人文读本（少儿版）（上册）》与全区学生见面。区内各学校教师和小学生共计 45000 余人人手一册。二是创新阅读模式，社会家庭合力。"社会+社区+家庭"阅读模式，项目组织阅读志愿者、专业阅读机构深入全区各街道开展"书香郫都·亲子阅读"志愿服务活动 12 期，近 900 个家庭参与。双师课堂阅读模式，项目组织开展了"郫都人文素养双师课堂"，借助互联网的优势，通过专业阅读讲师利用 CCTALK 远程上课、阅读志愿者线下指导的模式，开展《郫都人文读本（少儿版）（上册）》整书阅读课 5 次，119 名中小学教师代表及全区 23 所学校的 3~5 年级全体学生参加培训。"社会＋学校＋家庭"阅读模式，项目培训专业阅读指导老师 260 人，大学生志愿者和家长志愿者 120 人，依托乡村学校少年宫，开展《火鞋与风鞋》《绿野仙踪》《小王子》等低、中、高阶示范课 36 次，对家长和学生进行阅读指导，受益学生及家长人数近万。三是未成年人当使者，传播郫都文化。项目开展"郫都文化传播小使者选拔活动"，历时 3 个月，全区 23 所学校学生全员参与，通过初赛、复赛、决赛三个阶段选拔，评选区级小使者 10 名，校级小使者 20 名。组织方接续组织了区级小使者、阅读志愿者、郫都振兴川剧团等到各街道社区、农民夜校、乡村振兴示范村、三美示范村进行巡讲。

3. 龙泉驿区社区文艺自助坝坝宴志愿服务项目

自 2014 年以来，龙泉驿区围绕"携手志愿行 大爱龙泉驿"志愿服务品牌打造，结合志愿服务项目，大力推进志愿服务活动规范化、制度化、项目化、常态化。其中，社区文艺自助坝坝宴以其覆盖面广、影响力大、群众反响好成为龙泉驿区志愿服务的一个特色亮点。

项目由 5A 级公益社会组织"弘陶书院"担纲，以龙泉街道百姓讲师团、再军志愿者文艺团、新市民志愿者协会、诗书画教师志愿者协会、文艺志愿者协会等公益性组织为主体，联合各社区志愿服务站策划出两道"文艺主打菜"。

一是文艺的"四季菜"。以社会主义核心价值观为主旋律，筹划了一年的四大文艺主题。如春季"桃花节·家乡美"主题，夏季"莲洁芬芳·跟党走"主题，秋季"圆梦出彩·庆丰收"主题，冬季"吉祥迎春·大拜年"主题。

二是客家文化的"特色菜"。针对城乡统筹及"生态移民"进程中出现的农民集中居住区增多、新市民尽快融入城市生活等现实需求，社区文艺自助坝坝宴注重发掘客家人吃苦耐劳建设美好家园的优秀品质，自信地喊出

"过去扛锄头，现在爱笔头"口号，以"新客家·新市民"为主题创编文艺节目，举办"邻居节"，激发了市民自我管理、自我教育、自我服务的热情。

该项目在全国尚属首创。项目让有社会影响和号召力的文化类社会组织担任文艺志愿服务"主厨"，组织区内其他文化类社会组织"掌厨"，文艺"配餐"，节目自编、自创、自演，市民自助"点菜"，免费共享，从而达到以文化人、润物无声，真正实现文化惠民新常态。

（四）社区营造类志愿服务品牌项目

1. 武侯区电信路社区"印象电信，发现金陵"志愿项目

该项目以电信路社区特色历史文化挖掘与呈现为切入点。项目内容包括三个方面。一是"老物件，韵故事"。展示以印象电信微博馆收藏老物件背后的故事，结合口述故事，查阅文史资料，将口述故事整理成"旧物志"系列文章。同时招募青少年志愿者参与，引起青少年对以往生活的好奇。二是"也说电信"。招募有兴趣的、了解社区发展历史的老人志愿者，讲解社区的特殊历史，将口述故事整理成"电信史"系列文章。同时也招募青少年志愿者参与，引起青少年对社区的好奇与关心。三是"社区寻宝"。招募社区志愿者，分组后探索社区宝藏，以此带领大家重新发现和欣赏社区的环境，增强对社区的了解，最终带动更多的社区居民开展丰富多彩的活动，增强居民对社区的归属感，让社区老旧院落焕发新的活力。

2. 武侯区玉林北路社区"家风银行"志愿项目

该项目在全国率先开办，以不存钱的"银行"为载体，以晒家风、讲家风、评家风"三个途径"为抓手，融入居民生活、院落文化、社区治理、主题活动、廉洁教育"五个融入"，形成了"135"工作方法。社区以"家风"为主题开展了丰富多彩的志愿服务，形成了"家风四季""家风沙龙""建库换柱""家风故事巡讲""家风微电影拍摄""我家的家风墙""名人存家训""一字家风"等一系列服务品牌，艺术地再现了每家的家风，把每家每户的"传家话"汇聚成社区的一股股暖流，让居民在社区找到"家"

的温情。

3. 金牛区花照社区非遗传承藏羌刺绣志愿活动

藏羌挑花刺绣是国家级的非物质文化遗产项目，历史悠久。为了弘扬非遗文化，满足居民日益增长的文化需求，花照社区引入四川省藏羌挑花刺绣项目，设立非物质文化遗产宣传站，成立了非遗藏羌绣文化志愿服务队，开办刺绣学习班，由藏羌挑花刺绣传承人杨华珍老师对挑花刺绣感兴趣的市民进行授课。社区结合市场化运作方式，与知名商业品牌植村秀合作，销售藏羌绣作品，传播藏羌绣非遗文化。

4. 邛崃市北鹭社区"小小朗读者"志愿项目

该项目于2018年正式推行，拥有固定志愿者8人，每年固定开展2次志愿服务活动。项目以青少年朗读为抓手，吸收幼儿园老师、阅读专家、辖区家长、培训机构等志愿力量，在北鹭社区开展"故事会""父母读书会""绘本剧""研习会""梦想讲堂"等形式多样的读书活动，搭建志愿服务平台"为爱发声"。结合中秋节、世界读书日、重阳节等节日，项目组织辖区青少年进院落、"走户外"、进敬老院开展"国学经典大比拼""会读会演""我为爷爷奶奶读首诗"等特色主题读书活动，将公益精神、志愿服务贯穿孩子成长的每一堂"朗读者"课中。

四　成都文化文艺志愿服务的发展展望

（一）立足新时代新要求，推动社会主义文化建设繁荣兴盛

1. 培根铸魂，践行和培育社会主义核心价值观

当前，中国特色社会主义发展进入了新时期。新时期意味着新任务、新要求，新方位意味着新起点、新作为。成都市文化文艺志愿者要不断深入学习贯彻党的文化文艺路线方针政策，坚持"二为"方向和"双百"方针，不断提高政治素质和业务能力。成都市文化文艺志愿服务相关机构要积极引导文化文艺志愿者自觉用习近平新时代中国特色社会主义思想武装头脑，认

真贯彻习近平总书记对文艺工作的重要论述精神，担当起发展繁荣社会主义文化事业的光荣使命。成都市文化、文艺志愿者协会需要引导各类文化文艺志愿者单位建立党组织，积极组织学习党的方针政策和党对文化文艺工作的最新指示，通过文化文艺节目生动宣传党的方针政策。

2. 以文塑城，弘扬和传播新时代"天府文化"

习近平总书记深刻指出："历史文化是城市的灵魂，要像爱惜自己的生命一样保护好城市历史文化遗产。"成都市第十三次党代会明确提出传承巴蜀文明，发展天府文化。"创新创造、优雅时尚、乐观包容、友善公益"的天府文化，根植于天府、魂系于天府，充分展现成都元素和天府本色，形成与其他地域文化有鲜明辨识度的文化特性。成都市文化文艺志愿者要全面贯彻省委、市委全会决策部署，紧紧围绕成都建设全面体现新发展理念城市、美丽宜居公园城市、国际门户枢纽城市、世界文化名城四大城市战略定位，以推动高质量发展为切入点，充分调动志愿服务资源，为满足市民高品质生活需求、社会高效能治理需要积势赋能。

（二）着眼制度化常态化，构建文化文艺志愿服务全新模式

1. 高效联动，建立文化文艺志愿服务网格脉络

一是建立成都市网格型文化志愿服务脉络。横向以成都市文化馆为首，以各区（市）县文化馆为主，以全市375个乡镇综合文化站（街道综合文化活动中心）为枝，建立层层文化志愿服务组织。纵向以文化志愿服务类型划分，集合成都市文化志愿者，按照文艺技能建立如舞蹈类、美术类、器乐类、媒体类、图书类等多级多类文化志愿者库，最终建设以点拓面、以干带枝的高效联动机制，打造成都市文化志愿服务全新模式。二是完善成都市文艺志愿服务组织架构，构建全域服务网络。不断完善成都市文艺志愿服务组织，实现文艺志愿者履职场所全域覆盖，文艺志愿服务活动全域开展，文艺志愿服务运行机制上下联动、横向互动，形成成都市文艺志愿服务强大合力。

2. 规范管理，健全文化文艺志愿服务制度举措

一是完善文化文艺志愿服务管理制度。梳理《文化志愿服务实务手册》《文化志愿服务工作准则》等一系列有利于文化文艺志愿服务规范管理的规章条例，建立健全文化文艺志愿服务记录制度和嘉奖制度，为文化文艺志愿者开展志愿服务提供依据。二是注重文化文艺志愿服务队伍能力提升。在志愿者素质提升和服务效能上下功夫，积极组织文化文艺志愿服务队伍培训，增强志愿服务队伍的综合素质和业务能力。三是加强对文化文艺志愿服务的保障支持。通过提供保险、经费、补贴、工作条件和场所等保障支持措施，全面调动文化文艺志愿者参与志愿服务的积极性，形成可持续的良性发展态势。

3. 积极宣传，完善文化文艺志愿服务激励回馈

一是继续推动文化文艺志愿服务评优工作开展。推动成都市文化志愿服务评优活动，每年评选优秀文化志愿者、文化志愿服务项目和文化志愿服务组织；继续推动将个人参加文艺志愿服务情况参与"德艺双馨"评选等评优考核，用典型的力量带动成都市文化文艺志愿服务工作的推进。二是着重探索文化文艺志愿服务激励回馈机制。通过完善激励回馈机制，让文化文艺志愿者有主动性、有归属感、有荣誉感，受人尊敬，让更多的人将文化文艺志愿服务当事业来做，促进良性循环。

（三）聚焦精准化品牌化，提升文化文艺志愿服务专业水平

1. 供需对接，按需定制文化文艺志愿服务项目内容

一是创作人民群众喜闻乐见的文化文艺精品力作，为人民抒情，为时代放歌。二是委托专业机构深入社区、学校、乡村、工厂、楼宇等地，广泛收集人民群众对文化文艺志愿服务工作的需求，切实突破基层群众自娱自乐、艺术水平不高等方面的现实问题。三是针对农民工、空巢老人、留守儿童、残疾人等弱势群体开展按需"定制"的特色志愿服务活动，大力弘扬友善公益的天府文化。

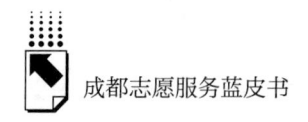

2. 聚焦基层，大力开展文化文艺志愿服务惠民活动

一是大力弘扬优秀传统文化，特别要弘扬"创新创造、优雅时尚、乐观包容、友善公益"的天府文化。打造传统文化进校园、曲艺名家谈曲艺等活动，对内培育优秀传统文化倾听人和传承人，对外讲好成都故事，传递成都好声音。二是充分对接人民群众对文化生活的实际需求。组织文化文艺精兵强将，根据不同人群需求编排文化文艺节目，定期安排知名文艺家到偏远农村、一线工地、社区、学校等地演出。

3. 精品打造，推动形成文化文艺志愿服务品牌项目

一是继续围绕文化部文化志愿服务9大主题活动，依托各级各类文化文艺服务设施，结合各种传统、新兴节庆节日，开展文化文艺志愿服务主题活动。二是坚持在深化开展"阳光课堂""文化暖心驿站""文化连锁店""文艺支教"等原有品牌项目的同时，继续探索，切实将"公共文化服务体验师""声刻记意"等文化文艺志愿服务全新项目打造成本土核心品牌项目。三是结合成都地域文化特色，总结全国先进文化文艺志愿服务项目经验，创新打造群众能够实际获利的优秀文化文艺志愿服务品牌项目。

（四）探索多元化数字化，促使文化文艺志愿服务共建共享

1. 广泛参与，吸引带动文化文艺志愿服务多方参与

一是积极探索与社会组织的全新合作模式。充分发挥公共文化服务设施职能作用，继续深入开展学雷锋文化文艺志愿服务活动，基于社会组织做公益的执行力、影响力、资源统筹能力，和文化文艺志愿服务参与单位的人员、场地等资源优势，探索与社会组织的合作新模式，将文化文艺志愿服务做出更高品质。二是引导更多社会公益组织独立开展文化文艺志愿服务。通过资源集结、品牌建设、官方宣传等优势扶持，引导更多社会公益组织独立设计开展文化文艺志愿服务活动，通过借力打力，达到运用有限的公共文化服务经费撬动起无限的优质社会资源，携手共赢的"小投入""大产出"成效。

2. 线上建设，统筹推动文化文艺志愿服务资源共享

一是建设"互联网+文化文艺"，展示文化文艺精品内容。邀请知名文艺家做客网络平台，积极宣传推广文化文艺志愿服务项目、活动，通过引起社会广泛的讨论关注等话题效应，提升文化文艺志愿服务在网络时代的影响力。二是搭建线上线下互动式文化文艺志愿服务新模式。利用"文化天府"App全新公共数字化服务平台的文化志愿服务模块，搭建起线上、线下互动式文化文艺志愿服务新模式。充分发挥好数字化平台作用，全面实现资源共享、信息共享、成果共享，提供更快捷、更高效的服务。

3. 线下拓展，夯实完善文化文艺志愿服务多级平台

一是巩固特色平台建设。继续开展文艺支教志愿服务项目，按照一校一名志愿者匹配模式，在条件成熟的乡镇学校设立艺术家工作站。鼓励知名艺术家在条件成熟乡镇学校设立艺术家工作站，定点帮扶中小学教师和培育艺术新苗推广拓展，力求通过服务，提升欠发达地区乡镇师生艺术水平和文化素质。二是促进惠民平台拓展。继续推广"文化连锁店"志愿服务品牌，力争打破行政体制界限，突破阵地服务局限，以公益艺术培训为主打服务内容，以文化志愿服务为服务载体，充分调动社会资源，利用各类社会空间，面向基层群众按需打造综合性文化志愿服务空间。

（五）致力内培化外联化，引领文化文艺志愿服务融合创新

1. 内外兼修，培养增强文化文艺志愿服务自觉意识

一是加强内培，提升文化文艺志愿者的奉献精神。激发文化文艺志愿者的志愿服务精神，提升其对开展文化文艺志愿服务重要意义的认识，增强其荣耀感和使命感，使之成为内外兼修、德才兼备、德艺双馨的志愿者。二是建立平台，夯实提升文化文艺志愿者培训基地。在现有基础上升级打造培训基地，为文化文艺志愿者提供培训、学习、联谊、交流、展示才艺的平台，展示新时代志愿者群体的影响力。三是促进传承，安排专家型文化文艺志愿者参与培训。安排专家型文化文艺志愿者赴基层开展适合文化队伍和群众实际需求的授课培训，要求内容丰富、联系实际、深入浅出、实操性强。通过

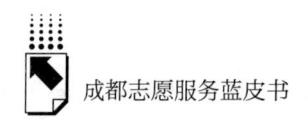

专家型文化文艺志愿者的号召力和社会影响力,让更多人了解文化文艺志愿服务,影响更多人参与文化文艺志愿服务。

2. 联动协调,发挥带动文化文艺志愿整体协作优势

一是协调参与志愿服务部门内部联动。参照文化和旅游部、中央文明办联合印发的《2019年文化和旅游志愿服务工作方案》等行动的联动机制,突破部门、领域边界,坚持需求导向、项目带动,立足基层群众对志愿服务的需求,策划设计操作性强的志愿服务项目。二是促进社会工作者与志愿者联动。积极探索建立由党政部门、群团组织、社工机构和志愿者组织等组成的社工与志愿者联动工作机构,建立联动协调机制;发展、鼓励和支持社工与志愿者联动的社会组织发展,承接政府购买社会服务项目,积极参与社会服务;充分利用志愿者信息管理系统,建立社工与志愿者联动信息平台,促进供需对接;将社工与志愿者联动模式引入项目管理和实施中来,扩大联动模式在多部门、多行业、多领域志愿服务工作中的复制和推广。

参考文献

[1] 徐春林、曲宗文:《大力加强社区文化志愿服务者队伍建设》,《学习月刊》2006年第5期。

[2] 吴昊:《我国基层文化志愿服务的经验与启示》,《图书馆学刊》2014年第10期。

[3] 朱广发:《文化志愿服务主阵地——社区》,《戏剧之家》2015年第6期。

[4] 王方圆:《多方共建文化志愿服务保障机制研究》,《图书馆学刊》2015年第10期。

[5] 文硕:《中国文联文艺志愿服务将全面推进创新》,《中国艺术报》2018年4月13日。

[6] 孟祥宁:《以"大文联"格局推进文艺志愿服务——访广东省文联党组书记、专职副主席白洁》,《中国艺术报》2013年1月9日。

[7] 冯双白:《文艺志愿服务:文联和协会工作的新鲜血液和动力》,《中国艺术报》2013年4月22日。

[8] 冯红:《文艺志愿服务:提升基层创作的有力抓手——中国文联、中国美协、

中国文艺志愿者协会 2014 年文艺培训志愿服务赴黑龙江省牡丹江市美术培训有感》,《中国艺术报》2014 年 10 月 22 日。

[9] 张婷:《文艺志愿服务"贵在坚持,重在实效"——专访上海市文联党组书记、专职副主席宋妍》,《中国艺术报》2015 年 5 月 22 日。

[10] 廖恳:《繁荣发展社会主义文艺天地广阔 文艺志愿服务大有可为》,《中国艺术报》2015 年 12 月 4 日。

[11] 杨承志:《凝心聚力推动文艺志愿服务制度化》,《中国艺术报》2014 年 11 月 28 日。

[12] 吴华:《从事业化发展角度推动文艺志愿服务——访中国文联文艺志愿服务中心主任、中国文艺志愿者协会副主席兼秘书长廖恳》,《中国艺术报》2014 年 5 月 12 日。

B.6
成都学生志愿服务发展报告

摘　要： 成都学生志愿服务在党委政府相关部门指导下，联合社会力量形成多元合力，开启了成都市学生志愿服务成熟、深入发展阶段，呈现实践育人成效显著、社会参与动员加强、社区场域服务增多的成都特点。多年来，成都学生志愿服务在完善体制机制、拓展服务领域、打造典型队伍、常态运作机制、建设阵地平台以及政社协同发展方面进行了有效尝试，取得了服务社会与立德树人有机结合、聚焦重点和辐射带动合理统一、常态服务与特色服务推动发展以及规范管理与制度保障相辅相成的显著成效。

关键词： 学生志愿服务　青年志愿者　成都

一　成都学生志愿服务概述

（一）学生志愿服务的概念

学生志愿服务，是指学生不以获得报酬为目的，自愿奉献时间和智力、体力、技能等，帮助他人、服务社会的公益行为。十周岁以上的未成年学生，经其监护人同意，可以申请成为学生志愿者。未成年学生参与志愿服务，根据实际情况应当在其监护人陪同下或者经监护人同意参与志愿服务。[①] 学生志

[①] 参见教育部《学生志愿服务管理暂行办法》（教思政〔2015〕1号）。

愿服务根据志愿者年龄和就学阶段不同可以划分为中小学生志愿服务和大学生志愿服务。中小学生志愿服务即指小学及中学阶段学生参与志愿服务。大学生志愿服务即指大中专学生、本科学生及研究生阶段等高校学生参与志愿服务。

（二）成都学生志愿服务的发展

1. 2008年之前：探索发展阶段

2008年之前，成都市以共青团、教育部门为学生志愿服务的主要推动单位，参与主体以大学生志愿者为主，服务项目包括"三下乡"、"四进社区"及"社会实践"等。此阶段主要以青年志愿者行动为主要服务内容，根据2002年团中央、中国青年志愿者协会颁布的《中国青年志愿者注册管理试行办法》，青年志愿者是指年满14周岁，不为物质报酬，基于良知、信念和责任，自愿为社会和他人提供服务和帮助的人。

以1993年为界，此阶段可分为两个子阶段。一是1965年至1993年青年志愿者提出之前的学雷锋运动阶段。1965年随着雷锋同志事迹的报道，3月5日，毛泽东同志倡导"向雷锋同志学习"，学习雷锋精神成了此后大学生志愿服务的重要内容，每年3月5日成为全国高校学习雷锋精神的节日，也为大学生志愿服务在高校的发展奠定了基础。二是1993年青年志愿者提出后学生志愿服务的探索发展阶段。该阶段的特点包括三个方面。首先，以项目建设推动学生志愿服务发展。1993年，团中央发起实施"青年志愿者行动"，该行动以项目建设为主要形式。1996年，团中央实施了中国青年志愿者扶贫接力计划；2003年，团中央、教育部、财政部、人事部公布实施"大学生志愿服务西部计划"。其次，以组织建设带动学生志愿服务发展。1994年，中国青年志愿者协会成立，在其带动下各地相应建立了青年志愿者组织。1998年底，团中央青年志愿者行动指导中心成立，负责规划、协调和指导全国青年志愿者工作。再次，以社区发展为基础推进学生志愿服务发展。1995年，中国青年志愿者协会组织实施"青年志愿者社区援助计划"，社区青年志愿者服务站开始在全国各地逐步建立。从2000年起，团中央等单位先后实施了"全面推进中国青年志愿者社区发展计划"（2000年）、"参与志愿服务、共建和谐社会"活动（2004年），以及大学生志愿者文体、科技、法律、卫生"四进社区"社会实践活动（2004年）和"社区志愿服务和谐行动"（2006年）等一系列社会青年志愿服务活动。最后，以规范建设为支撑促进学生志愿服务发展。从2002年开始，全面推广实施青年志愿者注册登记制度和志愿服务时间储蓄制度，进一步推动青年志愿服务日常管理、招聘、考核等不断规范，逐步形成基本的框架体系。

成都学生志愿服务在此阶段可统称为青年志愿服务，主要在团市委的统一领导下开展各项活动，以行政动员为主，重点在扶贫、社区发展、卫生应急等领域开展活动。

2. 2008~2013年：持续推动阶段

此阶段成都学生志愿服务仍以行政动员为主，但从单纯依靠共青团推动转向共青团和教育局共同推动。受到汶川抗震救灾、芦山抗震救灾等灾害救援、灾后重建的洗礼，学生志愿服务社会动员逐渐增强。与此同时，中小学生志愿服务开始被倡导，但学生志愿服务仍以大学生志愿服务为主。

2008年被称为中国"志愿服务元年"，也是成都志愿服务元年。2008年汶川抗震救灾，大量志愿服务团队和组织参与，高校志愿服务团队是其中的重要力量。一方面，在灾后重建阶段，这些组织制度化进程加快，进一步催生了大量高校志愿服务团队；另一方面，社会组织不断扩展，吸纳众多成都市高校学生参与灾后重建。

2009年，教育部印发的《关于深入推进学生志愿服务活动的意见》提出，中小学、高校要把志愿精神纳入相关理论课教育教学，同时要着力培养志愿服务意识，壮大志愿者队伍，完善志愿服务体系，建立志愿服务社会化运行模式。[1] 2012年，教育部《关于进一步加强高校实践育人工作的若干意见》指出，要积极调动整合社会各方面资源，形成实践育人合力，着力构

---

[1] 参见《教育部关于深入推进学生志愿服务活动的意见》（教思政〔2009〕9号），百度文库，https://wenku.baidu.com/view/b584736a58fafab069dc029b.html。

建长效机制。① 教育部的推动，直接促进学生志愿服务社会动员力量的增强，推动了学生志愿服务社会化。

2012年，成都市教育局下发《关于深入推进全市教育系统志愿服务工作的通知》，在全市教育系统中深入开展"学雷锋"志愿服务。同时每年印发《成都市教育局德育工作要点》，将志愿服务作为重点工作之一持续推进。同年，成都市教育局将中小学每年寒暑假第一周确定为全市师生志愿服务集中活动周。公共文化设施单位开始与学校合作，如成都市图书馆自2009年开始启动"义务小馆员"项目，武侯祠自2013年开始启动"小小讲解员"项目以及节假日主题志愿服务活动。

3. 2014年至今：成熟发展阶段

2014年，中央文明委《关于推进志愿服务制度化的意见》中指出，要"把志愿服务的要求融入各项经济、社会政策之中，体现在市民公约、村规民约、学生守则、行业规范之中，提倡和鼓励志愿服务的行为，维护志愿者的正当权益，形成崇尚志愿服务的社会氛围。把志愿服务纳入学校教育，研究制定学生志愿服务管理办法，鼓励在校学生人人参加志愿服务"。在党中央的要求下，成都市学生志愿服务实践迈向成熟发展时期。

此阶段倡导学生志愿服务的政府机关、企事业单位明显增多。2015年，教育部发布《学生志愿服务管理暂行办法》，提出要努力提升学生志愿服务管理水平。2016年，中宣部、中央文明办、民政部、教育部、财政部、全国总工会、共青团中央、全国妇联发布《关于支持和发展志愿服务组织的意见》，提出积极推进学生志愿服务等有序开展，打造项目精品，形成品牌效应。同年，中宣部、中央文明办、教育部、民政部、文化部、国家文物局和中国科协印发《关于公共文化设施开展学雷锋志愿服务的实施意见》指出，"倡导青少年学生到公共文化设施参加力所能及的志愿服务"和"鼓励公共文化设施与大中学校结对子，成为大中学生课外活动和社会实践基地，

---

① 参见《教育部等部门关于进一步加强高校实践育人工作的若干意见》（教思政〔2012〕1号），教育部网站，http://old.moe.gov.cn/publicfiles/business/htmlfiles/moe/s6870/201209/142870.html。

设计适合学生年龄特点的志愿服务项目"。共青团中央、教育部联合印发《关于加强中学生志愿服务工作的实施意见》指出，"中学生志愿服务的主要目标是立德树人，增强学生社会责任感和社会实践能力，服务教育工作大局，促进学生健康成长"。2017年，国务院发布《志愿服务条例》，规定"学校、家庭和社会应当培养青少年的志愿服务意识和能力。高等学校、中等职业学校可以将学生参与志愿服务活动纳入实践学分管理"。近年来，一系列关于学生志愿服务的政策密集发布，推动我国学生志愿服务事业发展进入快车道。

成都学生志愿服务进入制度化、常态化发展阶段，中小学生志愿服务成为亮点。大学生志愿服务方面，成都市于2014年开始打造学生志愿服务社会化动员体系，以成都公益组织服务园打造的"高校交流平台"和"成都高校公益社团联合会"，成都云公益发展促进会开展的"高校创客大赛"系列活动，以及打造的成都市高校志愿者联盟为主要代表。成都市内基金会、社工机构、志愿服务组织及各社区等社会服务机构也在广泛招募大学生参与志愿服务。此阶段，大学生志愿服务参与方式多元化、内容丰富化、渠道多样化的趋势日趋明显，逐渐形成了成熟的运行机制。在中小学生志愿服务方面，成都市教育局于2018年联合成都市委社治委、成都市文明办、团市委等机构联合启动"天府学堂·金丝带计划"，将每月的11日定为成都市中小学生志愿服务日，发布"金丝带"首批成都中小学生十大志愿服务行动计划。

二 成都学生志愿服务特色探索

（一）完善体制机制，加强学生志愿服务制度建设

一是组织架构搭建。据教育部《学生志愿服务管理暂行办法》，县级以上教育部门协调本级共青团组织明确专门机构，负责本行政区域内学生志愿服务的领导、统筹、协调、考核工作。学校有关部门负责指导、协调

本校团组织、少先队组织抓好学生志愿服务的具体组织、实施、考核评估等工作，即教育部门和共青团组织领导、统筹、协调、考核，学校指导、协调，本校团组织、少先队组织具体组织实施。成都市严格按照中央要求搭建组织架构，完善相应体制机制。成都市共青团系统依托"一协会两平台"（成都市青年志愿者协会，"青聚锦官城"线上平台和"青年之家"线下平台）指导全市青年学生志愿服务。成都市教育系统依托"三大志愿服务支队"（大学生、中学生、小学生志愿服务支队）进行具体统筹和服务（见表1、表2）。

表1 成都市共青团系统学生志愿服务组织体系及功能

单位类别	团市委	团区县委	成都市青年志愿者协会	青聚锦官城	青年之家	校团委
单位功能	统筹协调，全面指导学生志愿服务	具体培训、管理、落实学生志愿服务	组织和指导市内青年志愿服务活动，并统筹为社会提供青年、学生志愿服务	完成学生志愿者、活动、项目等在该平台的登记注册和线上对接	共青团指导下的青年学生志愿服务线下阵地，招募学生志愿者参与活动等	全面统筹校内学生志愿服务工作，具体落实学生志愿服务开展、管理、评估、记录、激励及表彰等工作

资料来源：成都市志愿者网与成都市文明办。

表2 成都市教育系统学生志愿服务组织体系及功能

单位类别	市教育局	区县教育局	市内中小学、高校	高校青年志愿者协会	高校社团
单位功能	负责市内志愿服务精神宣讲，整体安排学生志愿服务工作	负责本行政区域内学生志愿服务的统筹规划、业务指导、政策支持和督查考核等工作	具体落实教育局关于志愿服务的安排，同时创新性对接志愿服务资源	在校团委的指导下具体对接学生，组建学生志愿者队伍，落实志愿服务	在校团委及学生工作部的指导下开展服务

资料来源：成都市志愿者网与成都市文明办。

二是制度体系完善。（1）制定完善的学生志愿者招募办法。2012年，成都市教育局印发《关于深入推进全市教育系统志愿服务工作的通知》，在市属高校学生中招募、组建大学生志愿服务大队；在市管普通、职业中学学生中招募、组建中学生志愿服务大队，指导各区（市）县教育局在所在区域普通、职业中学学生中组建分队；指导各区（市）县教育局在所在区域下学生中组建小学生志愿服务大队。（2）建立健全学生志愿者培训督导办法。成都团市委制定《成都市青年志愿者培训管理办法》，规定志愿者培训遵循系统性、制度化、主动性、多样化和效益性原则，开展知识培训、专业技能培训和素质培训等，建立志愿者培训档案，记录、评估志愿者培训情况。（3）建立学生志愿服务评估和激励体系。成都市教育局制定《成都市教育现代化阶段性督导评估指标》《成都市中小学教育质量综合评价指标体系》《成都市中小学生综合素质评价手册》，成都团市委制定《成都市青年志愿服务评选表扬办法》《成都市青年志愿服务激励措施》。此外，针对项目有《成都市大型赛会志愿服务项目管理办法》，针对组织有《成都市青年志愿组织管理办法》等。

（二）拓展服务领域，丰富学生志愿服务内容范围

学生志愿服务因参与者年龄和学习阶段不同，其目标、内容、方式相互之间有着很大不同。中小学生志愿服务定位在立德树人，促进学生全面发展、健康成长，内容以自我服务、自我教育为主，方式以体验学习为主。大学生志愿服务定位接近社会志愿者，广泛开展如支持灾区重建、关爱留守儿童、关爱弱势群体、义务献血、环境保护、社区服务等志愿服务。本小节将成都市学生志愿服务领域分为成都市中小学生志愿服务领域和成都市大学生志愿服务领域来进行阐述。

1. 成都市中小学生志愿服务领域

成都市中小学生志愿服务领域根据成都市教育局对中小学生开展志愿服务的内容建议，可以将其分为关爱他人、关爱社会和关爱自然三大类。

"关爱他人"志愿服务主要是指组织中小学生开展"弘扬雷锋精神，做全面发展一代新人"志愿服务活动，活动把空巢老人、未成年人、留守儿童、农民工、残疾人等作为重点服务对象，努力为特殊、困难群体排忧解

难。具体包括关爱儿童志愿服务，如成都市泡桐树小学西区结对白玉全县19所小学、1所中学、2所幼儿园，连续六年开展"温暖白玉行"活动。关爱老人志愿服务，如高新区兴蓉社区成立"小桔灯"小小志愿服务队，通过"携手父母做公益"这种1+N助老服务，让孩子在父母的陪伴下走进社区、关爱老人。关爱特殊病患志愿服务，如2016年锦江区国际志愿者日组织的"寻找朴素感动·汇聚锦江力量"活动，成师附小学生志愿者举行"义卖"，将募得的善款捐给渐冻症患者。关爱特殊人群志愿服务，如电子科技大学实验中学附属小学的成都青年志愿者红星服务队会在特别的节日为社区福利院、敬老院、退伍军人等进行文艺表演，提供爱心服务。

"关爱社会"志愿服务是指开展文明风尚普及系列活动，如志愿精神宣传、社会文化传播、交通文明劝导、会场引导、禁毒防艾宣传。具体包括社会文化传播志愿服务，如武侯祠自2004年开始的"小喜神送福"活动，由小志愿者们为观众送福、表演节目，还参与拍摄一系列专题文化节目，弘扬节俗文化，延展三国历史。文明劝导志愿服务，如市教育局组织中小学生在老师或家长的带领下开展"志愿者助交通、保平安"活动。禁毒防艾以及急救宣传志愿服务，如由成都市在校中小学生组成"启迹·点滴急救服务队"，常态化向公众进行急救知识宣讲。弘扬爱国爱党教育方面，如结合国庆节、建军节等节日开展"军旗军徽诞生记"、爱国主义教育等主题志愿服务活动。

"关爱自然"志愿服务是指以"关爱自然"为主题，开展城乡环境综合整治活动，如保护环境志愿服务、爱护山川河流志愿宣传活动、科普宣传志愿服务活动等。具体保护环境志愿服务，如泡小西区红领巾志愿者服务队——善染心支队积极开展废旧书籍捐赠回收活动，开展环保教育活动。爱护山川河流志愿宣传活动，如成都七中林荫志愿者协会常态化组织师生志愿者走出校园，走到景区、公园和社区，积极参与垃圾分类、净化水资源等志愿服务，呼吁关爱濒危动物，开展关爱流浪狗活动。科普宣传志愿服务，如成都市植物园与学校合作开展"小小讲解员"项目，培训中小学生宣传环保理念，提升环保意识。

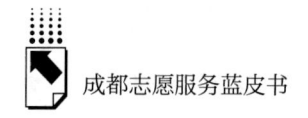

2. 成都大学生志愿服务领域

成都市大学生志愿者参与志愿服务领域十分广泛，大致可以分为扶贫振兴援助、社区治理参与、宜居城市支持、赛事之都保障、应急救灾支援、社会民生关爱六大领域。

扶贫振兴援助，即扶贫开发志愿服务，分为活动类志愿服务、项目类志愿服务和以阵地为依托的常态化志愿服务。活动类志愿服务，如西华大学"大山天使"团队开展暑期志愿服务，并围绕山区助学开展了一系列公益版块，包括书包计划、义卖、"定格＆快闪"等版块。项目类志愿服务，以"三下乡"项目为例，2016年围绕"建功十三五"专题调研、精准扶贫和服务基层社会治理等深入基层开展社会实践活动，2017年以弘扬"友善公益"天府文化、低碳绿色、关爱农村留守儿童等为重点开展暑期社会实践活动，2018年围绕"青春大学习·奋斗新时代"在乡村振兴、脱贫攻坚、教育帮扶、普法宣传、文化艺术、生态环保等方面开展活动。阵地类志愿服务，如2015年的龙泉驿区暑期艺术培训超市，依托阵地开展"暑期进艺术超市，龙泉留守儿童好洋气"项目，邀请高校志愿者加盟艺术培训超市的策划和组织。

社区治理参与，即落地社区开展的志愿服务，主要依托志愿服务项目进行。典型的有"云公益"的"高校志愿服务进社区创客大赛"和"服务园"的"高校特色志愿服务种子资金计划"。"成都高校志愿服务进社区创客大赛"推动高校学子发挥创新精神和专业所长，立足社区需求，设计公益项目，落地社区服务。大赛共有24所高校83支团队近千名大学生报名参加，服务领域涵盖助老、扶幼、环保、文化及其他等九大领域。"高校特色志愿服务种子资金计划"以10个社区作为高校实践公益项目示范点，让大学生落地社区开展志愿服务，比较突出的有四川大学兴致协会开展的"童心同心"服务。

宜居城市支持，即环境保护志愿服务，主要围绕植树造林、治理污染、美化环境等开展志愿服务，可以按照组织单位不同进行分类。一是团委组织的志愿服务，如团市委组织的"迷彩青少年·环保小卫士""社区文明·我来守护"文明环保宣传活动,"添绿行动"亲子环保种植志愿服务。二是公共文化设施组织的志愿服务,如成都市植物园开展的"传扬天府芙蓉文化,大学生志愿者培训"项目,西南民族大学动物保护协会组织部与动物园联合策划开展的"动物之声"项目。三是学生志愿团队自行组织的志愿服务,如成都理工大学面对面公益团队开展的绿色植物 DIY 活动。

赛事之都保障,即赛事志愿服务,主要是共青团在负责,内容包括秩序维持、环境、后勤服务、接待、语言翻译、竞赛配合、医疗、技术等。典型的有 2013 年财富全球论坛、2017 中国·成都全球创新创业交易会、2017 国际城市可持续发展高层论坛、2017 年联合国世界旅游组织第 22 次全体大会和 2018 国际马拉松的志愿服务支持。

应急救灾支援,即应急志愿服务。成都作为一个地震、泥石流、暴雨等自然灾害频发省份的省会城市,联动政府和社会力量,完善常态化应急救护培训体系,做好防灾减灾备灾工作是成都志愿服务的重要内容。大学生志愿者作为青年志愿者主力军,理应积极参与应急救灾志愿服务。公布的四川省抗震救灾先进大学生志愿者中,共计 675 名成都优秀大学生获此殊荣。成都市图书馆联合成都信息工程学院、成都理工大学成立校园志愿者实践服务基地,每年开展包括"防灾减灾训练"在内的各类志愿服务。成都公益组织服务园和成都市红十字会合作"青年,改变世界"高校领袖常态化应急救护培训,真正让大学生志愿者掌握必要的应急救护技能。

社会民生关爱,即关爱社会弱势群体志愿服务,主要有关爱癌症患儿、"天线宝宝"、自闭症患者等。关爱癌症患儿志愿服务,如川大 Sunny Dreamer 成都癌症患儿志愿服务协会大学生志愿者举办"我有一个愿望"主题摄影展暨"哆啦 A 梦圆梦计划",呼吁社会关爱癌症患儿。关爱"天线宝宝"志愿服务,如成都市第三医院与四川省慈善总会、云公益联合开展"关爱天线宝宝"项目,引入四川师范大学志愿者为数万名门诊患者提供指引、取药、推送等志愿服务。关爱自闭症患者志愿服务,如电子科技大学春雨公益志愿者开展"星星的话语"自闭儿童绘图陪伴活动,陪伴自闭症孩子用画笔表达思想和情感,分享成长故事。

（三）涌现典型队伍，形成学生志愿服务骨干力量

成都市学生志愿者队伍基本为校团委或学生工作部指导的志愿服务队伍，也有学生自己组建、自愿参与的队伍。绝大多数队伍在内部管理架构、制度上有完整的体系，形成了特定的服务领域，有典型的服务活动或项目，形成了常态化的运行机制。成都市学生志愿者队伍具体可以分为中小学生志愿者队伍，如成都青少年志愿者奇思妙想服务队；大学生志愿者队伍，包括单个高校内部组建的志愿者队伍，如西南石油大学的小童大义社会工作服务团队，高校联合的志愿者联合会，如成都高校公益联合会。

1. 中小学生志愿队伍：成都青少年志愿者奇思妙想服务队

队伍成立于2016年，获得过"优秀团队""优秀志愿服务队""共青团中央优秀社团"等荣誉。队员多为成都市内小学、初高中学生。服务队以"奉献、友爱、互助、进步"为团队精神，体现志愿性、无偿性、公益性和组织性特征。队伍设置了队长、副队长、财务、行政、宣传五个职位，由中学生担任职务。队伍以"我们都是学生，我们都是志愿者"为奋斗目标，倡导人人"微公益"，让公益更深入人心。

队伍先后举行过募捐、环保、爱心义卖助学、走进敬老院、关爱聋哑儿童等形式多样的公益活动。队员定期走进养老院，通过陪聊、陪读、陪玩等方式，给予老年人心灵和精神上的陪伴和关怀。队伍开展的典型活动包括：温暖白玉爱心助力——为白玉县小朋友募捐物资；参加职业考察实践活动，帮助整理捐赠衣物；八一建军节慰问，到长者公寓拜访老一辈军人；中秋节手工月饼慰问，到公寓里和爷爷奶奶做手工月饼，一起过节；找个山那边的同龄人一起写信；等等。

2. 高校内部志愿队伍：小童大义社会工作服务团队

团队成立于2014年6月1日，以山区及城市儿童、青少年，有需要的老人、妇女等弱势群体，社工专业学生为服务群体，成员主要由西南石油大学社会工作硕士研究生和部分其他高校社会工作专业学生组成，隶属土房子机构。团队核心成员7名，其中6名有社会工作专业教育背景，1名有法学专业背景。执行团队15人，都来自社会工作专业。

团队以"Please, Peace for the kids"为愿景及发展目标。强调运用剧场艺术手法和社会工作专业方法，积极践行"助人自助、爱人如己、平等博爱"理念，推行人本主义关怀服务。以说故事剧场、绘本剧场、一人一故事剧场、社区剧场等剧场艺术手法和社会工作专业方法融合，积极探索运用剧场艺术教育陪伴儿童青少年健康成长服务模式及儿童青少年社会工作戏剧教育服务模式；为社会工作专业学生提供成长平台，为社工行业发展储备人才。现已完成"Play Back Theatre"流动剧场计划、小童大义一人一故事亲子剧场项目、童声童戏儿童成长剧场项目、创美我的社区爱佑专场·墙壁上的植物园、同一天空下山区教育支援服务计划、创作性儿童成长剧场项目、金堂特教学校多元智能社区陪伴成长计划、艺术教育之山区留守儿童成长剧场、Young life 大学生全人健康成长计划、2018~2019北斗星社工大学生奖励计划、一人一故事剧场大学生全人健康成长计划、一人一故事剧场高中生全人健康成长计划、说故事剧场小学生公益巡演计划等项目[①]。

3. 高校联合机构：成都高校公益联合会

成都高校公益联合会（以下简称"联合会"）是在2013年搭建的高校交流平台的基础上，选择优秀团队负责人于2015年联合打造的。联合会以"交流、互动、合作"为核心精神，致力于为政府、企业、媒体连接高校资源，集聚青年力量，开展各类高校志愿服务活动，助推新时代文明实践。联合会现已联结成都市内外45所高校、120个高校社团、41000余位高校志愿者，开展志愿服务活动7250余场。

联合会启动高校学生志愿者全权负责高校交流平台有关事宜，任用期一年。第三届成都市高校公益社团联合会结合以往经验，以及高校工作开展的实际情况，设置了执行会、宣传部、活动部、文艺部四个部门。执行会负责协调沟通事宜；宣传部负责对外宣传，扩大联合会影响力；活动部策划组织

---

① 《小童大义简介》，整理自网页 https：//mp.weixin.qq.com/s?＿＿biz=MzIwOTIzNjgzOQ%3D%3D&idx=1&mid=2247484009&sn=baefdf9165bb6063befe57ec89000c8b。

活动；文艺部对接高校志愿者文艺资源，用文艺表演宣传展示公益。截至2018年底，联合会已经成功举办社会主义核心价值观校园巡讲、志愿服务"益行会"、"百日红·创新坊"等颇有影响的活动。

（四）坚持常态运作，促使学生志愿服务持续发展

成都市学生志愿服务积极锻炼内功，开展项目化运作机制，促进学生志愿服务制度化、常态化、项目化开展，推动成都市学生志愿服务可持续发展。

完善培训机制，提升学生志愿服务技能。在中小学生志愿服务方面，根据教育部《中小学综合实践活动课程指导纲要》（2017年9月25日），中小学综合实践活动要坚持教育与生产劳动、社会实践相结合，引导学生深入理解和践行社会主义核心价值观，充分发挥中小学综合实践活动课程在立德树人中的重要作用。学生亲自经历各项活动，在动手做、实验、探究、设计、创作、反思的过程中进行体验、体悟、体认，在全身心参与的活动中，发现、分析和解决问题，体验和感受生活，发展实践创新能力。志愿服务是综合实践活动的重要方式。成都积极落实教育部关于综合实践活动课程的相关指示，加强中小学生志愿服务规范，立足明确服务对象与需要，制订服务活动计划，开展服务行动，反思服务经历，分享活动经验等要素要求学校加强中小学生志愿服务的规范性。大学生志愿服务方面，成都市建立了临时培训、短期培训、长期培训并存，以活动培训、项目化培训、常态化培训为一体的学生志愿服务培训机制。典型的有加强大型活动与赛事志愿服务的前期培训；举办"成都市高校志愿者训练营"，训练营持续多年，已形成常态化开展机制；开设"百日红·创新坊""百日红·志愿服务大讲堂"项目。

开展竞赛活动，激发学生志愿服务内生动力。设立于2015年的成都市少年志愿者服务平台，在促进广大中小学生社会责任感的提升和社会生活能力的培养方面作出了较大贡献。其开展的周期性主题活动"公益竞赛日"将每个月第三个周末的周六或周日定为"少年志愿者公益竞赛日"。在公益竞赛日，各小组可根据本组成员的实际情况，选择一个时间段，以小组为单

位开展"公益竞赛"活动。要求组长做好本小组"公益竞赛日"活动的记录工作,及时将活动文字记录及照片发送到"成都少年志愿者"微信后台。少年志愿者在参与"公益竞赛日"活动的时间,可计入志愿服务小时数。[①] 成都设计了类型丰富的大学生志愿服务竞赛活动。如高校青年志愿服务传播大赛、高校创客大赛、高校创益圆梦大赛、成都高校志愿服务进社区创客大赛、"筑双创梦想,谱青春篇章"第二届高校种子资金计划等。其中由成都公益组织服务园开展的"筑双创梦想,谱青春篇章"第二届高校种子资金计划项目共收到来自21所高校40支团队的项目申报书。项目举行了3场助力成长计划系列活动,包括1场线上微课堂、2堂助力成长专题课程。最终在对高校志愿服务社团进行系列培训后,通过路演评比,选出了30支团队并授予奖项。

推动常态运作,促进学生志愿服务可持续发展。2017年,成都市印发了《成都市深化社区志愿服务的实施方案》,提出从2018年起,全面启动社区志愿者队伍发展行动,中学生志愿服务活动情况将纳入综合素质评价体系,高中阶段学生须参加不少于10个工作日的社区志愿服务。2018年12月11日,"天府学堂·金丝带计划——新天府·少年'治'"成都市中小学生志愿服务日大型城市公益活动启动,会上发布了"金丝带"首批成都中小学生十大志愿服务行动计划。在成都市中小学生"金丝带"计划的引领下,成都市中小学生志愿者以天府文化为内涵,以改善、解决城市精细化管理中的具体问题为目标,开展青少年力所能及的公益活动。[②] 成都市大学生志愿服务常态化运作明显,具体执行上基本形成周期性项目制度。由共青团、教育部门、其他行政单位、社会力量等涉及主体对志愿服务项目进行监测和评估。志愿服务项目具有完善的督导培训机制,能够及时发现并解决问题。项目化开展志愿服务有效促进了志愿服务的常态化与持续开展。

[①] 参见《成都少年志愿者在志愿服务中获得成长》,成都文明网,http://cd.wenming.cn/zyfw/201512/t20151228_2233250.shtml。
[②] 参见《成都市中小学生志愿服务日弘扬天府文化"友善公益"》,中国文明网,http://www.wenming.cn/dfcz/sc/201812/t20181214_4937469.shtml。

（五）打造阵地平台，致力学生志愿服务基地延展

成都学生志愿服务线上线下阵地平台相对完善，线上平台针对大学生志愿服务的有"成都共青团"网站微博微信公众号、"青聚锦官城"微信公众号、"青年之家"微信公众号等平台。针对中小学生的有"成都少先队"微信公众号。线下主要以成都市"青年之家"综合服务平台的方式运营。

线上平台，目前成都市学生志愿服务通过青聚锦官城、青春成都、成都少先队、成都共青团、成都青年志愿者等平台向全市青（少）年发布招募公告、报名表，号召青少年加入志愿者行列。其中"青聚锦官城"微信公众号于2017年12月上线，以搭建平台、聚合青年为要旨，发布青年关注的热点信息，服务青年成长成才。内容版块包括头条推文、"活动＆福利"、青年志愿者、生活服务。头条推文每日发布热点资讯，展示青年风采，开展免费福利派送等活动，并根据青年需要定期策划开展各类交流体验活动、才艺展示比赛等。"活动＆福利"每日发布"青年之家"线下活动，包括各类兴趣交流、文娱表演、沙龙分享、职场提升等。青年可通过线上注册成为青年志愿者，并选择就近就便参与志愿服务。生活服务定期为青年提供实习就业招聘、租房信息等。"青春成都"微信公众号以交流青年关注热点，引导青年健康成长的互动平台为定位，以青年服务、青年就业创业、青年活动公益等为重点，构建多层次、广覆盖的青年引导动员体系，按时推动有关青年的重点新闻资讯，宣传成都共青团重要工作动态、特色活动信息，凝聚微力量，传播青春正能量。

线下平台，目前成都学生志愿服务主要有"青年之家"、公共文化设施、社区等主要阵地，比较系统完善的线下平台是成都市"青年之家"综合服务平台。以"青年之家"为例，按照团中央、团省委关于加强基层服务型团组织建设和全面推进青少年综合服务平台建设工作的相关要求，近年来，团成都市委科学规划，分类实施，截至2018年9月，全市共建成"青年之家"综合服务平台373个，覆盖所有城市道路和89.7%的乡镇。

成都学生志愿服务阵地建设的特点，首先，阵地覆盖规模化效应成果初显。成都市乡镇（街道）团组织依托党政力量支撑，协调现有组织资源，以整合开放乡镇（街道）党群服务阵地和党政部门功能性阵地为主要方式，建成乡镇（街道）"青年之家"综合服务平台360余个，初步形成基本功能完备、交通通达便利、常态化开展活动的基层共青团服务阵地网络。

其次，区域性特色服务平台亮点纷呈。部分区县灵活思考、大胆尝试，打造了一批具有一定代表性的特色功能性阵地：团青白江区委积极整合成都国际铁路港和自贸区组织资源打造园区"青年之家"，持续开展人才交流、电商服务、商务洽谈等活动；团大邑县委紧紧抓住"乡村振兴"发展机遇，成立大邑县安仁镇现代农业园区"青年之家"，实现创业孵化、创新展示、培训交流、后续服务四大服务功能。

最后，工作队伍配置力量不断增强。成都市按照"团干部+社工+志愿者"队伍的工作思路，努力提高"青年之家"服务平台管理水平和运营效率。截至2018年9月，全市"青年之家"管理员队伍共计1800余人，其中青年志愿者占比达到70%以上，基层团干部队伍占比达到18%左右，社会工作者队伍占比约为9%。各级团干部充分结合区域化团建机制，积极参与基层服务平台建设管理，如简阳市禾丰镇团委联合禾丰镇现代农业产业园打造园区"青年之家"，镇团委书记直接兼任园区团支部书记，深度参与园区组织建设和平台管理。[1]

（六）推动政社协同，拓展学生志愿服务参与渠道

近年来，社会力量参与成都学生志愿服务逐渐增多，政社协同逐渐加强。社会力量参与学生志愿服务在参与主体和方式上具有特色。

在参与主体上，体制内参与单位逐渐增多和体制外社会力量参与逐渐加强。体制内参与单位逐渐增多指近几年除了团委系统、教育系统两大核心主体外，各级文明办、司法局、文广旅局、公园城市管理局、红十字会等单位也逐渐深入参与。体制外社会力量多元参与指除了原来的体制内政府、学校

---

[1] 团成都市委：《创新打造"青年之家"三级服务终端体系——基于成都市"青年之家"综合服务平台建设的实证分析》，《中国共青团》2018年第9期。

等单位，基金会、志愿服务组织、学生志愿服务支持性机构、社工机构等社会力量也逐渐加入学生志愿服务行列。近年来参与成都市学生志愿服务的社会力量典型代表见表3。

表3 近年来参与成都市学生志愿服务的社会力量典型代表

组织名称	发挥功能	简要介绍
成都公益组织服务园	以项目和活动为载体，建立高校交流平台和成都高校公益社团联合会，全方位支持学生志愿服务	成都公益组织服务园是于2012年5月在成都市民政局注册的民办非企业单位，上级指导单位是成都市文明办，服务园以"服务公益团队，共享资源平台，致力城市幸福"为宗旨。服务园搭建了成都市高校交流平台，培养有志于投身公益领域的大学生志愿者，联动在蓉高校组建高校交流平台，高校公益社团联合会，累计孵化高校社团56家。服务园支持的大学生志愿服务主要有高校社团孵化、成都益行会、社会主义核心价值观系列高校巡讲会、高校特色志愿服务种子资金计划以及联合会中各大高校志愿服务项目
成都云公益发展促进会	以赛代练，推动学生志愿服务的开展。推动成立成都市高校志愿者联盟	成都云公益发展促进会2013年2月在成都市民政局登记注册为专业性社会团体，使命是"云聚资源、助力公益"，服务领域覆盖扶幼、助老、医疗服务、灾害应对、社区服务5大类14小类。云公益推动的学生志愿服务项目主要有成都高校创客社区志愿行项目、高校青年志愿服务传播大赛、高校创客大赛、童眼云世界等
成都市锦江区社会组织发展基金会	以基金会品牌项目为依托，助力学生志愿服务	成都市锦江区社会组织发展基金会是由锦江区委区政府主导，于2011年11月30日经四川省民政厅批准成立，业务主管单位为四川省民政厅。锦基金以"最具公信力"为标准，秉承"立信守信"的理念，坚守"助推公益事业 促进社会和谐"的使命，搭建了公益人才培育、储备、输出平台，社会组织孵化、培育、扶持平台，项目连接平台，公募资质共享平台，智力支持平台等多方资源平台。在大学生志愿服务的支持上，锦基金打造的金拇指大赛、社工成长营等项目，有效整合高校学生参与到志愿服务
成都市义工联合会	联合各领域志愿者，包括学生，志愿服务	成都市义工联合会是2005年于四川省成都市成立的一个民间公益组织。联合会于2013年成立了大学生实习基地，为在校大学生利用假期学习并积累工作经验提供工作岗位，锻炼自我能力，提升自我价值和社会价值，并对他们进行实习考评
社会服务机构等	以机构或项目等为依托，完成较有专业性的服务	这里的社会服务机构主要指执行类的社工机构，各机构在执行社工项目时会招募学生志愿者进行助力，尤其是项目所在地学校。这一类机构以爱有戏、同行、心家园等机构为代表

资料来源：成都公益组织服务园官网、成都云公益发展促进会官网、成都市锦江区社会组织发展基金会官网等。

在参与方式上,打破以往纯"行政动员"机制,积极引入社会力量。一是在实施培训上,政府购买专业社会组织服务对学生志愿者进行了系统化培训。如成都市文明办连续几年购买成都市公益组织服务园服务,开展"成都市高校志愿者训练营"。二是在组织动员上,实现了由行政动员向政社协作动员的转变。如成都市在大学生志愿服务进社区、进公共文化设施等领域建立了与学生志愿服务社团/组织、社区、公共文化设施等主体的长期合作关系,基本实现政社协同发展模式。三是在经费保障上,拓展了多元支持渠道。成都市学生志愿服务项目经费来源除财政划拨外,各大基金会、公益平台亦大力支持。

三 成都学生志愿服务特点及成效

(一)成都学生志愿服务的特点

1. 实践育人成效显著

对于中小学生志愿服务来说,成都现有的志愿服务实践充分打破学科界限,选择综合性活动内容,鼓励学生跨领域、跨学科学习,为学生自主活动留出余地。引导学生把自己成长的环境,如学校、社区等作为学习场所,在与家庭、学校、社区的持续互动中,不断拓展活动时空和活动内容,使自己的个性特长、实践能力、服务精神和社会责任感不断获得发展。

对于大学生志愿服务来说,成都现有的志愿服务实践影响力日益扩展,具有帮助他人、完善自己、服务社会、弘扬新风的功能。志愿服务实践给予大学生志愿者深刻的影响,使大学生志愿者的内心产生相应的心理变化,积极利他的行为帮助志愿者树立正确意识,教育大学生志愿者奉献社会助力发展,具有丰富的内涵和良好的教育效果。

2. 社会参与动员加强

成都基本将成都市在读中小学生都纳入志愿服务体系之下。成都市将中学生志愿服务活动情况纳入综合素质评价体系，以制度化形式规定高中阶段学生须参加不少于10个工作日的社区志愿服务，初中阶段学生、小学高年级学生要积极参与社区志愿服务，鼓励小学低年级学生在监护人陪同下参加力所能及的社区志愿服务，服务记录如实完整归入学生综合素质档案。截至2018年底，全市拥有中小学生志愿者队伍1100余支，注册志愿者54600余人，1280所中小学普遍建立志愿服务社团。

成都大学生志愿服务社会化动员趋势近年来不断增强。在志愿者招募上，采用社会化动员，依托现有宣传渠道引导大学生到"青聚锦官城"微信公众号网络平台注册报名参与。在动员体系建设上，致力于建立"市—区（市）县—街道（乡镇）—社区（村）"四级联动的青年志愿服务社会化动员体系，引导大学生志愿者"随时随地、就近就便"参与社区发展治理，促进民生需求改善，推动社会和谐稳定，倡导"友善公益"的天府文化，为努力建设高品质和谐宜居生活社区贡献青春力量。

3. 社区场域服务增多

成都市中小学生志愿服务充分整合校内外资源，将志愿服务场域拓展到社区。成都市中小学生志愿者积极开展关爱他人、关爱社会、关爱自然主题系列活动，开展"志愿者进社区"等活动，组织中小学生志愿者做志愿讲解员、引导员，宣传文明行为规范。积极开展社区结对共建、爱心关怀活动。配合街道办、社区服务中心做好环保宣传，大力倡导垃圾分类，及时劝解不文明行为。开展教师志愿服务，优秀、骨干教师志愿者深入社区进行家庭教育、亲子沟通、升学指导、心理辅导等教育服务公益讲座。

成都市大学生志愿服务类型主要集中在社区（村）志愿服务、常态化志愿服务等。成都市大学生志愿者在社区广泛开展"3·5学雷锋——传承榜样精神·发挥青春力量"、禁毒防艾、"军旗军徽诞生记"爱国主义教育、"九九重阳·敬老孝亲"等主题活动。深入基层开展加强农村留守学生（儿童）关爱活动，低碳环保知识宣传、普及相关志愿服务活动等相关活动。针对城市共享单车衍生问题，开展"青年，摆起来"主题志愿服务，组织青年志愿者协助单车运营维护员一起参与单车整理,宣传倡导文明规范,号召市民共同维护城市正常秩序。

(二)成都学生志愿服务的发展成效

1. 目标:服务社会与立德树人有机结合

学生时代是人的人生观、价值观、世界观形成的关键时期,当代学生是伴随着互联网和移动互联网成长起来的一代,其思想和价值观受到更多因素影响。学生有思想困惑和现实迷茫,需要精心细致的引导。对于中小学生群体而言,志愿服务可以实现帮助他人与立德树人有机结合。对于大学生群体而言,志愿服务是大学生参与社会实践、开展社会学习的重要载体,志愿服务作为高校"第二课堂"重要内容,纳入了高校学生课程学习体系,成为课外拓展的重要内容。

成都市教育局研究制定的《成都市中小学教育质量综合评价指标体系》《成都市中小学生综合素质评价手册》,对学生的社会责任感、遵纪守法、爱心奉献、安全环保等公民素养进行评定。志愿服务作为成都市中小学生课程体系内容之一,为拓展中小学生参与社会活动的技能,拓宽知识面与视野,促进中小学生形成公民意识,实现全人教育和创造社会价值创造了条件。教育部印发的《关于推进学生志愿服务活动的意见》提出,高校要把志愿精神作为进一步加强和改进大学生思想政治教育的重要内容,纳入思想政治理论课教育教学,在《思想道德修养与法律基础》课中安排适当课时讲授相关内容。[1] 成都市积极贯彻教育部文件精神,通过积极加强与市文明办、社治委等市级部门,区(市)县、高校、企事业单位团组织的沟通协调,有效连接资金、资源,搭建起"优势互补、资源共享"的合作平台,按照"同向协力"的工作思路,共同推进大学生志愿服务事业发展。

2. 范围:聚焦重点和辐射带动合理统一

从学生志愿服务的开展内容看,成都市学生志愿服务实践几乎涉及城乡

---

[1] 参见教育部《关于深入推进学生志愿服务活动的意见》(教思政〔2009〕9号),百度文库,https://wenku.baidu.com/view/b584736a58fafab069dc029b.html。

统筹、社区发展治理、公园城市建设、营造国际化营商环境、传承巴蜀文明发展天府文化、建设"三城三都"等众多重点工作,涵盖关爱弱势群体、扶贫开发、社区建设、环境保护、大型活动保障、应急救灾等多个重点领域。如聚焦赛事之都打造,成都市学生志愿者在团市委的领导下,承接2017中国·成都全球创新创业交易会、2017国际城市可持续发展高层论坛等大型赛会志愿服务工作,统筹实施志愿者宣传策划、招募培训、上岗服务、后勤保障等工作。再如聚焦社区发展治理,成都市发布《成都市中小学生社区志愿服务活动指导意见》,结合天府文化进校园,积极创新中小学志愿服务工作体制,把社区志愿服务纳入社区发展治理体系中,与"学雷锋"活动紧密结合,大力培育和践行社会主义核心价值观,引导学生从身边做起、从小事做起,将志愿服务融入日常生活。

从学生志愿服务的主体带动性看,成都市学生志愿服务具有广泛的辐射带动性。中小学生志愿者在开展志愿服务过程中,能够有效带动家庭参与。如成都公益组织服务园开展的"志愿伴我亲子行——家庭志愿服务训练营",搭建了以成都市家庭为单位的志愿者服务队,培养和提升家庭成员及8~12周岁未成年子女服务意识,成功组建30组家庭"亲子志愿服务队",成为成都市首批以家庭为单位的志愿服务队。大学生志愿者的辐射性在参与人数、活动数量、项目数量等方面有所展示。如成都公益组织服务园打造的"高校交流平台",作为社会化运作平台,从2014年的16所高校34支志愿者团队近3000人的志愿者数量,增长到了2018年的45所高校120个高校社团41000余人高校志愿者的数量。

3. 方式：常态服务与特色服务推动发展

志愿服务不是某个时间段的特有活动,也不是仅仅针对某个年级、某些群体开展的活动,而是一届一届传承下来的校园文化,更是学生毕业后走向社会也能自觉投入的活动。这种志愿服务精神应与校园文化深度融合,和学生个人的理念相融合。学生志愿服务的常态化开展有助于使参与志愿服务成为学生的行为习惯,乃至使志愿服务成为学生践行社会主义核心价值观的主要方式。应该立足于学校办学特色,确立志愿服务方向,着力打造志愿服品牌。① 特别对于大学生志愿服务来说，应聚焦大学生志愿服务主要领域，推动形成"统分结合、步调一致、职责明确、重点突出"的项目推进机制，进一步巩固深化传统品牌项目，努力创新开展特色项目，并在人员招募、认证评价等方面大胆探索，突出时代化、时尚化、规范化。②

成都市积极推动常态化学生志愿服务。如将每月的 11 日设定为固定的成都市中小学生志愿服务日，每个志愿服务日，公益志愿者们都将佩戴统一的金色丝带，围绕成都开展"社会治理"的重要行动要求，结合中小学生的实际情况，开展主题志愿服务项目。成都市持续推进品牌化的学生志愿服务项目。如积极引导大学生志愿者参与灾害救援、法律援助、心理咨询、敬老助残、青少年教育、无偿献血宣传、禁毒防艾、环保爱卫等常态化志愿服务活动，持续开展铁路春运、关爱农民工子女、旅游景区服务等品牌志愿服务活动，努力丰富服务内容与形式。继续加强品牌化志愿服务项目，全市各级各类青年志愿服务组织年均开展项目 5000 余个，青年志愿者参与超 10 万人次，服务人群达 100 万人次。

4. 管理：规范管理与制度保障相辅相成

为了规范学生志愿服务有效进行，必须有良好的保障机制，主要包括招募、选拔、培训、评价和激励四大板块。招募机制包括信息发布、营造氛围、申请人报名、志愿者面谈、岗位确认等。选拔机制包括综合考察动机、技能、知识、经验、特长，以及爱心、恒心、责任心等。培训机制主要有集中面授、实践培训和远程培训等，旨在了解志愿服务理念和提升服务技巧。评估和激励机制依据学生参与志愿服务认定记录的服务时间、服务成效进行必要的激励表彰，将志愿服务经历作为开展评选表彰的重要条件。③ 对于大学生志愿服务，需要健全注册志愿者管理、志愿服务项目运行机制，规范大

---

① 钟良：《中学生志愿服务与践行社会主义核心价值观的实践探索》，《基础教育参考》2017 年第 10 期。
② 参见《关于推进青年志愿服务工作改革发展的意见》（中青发〔2018〕3 号）。
③ 钟良：《中学生志愿服务与践行社会主义核心价值观的实践探索》，《基础教育参考》2017 年第 10 期。

学生志愿者评选表彰等活动,加强志愿服务示范项目创建等工作,推动志愿服务的规范化发展。①

2012年成都市教育局下发《关于深入推进全市教育系统志愿服务工作的通知》,在全市教育系统深入开展"学雷锋"志愿服务。每年印发《成都市教育局德育工作要点》,将志愿服务作为重点工作之一持续推进。同时按照教育部《关于印发〈学生志愿服务管理暂行办法〉的通知》要求,成都市教育局对教育系统志愿者团队各项机制进行进一步完善健全,要求各级各类学校做好学生志愿服务认定记录,建立学生志愿服务记录档案,并将学生在本学段的志愿服务记录如实完整归入学生综合素质档案。此外,将志愿服务等情况作为考核内容,纳入文明校园、文明城市的测评体系。成都市还连续出台《成都市青年志愿服务培训管理办法》《成都市青年志愿组织管理办法》《成都市大型赛会志愿服务项目管理办法》《成都市青年志愿服务评选表扬办法》《成都市青年志愿服务激励措施》等相关制度规范大学生志愿者管理。

四 成都学生志愿服务发展展望

(一)加强意识培养,提升各类学生认同志愿精神程度

加强全市学生志愿精神培养,营造志愿服务氛围。一是要培养中小学生志愿服务意识。首先,探索将志愿服务内容充实到各科教学中。教师要利用学生的身边事例和亲身体验,培养其对志愿服务的兴趣,鼓励学生自主、积极地学习,发展学生的创造个性和创造能力。其次,教师鼓励学生自己操作、研究探索,使学生能够积极主动地把各科所学知识和技能充分运用于志愿服务中。二是要培养大学生志愿服务意识。首先,更新理念,突出学生主体地位,培养高校学生主动参与意识。既要探索更加适合志愿服务意识教育

---

① 参见《关于推进青年志愿服务工作改革发展的意见》(中青发〔2018〕3号)。

的内容，又要将志愿服务意识培育同大学生的个人成长发展结合起来，从内在激发大学生参与热情。其次，深化情感，侧重大学生志愿体验，提升大学生志愿服务情感认同。既要营造志愿服务的浓厚氛围，又要通过各种激励基金设立、奖励机制创建提升大学生在参与过程中的认同感。最后，创新实践，内化大学生思想品格，促进大学生志愿服务行动自觉。既要引进社会力量，积极创造志愿服务实践机会，又要将志愿精神教育与专业化教育联系起来，根据专业特色设置和安排相关的实践活动。

（二）创新管理模式，扩大社会力量参与学生志愿范围

充分发挥成都公益组织服务园、成都云公益发展促进会作为学生志愿服务枢纽组织的力量，推动学生志愿服务。一是更多孵化学生志愿服务组织（队伍），通过周期性、系统性孵化模式，孵化培育发展学生志愿服务组织（队伍）。二是继续加强第三方机构对学生志愿者的培养，定期开展学生志愿者能力建设培训，培养学生志愿服务骨干力量。三是拓展学生志愿服务社会化服务，开创企业楼宇阵地、医疗康复体基地、社区阵地和福利院等服务阵地，集合全市民间公益机构、社会组织、高校社团等志愿力量，开发更多适合学生的志愿服务岗位。四是创新开展志愿服务展会、交易会等活动，邀请为学生志愿服务作出突出贡献的志愿服务组织、社会服务机构、爱心企业展示志愿服务文化、事迹，对接志愿服务项目。

（三）深化项目思维，促使志愿服务常态化持续化开展

加深学生志愿服务持续化常态化开展意识，保持项目思维，坚持将志愿服务贯穿学生学习全过程。一是将志愿服务教育贯穿于小学、初中、高中、大学的各科教学中，使志愿服务更加系统性和更有延续性。二是进一步提升学生志愿服务的社会影响力，项目化运作是必然选择。突出学生志愿服务项目的目标性，解决具体的社会问题。三是要推动志愿服务项目多元化视角，从不同维度设计志愿服务项目，满足社会的多元化需求。志愿服务项目可涵盖的领域很广泛，如扶贫、济困、扶老、救孤、恤病、助残、救灾、助学、

助医等，不仅仅局限于学雷锋献爱心活动。四是要积极推动志愿服务项目的持续性运作。针对学生志愿服务普遍存在的临时性、活动性和一次性问题，积极推动持续开展志愿服务项目。五是要推动学生志愿服务项目的绩效评估，提升项目质量。指导学生了解志愿服务项目的基本要求和运作规律，按照规范的志愿服务项目要求进行管理。

（四）坚持创新创造，聚焦学生志愿内容形式多样发展

学生志愿服务的深入开展需要不断加强内容和形式的创新。一是中小学生志愿服务的开发和设计需要采取多样化的组织形式，开创更加丰富的志愿服务项目，激发中小学生参与志愿服务的热情。在创新内容上，中小学校要结合各种教育资源，开发适合中小学生的服务内容，为学生提供多样化的服务岗位。在创新形式上，除了集体组织学生参与志愿服务活动外，还应拓展和创新志愿服务形式，采用灵活多样、富有个性的方式吸引更多的中小学生积极参与到志愿服务中来。二是大学生志愿服务应该以满足社会发展需要为切入点，着眼于国家和社会发展大局，拓展志愿服务领域，创新志愿服务形式。在创新内容上，探索大学生志愿服务与专业学习相结合、与服务社会相结合、与勤工助学相结合、与择业就业相结合、与创新创业相结合，引导学生受教育、长才干、作贡献。在创新形式上，促进大学生志愿服务专业化、项目化。以项目的形式开展服务，做好项目设计、可行性论证和评估，培育志愿服务品牌项目。

（五）落实激励政策，促进学生志愿考核评价机制完善

做好学生志愿服务认定记录，建立学生志愿服务记录档案，制订学生志愿服务工作综合考评办法，定期检查考核，并且纳入大学生思想政治教育和未成年人思想道德建设工作评估体系。一是要把志愿服务看作学生社会实践的重要组成部分。落实好学生参与社区志愿服务与课程标准、毕业要求的衔接，将志愿服务作为学生教育经历中不可缺少的组成部分。将中小学生参与志愿服务活动情况纳入学生综合素质管理，建立中小学生志愿服务记录档案，服务记录如实完整归入学生综合素质档案。落实好学生参与志愿服务与其课程相关部分授予学分规定。二是落实《成都市志愿服务激励办法（试行）》，将志愿服务经历作为学生参与校内评优表彰、奖学金评定、加入共青团组织、推优入党、就业推荐、保送升学的优选条件。

（六）扩大交流沟通，注重学生志愿互鉴合作平台搭建

加强学生志愿服务交流沟通，扬长避短，各取所需。一是积极搭建市内对接服务、资源配置、项目展示、学术交流、文化引领的综合性全口径交流平台。继续推动"以赛代训"工作理念，在原有学生志愿服务赛会基础上，集思广益，创新内容形式，通过层层办赛、多重培训等方式，加强志愿服务项目组织和学生志愿者骨干能力建设，加强各个团队之间的交流互鉴，全面提升学生志愿服务品质。二是积极组织市内优秀学生志愿服务组织和项目参加"志交会"等全国行业盛会。引导学生志愿者特别是大学生志愿者投身党政关心、社会关注、群众关切的领域参与志愿服务，既加强交流沟通，又形成党政关注支持、青年广泛参与、志愿服务组织紧紧围绕的工作态势。三是加大与国际志愿服务组织与团体的交流合作。要继续加强学生志愿服务对大型国际赛事的保障支持，同时积极倡导志愿服务"走出去"，参与"一带一路"建设，广泛开展志愿服务交流，为深化多边双边合作奠定坚实的民意基础。

参考文献

［1］田军：《志愿服务理论与实践》，知识出版社，2011。
［2］李娜：《大学生志愿服务的思想政治教育功能及其实现策略研究》，硕士学位论文，华东师范大学，2018。
［3］徐帅：《中国特色志愿服务体系研究》，硕士学位论文，北京交通大学，2017。
［4］李媛媛：《大学生志愿服务发展问题研究》，硕士学位论文，东北林业大学，2010。

［5］宋乔李：《大学生志愿服务管理问题研究》，硕士学位论文，西南大学，2013。

［6］唐甜：《经济欠发达地区志愿服务存在的问题以及对策分析》，硕士学位论文，湖南师范大学，2016。

［7］梅霞：《高校大学生志愿者服务相关问题研究》，硕士学位论文，华中农业大学，2014。

［8］陈英：《新时代我国大学生志愿服务创新研究》，硕士学位论文，闽南师范大学，2018。

［9］蓝媛：《当代大学生德育工作的新趋势——以青年志愿者服务活动为例》，《广东教育学院学报》2016年第6期。

［10］王璐璐：《高校院级志愿者组织的运行、问题及对策分析》，《高校辅导员》2014年第3期。

［11］谭建光：《中国新时代青年志愿服务的发展分析》，《青年学报》2018年第2期。

［12］沈虹言：《以志愿服务培育大学生公益精神》，《安徽工业大学学报》（社会科学版）2016年第1期。

［13］梁煊：《中小学生志愿服务的内容和形式》，《中国德育》2018年第7期。

［14］姚远、陈鹏磊：《价值认同视域下大学生志愿服务意识培育策略研究》，《兰州教育学院学报》2016年第5期。

［15］付涛：《培养小学高年级学生志愿服务意识的行动研究》，硕士学位论文，上海师范大学，2012。

专题篇

Special Reports

B.7 成都志愿服务组织研究

摘　要： 成都志愿服务组织快速发展不仅得益于国家宏观政策推动，还有赖于成都志愿服务环境的滋养。成都志愿服务组织经过实践创新，组织体系日趋完善，组织品牌影响力不断扩大，专业化水平持续提高，组织类型丰富多样，志愿服务组织生态系统已经形成。成都志愿服务组织成为社会治理的重要主体，探索了志愿服务精神孵化型、专业型志愿服务组织、支持型志愿服务组织、社区自组织型志愿服务组织、企业型志愿服务组织等发展模式。成都志愿服务组织通过制度化保障、专业化发展，扎根服务社区取得了显著成效。

关键词： 志愿服务组织　社会治理　社区服务　成都

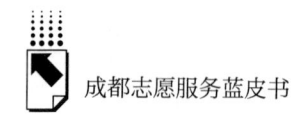

诸多专家学者把2008年称为中国志愿服务元年，自2008年以来中国志愿服务事业蓬勃发展，志愿服务组织如雨后春笋般快速成长。截至2018年底，全国志愿者总数达到1.09亿人，注册志愿服务团体达到57.9万个，发布志愿服务项目198万个，记录志愿服务时间已超过12亿小时。汶川大地震后，成都志愿服务组织相对全国而言发展更为迅猛，截至2018年底，注册志愿服务队伍已达21185支，登记服务意向队伍共2622支。我国志愿服务组织逐渐成为社会治理和公益慈善领域不可或缺的重要力量。

一 成都志愿服务组织的发展背景

成都志愿服务组织快速发展既受益于国家层面宏观政策的有力推动，也受到了成都自身地方良好环境的影响。

（一）宏观环境：志愿服务上升为国家战略，成为社会治理创新的迫切需求

1. 志愿服务上升为国家战略

党的十八大以来，党和国家越来越重视志愿服务，志愿服务事业发展逐步上升为国家战略。2015年，《政府工作报告》中提出"发展专业社会工作、志愿服务和慈善事业"。2016年，《政府工作报告》中提出"支持专业社会工作、志愿服务和慈善事业发展"。"十三五"规划中把志愿服务发展纳入指标体系。2017年，《政府工作报告》中提出"促进专业社会工作、志愿服务发展"。2018年，《政府工作报告》中提出"促进社会组织、专业社会工作、志愿服务健康发展"。连续多年《政府工作报告》部署志愿服务工作。

志愿服务组织是志愿服务事业的重要主体，是供需双方有效对接的主要平台。随着中国志愿服务事业的发展，志愿服务组织面临良好的外部发展机遇。中央层面，2008年中央文明委印发的《关于深入开展志愿服务活动的意见》提出"大力发展各类志愿者组织"，并指出志愿者招募、注册、培

训、管理、激励表彰等环节要重视志愿服务组织的作用。2014年，中央文明委印发《关于推进志愿服务制度化的意见》，再次强调"要支持和发展各类志愿服务组织"。2016年，中共中央宣传部等八部门印发《关于支持和发展志愿服务组织的意见》，更是进一步落实和推动了志愿服务组织的发展。

2. 社会治理创新的迫切需求

随着中国逐步从"管理"型社会向"治理"型社会转变，大量的政府职能需要转移给社会部门承接。志愿服务组织是政府职能转移的重要途径和载体。党的十九大提出"打造共建共治共享的社会治理格局"，到2035年实现国家治理体系和治理能力现代化，社会参与的重要性愈加凸显。

目前中国志愿服务组织数量、质量都存在明显不足，政府难以找到合适的可合作的志愿服务组织，这是各地政府在购买服务过程中面临的共同难题。随着社会治理的不断深入，政府不断加大购买服务力度和范围，为志愿服务组织带来了历史性的发展机遇。

（二）地方特点：抗震救灾事件激发，城市自身文化滋养

1. 抗震救灾事件激发

成都作为四川省的省会，是西部的国家中心城市，其在重大自然灾害响应和恢复重建中扮演着重要角色，如物资集散、伤员医疗、统筹协调等。在抗震救灾阶段，成都也是外来志愿服务组织和志愿者中转地、后勤基地，是本土志愿者和志愿服务组织的办公地和输出地。2008年汶川大地震、2013年芦山地震、2014年康定地震等重大灾害发生，成都当地居民感同身受，积极自发地参与到抗震救灾中，并由此催生出了大量的志愿服务组织和志愿者，逐步成为成都志愿服务发展的重要力量。中国目前绝大多数地区志愿服务都是依赖政府的行政推动或者是借助大型赛事的契机发展起来的，成都的志愿服务是为数不多突破单一行政化驱动发展的典型代表，重大抗震救灾活动促使成都当地志愿服务文化的兴起。

2. 城市自身文化滋养

成都自古以来市民文化发达，自由结社文化兴盛，市民热衷于参与公共

事务。友善、互助是自古以来的传统，本土文化灌溉了成都友善公益精神。成都自清朝乾隆时期建立的"慈惠堂"至民国时期仍然发挥着重要的公益功能，为城市的友善公益文化扎根。礼让、融合、包容等城市文化都与志愿服务内涵高度一致。成都市第十三次党代会提出打造"友善公益之城"高度凝练总结了城市互助文化和志愿服务精神。成都志愿服务组织发展有着天然的群众基础，社会化参与氛围浓厚，且成都邻里文化保留较好，自组织数量较多，城市文化对于志愿服务的驱动作用显著。

二 成都志愿服务组织取得的成效

（一）志愿服务组织体系逐渐完善

在成都市精神文明建设委员会统一领导（以下简称"市文明委"），成都市精神文明建设办公室（以下简称"市文明办"）统筹协调下，市、区（市）县、街道（乡镇）、社区（村）四级志愿服务组织体系架构初步完成。在纵向层面，全市多个区（市）县成立了具有统筹功能的区级志愿服务联合会（或义工联合会、志愿服务促进会），在部分乡镇及街道成立分会，如温江区天府街道志愿服务协会。横向上，学雷锋志愿服务示范站已经覆盖全部城市社区和部分农村，社区或农村志愿服务组织也大量存在。成都形成了"横到边、纵到底"的志愿服务组织体系。

（二）志愿服务组织类型丰富多样

在行政与社会化的共同推动下，成都志愿服务组织类型丰富多样。一是服务领域覆盖广泛，涵盖助老、助残、宣传、交通劝导等大类。细分领域逐渐发展出专业组织，如助老领域，从传统提供陪伴服务的志愿服务组织，发展出一批心理慰藉、无障碍环境改造的志愿服务团体。在助残领域，从提供基础培养服务发展到支持性就业，如武侯区善工家园助残中心"卧牛山庄"项目，第二人生公益咖啡馆吸纳心智障碍者再就业项目。二是不同的发起方。首先是行政化培育志愿服务组织方面，由市委组织部牵头推动的党员志愿服务队伍，市民政局牵头推动的社区志愿服务队伍，团市委牵头推动的青年志愿服务队伍，市文广新局牵头推动的公共文化设施学雷锋志愿服务队伍，市文联牵头推动的文艺志愿服务队伍，市生态环保局牵头推动的生态环保志愿服务队伍，市红十字会牵头推动的红十字志愿服务队伍等。其次是社会化培育志愿服务组织方面，如志愿者个人驱动成立的典型代表成都爱有戏社区发展中心，境外优秀志愿服务组织到成都发展的代表成都根与芽环境交流中心，全国首个以报社之名成立的成都晚报全媒体志愿服务队以及伴随着企业志愿服务发展起来的国网四川省电力公司成都市高新供电分公司、英特尔产品（成都）有限责任公司、中国建筑第三工程局有限公司、天齐锂业股份有限公司等志愿者队伍。三是按照是否注册可以分为在民政部门注册的志愿服务组织，以及采取备案的志愿服务组织。

（三）志愿服务组织生态系统日益形成

志愿服务组织生态体系的不断完善是志愿服务领域蓬勃发展的显著特征之一，包括枢纽型、资助型、平台型、实操型等多种形态志愿服务组织共存，以及党员志愿服务队伍、企业志愿服务队伍、学生志愿服务队伍等特色志愿服务队伍林立，共同构建良好的组织生态。枢纽型志愿服务组织统筹全市或专门领域的志愿服务，如成都环保志愿服务联合会统筹生态环保领域志愿服务。资助型志愿服务组织为志愿服务组织和志愿服务项目提供资金支持，如成都市锦江区社会组织发展基金会连续多年发起"TSP"（全称：The Seed Project，意为"种子计划"）。[①] 平台型组织为各志愿服务组织和队伍提供能力建设、场地空间、公众筹款、传播倡导、资源连接等提供支持，如成都公益组织服务园依托成都市志愿者服务活动中心提供大量支持。实操型组织在社区、公共交通站所、公共文化设施机构等各种实体阵地甚至虚拟空间

---

① 参见《种子计划（TSP）》，成都市锦江区社会组织发展基金会网站，http：//www.jjsodf.org/index.php? c=list&cs=project4。

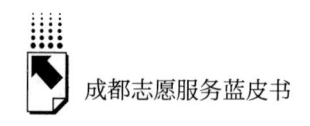

开展直接服务，如社区类志愿服务队伍。混合型组织如成都云公益发展促进会，技术支持型组织如成都和众泽益社会工作服务中心等。

（四）品牌志愿服务组织不断涌现

成都志愿服务领域涌现了一批特点鲜明、影响广泛、品牌效应明显、示范带动作用强的组织。首先从领域分布来说，生态环保领域的成都城市河流研究会致力于河流保护和生态环境倡导，享誉国内。成都根与芽环境交流中心致力于垃圾分类和生态环境保护的倡导，作为社会组织代表参与成都市市长组织的治霾"茶话会"，为成都环境保护建言献策。法治服务领域，成都市双流区法律志愿者协会是中国第四个、西部第一个法律志愿服务协会。社区发展领域，成都爱有戏社区发展中心是国内知名的社会组织。

其次从功能类型来说，资助型组织，如成都市锦江区社区组织发展基金会是典型代表，因社区基金和社区基金会而闻名国内。平台型组织，如成都公益组织服务园是"中国最佳公益培训园区"。党员志愿服务组织，如国家电网四川电力"成都高新连心桥"共产党员服务队，其先后荣获"全国五一劳动奖状""全国质量信得过班组""全国百佳志愿服务组织"等光荣称号。

（五）志愿服务组织专业能力持续增强

成都志愿服务组织不仅在数量上处于全国领先地位，在专业化方面也是首屈一指。以应急救灾领域为例，各类组织逐渐找准自己的专业定位，根据不同阶段的灾情进行差异化响应。如成都天虎防灾减灾公益服务中心专注于紧急救援，成都高新区益众社区发展中心专注于灾后农村产业发展，成都授渔公益发展中心专注于村社区防灾减灾能力提升，彭州市中大绿根社会工作发展中心专注于灾区社区治理等。

志愿服务组织服务领域越聚焦，对从业人员的要求就越高，其专业性也随之增长。大量的从业人员须具备在项目管理、服务技能、沟通协调、队伍孵化培育等方面的专业技能。以成都市锦江区社区组织发展基金会为例，内设综合服务部、项目发展部、专项基金发展部三大部门，各部门工作人员有着明确的专业分工。成都云公益发展促进会建立了20余支专业志愿者队伍。

（六）成为创新社会治理重要主体

在社会治理中，公共部门角色从"划桨"逐渐转化为"掌舵"。志愿服务组织将成为重要"划桨者"，其在社会治理中发挥越来越重要的作用。

成都志愿服务随着组织数量和专业化不断提升，逐步发展成为成都社会治理体系的重要组成部分。近年来，成都政府购买服务逐年攀升，"2010年全市购买服务金额为14.1亿元，2014年全年达49.71亿元；2015年1～8月全市政府购买服务规模就已达50.23亿元"。[①] "2016年成都市政府购买服务改革工作稳步推进，政府购买服务规模呈快速上升趋势，全年政府购买服务项目9058个，购买金额达117.13亿元，首次突破百亿元大关。"[②] 购买目录不断扩大，如自2014年起，武侯区深化社区网格治理机制改革，将原来下沉到社区办理的政务梳理为139项政务服务，向各社会组织购买服务，项目资金规模达3085万元。购买力度不断提高，如2017年成都同行社会工作服务中心承接龙泉驿区民政局村（社区）民政协理服务项目，在全区所有村（社区）派驻民政协理员，提供民政系统相关服务，项目资金为每年1346余万元，项目周期为三年。

居民自治逐渐提升，社区志愿服务组织力量逐步壮大。如都江堰市柳河之家社会治理服务中心由都江堰灌口街道柳河社区的三个普通居民志愿者发起成立，现已发展成为灌口街道级枢纽型社会组织，服务覆盖四个社区。以少儿服务为例，成都金葵花社会工作服务中心的创始人原为青羊区府南街道石人北路社区普通"全职妈妈"志愿者，现已经成为社区少儿服务的重要力量。

[①] 王琳黎、王伶雅：《1～8月全市政府购买服务规模超50亿元》，《成都日报》2015年12月4日，第2版。

[②] 参见《成都：政府购买服务金额首超百亿元》，四川省人民政府网，http://www.sc.gov.cn/10462/10464/10465/10595/2017/4/19/10420380.shtml。

三 成都志愿服务组织的经验模式和启示

（一）经验模式

1. 志愿服务精神孵化型模式

志愿服务精神孵化型模式是指志愿精神融入组织并成为组织的基因，志愿服务文化在组织内处处彰显，组织成员人人皆为志愿者，且组织不遗余力地倡导志愿服务精神。成都爱有戏社区发展中心、英特尔产品（成都）有限责任公司是典型代表。

（1）成都爱有戏社区发展中心

成都爱有戏社区发展中心（以下简称"爱有戏"）成立于2009年，由十多位宣传无偿献血的志愿者发起，组织初衷即为传播志愿服务精神、倡导志愿服务行动。而今志愿服务已经成为组织基因，志愿服务精神在组织文化建设、内部管理、业务发展、品牌项目打造、传播倡导处处彰显。在文化建设方面，机构设立志愿服务月，全员参与志愿服务。在内部管理方面，机构把志愿者数量、志愿者队伍（组织）孵化情况、志愿服务活动举办等纳入社区发展、家庭综合支持、公共服务、支持性业务四大板块项目自我评价指标体系。做到每个项目"四有"，即有核心志愿者、有志愿服务组织、有志愿服务行动及有志愿服务资源引入。在业务发展方面，培育社区志愿服务组织和骨干志愿者成为机构业务开展的基本工作手法，同时，打造了品牌志愿服务项目义仓，义仓服务对象基础信息来自志愿者的调研，义仓物资的派送是由志愿者完成的。爱有戏传播志愿服务精神，组建"核心媒体志愿者"群，报道公益项目。通过制作公益歌曲、拍摄微电影、编演舞台剧等形式传播志愿服务精神。发掘"明星"志愿者扩大志愿服务影响面和影响力。

（2）英特尔产品（成都）有限责任公司

志愿服务文化是英特尔产品（成都）有限责任公司（以下简称英特尔成都公司）的文化之一，志愿服务活动已成为员工的日常行为。2008~2018

年，英特尔成都公司员工志愿服务累计时长约 32 万小时。服务领域涉及教育、环保、社区、安全、健康、助残、敬老、献血、扶贫等多个领域，开展常规项目 24 个。

英特尔成都公司认为"每个人都是社会创新者"，支持每个员工成为志愿者和社会创新的力量；鼓励员工"扎根社区、回馈社区"，参加社区志愿服务，回应社区问题和需求，"让志愿者成为英特尔的骄傲、社区的骄傲、家庭的骄傲"。志愿服务增加了英特尔品牌的隐形价值，使其更具人文内涵，也展现了"成都都成"风采。

英特尔成都公司高度重视志愿服务。在组织架构设置方面，英特尔成都公司设置了管理志愿者的事务部门和经理人员，统筹管理志愿服务相关事务。在优秀员工评选表彰方面，志愿服务时长被纳入年度优秀员工的重要评选指标。在团队文化建设方面，企业员工根据部门构成和业务技能特点，设计志愿服务内容和项目。通过自发形成志愿服务小组，充分发挥志愿者的组织能力、沟通技巧和团队合作能力，增强员工的软技能。在志愿者激励方面，英特尔成都公司每年举办"志愿者答谢周"感谢志愿者，为志愿们制作一份小礼物。设立志愿者照片墙展，通过照片、文章、视频展示志愿者参与志愿活动的风采。公司管理层身体力行示范，积极参与到各类志愿活动。在年度志愿者答谢周中，并邀请公司的管理层来为大家服务。

从 2008 年至今，英特尔成都公司根据社会发展需求不断调整志愿服务的行动策略，契合社区需要，建立了完善的志愿文化体系，帮助企业跨界合作，激发公益创新氛围，志愿服务已成为企业"基因"。

2.支持型志愿服务组织模式

在志愿服务生态系统中，支持型组织扮演了重要的角色，承上启下，连接行业人员，是资源汇集者、行业倡导者，也是组织团队孵化培育者、专业人才能力建设者。成都市支持型志愿服务组织分为市、区（市）县、街道（乡镇）三级。

（1）市级支持型组织

成都公益组织服务园（以下简称"服务园"）是于 2012 年 5 月正式注

册的5A级社会组织，上级业务主管单位是市文明办。服务园是志愿服务组织综合性支持型平台，提供组织孵化、监管评估、资源对接等服务，致力于搭建与政府、企业、媒体、高校、社区沟通合作的平台。其宗旨是服务公益团队，共享资源平台，致力城市幸福。

服务园长期从事高校公益社团建设和推动工作，成功建立高校交流平台及成都市高校公益社团联合会，助力高校公益社团掌握专业志愿服务技能，连接社会资源。已有45所高校120个高校公益社团成功入驻高校交流平台，志愿者达到4万余人，开展活动超过7000余场。高校青年公益社团联合会积极推动全市志愿服务工作，已成为志愿服务事业发展的重要力量。

服务园运营成都市志愿者活动服务中心（以下简称"中心"）。中心是市文明办打造的全市目前最大的线下供需对接平台，也是成都志愿服务对外交流展示的窗口。服务园在研发各类项目基础上，梳理总结国内志愿服务组织发展经验，自主研发《志愿者管理与发展》教材，编辑《友善公益志愿大讲堂成果手册》，推动全市志愿服务专业化、制度化、信息化，赢得了社会各界的广泛认可和支持。

服务园是成都志愿服务组织行业中的标志性组织。在志愿服务品牌打造方面，服务园勇于实践探索，打造了一批具有地方和行业特色的志愿服务品牌，如全民志愿服务训练营、百日红·孵化坊、百日红·文书坊、志愿服务时刻在线等，在更大范围推广了志愿服务精神，引领文明新风尚。服务园先后荣获"中国最佳公益培训园区"、"四川省十佳志愿服务组织"、"四川省文明单位"及全国首个"雷锋精神种子志愿服务站"等荣誉。

成都云公益发展促进会（以下简称"云公益"）是在市民政局直接登记的社会团体，注册于2013年2月。云公益的宗旨为"云聚志愿精神，助力公益创新"，愿景是"成为推动志愿服务发展，促进人人公益的领航者"。

在支持专业志愿服务发展方面，云公益基于自身优势，采取以下举措。第一，建立专业志愿服务队伍，已先后建立起医疗、心理、校园、助老、环保、文艺等20余支专业志愿服务队伍。第二，助力公益项目公众筹款，云公益辅导线上筹款1000余万元，帮助数千困难群众，联动发起机构175家，发起项目219个，志愿服务29万人次，精准扶贫300万元。第三，推动公益新媒体大赛，云公益在新媒体运用上，持续推动志愿服务、网络文明传播，具备线上志愿者发动、招募、管理、传播等能力，首创开设的公益传播班，几年来参与培训的网络文明志愿者2万余人，并成功举办"首届公益微博大赛"，动员120余家志愿服务组织参赛，开展167场落地社区的志愿服务活动。云公益在"第二届公益新媒体运用项目大赛"中共征集优秀志愿服务项目60余个，开展活动1232次，微博、微信自媒体传播数量合计8995811次，云公益自媒体推送平台推送微信、微博达56997次，并开通网络点赞平台，累计获得点赞221618次。云公益开启了现代公益理念与互联网结合的公益网络文明新模式。

经过多年的努力，云公益被评为5A级社会组织、"四川省文明单位"及"四川省十佳志愿服务组织"。

（2）区级支持型组织

成都高新区志愿者协会（以下简称"高新区志协"）是一家区级支持性志愿服务组织，会员以企业为主。2012年5月24日，高新区志协正式在成都高新区基层治理和社会事业局登记注册，法人形式是社会团体，业务主管单位是成都高新区党群工作局。高新区志协现有会员单位150家，其主要业务，一是承接区、街道、社区三级志愿服务制度化工作。二是发展推动机关、企事业单位，学校的党员、职工、师生等团队和个人参与志愿服务。三是支持大型赛会志愿服务，负责志愿者招募、培训、使用、表彰，如第十二届世界华商大会、第十五届西部国际博览会、全国第六届特殊奥林匹克运动会、全国第九届残疾人运动会等大型赛会。四是托管运行志愿服务阵地，协会承接了高新区社会组织孵化器、高新区群团服务中心（天府软件园志愿服务站）建设与运营。五是开展志愿服务理论研究、志愿服务培训，如编写《基层志愿服务活动的策划与传播》《志愿大家说》。

经过多年努力，高新区志协的发展得到行业、社会认可。高新区志协是中国志愿服务联合会第一届理事会理事，2015年被评为成都市十佳志愿服务组织。2012年、2017年分别被评为5A级社会组织，受到中央、省市媒

体多次报道，产生了良好的社会效果。

3. 专业型志愿服务组织模式

（1）成都市双流区法律服务志愿者协会

成都市双流区法律服务志愿者协会（以下简称"双流区法志协"）服务范围聚焦于法律服务领域，开展法治宣传教育、社区矫正、人民调解、法律援助、法律文化研究、法律服务等志愿活动。

双流区法志协现有专职工作人员13名，工作人员主要由法学专业大学毕业生、长期从事法律相关工作者、财会工作人员构成。协会志愿者大多数来自法律专业人士，已注册个人志愿者1200余人，其中在省内享有盛誉的法治人物及行业专家30人，著名法治宣传讲师50人，律师125人，政法干警76人，法学专业大学生志愿者800余人。

双流区法志协致力于开展大型普法宣传、普法讲座、法制宣传教育等与法律相关的志愿服务活动。协会先后荣获2017年四川省依法治理案例提名奖、2017年成都市"十佳志愿服务项目提名奖"、2017年成都市双流区"十佳志愿服务组织（队伍）"、2018年成都市"十佳志愿服务组织"、2018年成都市双流区"十佳志愿服务组织"等荣誉称号。

（2）成都天虎防灾减灾公益服务中心

成都天虎防灾减灾公益服务中心又称四川天虎应急救援队（以下简称"天虎"），起源于2008年汶川大地震。汶川大地震以来，天虎参与了成都周边重大灾害救援。随着组织的成熟和应急志愿服务的发展，天虎在团成都市委的支持下正式注册，并统领全市"青年应急志愿服务救援队"。天虎正式注册以后，业务范围扩展到应急救援（灾害救援）、安全培训、救援技能培训等服务，并在各级政府和社会力量的帮助下，购置专业设备，定期举办专业培训。

截至2018年底，天虎参加全国性大小灾害救援30余次，社会志愿服务活动安全保障维护任务20余次，每年开展留守儿童安全自护教育60余场，累计开展示范社区与示范学校安全与防减灾活动200余场，孵化培训民间应急队伍30余支。2008~2018年，天虎为50万人次提供了各种救援救助和社会公益服务。

4. 党建引领党员推动型志愿服务组织模式

(1) 成华区桃园"爱之援"党员志愿服务队

成华区桃园社区党委通过党员志愿服务加强服务型党组织建设。2014年成立了"爱之援"党员志愿服务队，引导广大党员在志愿服务中讲奉献、比作为、凝民心、树形象，取得良好效果。

成华区桃园社区两委探索出了一套有效的工作方法。第一步，选好带头人。在社区党委书记带领下，先后四次组织党员、居民会议，运用"开放式会议空间技术法"等，发掘社区党员群众志愿者骨干分子，运用"531打分法"推选出社区党员志愿者带头人。第二步，成立队伍。2015年3月20日，桃源社区召开了"爱之援"党员志愿者服务队成立大会，并进行了授旗仪式，标志着社区党员志愿服务队伍的正式运行。第三步，收集服务需求。首先，依托社区网格化服务管理网络，结合院落居民自治组织，收集居民、单位的服务需求，特别是弱势群体的具体需求。其次，对收集需求进行分类：政务需求、市场服务需求、志愿服务需求。第四步，志愿服务项目化。结合成华区及桃蹊路街道的公益创投大赛，申报了《我的院落我做主》和《关爱独居三失老人志愿者服务》等项目，将"爱之援"党员志愿者融入项目中，开展各类主题志愿服务，深受广大党员群众及服务人群的好评。

为使服务常态化，巩固服务成效，"爱之援"建立了一系列激励保障制度。一是积分兑换制度，通过激励机制让党员志愿者队伍长效发展。二是结对帮扶制度。结合前期需求分类，党员志愿者与弱势群体自愿结对，形成长期稳定的帮扶关系。三是固定会议制度。"爱之援"每半月召开志愿者例会，发现新问题、归类新需求、整合新资源。四是"三联系制度"，即党委联系党支部、党支部联系党员、党员联系群众，开展社区党员"零距离服务"活动。五是能力提升制度。针对服务专业技能和服务意识开展常态化的培训。另外，鼓励志愿者考取专业社工，用专业知识提升志愿队伍整体水平。

自"爱之援"党员志愿服务队成立以来，已开展志愿服务活动500余次，参加志愿服务的志愿者4000余人次。通过志愿服务，加强了社区党委与驻区单位党组织的联系，形成社区共建机制。如与成电花园业主委员会和物业公司共同打造了"爱之援"志愿者服务党建阵地，为党群关系建设打下良好的基础。结合"关家苑"院落自治服务队，从单纯的院落服务到广泛参与社区公益志愿活动。

"爱之援"党员志愿服务队得到了市及区级媒体的广泛关注和报道。志愿者赵寨峰被评选为2015年成华区助人为乐的道德模范、第四届"成华榜样"；党员志愿者带头人黄素英获得2017年成华区委优秀党务工作者称号，先进事迹被拍摄为宣传片——《黄阿姨是我们的主心骨》，在蓉城先锋频道播放。党员志愿者廖敏家庭获成华区最美家庭称号，杨东北获得2018年成华区优秀共产党员称号，2018年桃源社区获得区级志愿服务示范社区称号。

（2）国家电网四川电力"成都高新连心桥"共产党员服务队

国有企业的志愿服务队伍代表——国家电网四川电力"成都高新连心桥"共产党员服务队成立于2002年4月5日，是成都电业局第一批成立的四支党员服务队之一。这支队伍以户表抢修为基础、以社区用电为重点、以扶贫济困为延伸、以应急抢险为补充，把"人民电业为人民"的宗旨落实到点滴行动之中。在为人民服务的过程中亮出党员身份，以制度建设为基础，以践行宗旨为使命，将国有企业的政治属性和企业属性有机结合，实现常态化、制度化的电力服务，努力把党对人民的关爱送进千家万户。目前，成都供电公司的党员服务队已经从最初的4支发展到32支。

2011年，习近平总书记来到党员服务队视察，称赞队伍是"党和人民的连心桥"，授予"成都高新连心桥"共产党员服务队旗帜，服务队成为国网四川电力155支党员服务队中的标杆。近20年来，这支队伍先后荣获"全国五一劳动奖状""全国质量信得过班组""全国百佳志愿服务组织"等光荣称号，第五任队长刘源同志荣获"全国道德模范"荣誉称号，获颁"全国五一劳动奖章"等。

5.社区自组织型志愿服务组织模式

自发形成的社区志愿服务队伍是成都志愿服务的重要组成部分，它们立足社区，提供力所能及的服务，具有接地气、成本低、灵活性高等特点。根据成都公益组织服务园2018年对全市22个区（市）县的164个社区实地考察，发现社区志愿服务队伍数量庞大，平均每个社区（村）拥有9支社区志愿服务队伍。从服务队数量的分布上，61.1%的服务站建有4~10支队伍，26.8%的服务站建有11~20支队伍，5.5%的服务站建有20支以上的队伍，仅有6.1%的服务站不满4支队伍。

成都早在2011年就把社区社会组织的培育纳入社区考核指标，并设立城乡社区公共服务和社会管理专项资金，提供资金支持。自2016年起推行的城乡社区总体营造行动中，明确提出了"激发社区居民建立自组织"和"引导自组织转化为社区公益组织"。2017年城乡社区发展治理大会召开，成都开展了更加广泛、力度更大的城乡社区发展治理行动，提出"制定改革社会组织管理制度促进社会组织健康有序发展的实施意见，大力发展社区社会组织、社工组织和居民自组织"。① 截至2018年8月，成都市辖区范围内共有备案类组织超过2100个。备案类组织中绝大多数是以兴趣为主和以社区服务为主的组织。组织领袖来源于社区骨干或社区能人，组织不以正式的法人形式运转，但是组织凝聚力较强，服务接地气，服务成本低。如入选中国好人榜的武侯区簧门街社区居民刘道笠发起的"奶奶厨房"为老助老志愿服务队伍，深度参与社区发展治理的温江区岷江村"院落管理互助协会"，队伍成员均为社区普通居民。又如由社区两委成员发起成立，推动社区商家和居民互动的成华区桃源社区"吴+帮"便民服务队。

6. 企业型志愿服务组织模式

随着社会责任意识的加强，企业纷纷通过志愿服务的形式践行社会责任。部分单位把企业志愿服务纳入总体可持续发展战略，并组建了企业志愿服务组织。

成都星巴克咖啡有限公司（以下简称"星巴克成都"）注册志愿者达601名，在成都根据区域划分为两支区域大团队，区域大团队下设门店志愿

---

① 《关于深入推进城乡社区发展治理建设高品质和谐宜居生活社区的意见》，搜狐网，https：//www.sohu.com/a/193269660_120237。

服务团队。星巴克成都的志愿者既有星巴克的全职员工，也有星巴克的忠实顾客。为了加强对志愿服务队伍的服务和管理，星巴克成都引入了志愿服务信息化管理软件——志多星，以信息化手段提升志愿服务水平。

2018年12月，天齐锂业股份有限公司志愿服务队伍正式成立。为全面推动企业志愿服务，公司由社会责任部牵头，联合行政部、人力资源部、党群工作部、沟通与传讯部以及工会等成立了"志愿服务顾问小组"，负责制定志愿者管理制度，统筹和协调内外部资源。公司设立五个志愿者分部和固定联系人，与负责志愿服务日常管理和协调的社会责任部共同推进志愿服务开展。同时，制定了《天齐志愿者服务手册》，在公司年度预算中配置了志愿服务专项预算，公司工会也从工会经费中预留资金，以支持志愿服务发展。

（二）发展启示

1. 良好的政策环境和制度保障

成都志愿服务组织发展得益于良好的外部政策环境和制度保障。在登记注册政策方面，早在2005年，成都就制定了《成都市志愿服务条例》，为志愿服务组织的发展提供了法治保障。2011年，出台的《社会组织发展和公民志愿服务机制建设实施纲要》提出深化社会组织登记管理制度改革，除规定必须先取得相关业务主管单位许可外，放宽了社会组织登记管理门槛，逐步实行直接登记制度；对在街道（社区）内开展活动，尚不具备登记条件的社区社会组织实行备案管理。此外，成都市积极探索制定社会组织的扶持政策，积极推进政府向社会组织购买服务。[①] 以上举措有力促进了大量志愿服务组织的成立和登记。在社会认同方面，2015年，成都市出台《成都市志愿者和志愿服务组织激励回馈制度（试行）》，明确把志愿服务组织作为激励对象；自2016年起，成都响应中央文明办号召，评选"四个十

---

① 参见《成都市深化社会体制改革加快推进城乡社会建设五大实施纲要（2011~2015年）》（成委办〔2011〕21号）之《社会组织发展和公民志愿服务机制建设实施纲要》。

佳"，对志愿服务组织进行表彰并大力宣传。

2. 专业化是组织重要的发展方向

大部分成都现有的志愿服务组织具有明确的发展方向和服务领域，并且其专业性获得政府和社会的普遍认可，承接了大量的政府购买服务项目。随着志愿服务组织在社会治理体系中的深度参与，社会对于志愿服务组织的要求也随之增加，志愿服务组织必须具备实际解决社会问题的能力，真正要能解决政府面临的难题，而不仅仅是开展"学雷锋"志愿服务活动。组织的专业性是解决社会问题的根本保障。成都相关志愿服务的管理部门非常重视志愿服务组织和人员的专业性问题，如通过"孵化园"和"云公益"开展了大量的培训工作，并定期举办成都市志愿服务大讲堂，介绍国内外志愿服务的最新发展情况。成都志愿服务组织也逐步认识到专业性的价值，不断地深入学习、积累，提升自身组织的专业水平，从而更好地推动组织可持续发展。

3. 扎根社区是组织发展的重要保障

基层社区最接近不同社会群体日常生活，志愿服务组织紧密扎根基层社区，可以快速获取群众需求，反映群众意见，化解或缓解社会矛盾，使志愿服务组织的社会活力和社会属性得到充分释放。经过十多年的社区建设，成都已经形成了较为完整的基层治理网络，志愿服务组织紧密扎根基层社区。"基层政府可以动用治理网络和居民区的自治网络更好地引导志愿服务组织发展，这远比单纯借助民政业务部门开展管理要更有效，因此有可能成为当前构建志愿服务组织'过程管理'体系的重要突破口。"[1] 基层社区服务的参与有利于形成志愿服务组织与地方政府的良好互动关系。

社区化是志愿服务的国际化趋势，2018年《世界志愿服务状况报告》将"联结社区的纽带——志愿服务与社区韧性"作为主题。社区为志愿服务组织提供良好的发展土壤，志愿服务组织由于大多数规模较小，人员有限，因此，需要充分发挥志愿服务组织的灵活性、针对性优势，通过熟悉和

---

[1] 李友梅：《新时期加强社会组织建设研究》，经济科学出版社，2017，第184页。

了解社区进而深度服务社区，推动组织持续化和规模化发展。

4. 积极引入和外部交流相结合

成都志愿服务组织既立足于本土具体服务的开展，同时也注重与域外组织的交流合作。一是对外赛会交流，如参加中国青年志愿服务项目大赛，参加中国公益慈善项目交流展示会等。二是对外参访学习，如服务园的"百日红·孵化坊"，既通过举办"跨界品牌异地参访"游学计划，带领志愿服务组织从业人员到深圳、广州、佛山等地交流学习，又通过举办"志愿服务组织大讲堂"，邀请外地理论和实务专家到成都培训交流。自2016年起，"603社区基金"论坛已经连续举办四届，吸引全国各地的志愿服务组织、专家学者参会交流讨论。三是鼓励全国优秀的志愿服务组织在成都开展业务。如国内知名的志愿服务咨询机构——北京和众泽益在成都设立办公室，国内知名的资助型组织——中国扶贫基金会和深圳壹基金公益基金会，都在成都设立办公室。

四 成都志愿服务组织存在的问题和发展建议

（一）存在的问题

1. 组织总体发展局面不均衡

成都志愿服务组织主要集中于中心城区，特别是成熟期的志愿服务组织在中心城区更为集中。郊区新城的志愿服务组织数量较少，组织发育程度低。据成都市志愿服务网数据分析，各区（市）县志愿服务团队数量差异性较大。截至2018年底，新都区共有1793支志愿服务队伍，占成都市整体的8.04%。从成都市整体来看，各区（市）县志愿服务组织的发展相对不均衡。

2. 组织的数量和质量需提高

目前，在志愿服务相关政策中没有明确关于志愿服务组织数量的规定。《民政部关于大力培育发展社区社会组织的意见》明确提到力争到2020年，社区社会组织培育发展初见成效，实现城市社区平均拥有不少于10个社区社会组织，农村社区平均拥有不少于5个社区社会组织。实际上，社区社会组织绝大多数都是志愿服务组织。通过实地调研发现，尽管成都志愿服务组织最近几年快速增长，但是整体数量规模仍然不能满足政府和社会的需求，城市社区依然存在不能满足需求的局面，农村地区此情况更为严重。

同时，成都志愿服务如何实现组织"增量"和"增能"齐头并进成为新的困境，大量志愿服务组织如何可持续生存和发展是目前一大难题。大量志愿服务组织主要还是以开展"学雷锋做好事"为主要活动内容，服务专业度不足，难以承接政府职能转移，未能成为补充公共服务的重要主体力量。

在组织的生态构成维度，枢纽型和技术支持型组织数量还严重不足，仍然以操作型组织居多，不能有效整合和带动志愿服务组织整体发展。党员、机关志愿服务队伍较多，企业等志愿服务队伍数量较少。因此，需要进一步孵化和培育不同类型的志愿服务组织，满足成都发展需求。

3. 组织的规范化管理需提升

《慈善法》和《志愿服务条例》的出台不仅促进了志愿服务行业和组织的发展，也进一步强化了志愿服务组织的规范化管理。一是目前成都仍然存在较多未注册、未备案的志愿服务组织，同时大量的志愿服务组织在组织运营"合法化"方面缺乏较好的解决办法，需要进一步进行引导和规范。二是目前对志愿服务组织认定的数量偏少，民政部于2018年3月出台了《民政部办公厅关于做好志愿服务组织身份标识工作的通知》，但成都仍未有具体的执行细则，不能满足志愿服务组织的标识和规范需求。三是日常的监管不足，由于志愿服务组织类型多样，存在部分未注册或备案的志愿服务组织，增加了对志愿服务组织的日常监管难度。民政部门对社会组织已经有一套评级标准，但是对志愿服务组织尚未订立评级标准，缺乏对志愿服务组织的具体引导和评估标准，不能有效规范志愿服务组织运行和发展。

（二）发展建议

志愿服务组织作为志愿服务发展的中介和纽带，其发展质量决定了当地志愿服务水平高低。随着新时代社会治理的深入发展，对志愿服务组织提出了更高要求，针对成都志愿服务组织发展提出如下建议。

1. 落实政策加大发展支持力度

志愿服务组织的发展需要政府的大力支持是世界各国普遍的经验。尽管国家出台了相关的支持政策，但是在实施层面仍存在较大困难。成都需要进一步落实《志愿服务条例》《关于支持和发展志愿服务组织的意见》《成都市政府向社会组织购买服务实施意见》《大力推进政府向社会组织购买服务提升公共服务水平三年行动计划（2019~2021）》等相关文件要求，尤其是有关政府购买志愿服务组织服务领域、资金规模、比例的要求，加大对志愿服务组织的购买服务力度，拓展购买服务范围。加快制定政府购买志愿服务组织专项实施办法。在市级层面积极筹备成立志愿服务发展基金会，鼓励区（市）县设立志愿服务组织发展专项基金。鼓励各条线志愿服务职能部门举办志愿服务项目创投、项目大赛、项目交流会等，加大对志愿服务组织的支持力度。

2. 完善志愿服务组织生态建设

在服务领域上，围绕民生服务和城市发展等重大战略领域，重点培育志愿服务组织。在志愿者构成上，加强学生志愿服务、养老志愿服务、企业志愿服务、赛会志愿服务、生态环保志愿服务组织（队伍）的发展。在区域上，重点扶持郊区新城及农村地区志愿服务组织的发展。借助新时代文明实践中心政策导向，补齐志愿服务区域发展不均衡的短板。在功能上，大力发展枢纽型、资助型、研究型志愿服务组织。枢纽型组织重点发展市、区（市）县、街道（乡镇）三级志愿服务联合会和行业枢纽型志愿服务组织，发挥其在志愿服务组织生态系统中的平台作用。研究型志愿服务组织重点发展以政策研究、应用型研究为主的志愿服务组织，弥补成都志愿服务成果转化、智力支持不足的短板。

3. 加强志愿服务组织能力建设

加强志愿服务组织能力建设，着重从以下几个方面入手。一是加强人才建设。加强志愿服务组织人才职业体系建设，并纳入政府人才发展规划，设立志愿服务组织人才培育工程。二是提升志愿服务组织自身"能力专有性"。[①] 鼓励政府在购买服务项目中购买长期服务项目。项目资金结构中设置一定比例的机构发展基金，促进志愿服务组织制定长期战略，围绕特定领域开展服务、建立专业团队、积累经验。三是提升志愿服务组织财务管理能力，加强志愿服务组织预算管理，优化资源配置，优化筹资渠道。四是鼓励志愿服务组织与其他专业融合发展，如法律、社工，提升志愿服务组织专业能力。

4. 深化志愿服务组织行业规范

一是依照《慈善法》《志愿服务条例》《关于加强社会组织综合监管的实施意见》等法律法规制度性文件，严格依法依规加强志愿服务组织日常监督管理。二是尽快完善地方法规政策体系。加快修订《成都市志愿服务条例》，尽快出台《成都市志愿服务组织等级评估标准》。认真落实《成都市志愿服务激励办法》，针对志愿服务组织进行激励。三是充分发挥枢纽型志愿服务组织作用，引导行风建设，加强行业监督，为志愿服务组织监管提供有力辅助。推动志愿服务行业组织发挥行业监督约束作用，逐步建立健全与行业发展相适应、覆盖全面、运行有效、作用明显的行业自律体系。四是完善信息披露制度。在城市信用信息平台、社会组织信息管理平台完善志愿服务组织信息披露。五是落实民政部志愿服务组织认定标准，加快成都志愿服务组织标识工作。六是根据成都志愿服务组织特点，优化志愿服务组织注册和备案流程，引导志愿服务组织向规范化发展。

参考文献

[1]《成都市深化社会体制改革加快推进城乡社会建设五大实施纲要（2011～2015

---

① "能力专有性"是制度经济学中的概念，根据清华大学公共管理学院教授、清华大学公益慈善研究院院长、清华公管社会组织与社会治理研究所所长王名在第八届中国慈善年会上提出的"社会组织的能力专有性表现为社会组织在与政府合作中的特定领域中的深耕细作、其所拥有的专业化团队、长期的经验及社会资本的累计等若干方面"而提出。

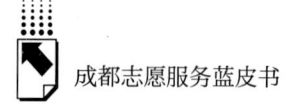

年）》（成委办〔2011〕21号）之《社会组织发展和公民志愿服务机制建设实施纲要》。

［2］ 王琳黎、王伶雅：《1~8月全市政府购买服务规模超50亿元》，《成都日报》2015年12月4日。

［3］ 《成都：政府购买服务金额首超百亿元》，四川省人民政府网，http://www.sc.gov.cn/10462/10464/10465/10595/2017/4/19/10420380.shtml。

［4］ 汪彩霞、谭建光：《改革开放40年与志愿组织的发展变迁》，《青年探索》2017年第2期。

［5］ 成都公益组织服务园：《2018年成都市学雷锋社区志愿服务示范站实地考察报告》。

［6］ 陆士桢、张晓红、郭新保：《背景志愿服务模式研究》，北京出版社，2009。

［7］ 谭建光：《中国志愿服务发展的十大趋势——兼论"十三五"规划与志愿服务新常态》，《青年探索》2016年第2期。

［8］ 李友梅：《新时期加强社会组织建设研究》，经济科学出版社，2017。

B.8
成都志愿服务项目研究

摘　要： 成都立足新时代新要求，持续巩固创新志愿服务项目体系，提升服务党政工作大局和满足社会需求能力，聚焦主要领域，强化志愿服务项目统筹规划和内涵创新。"花重锦官城""艺术点燃梦想"等常态化项目持续满足群众日常需求，"百日红""法律驿站"等品牌化项目日益扩大志愿服务社会影响，"熊猫课堂""社会生活茶馆"等特色化项目创新表达天府文化。同时，成都深化创新思维，在解决方案、服务内容、资源整合、服务方式等维度不断探索，助力志愿服务项目可持续、可复制。

关键词： 志愿服务　志愿服务项目　志愿者　成都

站在坚持和发展中国特色志愿服务事业的全局和战略高度，新形势下志愿服务需要不断丰富服务内涵，创新服务形式，探索提高项目质量的发展路径。成都以志愿服务项目为载体，坚持举旗帜、聚民心、育新人、兴文化、展形象，精准聚焦群众需求，在推进精神文明建设、推动社会治理创新、维护社会和谐稳定、增进民生福祉中打通服务群众的"最后一公里"。

一　志愿服务项目发展背景

（一）志愿服务项目概念

1.志愿服务项目的概念

项目是一个被人们广泛使用的概念。项目是为创造独特的产品、服务或成果而进行的临时性工作。①《中国志愿服务大辞典》中对志愿服务项目的定义是："在一定的约束条件下（主要限定时间、限定资源），以提供志愿服务为明确目标的任务。它往往由一系列独特的、复杂的并相互关联的志愿活动组成。"②

2. 志愿服务项目的特点

作为项目的一种表现形式，志愿服务项目具备如目标性、时效性等一般属性。同时，公益性目标、社会参与性、不确定性高、发展性活动、人员激励方式的特殊性、评价不易量化成为志愿服务项目的显著特点。③

（二）志愿服务项目化背景

随着志愿服务事业的发展，志愿者、志愿服务组织、志愿服务工作者以及服务对象规模不断扩大。志愿服务活动复杂度持续提升，社会法制日趋完善，确保项目成功运作，保证参与各方的利益诉求，必须摒弃传统只重结果的粗放管理模式，推广和实施项目化的精细管理，促进设计与需求对标、过程与监管对表、结果与预期一致。

1. 志愿服务项目化是完善社会治理的需求

新时代，政府职能转移是国家治理体系和治理能力现代化的重要战略举措。政府职能转移是将政府所承担的部分事务性、服务性职能转移出来，转移给社会力量，构建共建共治共享的社会治理格局。《国务院办公厅关于政府向社会力量购买服务的指导意见》指出，"非基本公共服务领域，要更多更好地发挥社会力量的作用，凡适合社会力量承担的，都可以通过委托、承包、采购等方式交给社会力量承担"，同时明确依法在民政部门登记的社会组织是承接主体之一。志愿服务组织是社会组织中的重要类型。2016年，中央精神文明建设指导委员会办公室（以下简称"中央文明办"）等八部门

---

① Project Management Institute：《项目管理知识体系指南（PMBOK指南）（第五版）》，电子工业出版社，2013，第5页。
② 邱服兵、涂敏霞：《志愿服务项目评估理论与方法》，广东人民出版社，2017，第10页。
③ 邱服兵、涂敏霞：《志愿服务项目评估理论与方法》，广东人民出版社，2017，第10页。

联合发布《关于支持和发展志愿服务组织的意见》提出,"积极推进志愿服务组织承接公共服务项目"以及"积极推进政府购买服务,支持志愿服务组织立足自身优势,承接相关服务项目"。通过政府购买服务,志愿服务组织以项目形式承接服务。志愿服务项目化成为完善社会治理的有效途径。

2. 社会上普遍把"志愿服务"与"学雷锋"对等

长期以来,大众普遍难以区分志愿服务、公共服务、社会服务等的概念,社会上仍然把志愿服务只看作是"学雷锋"。新时代的志愿服务已经远远超过"学雷锋"的层面,"学雷锋"更强调做好人好事,没有明确的服务对象,不注重需求评估。而新时代志愿服务强调针对细分人群、明确的服务对象、根据不同的需求层次,提供相应的服务。"学雷锋"强调不求回报的奉献,更加关注道德价值,新时代的志愿服务强调志愿者的分享,志愿服务是一种生活方式,是一种公民精神。志愿服务是新时代"雷锋精神"的创新性发展,而非对等关系,志愿服务的项目化有利于帮助大众走出认知误区。

3. 志愿服务项目化是行业健康发展的迫切需求

志愿服务行业健康发展离不开规范志愿服务管理、增强志愿者体验、提升志愿服务专业化、注重服务成效等维度,其中志愿服务项目化是重要关注点。志愿服务项目化,可以有效促进志愿服务队伍组织化,降低志愿者管理难度和成本,扩大管理范围;可以给志愿者营造良好体验,提升志愿者荣誉感、获得感,激发志愿者服务热情;可以更加注重服务对象的细分及其需求评估,实现服务精准化、精细化,也有利于服务成效的过程监测和结果评估。

二 成都志愿服务项目发展概况

成都志愿服务网数据显示,截至 2018 年底,成都市组织开展志愿服务项目、活动 21 万余个,其中仅 2018 年开展志愿服务项目、活动达 77429 个,平均每天开展项目、活动 212 个。2016 年至 2018 年新增 18 万余个项目。龙泉驿区志愿服务项目、活动数为23735个，居22个区（市）县之首。此外，新都区、成华区、武侯区、邛崃市、锦江区、都江堰市、温江区、双流区、郫都区、青羊区、天府新区志愿服务项目数均超过1万个。

（一）项目设计：聚焦需求，切实增强项目服务大局能力

成都志愿服务项目类型丰富多样，服务拓展到政治、经济、社会、文化、生态领域，志愿服务深入社区、院坝、学校、企业、医院、园区等基层一线。志愿服务在进行项目设计时注重"以人为本"，聚焦群众需求，切实发挥志愿服务新作用。

一是关注政治需求。开展志愿服务项目有利于构建良好的党群关系、干群关系，维护社会安定稳定。如锦江区牛沙路社区"晋哥聊天室"项目调解基层矛盾，妇联"蓉姐对你说"项目维护妇女权益，双流区法律服务志愿者协会"法律驿站"项目打通法律志愿服务"最后一米"。

二是关注经济需求。开展志愿服务项目有利于提升技能，促进就业。如新津县平岗社区搭建就业平台组织居民参加"春风行动"，实现群众就业。开展"手绘幸福里""绳编技艺"等特色技能培训，实现"4050人员"灵活就业创业。

三是关注社会需求。开展志愿服务项目有利于补充公共服务，实现幼有所育、学有所教、劳有所得、病有所医、老有所养、住有所居、弱有所扶。成都开展了诸多此类项目，如武侯区暑期儿童托班项目，成都市第八人民医院"关爱老人·情暖夕阳"项目，金牛区欢行公益发展中心"欢行手语"项目等。

四是关注文化需求。开展志愿服务项目有利于传承巴蜀文明、天府文化，营造向上向善向美新风尚。如成都市文化馆"文化连锁店"项目，锦江区国槐路社区"槐里成长、槐里绽放、槐里乐活"三大文化项目，武侯区玉林北路社区"家风银行"项目。

五是关注生态需求。开展志愿服务项目有利于改善人居环境，建设美丽

宜居公园城市。如"花重锦官城"环保项目,成都河流研究会河流治理项目,温江区天府绿道志愿者联盟项目等。

(二)能力建设:强化培训,全面提升项目运作专业水平

志愿服务项目化运作的管理培训已经成为成都志愿服务工作的重点基础内容。针对社区工作者、专业社会工作者、志愿服务工作者等细分对象,党政单位、枢纽型组织发挥各自优势,形成整体合力,进行了一系列富有成效的探索。

一是针对社区工作者。文明办系统把志愿服务项目运作和管理年度志愿服务制度化建设的内容,列入"学雷锋社区志愿服务示范站"创评的评审指标。

二是针对专业社会工作者。成都市社会工作者协会举办的社工高级实务实训班、社工督导培训班中把"项目方案设计和项目管理"编入课程方案。此外,专业社工在日常工作中,常态化使用项目化管理工具。

三是针对志愿服务工作者。如成都公益组织服务园自2016年起发起了"成都公益志愿专业人才培养计划",开设了"项目管理人才"实务实训班,遍请名师,以需求和实践为本设计开发课程,与机构管理合作开展项目管理实践的交流参访。

四是针对社区自组织领袖和骨干。如成都市爱有戏社区发展中心"友邻学院"从知识、态度、技能三个维度,开发了23门课程。其中项目管理的系列课程被列入技能课程系列。建立了富有"实务经验"的30人师资队伍。"友邻学院"根据经验能力,开设了初级、中级、高级班三个层,并辅助"公益微创投",从而实现理论与实践的结合,迅速提高学员项目化运作能力。

(三)资金支持:政社协同,不断夯实项目持续发展基础

实现志愿服务的可持续发展,必然离不开社会化资金筹措体系的搭建。成都针对志愿服务项目,有效整合了党政部门、社会组织、社区、企业等主

体资源，形成了财政专项资金、基金会、社区基金、企业资源合力支持志愿服务项目的格局。

一是专项资金支持。2018年，成都市精神文明建设办公室（以下简称"市文明办"）在成都市慈善总会设立"友善公益·志愿服务专项基金"，支持志愿服务项目实施和发展，项目资金规模为160万元。成都分级整合市、区（市）县两级城市社区公共服务和社会管理专项资金，村级公共服务和社会管理专项资金，建立城乡社区发展治理专项保障资金（以下简称"社区保障资金"）和城乡社区发展治理专项激励资金（以下简称"社区激励基金"）[1]，"社区激励基金"明确把志愿服务纳入支持范围。

2016年，成都试点实施城乡社区可持续总体营造行动，市区两级连续多年发布资助项目，志愿服务项目也被纳入资助范围。成都自2014年设立了社会组织发展基金，每年设立专项资助社会组织发展，其中志愿服务被纳入资助范围。

二是基金会支持。2018年7月，四川省第一家社区基金会成都武侯区社区发展基金会（以下简称"武侯社区基金会"）成立。武侯社区基金会由成都市武侯产业发展投资管理集团有限公司发起，原始注册资金800万元，经四川省民政厅核准登记注册并作为业务主管单位。武侯社区基金会通过发起专项资助计划，支持志愿服务项目。

三是社区基金及企业基金支持。"社区基金"也成为志愿服务项目的重要支持力量，截至2018年底，成都市域范围内在成都市慈善总会设立的社区、街道、区级基金合计324支，资金规模达到900万元。[2] 此外，英特尔成都等部分企业设立了志愿服务创投基金，支持志愿服务项目。

（四）激励体系：多元回馈，着力创新项目常态实施机制

为有效激发志愿服务积极性，成都通过制定专门的志愿服务激励制度、

---

[1] 参见《关于创新城乡社区发展治理经费保障激励机制的意见》（成委办〔2018〕19号）。
[2] 参见《2018年成都市社区慈善基金报告》，360个人图书馆，http://www.360doc.com/content/19/0417/18/31703872_829468737.shtml。

开展项目大赛、探索时间银行等举措，搭建众筹式志愿服务项目激励体系，扩大激励范围和力度。

一是制定专门制度。2015年，成都出台《成都市志愿者和志愿服务组织激励回馈制度（试行）》，明确把志愿服务项目作为激励对象。自2016年起，成都市区两级响应中央文明办的号召，评选"四个十佳"，对志愿服务项目进行表彰并大力宣传。自2017年起，成都启动"社区志愿服务周"，公开表彰志愿服务项目。每年10月，成都市慈善总会连续多年举办公益慈善项目交流会，公益慈善项目是交流会的重要内容。2018年，"慈交会"首批评选"十佳公益慈善项目"，并在"慈交会"公开表彰。

二是举办志愿服务项目大赛。针对青年大学生的志愿服务项目大赛，如成都市公益服务园发起的"高校创客志愿服务进社区"，成都公益组织服务园发起的"高校种子资金计划"。再如，龙泉驿区团委发起的"百团进社区"，鼓励在蓉高校青年社团以志愿服务项目的形式进入龙泉驿区社区开展志愿服务。优秀志愿服务项目奖获得物质激励和精神表彰。

三是探索志愿服务"时间银行"。志愿服务积分制成为志愿者管理的重要方式。部分社区、社会组织把志愿服务积分开发独立的志愿服务项目。如天府新区安公社区的"志愿时"积分体系、新都区滨湖社区的志愿服务积分体系，武侯区玉林北路社区的"家风银行"志愿服务项目。

（五）特色品牌：匠心打造，持续彰显项目天府文化特质

经过不断发展，成都大力弘扬社会主义核心价值观和传承巴蜀文明和天府文化，形成了系列以立足基层、倡导互助、需求导向、多元服务为主要内容的志愿服务项目品牌，这些品牌项目成为友善公益成都的一张张名片，彰显着城市魅力。

一是"百日红"志愿服务品牌项目。依托成都市志愿者服务活动中心，着力打造了"百日红·孵化坊""百日红·创新坊""百日红·文书坊""百日红·帮扶坊"等志愿服务项目品牌，统筹开展全市志愿服务孵化培育、扶贫帮困、扶老助残、激励回馈、文化传播等各类志愿服务活动。

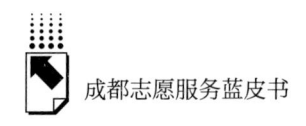

二是"成都有爱"系列主题志愿服务。各地、各部门（单位）以及志愿服务组织组织党员志愿者、青年志愿者、巾帼志愿者等，充分利用重大活动、纪念日、节庆日开展"成都有爱"主题志愿服务活动。

三是"成都有爱·助绿蓉城"系列志愿服务项目。招募社区、家庭、学校、企业、商圈志愿者打造助绿志愿服务示范点，推进城市生态优化，助力建设美丽宜居城市。

（六）项目成效：品质服务，聚力满足群众美好生活需求

面对志愿服务服务国家发展大局的新任务，作为参与社会管理创新的新力量，志愿服务项目化运作更加有效，补充了公共服务，助力了公园城市建设，推动了社区发展治理。

一是补充了公共服务。面对公共服务不足，志愿服务在其中发挥了重要的补充作用。以为老服务为例，城市社区老龄化程度高，社区养老是当前公共服务的短板。2012年锦江区"长者通"呼援中心入驻莲新街道市民服务中心，为居家养老的老人提供24小时紧急救助、生活帮助和主动关怀服务，共服务了10409户老年住户。以少儿服务为例，武侯区暑期公益托管班项目利用"团干＋社工＋志愿者"联动，整合各类资源在暑期对随迁子女及社区特殊需要儿童进行免费托管。项目从2012年的3个社区拓展到2018年全区40个社区，切实解决了武侯区特殊困难家庭暑期子女无人照管的问题。

二是助力了公园城市建设。"建设美丽宜居公园城市"是习近平总书记来川视察时对成都加快建设全面体现新发展理念城市的要求，是成都市委十三届三次全会做出的重大战略部署。锦江区绿色生态文化发展中心参与式环境治理项目，已落地成都6个区近20个社区，同时在龙泉驿区和郫都区的郫筒街道设立了2个支持性平台。该中心在开展参与式社区环境治理活动期间，协力社区志愿者开展社区环境保护、社区环保发展等工作，注重环保型志愿者组织的培育与发展，与街道、社区、院落居民长期保持良好的互动关系。项目以发展社区志愿者组织入手，实施城市社区环境治理，建设全面系统化的生态社区。同时，项目将国内外环保志愿者组成志愿教学网络，进驻

社区，培养当地环境治理骨干，助力公园城市建设。

三是推动了社区发展治理。志愿服务项目是城乡社区发展治理重要的形式和载体，通过志愿服务项目完成基层党建治理，通过志愿服务项目培育社区社会资本。"吴+帮"便民服务项目是由成华区桃源社区于2017年12月组建的，项目通过党建引领，围绕社区居民日益增长的服务性需求，统筹资源，精准服务，促进了商家和居民的互动，动员更多力量参与社区治理。项目动员共建单位、物业管理公司、便民服务商家、驻区单位、社会组织等力量，发挥社区党员、志愿者的能动性，建立党组织引领与社会参与互补的服务平台。项目根据居民需求，编制《便民服务指南》并发放到居民手中，举办社区"邻里节""志愿者服务日"等活动，"商居联盟、资源共享、服务共办"推动了社区发展治理的深入深化，扩大了党的基层基础和影响力，促进了社区和谐稳定发展。

三 成都志愿服务项目典型案例

（一）常态化典型项目

1. 环保志愿服务："花重锦官城"项目

花重锦官城系列环保专业志愿服务项目坚持以志愿精神为引领，秉承有序有效的原则，以专业志愿为支撑，以联合行动为特色，倡导广大公众以志愿服务为载体，以专业奉献、行动践行、网络传播等多元形式，积极参与推进城乡环境综合治理、全域增绿添彩行动，为打造共建共享共治生态美丽绿色城市贡献力量。自2013年起，项目联合协同成都环保专业机构、环保相关企事业单位、街道社区等近400家单位组织，整合环保绿化、文化艺术、社区家庭等多支专业志愿队伍，连续6年联合成都环保专业机构等开展环保公益跑、水源保护等环保公益月系列大型环保项目，倡导专业志愿活动，倡导广大市民成为环保志愿者，全民参与共建美丽和谐宜居成都。自2017年起，项目化运作实施社区助绿志愿行项目，整合环保绿化、文化艺术、社区家庭等多支专业志愿队伍，走进20余个社区，100余所学校，为社区、学校环境营造、增绿行动给予专业支持，具体开展"我是设计家""我是改造家""探访城市湿地"等系列专业环保志愿活动。目前，项目已助力社区、学校打造具有"一区一特色"的助绿示范点位30个，培育环保助力队伍近100支。自2018年以来，项目以公园城市建设为切入点，以春夏秋冬为时间节点，融入书香文化、文明旅游、网络公益等元素，持续深入社区、学校、楼宇、绿道等场所，开展微绿景观打造、助绿志愿学堂建设、增绿主题活动等系列环保专业志愿活动累计超20场。

2. 文艺志愿服务："艺术点燃梦想"项目

"艺术点燃梦想"项目是成都市文学艺术界联合会（以下简称"市文联"）响应中国文学艺术界联合会号召，在艺术师资力量及艺术教育水平不足的成都第三圈层区（市）县积极开展的文艺支教志愿服务项目。2014年，由市文联指导彭州市文联开展文艺志愿服务，学校、学生、学生家长、参与部门均予以好评。2015年，市文联党组将该项目纳入文艺志愿服务重点工作，采取市县联动，创新文艺支教新模式，规范管理，积极推动该项目。通过特设"文艺支教志愿服务项目（彭州试点）"，划拨25万元经费重点保障，制定《成都市文联文艺支教试点项目志愿者管理办法（试行）》进行规范，确保项目可持续实施。项目对彭州市乡村学校艺术教育的发展起到了极大的促进作用，初步探索出了文艺支教的有效模式，形成学校、学生和艺术家三方受益的局面，其经验做法多次被省市媒体宣传报道。项目开展至今，已经在彭州28所乡村学校中普遍实施，提供支教服务4000余场次。项目的持续实施，在促进乡村学校艺术教育活动特色化的同时，使彭州市文化文艺活动呈现"文艺支教、文艺扶教、文艺助教、文艺兴教"的繁荣景象。

项目根据就近、择优原则，在成都郊区新城欠发达地区依托当地具有音乐、舞蹈、书法、美术等专长的各类协（学）会文艺家开展可持续、长效文艺志愿服务项目。力求通过文艺支教，提升欠发达地区乡镇中小学生艺术教育水平和文艺素质，提升乡镇艺术教师视野和学校办学质量。通过开展进学校文艺培训工作，建立艺术家文艺志愿服务工作室，开展"深入生活、扎根人民"活动，力争形成接力机制，组织文艺名家小分队到服务地进行短期巡讲和重点辅导等活动，在条件成熟学校，经校方申请，试点建立艺术家文艺志愿服务工作室，将志愿服务与文艺工作者到基层采风创作结合起来，以支教学校和艺术家工作室为根据地，推动扩大文艺志愿服务阵地及文艺作品创作基地建设。

3. 维权志愿服务："蓉姐对你说"项目

成都市妇女联合会（以下简称"市妇联"）积极探索信访接待、婚姻调适、个案维权和心理疏导"四位一体"的妇女维权服务新模式，打造了最具成都特色的"蓉姐对你说"妇女维权品牌。通过三级联动，让"蓉姐对你说"成为市民普法的课堂、谈心的港湾、维权的平台。市妇联依托"蓉姐对你说"品牌项目在全市建立了近20家示范工作室，开展咨询、调解、宣传、维权等服务。同时，还打造了一支由妇联干部、律师、心理咨询师、教师等各行业人才组成的专业志愿者维权队伍。其中大部分工作室由街道、社区牵头，联动法检、教育局、卫计局等单位，依托网格管理，为妇幼提供高效维权服务，实现了由"单兵作战"向"团队作业"的转变。

"蓉姐对你说"项目通过"线上+线下"联动，一方面运用依托工作室，用传统"线下"方式进行交流沟通，向群众宣传法律知识；另一方面结合QQ、微信等"线上"方式，收集妇幼权益舆情信息，为群众提供法律咨询、宣传、调解、维权的单向传播及双向互动，打造个性化维权服务品牌。截至2018年12月，青羊区在全区所有街道、社区建立家庭纠纷专业调解员和志愿者队伍，构建起家庭纠纷专业调解网格化格局，在14个街道79个社区建立家庭纠纷专业调解员和志愿者队伍334人。青白江"蓉姐对你说"工作室共开展健康知识、心理咨询、法律法规等公益讲座30余场次，个案服务近300人次，200余户濒临破碎或已经离婚的家庭得到帮助。

4. 旅游志愿服务："都江堰市旅游志愿服务"项目

2017年，都江堰市组建了旅游志愿者队伍，启动了"都江堰市旅游志愿服务项目"，项目旨在更好满足游客的需求，提高旅游业综合服务质量，倡导文明旅游。为保障项目常态化开展，都江堰市财政每年给予10万元经费，专项用于该项目。项目的志愿者主要是青年学生。项目实施两年多来，取得了良好效果。项目志愿者人数已经由最初成立时的 80 名增长至 500 名，志愿者人数显著增加。累计服务国内外游客达 30 余万人次，极大地提升了都江堰市旅游服务水平，营造了良好的旅游环境。项目吸引了 15 家爱心企业的参与，企业提供物资、志愿服务、捐赠、免费场地、技术支持等。

该项目在全市范围内选定 17 个服务点位，其中 6 个点位为重要路口及人流集散地，主要围绕文明旅游宣传劝导、交通指引、购票引导、维护秩序及便民服务等开展服务；另外 11 个服务点位为都江堰景区内相关点位，由志愿者为游客进行都江堰水利工程、传统文化、遗产文化志愿讲解服务及文明旅游劝导服务。服务时间为日常周末、法定节假日、暑假、重要纪念日及全市大型活动期间。通过项目开展，传播城市温度，切实助推都江堰国际生态旅游名城建设工作；强化思想引领，有效助力社会主义精神文明建设工作；调动社会组织，有效助力积极探索志愿服务激励机制；促进成长，引领青少年成为社会主义精神文明的传播者、实践者。旅游志愿者队伍以不同的志愿服务形式有效地整合于城市精神文明建设实践之中，推动青少年志愿服务与城市文明创建、学雷锋常态化相结合。

（二）品牌化典型项目

1. 志愿服务支持："百日红"系列项目

围绕市文明办中心工作，依托成都市志愿者服务活动中心，联合志愿服务组织，成都公益组织服务园着力打造了"百日红·孵化坊""百日红·创新坊""百日红·文书坊""百日红·大讲堂"等志愿服务项目品牌。

"百日红·孵化坊"以能力建设为基础，以建立健全志愿服务登记注册、培训、记录、回馈激励等机制为重点，通过支持志愿服务组织项目，以加强志愿服务落地为载体，积极培育、扶持和发展志愿人才、志愿服务组织等。其中，培育志愿服务组织近 200 个，开设能力建设培训 500 余场，培训 2 万余人次，开展专业志愿服务进社区项目 200 余个，服务社区老人、青少年、妇女儿童、残疾人等共计 50 余万人次。"百日红·创新坊"以"创益圆梦大赛"方式进行三个层次的体系打造：创益圆梦师—创益圆梦团队—创益圆梦项目，调动全市高校大学生以践行天府文化为圆梦之旅的出发点，以展现当代大学生青春飞扬、无限创新、文化传承、社会责任等为基础，面向全市高校大学生发出创益圆梦之旅召集令，高校大学生通过组建圆梦团队、确定圆梦主题、设计圆梦过程、呈现圆梦成果，以青年人特有的朝气和活力开启创益圆梦之旅。"百日红·文书坊"项目于2017年启动，开展"书法""水墨""茶韵"三大主题系列志愿服务活动20余场，覆盖上万人次，培养专业文化志愿者队伍4支；针对儿童青少年以志愿者之声、书、礼、画、茶等形式开展主题活动12场，2000余人参与，不断引导青少年志愿者传承天府文化，践行社会主义核心价值观。"百日红·大讲堂"通过整合全国优质志愿服务专家资源，打造线上线下专题志愿服务培训平台。该项目汇集行业专家、学者，提供拓宽视野、提升技能的知识内容，搭建普及公益、志愿服务理念，学习新技能的线上及线下的重要培训载体，顺应"互联网+"趋势下的创新发展需求，全面提升成都志愿服务的品质。自2016年创办以来，大讲堂开展线上、线下讲座各20场，累计40场。

2. 法律志愿服务："法律驿站"项目

双流区法律服务志愿者协会于2017年在东升街道设立"法律服务志愿者工作站（岗）"。该协会积极探索在信访维稳、立案诉讼、政务服务一线设岗设点，在服务基层群众中设立工作室，贴近一线、靠前服务，着力打通法律志愿服务"最后一米"。自"法律服务志愿者工作站（岗）"建成以来，共调处矛盾纠纷30余起，解答群众法律咨询2300人次，直接服务人数超过4500人次，辐射面积覆盖全区。协会自成立以来，通过志愿法律服务前置，着力普法阵地建设，发挥"聚众之长、事前维权"作用，防患于未然，有效化解了矛盾纠纷。

项目内容主要有以下四点。一是贴近社区群众设工作室。安排协会专职工作人员驻点为社区居民提供集法律咨询、人民调解、办事导航服务于一体的一站式法律服务。二是贴近诉非协同设点。与区法院协作，共同打造诉非协同"大超市"，搭建起诉讼与非诉讼法律事务工作的综合平台，在"大超市"中设服务点，开展"诉非衔接"工作。协会采取"1（一名法学大学生志愿者）+1（一名人民调解员志愿者）"方式，为来院群众提供问询引导和人民调解服务。三是贴近诉访分离设站。协会着力探索诉访分离机制，在区信访局设立法律服务志愿者工作站，以社会第三方身份参与信访局维稳工作，推进"诉访分离"工作，开展"法治指引"服务，提供实时专家顾问。四是贴近优化政务服务设岗。协会在区政务服务中心设法律服务岗，由协会专职工作人员解答来访群众咨询，积极引导群众到相关窗口或其他行政部门依法依规办事。

3. 志愿服务学习："友善公益志愿大讲堂"项目

友善公益志愿大讲堂项目自2016年启动以来，立足成都、面向全国搭建"志愿服务学习平台"，顺应"互联网+"的趋势，汇集行业专家、学者，搭建线上线下志愿服务大讲堂。截至目前，已邀请全国40位优秀专家导师，线上线下共开展46场专题讲座，分享他们在公益领域的经验和智慧，内容涵盖志愿服务政策解读、志愿服务发展探索、专业技能提升、人才队伍培养等多方面，吸引了来自社区、社会组织、高校大学生、普通志愿者等不同群体的积极参与，累计受益6万余人次。项目凭借专业的师资力量，系统的课程内容、贴心的课程管理，受到社会各界广泛关注及一致好评，学员满意度达96%以上。

围绕时事热点，特邀专家学者答疑解惑。自2016年起，友善公益志愿大讲堂紧跟志愿服务发展趋势，围绕成都友善公益城市的建设，为全市志愿者提供志愿服务行业最前沿、最科学的志愿服务培训。善用"互联网"工具，多渠道传播志愿服务知识。2017年，友善公益志愿大讲堂顺应"互联网+"的趋势，增加线上大讲堂板块。线上大讲堂与线下大讲堂相结合的课程形式，打破时间和地域的限制，吸引了成都以及众多其他省市志愿者的参与互动。友善公益志愿大讲堂已成为立足成都面向全国的志愿服务学习平台，成为全市志愿者学习志愿服务的第一选择。学习管理标准化，推动志愿服务专业化发展。在课程管理方面，课程选择贴合当前热点，以持续的课程体系，循序渐进地传授知识。在学员管理方面，运用会员制、积分制、小组学习制等方法管理学员，已有近万名志愿者成为学员，接受系统的学习和练习。大讲堂标准化的管理，有效推动了志愿服务发展的专业化，具有良好的示范作用和社会推广价值。

4. 系统赋能平台："种子计划"项目

"种子计划"项目又称"TSP"（The Seed Project 的简称），由成都市锦江区社会组织发展基金会（以下简称"锦基金"）发起，通过资助社会组织开展公益项目，吸引、整合社会力量搭建公众参与志愿服务的平台，助力社会组织多元化发展。项目于2012年5月正式启动，每年定期面向社会组织、志愿服务团队公开征集公益项目，提供小额资金资助，辅助开展能力建设。项目以引入专业志愿者、招募选派大学生社工、建立社会组织互助小组、举办SO·Day沙龙（SO·Day，全称 Social Organization Day，意为"社会组织日"）、开展专业化培训等方式，建立公益项目服务及团队联动发展机制。

项目促进了社会组织快速成长，2012年至2017年间，"TSP"资助了58家社会组织的108个公益项目，资助领域涵盖儿童、青少年、老年人、助残、志愿者、社区治理、环保等多方面。比如，爱有戏、与孩子一起成长、爱达迅、新空间等。项目带动社区居民、企业、大学生、专家等社会力量作为志愿者参与到社会建设中来，搭建起了一个多方参与、积极互动、可持续发展的志愿服务平台、弘扬志愿服务精神的平台，营造了良好的志愿服务实践环境。据不完全统计，至少1400名普通志愿者在资助项目中开启志愿服务，另有76位社工专业大学生以项目结对形式服务2735次，累计时长10391.6小时。30余名专家作为志愿者为受资助机构及项目提供督导或咨询。

5. 关爱未成年人："心雨梦工厂"未成年人工作室项目

锦江区以"心雨梦工厂"未成年人工作室为依托，在全区40个社区、公益组织和43所学校设立"心雨梦工厂"工作点，已与200余家公益机构共建未成年人保护合作平台，累计吸纳各领域志愿者参与未成年人保护活动6万人次，直接组织或协调其他组织机构开展未成年人公益关爱活动2000余场，致力整合各方社会资源，提供志愿服务，呵护未成年人健康成长。

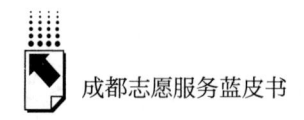

参与综合治理，推动社会和谐稳定。通过公益活动帮助涉罪未成年人回归社会，帮助未成年被害人重燃生活希望，积极进行未成年人犯罪预防，为社会和谐稳定发挥积极作用。整合社会资源，营造全社会参与未成年人关爱氛围。引入公益机构、社区组织、企业团体参与志愿服务活动，并联合政府行政单位、司法机关，整合社会资源，建成党委领导、政府牵头、司法引导、社会协同、大众参与的未成年人社会支持体系。与成都市慈善总会、成都公益慈善联合会、成都云公益发展促进会等联合打造的"儿童保护周"被写入成都市人民政府《关于推动慈善事业健康发展的实施意见》，联合成都云公益发展促进会、壹心心理公益中心等多家公益机构开展的"儿童守护使——促进社会力量有序参与困境儿童救助项目"入选《2016海峡两岸暨港澳慈善论坛优秀公益项目案例论文集》。传递奉献关爱理念，弘扬志愿文化。"心雨梦工厂"始终坚持通过志愿服务向社会大众传递未成年人需要全社会共同关爱的理念，弘扬"尽己所能，服务社会"精神，以其特有的志愿服务方式为未成年人撑起一片无雨的蓝天，由此还创作了公益歌曲《听雨》、法治微电影《被呵护的雨季》。

（三）特色化典型项目

1. 蜀地特色营造："熊猫课堂"项目

为加强大熊猫文化传播，提升大熊猫生存环境，结合熊猫保护、研究、放归等工作，都江堰龙溪—虹口国家级自然保护区管理局于2016年重点打造了"熊猫课堂"志愿服务品牌。大力实施"1245"四大工程建设，切实加强志愿者服务基地建设，建立了熊猫讲师、熊猫志愿者两支团队，务实做好大熊猫创意产品、文化教材、宣传手册、体验课程四项工程，大力开展熊猫课堂进学区、进街区、进景区、进社区、进山区五大系列活动，全力做好大熊猫文化的守护者、传播者和践行者，当好大熊猫文化宣传的旗帜和大熊猫生态保护的示范。

具体项目内容，一是加强熊猫文化传播。借助"熊猫课堂"平台，积极整合熊猫讲师、服务基地等资源，联合成都熊猫基地等保护组织和机构开展"熊猫课堂"、熊猫讲师培训、熊猫志愿者培训。二是加强熊猫基地建设。新建大熊猫志愿服务基地，开展大熊猫文化节、大熊猫科普节、熊猫运动会，积极打造熊猫志愿者服务特色和亮点。三是加强熊猫服务评比。在年终开展"最美熊猫讲师""最美熊猫志愿者"评比，开展熊猫文化下乡活动，实现熊猫文化传播的最优化。项目通过持续开展86次熊猫课堂，不断优化志愿服务管理等制度，已组建了熊猫讲师、熊猫志愿者两个团队，总人数达到157人，建立了12个志愿者服务基地，组织4次志愿者外出学习。坚定示范引领，推动志愿服务特色化。在熊猫课堂引领下，积极开展十分课堂、指尖课堂和绿叶课堂，"四个课堂"同步推进，开发了《大熊猫家园》全国首本熊猫文化教材，研发了熊猫抱枕、熊猫水杯、熊猫雨伞、熊猫围裙、熊猫书包等18种熊猫创意产品，多途径展示了志愿服务成果。坚实理念更新，推动志愿服务国际化。积极与世界自然基金会（WWF）、美国大自然保护协会（TNC）、哈佛大学等国际保护组织开展志愿服务合作9次，志愿服务交流6次，社区教育、自然教育等工作更加有效。

2. 市民文化融合："社会生活茶馆"项目

自2016年以来，锦江区全方位推动构建公益文化培育锦江特色阵地项目。该项目主要目的是将核心价值观融入群众茶馆工作，推动社会广泛参与及志愿者深度服务，培育践行核心价值观，助力公益文化的传播。截至目前，已开展公益服务项目上千场次，服务群众5万余人次，获得10万多网民在线点赞。同时，联动了50余家茶馆、30余家社会组织、60余支志愿服务队和5000余人次志愿者力量。

项目通过打造线上线下平台，将核心价值观培育亲民化落地。一是以"互联网+"的思维方式打造线上载体，建立"锦江公益茶馆联盟"QQ群、微信群、公众号等沟通互动和宣传平台，使线上线下茶馆成为培育核心价值观的重要载体和场所。二是着力打造公益项目线下场景。项目依托以川剧为亮点的悦来茶园、以志愿服务为主题的花园茶楼、以居民自治为核心的五福茶馆、以孝文化为主题的活水茶楼等实现项目落地，服务居民。在具体服务上，该项目通过发挥志愿文化引领作用、公益组织协力作用、志愿者重要作用、街道部门促进作用,合力推动茶馆公益项目,开展政策解读、文化艺术、民需问诊、科普讲座、法治宣传等志愿服务。截至目前,已有文化、法治、医疗、科技、环保等专业志愿者和社区志愿者参与到"艺术讲座""民俗文化大荟萃""科普大讲堂""送法到身边"等具体项目。其中,以志愿服务为主题的花园茶楼还建立了"义仓"茶文化,开展以志愿服务组织、志愿者赋能的"社区友邻学院"服务互动,根植未成年人志愿精神培育和实践的"义童课堂",举办"成人礼仪式"文化传承、"穿越时空对话雷锋"志愿服务系列宣传讲座。

3. 企业社会责任:"乐水源"保育项目

云桥湿地水源护理区"乐水源"保育项目是英特尔成都发起的志愿服务项目。郫都区云桥湿地是成都80%的饮用水水源地,也是成都水源地的天然绿色屏障。自2012年起,英特尔成都在云桥开展湿地护理水源地保护工作,并于2013年7月正式启动"乐水源"保育项目,项目共分为三个阶段。

第一阶段为2013年7月到2014年6月,主要集中开展了四项工作,分别是湿地的自然护理、生物多样性数据的收集与整理、设施维护与完善、自然读本的素材整理和开发。并编印《这里是云桥湿地——成都平原自然文化读本》,用于自然教育和宣传湿地保护。其间,共有1066名志愿者参与了项目,贡献了4194小时的志愿者时间。

第二阶段为2014年7月至2015年5月,主要工作集中在自然课堂设计和中小学自然课堂讲解。其间,英特尔成都志愿者先后进入成都高新西芯小学、成都高新新科学校小学部、成都高新新科学校初中部、成都嘉祥外国语学校、成都七中嘉祥外国语学校、成都市泡桐树小学(蜀都校区)、成都高新滨河学校初中部、成都高新滨河学校小学部、郫都区实验学校9所学校,为104个中小学班级超过3700名学生进行了自然课的讲解,超过252位英特尔志愿者参与课堂讲解,超过220名学校师生参与到了云桥湿地护理的体验活动中;54名英特尔志愿者参与了活动的组织和安排,贡献志愿者小时数超过766小时;共收集到不同年级不同形式的学生作品53个。

第三阶段为 2015 年 6 月至今。主要工作集中于湿地的自然护理与自然课堂同时进行。项目组邀请学生走进云桥湿地探索实践，认识湿地环境，为湿地清除外来入侵物种，发挥创意制作自然作品，让孩子们用自己的双手为保护湿地助力，用自己的创造来记录和展现湿地的自然美与水源地的重要性。

4. 志愿服务场景："微爱公益慈善超市"项目

2016 年成都幸福家社会工作服务中心发起线下志愿公益服务场景项目"微爱公益慈善超市"，以社会组织的视角来构建社区便利店履行社会责任，参与社区公益慈善的行动规则，并最终推动常态的社区便利店成为"善商"，构建基层社区的公益志愿服务聚合平台，并可控地推动其可持续运转，实现以商业支撑公益，以公益回馈社会。该项目已成功落地 10 家超市，并依托超市组建了志愿者队伍 19 支，发展注册志愿者 2476 名，开展志愿服务活动 347 次，服务了超过 15 万人次，志愿者服务宣传覆盖超过 40 万人次。

通过超市阵地，让居民随时了解公益志愿，随时可参与公益志愿活动。通过一系列主题活动，让社会主义核心价值观深入居民日常生活，增进居民友爱互助、邻里和谐，推动构建安居乐业的幸福成都；同时也逐步打造一支社区居民为主体的公益服务自组织队伍，以日常的服务和节点的活动为主题，成为社区志愿服务的主力。

5. 社区文化培育："有凤来栖"项目

温江区凤凰社区通过搭建平台，开展各类志愿者活动并通过社区微电影的传播拉近邻里关系，增强居民间的互动和融合，建立了居民对社区的认同感、归属感，营造了"出入相友，守望相助，疾病相扶，邻里相亲"的社区文化。

2015 年，社区以申报创投项目"有凤来栖"，拍摄公益微电影为契机，组建起由"社区＋社工＋民居志愿者"的有凤来栖剧组（队伍），队伍里包含拍摄微电影的专业人才（编剧、导演、摄像、化妆、后期制作等）。该项目主要采用拍摄法制微电影、出版刊物方式，以此来凝聚志愿者，组建起

"社区+社工+居民志愿者"的队伍。当年即拍摄了由社区居民志愿者自编、自导、自演的首部微电影《李大爷的觉醒》（防电信诈骗）。随后，由社区居民投稿的刊物《有凤来栖》正式印刷成册。2016年，项目共拍摄微电影2部，分别是《邻里之间》（展现邻里和谐）、《中邪》（反邪教）。特别是微电影《中邪》，引起了中央政法委的高度关注。2017年，项目着重促进志愿者队伍自身发展，开展了以《百姓剧场》《百变大咖》为首的一系列活动，拍摄了微电影《传承梦想》（志愿者精神传承）、《画·梦》（残疾人自强不息）、《心防》（拒腐防变）。社区开展的志愿者活动，在居民中反响很大，关注度从2015年的2000余人上升到目前的2万余人，覆盖面从本社区辐射至周边社区乃至整个温江区。

6. 国际志愿服务："China青石桥中外互动文化沙龙"项目

锦江区督院街道党工委、办事处开展的"China青石桥中外互动文化沙龙志愿服务项目"，依托"督院国际之家"阵地，有效推动国际社区志愿服务开展。该项目通过打造志愿服务阵地、搭建沟通平台、强化资源连接等方式，创新志愿服务内涵，推动国际社区建设。通过项目开展，举办各类活动40余场次，开展英语、汉语沙龙26次；孵化培育和发展了花鸟、非遗文化等5支本土志愿者队伍；撬动本地30余家企业、300余家商户为社区基金募集资金；该项目促进了辖区居民与外籍友人的交流互动，提升了国际化意识和交流能力，促进了中外文化的交流和融合，提升了辖区内综合文化的国际化和时代性。

项目以志愿服务月主题活动搭建沟通平台。一是青石桥沙龙。自2018年起，每周举办1次青石桥英语沙龙，每两周举办1次传统文化沙龙。二是开展"邻居节""社工节""社区运动会"等文化交流和志愿者服务活动。三是建设国际青年学生实习基地。

通过项目开展实现资源整合与服务拓展。一是多元主体资源共享与合作。二是设立并完善国际社区公益组织。三是组建国际咨询委员会。以志愿服务的形式为辖区资源连接等提供咨询和技术支持。四是组建参与式规划师国际人才队伍，完成《青石桥国际化社区建设方案》设计。五是建立社区资源志愿交易积分激励机制。推动各类资源量化为积分（"督币"）并兑换交易。

7. 农村垃圾分类："垃圾前端分类"项目

生活垃圾分类问题已经成为当今社会治理的突出问题。对于农村社区而言，由于居住分散，农业生产与生活高度关联，生活垃圾被大规模生产，而大多数垃圾经常是被简易堆放或丢弃，轻则生活环境杂乱不堪，重则导致土壤污染、水污染，生活垃圾分类，极具挑战性。温江区岷江村农村生活垃圾前端分类项目由村民自发组织，自愿分类。项目既有效减少了垃圾，又促进了资源回收利用，是农村生活垃圾分类的先进典型。

自2013年以来，岷江村院落管理互助协会以城乡环境综合服务为重点，长期开展农村生活垃圾前端分类，实现了全村31个院落全部覆盖，805户居民全部参与。项目拥有80余人常态化志愿者，十余人项目管理团队，管理小组建立了定期会议机制、民主决策机制，有相对固定的办公场所，项目产生了良好的社会影响。该项目通过"多种方式齐动员，定点定时促回收，物资荣誉双激励"等举措，发动村民积极参与，有效减少垃圾处置量，增强村民环保意识。2014年至2017年，该项目开展回收工作156次，志愿者参与5156人次，服务总时长859天。开展指导回收工作12次，总结学习会12次，大型表彰活动2次，回收10万余元再生资源。

四 成都志愿服务项目创新经验

（一）解决方案创新：聚焦可持续，强化项目造血

可持续性低是志愿服务项目普遍面临的现象，成都志愿服务探索项目造血机制，提出实现项目可持续发展解决方案。其中成都市金牛区欢行公益发展中心（以下简称"欢行公益"）的"你好·青春"项目是典型代表之一。"你好·青春"项目是欢行公益开发的原创音乐剧。音乐剧故事改编自听障女孩张天娇的成长故事。张天娇是中国人民解放军艺术学院舞蹈专业录取的首位听障学员，其成长经历充满故事性，激励人心。2016年"欢行公益"

邀请有编导、表演等才能的人以志愿者身份参与音乐剧创作，仅投入资金20万元。"你好·青春"凭借感人原型和志愿者的精彩演技获得好评如潮，截至2018年底，全国范围内巡演接近百场。

项目在经济和社会效益方面均取得重要突破，实现了真正的可持续。一方面，实现了经济上的可持续。一是票房收入。2018年上半年，"你好·青春"接受中国国家话剧院邀请，以售票的形式，在北京国家大剧院连演三场，获得20万元左右票房分成。二是各地收费巡演。项目自成型以来，凭借实力和口碑，不断接到四川省各市州宣传部、部分大中小学邀请演出，扩大了项目收入来源。三是补贴和奖励。国家话剧院给予项目补贴，同时，项目斩获全国大学生戏剧节最高奖"金刺猬奖"，获得奖金奖励。另一方面，取得了良好的社会效益：项目既传播了志愿服务精神和向善向美风尚，又迎合了市场需求，给观众带来美的享受，获得广泛社会好评。

（二）服务内容创新：凸显传承性，实现项目迭代

新时代，志愿服务不断丰富中华民族优秀传统文化内涵，依托新的服务形式，展现志愿服务新价值。"义仓"起源于中国隋唐，以地缘宗族为主要运作方式和受益对象，是中国古代邻里救助的重要方式，也是乡村治理的重要手段。现代"义仓"项目，由成都爱有戏社区发展中心倡导推广，现代"义仓"项目雏形是社区的爱心仓库，它倡导社区居民持续、定期将小额生活物资（米、面、粮、油、卫生纸）等生活用品，捐到"义仓"。以"义仓"为基础，拓展了"义集""义坊"，这三部分构成社区参与式互助体系。2014年，锦江区水井坊街道在原有"三义"基础上，提出以"义"文化教育为主的"义学"，以"义"文化的传播和宣传为主的"义网"，重新诠释了现代"义"文化的内涵。

以"义仓"为基础的参与式互助体系，其内容和形式不断发展变化。服务内容从爱心物资捐赠、社区志愿服务，到培育社区自组织、社区骨干。动员对象从老旧院落"一个观众剧场"的老年人，到物业小区"一勺米"的青少年。管理系统从最开始的手工记录，到开发物资管理软件并持续升

级。服务地域从线下就近社区，拓展到线上全国。"义仓"从一个项目持续创新服务内容，形成了两个网络，即"义仓学习网络"和"义仓发展网络"。"义仓学习网络"由对义仓有兴趣的个人、志愿服务组织、学者、社区两委成员组成，较为松散。"义仓发展网络"由推广义仓发展的实体组织或社区，以及致力于义仓研究的专家学者组成。义仓发展网络已经有成员伙伴100余家，覆盖全国20余个省份，其中还建立了10个省级区域支持中心。现代"义仓"不断实现服务内容更新迭代，展现其强大的生命力和影响力。

（三）资源整合创新：增强协作性，提升项目质量

志愿服务项目要获得规模式的发展，需要切实通过整合主体资源、服务资源、资金资源等多元要素，形成可推广的举措，切实增强项目复制性。"幸福乡龄——活化老协"项目由成都益多公益中心发起，旨在通过激活农村老年协会，整体回应农村养老问题。相较于城市而言，农村老人生存现状更为严峻。该项目一是整合资金，设立专项基金。老人照护专项基金是为失能老人获得更好且可持续的服务而设立，主要用途是购买照顾失能老人的护理服务费用，资金来源为所有策略行动后的产出利润。二是整合培训资源，开展能力建设。采用线下和线上相结合的方式，开发老年服务领域志愿服务组织生存与持续发展所需的培训课程，对老人照顾者、当地志愿者、组织成员进行专业背景和技能培训。三是整合地方资源，促进自我造血。依托组织及当地特点开发造血项目，协助老年协会成立"老年茶坊""九大碗出租""爱心超市"等，丰富老年协会的收入来源，帮助农村在地组织实现独立发展，进而实现可复制。该项目入选"中国好公益平台"好公益产品，在全国范围内获得推广。

（四）服务方式创新：依托新技术，拓展项目载体

如何满足多群体参与志愿服务，需要积极探索创新志愿服务方式和方法。伴随着互联网的深入发展和智能化时代的到来，新的技术不断被运用到

志愿服务项目。高新区党群工作部牵头联合多方合作研发"高小志·爱心机器人"志愿服务项目。"高小志"身高约1.4米，身材呈"胖胖"的圆柱形，头部是可触摸屏幕。其可以实现自动感应，如果感应到有人，便主动上前自我介绍，并邀请对方成为成都志愿者，认领"微心愿"。目前"高小志"已经进行了版本升级，具备志愿服务知识宣传、微心愿认领、爱心募捐、志愿者激励等功能。此外，"高小志"可以快速实现志愿服务法律政策信息的查询，并有实时问答功能。"高小志"爱心机器人活跃在"暖冬行·爱传递"志愿服务活动、高新公安局"世警会"预热活动、第五届成都市道德模范颁奖仪式等多个服务场景中，为群众提供智慧化志愿服务。

参考文献

[1] Project Management Institute：《项目管理知识体系指南（PMBOK指南）（第五版）》，电子工业出版社，2013。
[2] 邱服兵、涂敏霞：《志愿服务项目评估理论与方法》，广东人民出版社，2017。
[3] 邱服兵、涂敏霞、沈杰：《中国志愿服务典型项目研究》，人民出版社，2015。
[4] 王丽荣：《公共图书馆志愿服务项目管理的实践与探索——以廊坊市图书馆为例》，《产业与科技论坛》2019年第10期。
[5] 于博文：《高校志愿服务项目常态化建设之路径探寻——以"小马支教"为例》，《教育观察》2018年第21期。
[6] 孙浩然：《志愿服务项目中社会工作价值观的运用——以中国青年政治学院"学习伙伴"项目为例》，硕士学位论文，中国青年政治学院，2017。
[7] 陈秀红、张登国：《志愿服务项目成效评估指标体系研究——基于AHP法和模糊区间评价》，《广西社会科学》2015年第1期。
[8] 王冠宇：《江苏高校志愿服务项目调查与研究》，《教育教学论坛》2013年第15期。
[9] 李先忠：《"三圈"理论视野下北京志愿服务项目运行分析》，《中国行政管理》2012年第11期。

B.9 成都志愿服务阵地建设研究

摘　要： 成都志愿服务阵地数量众多、类型多样，通过多方联动、政社协同参与，初步形成了"点""线""面""网"相互支撑又互为补充的立体布局。成都志愿服务阵地通过"点""线""面""网"运行，业已形成了多种运作机制，切实发挥了各级志愿服务平台功能，助力成都志愿服务的线下发展。面对新形势新需求，成都志愿服务阵地未来应加强整体统筹规划，通过建立志愿服务阵地管理办法，深化各阵地交流合作机制，完善志愿服务阵地体系等举措，实现志愿服务新突破。

关键词： 志愿服务阵地　"点—线—面—网"　志愿者　成都

一　成都志愿服务阵地建设概况

（一）志愿服务阵地概念

本文中志愿服务阵地是指为开展志愿服务工作，志愿者、志愿服务队、志愿服务组织，在线下的日常驻地或线上的活动平台。建设志愿服务阵地有利于推进志愿服务常态化、便民化，不断拓展志愿服务领域，扩大志愿服务覆盖广度。成都志愿服务阵地数量众多、类型多样，其中包括围绕特定服务对象的公益性事业单位志愿服务阵地，如敬老院、养老院、干休所、福利院等；面向公众的公共文化设施和机构，如博物院、图书馆、文化馆、动物园志愿服务阵地等；服务辖区居民和常住人口的社区党群服务中心、社区公共文化活动中心志愿服务阵地等；孵化培育社会组织的志愿服务基地，如成都市志愿者服务活动中心、成都市社会组织培育基地等。

（二）志愿服务阵地类型

志愿服务阵地的分类多样，以志愿服务阵地的发起主体，可分为党政群团主导型阵地、社会组织主导型阵地、企业主导型阵地；以服务人群特点，可分为针对特定人群服务阵地和非特定人群服务阵地；以志愿服务阵地空间的开放性，可分为封闭式阵地和开放式阵地；以阵地运行方式，可分为第三方运行、自主运行、内生志愿服务组织运行；以志愿者的主要构成，可分为内源为主阵地、外源为主阵地，以及内外源结合型阵地。为更好地呈现成都市志愿服务阵地全貌，本文从志愿服务阵地的分布形态和其与发起主体的从属关系维度，把成都市志愿服务阵地分为"点""线""面""网"四种形态。

1. "点"状志愿服务阵地

"点"状志愿服务阵地是指在相关部门指导下，立足部门核心职能和业务，以该部门为主投入资源，辅以引入多元力量，使用相对独立空间，相对独立地开展志愿服务的阵地。"点"状志愿服务阵地无对应的上下层级"点"位，也缺乏横向从属阵地"点"位，数量单一。

"点"状志愿服务阵地有两种形态。一种是综合个体"点"。此类阵地具有独立的空间，发挥平台和枢纽作用，服务区域不局限"点"状空间，服务对象面对全域同类人群，无特定服务对象。此类阵地有成都市委宣传部指导建设的成都市志愿者服务活动中心。另一种是特定个体"点"。此类阵地有特定的服务对象、固定服务场地，阵地所面对的服务对象不同、功能不同，志愿服务运作模式也不尽相同，阵地之间相对独立。此类阵地有成都市民政局直属事业单位、市卫健委指导的各人民医院、市急救指挥中心、市血液中心等直属事业单位等。

2."线"型志愿服务阵地

"线"型志愿服务阵地是指具有相同功能、相同标准、接受同系统主管单位管理的一系列"点"状阵地，且呈纵向排列，数量不止一个。此类阵地通过纵深排列，深入基层，层层压实志愿服务细化落地。各层级阵地提供不同层次的志愿服务，志愿服务在"线"性阵地呈现专业层次分级、服务广度与深度差异化的特点，使得此类志愿服务阵地能够深度延伸，精准解决服务对象难点痛点。此类阵地有团市委统筹指导的"青年之家"，各级妇联指导的"妇女之家""儿童之家"，各级科技协会指导建设的科教阵地，各级红十字会指导建设的急救培训和服务阵地，以及各级残联等群团指导的志愿服务阵地。

3."面"状志愿服务阵地

"面"状志愿服务阵地是指相同类型、相同功能、相同基础标准，阵地覆盖区域具有明显的边界的志愿服务阵地。阵地连接形成庞大的覆盖圈。"面"状阵地承接多条线、多部门下沉志愿服务落地职能。组成的阵地"点"志愿服务模式同质化高，"面"状阵地志愿服务整体呈现推广度广、复制性强的特点，使得志愿服务形成大范围合力，能够有效推动志愿服务广度拓展和民心聚集。成都市学雷锋社区志愿服务示范站就是典型的"面"状志愿服务阵地。

成都学雷锋社区志愿服务示范站的基础标准是"六有"。"六有"指有专（兼）职志愿服务管理工作者，有经常性的志愿服务项目，有稳定的志愿者服务队，有适合开展工作的场所并配备办公设备，有规范的组织管理制度，有必要的投入经费和运行经费。截至2018年底，成都市创评成功的学雷锋志愿服务示范站共计220个。

4."网"状志愿服务阵地

"网"状志愿服务阵地是指同一类型阵地纵横交错布局，全域覆盖。此类阵地具有拓展志愿服务深度、延伸志愿服务广度、聚集多元合力、精准执行同一大类志愿服务工作的特点。"网"状阵地能够形成集约之势，多元化、广覆盖地满足志愿服务广泛、深化开展。成都市公共文化设施志愿服

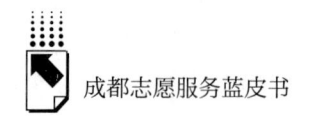

阵地是典型代表。横向上，打造多个文化交往设施和文化活动集聚的重点区域。纵向上，基本实现了市—区（市）县—街道（乡镇）—社区（村）四级公共文化阵地全覆盖。

成都在公共文化阵地构建"双核、两带、三区、三脉络、多聚落"格局，形成"城市文化中心—城市文化副中心—区级文化聚落—基层文化服务网络"的布局模式。"双核"是指老城文化设施核心区和天府新区文化设施核心区，"两带"是指龙泉山文化带、龙门山山前古镇文化带，"三区"是指都江堰文化设施集群区、双流文化设施集群区和空港新城文化设施集群区，"三脉络"是指天府中轴、锦江绿道、锦城绿道，"多聚落"是指统筹布局形成均衡分布的区级文化中心和文化聚落。

二 成都志愿服务阵地建设现状

（一）"点"状志愿服务阵地探索

1. 成都市委宣传部指导的成都市志愿者服务活动中心

成都市志愿者服务活动中心（以下简称"中心"）是成都市委宣传部、成都市精神文明建设办公室（以下简称"市文明办"）为培育和践行社会主义核心价值观，推动"友善公益之城"指导建设的全市志愿服务综合性支持中心，是全市志愿服务的"一窗口、两基地、两平台"。"一窗口"是指全市志愿者的服务窗口，"两基地"是指打造全市志愿服务的培训基地和活动基地，"两平台"是指建立全市志愿服务的供需对接平台和宣传展示平台。

中心位于成都市锦江区百日红西路355号，中心建筑面积共1500平方米。中心入驻成都公益组织服务园和成都云公益发展促进会两家枢纽型公益机构。内设"一廊四区六室"，"一廊"即全市志愿服务工作宣传展示长廊，"四区"即咨询接待服务区、专业机构工作区、团队孵化培育区和志愿活动体验区，"六室"即"一大三小"培训室、成都雷锋热线工作室和《志愿服务·时刻在线》杂志编辑室。其中，"一大三小"培训室包括一层的"正能量厅"和二层的"友爱厅""互助厅""进步厅"，可分别满足20~100人开展培训和服务活动。为发挥全市志愿服务综合性支持中心和综合性阵地的作用，中心提供服务主要集中在专业志愿服务培训、志愿服务供需对接、交流展示等方面。

一是志愿服务专业培训。中心在专业社会组织运营下，分层分级分类开展社区志愿服务站专题培训。依托行业、部门开展医疗保健、法律援助、社会救助、环境保护等专业技能培训，推动企业、机关、学校、医院、文化单位等开展专业志愿服务培训活动。如"志愿伴我亲子行——家庭志愿服务训练营""青年，改变世界"高校领袖训练营等。

二是志愿服务活动实施中心。中心作为全国首个雷锋精神种子志愿服务站，通过建立联动各社区志愿服务站（点）的协调机制，常态化推进"云聚公益·成都有爱"等主题志愿服务活动，实时发布全市志愿服务活动安排计划，定期在活动中心开展小雷锋义集、月亮集市、公益志愿大讲堂、高校益行会等品牌活动。

三是供需对接平台。中心整合多元社会力量创建线上线下全媒体志愿服务矩阵，并汇集相关部门、文明单位、在蓉高校、志愿服务组织、专业队伍，社区志愿服务站等建立完善志愿服务供需对接机制，深入机关、企业、社区、学校、家庭，推动志愿服务项目与活动创新开展。

四是文明创建宣传展示平台。中心整合传统媒体和新媒体，联动成都志愿者网（成都志愿者App）、成都文明网、《成都晚报》、志愿服务期刊等传播载体，创作反映志愿事迹、讲述志愿故事的文艺作品和公益广告，弘扬志愿精神，普及志愿知识，传颂突出事迹，推广创新做法，传播文明风尚。

2. 成都市民政系统直属社会福利型事业单位

市民政系统直属社会福利型事业单位的特点是服务对象比较固定，绝大多数是弱势群体，类型单一，具有封闭式且较为独立的空间，空间配套设施较为完善。各事业单位之间彼此无隶属关系。大多数时候，社会福利型事业单位是志愿服务的载体，常态化承载了大量志愿者和志愿服务组织开展的服

务。具体探索实践如下。

(1)"社工+志愿者"模式，完善志愿服务体系

民政直属社会福利型事业单位原则上是以社会工作为主体，设置社会公共科室或社工岗位，招募或聘用专业社会工作者，运用社会工作专业手法开展服务。单位通过"内外结合"的方式即建立内部志愿者队伍，连接外部志愿服务力量，壮大志愿服务规模。同时，由社会工作者负责志愿者与志愿服务的组织、管理、协调、培训等，形成"社工+志愿者"联动模式。如成都市第二社会福利院设立社工科，设置社会工作岗位，社会工作者则在单位建立内部党员志愿服务队伍，连接外部如医院、学校、企业志愿者等社会力量，常态化开展志愿服务。

(2)多方整合资源，助力服务活动开展

民政直属社会福利事业单位通过多方资源整合，凝心聚力开展志愿服务活动与项目。一是整合党政群团资源。如中国成都SOS儿童村联合市妇联、市检察院、市卫健委、团市委等单位共同开展"大手拉小手，温暖儿童村"普法安全教育及心理团辅志愿服务活动，为儿童安全、心理健康发展提供更完善的服务。二是整合医疗资源。如成都市第一社会福利院联合四川省人民医院退休专家开展义诊活动，落地社区为老人免费测血糖，解答慢性病日常预防知识。三是连接专业团队资源。如成都市未成年人救助保护中心连接社会工作、心理咨询、音乐治疗等专业志愿服务团队，开展"流浪未成年人音乐心理干预"志愿服务等特色项目。四是引入慈善组织资源。如成都市第二社会福利院联合成都市残疾人福利基金会，开展"心梦想·助残扶老公益行"志愿服务活动，为在院老人进行"正心、正形、正意"矫正训练主题健康服务活动。

3.成都市卫健委系统医疗卫生直属事业单位

成都市卫健委指导的各医疗服务阵地积极引导广大医护工作人员践行救死扶伤、人道主义风尚，踊跃注册成为志愿者，积极推动志愿服务发展。同时，积极引入院外志愿服务资源在医疗阵地开展多元的志愿服务，共同推动医疗体系志愿服务建设。医务志愿服务已成为成都志愿服务的重要力量。

(1) 建立医疗阵地志愿服务制度

为规范各医疗阵地志愿服务活动，加强对志愿者的管理，推动志愿服务工作有制可依、有规可守，成都市各医疗单位结合《关于推进志愿服务制度化建设的实施意见》文件精神，制定了一系列志愿服务制度办法。如成都市妇女儿童中心医院制定了《志愿者工作手册》，成都市第五人民医院制定了《成都市第五人民医院志愿者管理办法》，成都市第六人民医院制定了《成都市第六人民医院志愿者工作制度》《成都市第六人民医院志愿者培训制度》，成都市第七人民医院制定了《医院志愿者管理办法》等，为推动医务志愿服务发展建章立制。

(2) 立足医疗健康开展志愿服务

卫健委指导的医疗志愿服务阵地，服务领域包括医疗健康、应急救助、心理健康、卫生防疫、关爱老人、传染病防治等内容。各阵地结合服务对象需求具体开展了下乡帮扶、专家义诊、公益健康讲座、急救知识普及、老年陪伴照料、文艺表演、心理疏导、献血宣传、协调纠纷、劝阻吸烟等形式多样的志愿服务活动。2017年，成都市第八人民医院成功申报了金牛区孝文化教育基地，现已成为成都树德中学国际部、成都实外新都五龙山学校等10所中小学的孝文化教育基地。成都市第五人民医院在2018年被温江区教育局授予"温江区中小学生命健康教育基地"。此外，成都市公共卫生临床医疗中心建设"肝病之家"，每月向肝病患者及公众开展肝病知识防治公益讲座；打造艾滋病志愿者工作室，联同NGO组织每周一至周五提供心理、健康咨询关爱服务。

(3) 推动志愿服务的项目化运作

成都市各医疗阵地根据病患特点与需求，量体裁衣为其设计或引入契合需要的长期性服务项目，保持服务的连续性，推动单位志愿服务的项目化运作。如市第一人民医院发起的"天使关爱在身边"项目，自2012年起，连续多年为前来医院就医病人提供导医咨询、轮椅推送、协助办理入院手续等志愿服务。该项目于2017年被评为"成都市十佳志愿服务项目"。再如市第三人民医院联合四川省慈善总会开发了"关爱天线宝宝"志愿服务项目，联合成都云公益发展促进会开发了"天线宝宝合唱团"志愿服务项目；成都市血液中心开展了"无偿献血意识从小树立"希望之光项目；成都市第四人民医院开展的"童心朵朵向阳开"项目等。

（4）连接整合多方医务志愿服务资源

一是引入专业社工机构，为病友开展心理疏导、人文关怀等服务。如新都区中医院引入成都市锦江区翱翔社会工作服务中心开展医务社工项目，通过专业技术为病友、医护人员、病人家属等提供服务。

二是设立慈善基金。如成都市第八人民医院在市慈善总会建立"成都市第八人民医院爱心助老基金"，用于助老、助孤、助残等慈善项目。基金共募集爱心基金42余万元，资助老年患者近1000人次，老年设施项目2个。

三是建立志愿服务联盟，联合多家单位组建服务群，形成全域服务动力与合力。成都市第八人民医院在2014年联合多家市内医院及其他单位成立"关爱老人·情暖夕阳"志愿者服务联盟。联盟制定了章程、发展规划和愿景目标，形成了共同价值观和发展共识。联盟有100余家成员单位，志愿者1.1万余人。联盟成员单位在五四青年节、重阳节等节日定期举办主题志愿服务活动。同时，各联盟成员单位不定期到医院开展志愿服务活动，陪老人聊天、下棋、讲新闻，陪伴老人开展文娱活动、文艺表演，部分具备心理学专业知识的志愿者开展了心理疏导和心理治疗。

（5）扩展志愿服务辐射广度与深度

各阵地在积极开展阵地内志愿服务活动的同时，积极拓展阵地外志愿服务，走出单位，走进城乡社区院落，深入基层为广大群众提供基础医疗志愿服务，扩大了志愿服务辐射范围。如成都市精神病院组织医疗团队到简阳市金渔池村开展健康帮扶活动。以"扶智"和"扶志"为导向，开展健康帮扶活动，为村民提供健康咨询服务，提高健康意识和预防疾病的能力。同时，各阵地在特定节日特别行动时，亦会联合成都市域各医疗单位，全面展开"义诊""健康宣传"等医疗志愿服务。

（二）"线"状志愿服务阵地探索

"线"状志愿服务阵地，以各单位统一打造，拥有相对固定的品牌，并以线条状从市级层面层层深入社区基层，各区（市）县、街道、社区分设点位，承接政府转移职能与服务对象实际需求的相关志愿服务与活动。此类阵地形态由点成线，形成纵深合力推动志愿服务的深度发展。

1. 共青团系统指导的志愿服务阵地

"青年之家"是团组织系统管理的，向所有青年免费开放的公益性、综合性志愿服务阵地，是团员青年身边的共青团"门店"。共青团成都市委探索建立"旗舰店—功能店—共营店"三级服务终端体系，切实推动团的组织网络、工作力量、服务项目在青年身边有形化、日常化覆盖。"青年之家"成为联系广大青年群体，引领志愿服务新风尚的多级阵地体系，形成覆盖全域青年、服务各类青年的综合平台。

（1）"青年之家"运营机制

成都市"青年之家"采取"团委指导、社工站监管、团支部运营"的运作模式，提供"菜单式"服务、延时或"错峰"服务。"菜单式"服务是指以青年需求为导向，汇聚整合团建指导、社会组织孵化、青年志愿服务、爱心助学帮困等服务资源、服务项目和服务队伍，通过收集汇总的项目清单把需求对接到"青年之家"，实现精准的志愿服务供需对接。延时或"错峰"服务是指"青年之家"服务时间为每日10点至22点，或者18点半至21点。立足青年群体工作与作息时间，确保服务有效供给，打通服务青年的"最后一公里"，确保志愿服务能有效贴合青年群体需求。

（2）"青年之家"功能分区

成都市各级"青年之家"根据功能定位，统一设定六类功能，并依据不同职能设计开展服务。但各级阵地在服务人次、服务区域、服务细化度上因层级不同而存在差异。市级层面"青年之家"服务全市青年，服务人数众多，服务内容统筹大范围服务与精细化服务，在资源整合与连接层面更加多元、有力。落地街道和社区的"青年之家"则服务本街道或社区的青年群体,更加注重服务的精准度。

"青年之家"具有六大功能:一是锦官Talk——励志锦官:邀请知名大咖分享成都文化、人才环境、创新创业等精彩内容;二是锦官Career——成才锦官:开展职业规划、职场发展、领导力建设、营销策划、团队管理的主题培训;三是锦官Joy——自信锦官:开展业务技能、生活技巧、兴趣爱好等丰富活动,让青年的闲暇之余更加多彩;四是锦官Volunteer——志愿锦官:开展志愿帮扶、社区治理、城市建设等服务,同时完善积分激励机制;五是锦官Outdoor——健康锦官:开展跑步、健身、登山、骑游、徒步、户外拓展、城市体验等活动;六是锦官Love——缘分锦官:不仅是主题交友沙龙,更是青年拓展交际、相互沟通的平台。

(3) 打造志愿服务专属信息平台

成都市各级共青团系统依托"青聚锦官城"线上平台,实现青年志愿服务的信息化管理。各阵地共用一个信息平台,有效聚合了服务数据与需求对接。各区(市)县阵地在平台设置了专属服务端口,既保证了信息整合,亦实现了不同区域的个性化需求。"青聚锦官城"于2017年上线,以搭建平台,聚合青年为要旨,是发布青年关注的热点信息,搭建联系、服务青年的线上平台。该平台主要板块有青年之家、青年志愿者和青年学习社。[①]

成都市各区(市)县"青年之家"根据功能分区,依托"青聚锦官城"线上平台发布服务内容,实行志愿服务预约制。青年志愿者板块分为主题项目、高校专区、项目风采、项目日历等。该平台在志愿者数字化管理中实现了志愿服务时长记录、项目记录、组织记录等,开放了对活动的线上点评功能,这些功能有效契合了青年志愿群体特性,补充完善了"青年之家"综合性服务。

(4) 创新线下志愿服务内容

成都市共青团系统组织结合青年群体阶段特性,依托线下完善的功能布局,为广大青年量身打造了职场提升、生命教育、婚恋交友、社会教育、文

---

① 参见成都共青团官网·青聚锦官城,https://www.cdcyl.org.cn/i-qnfw1.html。

化生活、娱乐活动等具体服务。

一是开展符合青年特点的服务。如位于成都高新区天府软件园"成都青年之家"旗舰店，内设西园街道16小时党委党建展示厅、娱乐天地、多功能大厅、社区教室、阳光舞坊、健身中心、网络中心、阅览室八大功能区，配备电竞教室、电影放映机、健身设备、K歌机等设施设备，以满足不同层次、不同爱好青年群体的需求。

二是开展特色志愿服务。如简阳市"青年之家"志愿服务阵地，自2008年至今，围绕专业化、常态化建设，大力推行"青春微公益"活动，组织开展了春运志愿服务、高考志愿服务、留守儿童关爱等公益活动，推进"禁毒、防艾演讲进校园"等主题教育进学校、进社区。其中"你的未来我的梦——农民工子女关爱计划"获得全国青年志愿服务项目大赛银奖。

2. 成都市妇女联合会系统指导的志愿服务阵地

成都市各级妇联作为全市各族各界妇女的群团组织，是党和政府联系妇女群众的桥梁和纽带，基本职能是代表和维护妇女权益，促进男女平等。成都市各级妇女联合会打造的志愿服务阵地包括4396个"妇女之家"，3229个"儿童之家"，30个市级家庭教育示范基地，6个"指尖的爱"生活馆，2个居家灵活就业基地以及15个"巾帼云创·女性创业基地"。①

（1）明确阵地空间功能

根据成都市妇女联合会功能定位，妇联系统打造的志愿服务阵地主要功能有三个方面。

一是围绕中心、服务大局，团结动员全市妇女投身社会主义现代化建设，为全市经济发展和社会进步凝聚正能量。

二是加大对妇女的教育培训力度，弘扬自尊、自信、自立、自强的精神，引导广大妇女树立崇高理想，陶冶美好情操，丰富知识储备，提高业务技能，促进妇女人才成长。

---

① 《再出发！新时代，成都妇联工作开启新篇章》，成都市妇联蓉城女性官网，http://www.cdsfl.org.cn/show-13-29290-1.html。

三是加强与社会各界联系，有效服务妇女群众，深入了解妇女需求，反映心声，帮助妇女创业就业，支持妇女参政议政，切实维护妇女儿童权益，为妇女儿童办实事好事。

(2) 打造专属志愿服务品牌

成都市各级妇联依托其阵地，打造了系列与妇联工作紧密结合、符合蓉城女性需求、彰显蓉城特色的志愿服务品牌。

一是打造特色志愿服务项目品牌。各级妇联根据工作内容，打造了常态化服务的"巾帼云创"女性双创工作品牌、"童心飞扬"儿童品牌、"芙蓉绽放"女性活动品牌、"一家亲"志愿服务工作品牌等。

二是打造专业志愿服务队伍品牌。如"蓉姐对你说"维权服务品牌，成立了妇联系统法律帮助、爱心调解等专业维权志愿服务队伍，为成都市广大妇女群众及时提供专业维权服务。

三是树立志愿服务组织品牌。妇联系统实施"一家亲"巾帼志愿服务方案，培育了一批公信度高、带动力强、各具特色的基层巾帼志愿组织。常态化开展垃圾分类、社区治理、乡村振兴、权益维护等巾帼志愿服务。

四是打造基层微阵地品牌。妇联系统建好建强各类妇女之家、妇女微家，把妇女之家打造成为妇联标识度高、覆盖面广、服务功能强的活动阵地，让妇女微家成为妇女群众就近便利、精准实在的服务窗口。

(3) 引入社会组织开展志愿服务项目

成都市各级妇联阵地在具体工作开展中，积极引入专业社会组织力量，补充妇女儿童服务，强化参与力量。

一是儿童青少年保护与教育类项目。成华区妇联引入成都市成华区一缕阳光家庭教育公益服务中心举办"成都市成华区妇联阳光心语室"志愿服务项目，引入成都市爱有戏社区发展中心开展"保和街道团结社区儿童保护"志愿服务项目。项目依托志愿者，培育孵化志愿服务小组，取得良好社会效益。

二是亲子教育与支持类项目。成都爱达迅社会工作服务中心开展的邛崃市夹关镇"妈妈指导员"0~3岁儿童家庭支持计划项目，通过培育当地

"妈妈指导员"，做好孩子早期教育，项目形成了标准化运作模式，此项目模式已推广至广西壮族自治区田东县试点。

三是女性就业与发展类项目。成华区幸福里女红编织创意室开展"手作之爱"手工帮扶发展社区产业志愿服务项目，通过免费手工培训后承接订单，实现"手作之爱"居家就业帮扶，形成了社区产业，促进了女性就业。

四是新手妈妈技能培训类项目。成都市行益社会工作服务中心在中国扶贫基金会、温江区妇联的支持下，开展"爱的能量馆"新手妈妈俱乐部志愿服务项目。回应新手妈妈在育儿、婚姻、家庭方面需要，搭建新手妈妈及其家庭的互助支持网络。

（三）"面"状志愿服务阵地探索

"面"状志愿服务阵地的代表是成都市学雷锋社区志愿服务示范站（以下简称"社区志愿服务示范站"）。社区志愿服务示范站是市文明办为深入推进志愿服务制度化、常态化的一项战略部署。社区志愿服务示范站统一建设标准与实践模式，在成都市域全面铺开，可复制推广的示范站点位在全域形成了阵地网，有效拓展了志愿服务基层阵地广度与宽度。成都通过建立社区志愿服务示范站，实现了运作项目化、服务社区化、管理信息化，逐步形成了志愿服务品牌，实现了社区志愿服务助力城乡社区发展治理。在社区志愿服务示范站建设、创评中，涌现了一批特色鲜明、功能完善、亮点突出、服务高效的示范站。

1. 建立统一的管理运行基本制度

社区是志愿服务开展的最基层阵地，制度建设是社区志愿服务最基础的保障。根据2018年社区志愿服务示范站实地考察，参加创评的社区志愿服务示范站已经全部制定了相应的规章制度。超过89.6%的社区志愿服务示范站建立了完善的志愿者登记注册制度，超过91.5%的社区志愿服务示范站建立了完善的服务记录制度，超过93.3%的社区志愿服务示范站建立了完善的褒奖激励办法，超过89.6%的社区志愿服务示范站建立了完善的兑换服务制度。① 如晋阳社区制定了《晋阳社区志愿者管理制度》《晋阳社区志愿者培训制度》《晋阳社区志愿者注册登记制度》《晋阳社区博爱微超积分制度管理办法》《晋阳社区博爱微超自营计划志愿者管理制度》等制度。

2. 培育类型齐全的志愿服务队伍

社区志愿服务示范站在建设过程中，立足服务对象需求，激发居民内生动力，引入外在力量，发掘培育社区志愿服务队伍，带动更多居民参与志愿服务。

一是激发居民内生动力，成立社区志愿服务队伍。如武侯区九如村社区挖掘社区内有文艺特长的残疾人士，组建残疾人文艺志愿服务团队，组建轮椅舞蹈队、艾扬格瑜伽表演队，开展残疾人曲艺表演、书法、绘画、朗诵等文艺志愿服务项目。

二是引入社会志愿服务队伍，为辖区居民提供服务。如武侯区簧门街社区引入"菜宅送"志愿服务队，探索出了"社区居委会与村民委员会互动、社区与蔬菜专业合作社对接，社区、企业搭建平台一体联动"的"221"模式，更好为居民服务。

3. 发展丰富多样的志愿服务组织

社区志愿服务示范站在建立类型多、数量多、全域化志愿服务队伍的基础上，开始探索成立聚合力强的志愿服务社团、组织、联盟等。推动志愿服务常态化，助力社区志愿服务可持续。

一是成立志愿服务协会。如都江堰市瑞莲社区成立老年志愿者协会，自发地以墙绘形式，将公益广告的宣传内容一笔一画复刻在了小区院落的墙体上。

二是成立志愿服务社团。如天府新区安公社区大力推动社区文艺团队和各类民间团体发展，新建社团86个。社区志愿服务社团承接"安公艺术周"等公益服务文化活动，连接辖区内资源。各个社团会员参与志愿者总数近千人，真正让社团成为重要的社区志愿力量和公益力量。

---

① 《2018年成都市学雷锋社区志愿服务示范站创评项目绩效评估报告》。

三是成立志愿服务联盟。如武侯区倪家桥社区积极探索志愿者服务工作"一联五化"的蓝图，以社区为中心点，在社区25个院落、12家驻区单位等分别建立志愿联盟服务站点，构建了以社区志愿者联盟为载体的志愿者服务体系。

4. 整合各线各类志愿服务资源

社区志愿服务示范站积极挖掘社区资源，申请政府项目与资金，连接社会资源，实现资源渠道多样化、主体多元化。同时，优化整合已有资源，实现资源与需求的无缝对接与高效利用。

一是志愿服务资金。社区志愿服务示范站依托驻区社会组织、自组织等，通过公益创投、社工示范项目、社区保障资金等渠道申请民政、社治委等部门资金。在各种志愿服务资金来源中，公共财政资金最为稳定。

二是群团组织资源，包括红十字会、共青团、妇联等。如金牛区九里堤北路社区实施的中国红十字会博爱家园项目，社区志愿服务站常年开展独具特色的应急救护培训志愿服务进小区、进家庭、进学校、进企业。

三是医院学院资源。如温江区西街社区连接成都市第五人民医院等开展"健康常乐"主题活动；连接四川交通运输职业学校，整合辖区各类学校资源建立"青年伙伴"志愿服务队伍，开展"V行动"主题志愿活动。

四是企业商家资源。如武侯区玉林北路社区引入龙德集团投入10万元成立"花开玉林"基金，国家电网高新供电中心开展"点亮回家的路"项目。

五是社会组织资源。社会组织资源是社区志愿服务示范站引入数量最多、类型最丰富的资源，社会组织是建设社区志愿服务示范站的有力助手。目前已经形成"多对一"对接模式，即多个社会组织在一个社区志愿服务示范站进行联合服务。

5. 建设功能聚集的基层服务空间

社区志愿服务示范站根据空间打造功能与定位，根据社区实际需求，打造了一批具有成都特色的志愿服务基层空间体系，切实贴合服务对象，打通志愿服务"最后一公里"。

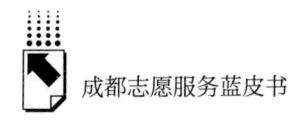

一是党群志愿服务空间。如高新区兴蓉社区打造的"红领微家""兴蓉荟"两个党群志愿服务开放空间，成华区桃源社区依托社区邻里中心建设"七一空间"等。

二是志愿服务爱心超市。如温江区柳岸社区通过爱心超市"以服务换服务·以爱心传爱心"的良性循环机制，搭建起以项目为导向的公共服务供给平台，逐步形成以社会组织为连接的社区群众参与社区治理的完整体系。

三是志愿服务集群空间。如简阳市蜀阳社区"公益一条街"，具备了志愿者服务站、十五分钟之家、公益水吧、技能培训中心、优抚服务站、益心理、母婴室、430学校、家长学校等，打造了志愿服务多功能集群空间。

6. 实现社区志愿服务信息化管理

各社区志愿服务示范站依托信息化平台将社区服务延伸到每个角落，直达居民家中，使社区居民享受到了更加优质、全面、便利、快捷的社区服务。同时，也为社区工作人员简化了办事流程，提高了办事效率，降低了行政成本。

一是依托成都市志愿者融媒体平台。社区志愿服务示范站逐步统一使用成都市志愿者网、成都志愿者App等平台，实现志愿服务"发布—招募—记录—总结—评价—展示—回馈"全流程信息化管理。

二是建设各社区示范站自媒体平台。社区志愿服务示范站建立社区志愿者QQ群、微信群等不同渠道的联系平台，让居民通过各类平台实现在线交流。同时，社区通过平台及时发布志愿服务项目、居民需求等各类志愿服务信息，实现服务与需求有效对接。

7. 建立社区志愿服务激励回馈体系

社区志愿服务示范站在挖掘、开拓、整合各类资源的基础上，探索出一系列社区志愿者激励回馈特色体系，以激发志愿者动力，提升服务热情，促进常态化服务。

一是建立积分兑换激励体系。如天府新区安公社区以"服务换积分、积分兑实物、积分兑服务"的方式，成立志愿者"积分银行"，制定志愿服务积分兑换办法，志愿者可在辖区积分兑换点兑换多种商品，在社区公共服务场所兑换有偿公共服务，在社区志愿加盟商店享受折扣等。

二是成立志愿服务社区基金。如天府新区安公社区成立了社区基金。通过社会募集和经营造血，常态化年募集公益基金30余万元，为30名困难群众和27个公益项目以及志愿服务积分兑换提供了折合价值20万元的资金保障。

（四）"网"状志愿服务阵地探索

成都公共文化志愿服务阵地已经形成全域志愿服务"网"状分布。成都已基本实现了市、县、乡、村四级公共文化阵地全覆盖，已经初步建成"15分钟城乡公共文化服务圈"，实现公共服务设施的差异化精准配置。成都市公共文化志愿服务阵地在各区（市）县全域布局，实现了服务阵地"横到边、纵到底"全覆盖。"网"状阵地同时具备"线"性与"面"状阵地的特点，更因其文化多样属性，各阵地根据其自身特色还形成了差异化的点位志愿服务。

为推动多级文化阵地志愿服务发展，成都市委宣传部等7部门于2018年印发了《成都市公共文化设施开展学雷锋志愿服务的实施意见》（以下简称《实施意见》）。《实施意见》提出要深入推进公共图书馆、博物馆、文化馆（站）、美术馆、科技馆、革命纪念馆、基层综合性文化服务中心、高校和中小学图书馆等（统称"公共文化设施"）学雷锋志愿服务工作。成都市图书馆、武侯祠博物馆、成都动物园等30家公共文化设施成为第一批示范建设点。

1. 建立了志愿服务阵地基本标准

成都市公共文化设施志愿服务阵地按照"九有"标准建设。"九有"是指有天府文化的内涵解读，有统一规范的标识标牌，有适于开展工作的场所及活动场地，有志愿服务站点管理人员，有规范的规章制度，有相对稳定的志愿服务队伍，有志愿者和志愿服务对象的档案，有常态化可持续的志愿服务项目，有必要的投入经费。此外，各公共文化设施可根据自身特色与实际

情况进行扩充完善。

2. 制定了志愿服务阵地基础制度

成都市各公共文化设施根据其服务特点制定了志愿服务基础管理制度，编写了志愿服务手册或服务指南，为志愿者开展服务提供基本制度保障。成都市各公共文化设施制定了《成都市文化馆文化志愿服务制度》《成都图书馆志愿者管理办法》《成都动物园志愿者管理办法》《成都博物馆志愿者章程》《成都金沙遗址博物馆志愿者章程》等一系列有利于志愿服务规范管理的规章制度，让志愿服务行有规范、做有标准。各阵地将志愿服务纳入常态化管理，实现志愿服务有专人管理。

此外，各公共文化阵地在志愿者需求挖掘、招募、筛选、面试、培训、试用、正式上岗、激励表彰等全流程制定了相应的管理办法和实施意见，确保志愿服务稳定有序开展。

3. 搭建了多主体联动的合作网络

成都市各公共文化设施阵地通过打造馆馆联动、馆校联动、馆社合作、志愿机构联动、志愿者联动等机制，推动了志愿服务参与主体、参与力量多元化，形成了多主体联动的志愿服务体系。

一是馆校合作机制，即公共文化设施阵地与学校的合作交流。市动物园自2006年以来通过与四川大学、成都医学院、成都大学、电子科技大学等多所高校团委、志愿者联合会（联盟）、学生会等开展合作，有效扩大了市动物园志愿者之家规模。

二是馆社合作机制，即公共文化设施阵地与社会组织、企业等的合作交流。成都市图书馆与社会公益组织建立合作机制，与四川航空公司空乘志愿服务队联合开展礼仪志愿服务活动，与上海微笑青年公益服务中心合作开展"万物启蒙——带领孩子走进世界"少儿公益志愿者讲座等。

三是馆馆合作交流机制，即公共文化设施阵地间的合作交流。成都武侯祠博物馆积极推动与成都杜甫草堂博物馆、成都金沙遗址博物馆等兄弟单位建立良好的交流机制，为博物馆志愿者之间搭建起交流平台。

4. 建立了志愿服务运行组织架构

成都市公共文化设施志愿服务依托馆内公益文化服务，引入志愿服务补充完善公共服务内容。公共文化设施的职能部门对志愿服务工作进行统一管理，设立专职管理员和不同类型服务组。各馆在具体运行机制上有所不同。成都武侯祠博物馆与成都金沙遗址博物馆各有不同（见图1、图2）。

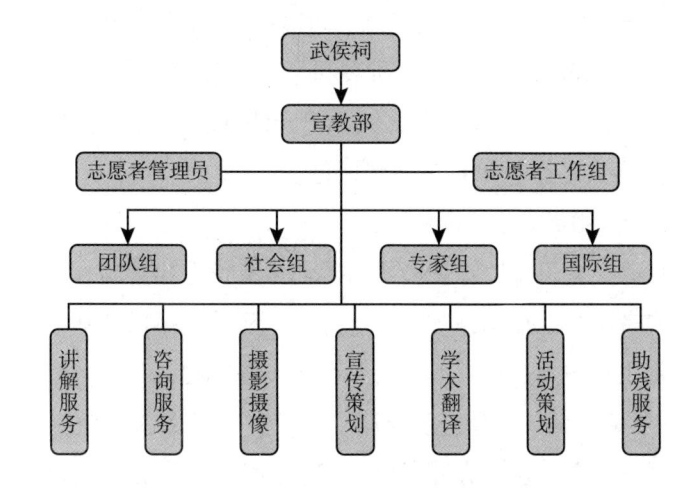

图1　成都武侯祠博物馆志愿服务组织架构

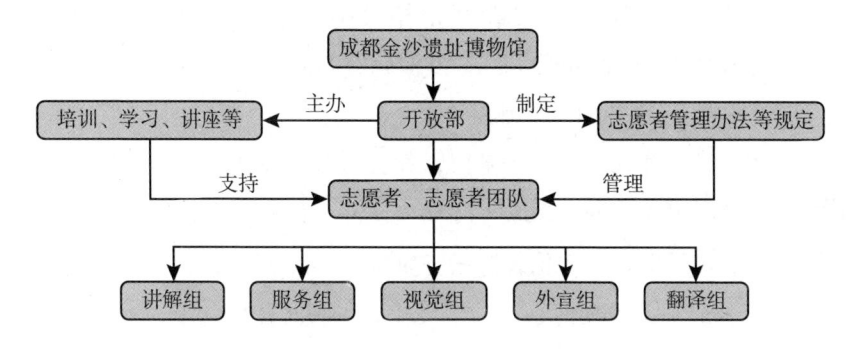

图2　成都金沙遗址博物馆志愿服务运营机制

5. 开展了各具特色的常态志愿服务

一是成都市公共文化设施依托阵地特点常态化开展志愿服务。常态化志愿服务内容有义务讲解、科教宣传、知识普及、文明劝导、咨询导览、摄影摄像、公益放映、文化研究等。如市图书馆、市博物馆、武侯祠、杜甫草堂等阵地全面推动的"小小讲解员"服务，联动学校开展传统文化推广普及。市动物园开展的"科普讲解员""文明游园劝导"服务。

二是成都市公共文化设施阵地创新性融合各文化特性与线下流行元素，打造了一系列具有成都文化特色的志愿服务品牌。如成都"公共文化服务体验师"、成都街头艺人、"声刻记意"、"春雨工程"文化志愿服务、"点点金沙"、"武侯祠成都大庙会小喜神项目"、"小小讲解员项目"、"孔明送东风"、"名师大讲堂"、"家长沙龙"、"阳光课堂"、"百姓故事会"、"文化暖心驿站"、"春天鸟影"等特色品牌项目。

6. 使用了志愿服务信息管理平台

成都市公共文化设施阵地积极打造志愿服务信息化管理平台，实现各阵地统一的志愿者招募、活动预约、登记记录、积分兑换以及其他特色管理功能。管理平台主要包括三种：一是公共文化设施官网，二是微信、官方微博等自媒体，三是微信群、QQ 群等交流平台。如成都金沙遗址博物馆通过官网建立志愿者管理库，包括志愿者个人信息、活动、积分、兑换等内容，同时在微信自媒体平台进行志愿者风采记录与宣传。市植物园通过官方平台、微信公众号及官方微博等进行志愿者招募、活动发布、管理、宣传等，同时建立了志愿者交流 QQ 群和微信群，方便园区与志愿者之间沟通交流。

7. 对外拓展了公共文化志愿服务

公共文化设施阵地积极深入基层，在社区开展文化宣传、知识普及以及多方交流，形成了文化的纵深联系和横向交往，促进了文化传播与志愿服务精神渗入，形成了良好的文化志愿服务氛围。

2018 年，成都武侯祠博物馆基于文化志愿者团队成立了"孔明送东风"文化志愿服务小分队，开展文化传承进校园、文化扶贫进山村、文化宣讲进社区等志愿主题活动。"孔明送东风"文化志愿服务小分队走进桐梓林社区、凉水井社区等，为社区居民宣讲三国文化，普及博物馆知识。成都市金沙遗址志愿服务小队积极参与文化扶贫志愿活动，走进青川、简阳、蒲江等贫困地区小学和农民工子弟小学进行授课，对成都市同辉（国际）学校的智障儿童和自闭症儿童进行艺术治疗。此外，志愿者还走进企业、军营等，推广传播金沙故事。

三 成都志愿服务阵地建设成效

(一)服务阵地数量众多，实现了服务全域覆盖

成都市志愿服务阵地遍及全域，深入22个区(市)县各领域，依托多元类型阵地全面打造了纵深发展、横向布局服务网络，形成了纵深结合的志愿服务阵地网络。一是成都志愿服务阵地"点""线""面""网"多类多级分布，推动实现全域志愿服务"横到边、纵到底"。其分布数量与类型数量根据一圈层、二圈层、三圈层依次递减，形成以一圈层为中心的网状辐射。二是成都志愿服务阵地"点""线""面""网"交流互动频繁。各阵地间对话合作机制逐步建立，志愿服务项目交叉互动。其中，社区志愿服务示范站与其他阵地的联系机制，成为阵地沟通交流、资源共享的发展典范。

(二)多元力量积极参与，构建了政社联动机制

一是党政群团事业单位等主体主动作为。随着社会治理的不断深化，人民群众的需求不断变化，党政群团事业单位等公共部门的服务方式、工作理念也随之变化，建设志愿服务阵地，为志愿服务活动提供平台成为它们普遍的工作方式。国务院《志愿服务条例》的出台，进一步明确了各部门在志愿服务事业中的职能和责任，增强了各党政群团部门的主体责任和主体意识。成都市志愿服务阵地建设主体已经从传统领域的宣传系统、民政系统、共青团系统拓展到组织系统、社治系统、卫健系统、生态环保、公园城市管理系统、文广旅系统等条线部门。各部门单位均十分重视志愿服务工作，将志愿服务纳入各单位重要工作内容。

二是社会组织积极投入参与阵地建设。其一，社会组织在阵地举办的志愿服活动中身体力行传播志愿服务精神和理念。发掘骨干志愿者、培育志愿

服务队伍是社会组织基本工作模式。其二，社会组织托管运行维护阵地。如服务型、平台型社会组织通过承接服务，负责阵地的日常管理维护，组织实施专业培训、志愿服务队伍（组织）的孵化培育等。其三，慈善组织利用募集物资优势，为阵地志愿服务提供物资保障。部分慈善组织开放公募权以项目的形式开展募款，部分慈善组织联合阵地的建设方设立慈善专项基金，为志愿服务提供资金保障。

三是学生、企业职工广泛参与阵地志愿服务。高校学生通过与阵地结对，长期提供常态化的志愿服务。企业职工通过党建平台等其他平台，积极参与社区志愿服务。

（三）形成特色运作模式，满足了多元服务需求

阵地是志愿服务活动的重要平台，各阵地在探索运行上形成了多种模式。其中，"菜单式"服务、"项目化"服务、"综合体"服务是最常见的三种模式。"菜单式"服务可以使得服务模块化、流程化、精准化，使得服务能够有效对接服务对象需求。"项目化"服务面向特定人群、特定领域，定期发布志愿服务项目，能够满足重点领域、重点人群的常态化需求，实现志愿服务标准化对接。"综合体"服务则围绕服务对象提供多样化、综合性的志愿服务，使得志愿服务更加全面系统，多元综合满足服务对象需求。

（四）使用信息管理平台，促进了高效融合发展

成都依托信息管理平台，提升志愿服务管理效能。成都在市志愿者活动服务中心和各社区志愿服务示范站等线下阵地，普遍使用了成都志愿者网、成都志愿者App、成都志愿者微信、微博等志愿服务信息平台，实现了志愿者登记注册、活动信息发布、分类查询、志愿服务时长记录、志愿服务宣传展示、志愿服务供需对接等功能，促进了线上线下融合发展，使志愿服务管理更加便捷高效。团委系统通过"青聚锦官城"等线上平台，进行青年志愿服务的线上服务，契合青年群体特点，智慧化管理线上线下志愿服务，形

成上下互动、紧密结合的良好运作态势。与此同时，线上志愿平台也促进了志愿信息的云聚共享，公开透明。

四　成都志愿服务阵地建设发展方向

（一）出台阵地建设管理办法，统筹规划阵地建设

一是出台志愿服务阵地建设管理办法，统一志愿服务阵地的标识、服务内容、服务标准等基本规范。二是统筹规划志愿服务阵地的区域布局、领域布局，确保分布科学合理。三是结合新时代文明实践中心工作、乡村振兴、城乡社区发展治理、建设"三城三都"重大战略等，打造一批特色化示范性志愿服务阵地。四是做好志愿服务阵地规划方案，着力找差距、补短板、强弱项、促提升，打造地域领域分布合理、特色凸显、功能齐全的成都志愿服务阵地集群。

（二）建立阵地交流合作机制，加强阵地之间协作

一是加强各级志愿服务阵地横向联系与合作，相互学习借鉴，挖掘志愿服务阵地新可能，实现阵地间取长补短、优势互补、资源互通。二是加强志愿服务阵地纵向联系与合作，促进资源连接机制的建设，上级阵地要促进落实学习资源、服务资源与信息资源下沉，同时，基层阵地要发掘志愿服务资源，推动资源的共享与有效利用。三是积极探索"引进来、走出去"阵地发展机制，推动志愿服务阵地经验、模式输出。同时，要学习借鉴先进地区志愿服务阵地发展特色与模式，引入优质资源在成都落地，助力建设志愿服务阵地。

（三）完善阵地志愿服务体系，强化阵地功能作用

一是志愿服务阵地提高服务品质。一方面提高阵地服务志愿者、志愿服务组织的水平；另一方面以服务对象需求为中心，科学设计志愿服务项目，

实现志愿服务量身打造，推动志愿服务向高品质发展。二是继续完善供需对接机制。志愿服务阵地多是依托空间建立，天然地具有开展常态化服务的优势。志愿服务阵地可以从"需求调研""菜单式""项目化"等多方面进行供需优化。三是加快志愿服务数据对接。推动成都市志愿者网作为全市统一平台，还未建立志愿服务信息平台的阵地可直接使用成都市志愿者网，根据阵地自身特点，延伸开发阵地特色板块。同时，加快各志愿服务信息化平台的数据对接，确保各志愿者信息、志愿服务服务记录、志愿者培训、志愿者激励、表彰等信息能够共享。

（四）多管齐下整合阵地资源，推动阵地常态运行

一是聚合线上线下资源。探索志愿服务线上商城资源、志愿服务项目资源、专业志愿者资源、志愿服务阵地空间等线上线下资源共享，有力促进各阵地志愿服务的发展。二是多渠道整合资源。以志愿服务项目为载体，连接慈善资源，探索社会化募集物资的机制。以服务对象需求为中心，连接企业职工志愿者、学生志愿者，壮大阵地志愿服务队伍。以志愿服务能力为抓手，连接专业力量，培训骨干志愿者，培育志愿者队伍，提升阵地志愿服务专业化水平。三是连接多元化资源。以各单位志愿资源、企业商业资源、社会多样资源、公益慈善资源、境外支持资源等为切入点，有效探索、发掘、利用资源，扩充成都市志愿服务资源地图边界，形成丰富多样的成都志愿资源库。

参考文献

[1] 申圳：《城市社区服务中的志愿者管理探析——以郑州市Y社区服务中心为例》，硕士学位论文，广西师范大学，2015。

[2] 朱广发：《文化志愿服务主阵地——社区》，《戏剧之家》2015年第6期。

[3] 周京：《供需对接机制在志愿服务制度化中的支点作用探讨》，《商业经济研究》2015年第35期。

［4］成涌：《浅谈社区科普阵地建设和管理》，《天津科技》2015年第1期。

［5］沈岱峰：《优化村（社区）阵地建设的调查与思考》，《政策瞭望》2018年第7期。

［6］贝静红：《文化生态视野中青年志愿服务基地化建设》，《当代青年研究》2012年第3期。

［7］汪诗韬、周永捷：《新形势下青年志愿服务阵地需求与供给现象研究》，《才智》2017年第24期。

［8］胡昌荣：《志愿服务社会实践基地建设的必要性及基本原则》，《学校党建与思想教育》2016年第11期。

［9］吕立军：《浅议社区青年志愿者培训基地建设》，《读与写》2015年第10期。

［10］成都精神文明建设委员会：《关于推进志愿服务制度化建设的实施意见》（成文明委发〔2014〕3号）。

［11］成都市精神文明建设办公室、成都市民政局：《关于印发〈成都市志愿者注册登记管理办法（试行）〉〈成都市志愿服务供需对接制度（试行）〉〈成都市志愿服务记录办法（试行）〉的通知》（成文明办发〔2014〕61号）。

［12］成都市精神文明建设办公室、成都市民政局：《关于印发〈成都市志愿者星级评定制度〉的通知》（成文明办发〔2014〕62号）。

［13］成都市精神文明建设办公室：《关于印发〈成都市社区志愿服务方案〉的通知》（成文明办发〔2015〕49号）。

［14］成都市精神文明建设委员会：《关于印发〈2017年成都市推进志愿服务制度化工作安排〉的通知》（成文明委发〔2017〕3号）。

［15］中共成都市委宣传部等7部门：《关于印发〈成都市公共文化设施开展学雷锋志愿服务的实施意见〉的通知》（成文明办发〔2018〕36号）。

B.10
成都志愿服务信息化建设研究

摘 要： 志愿服务信息化建设对于充分发挥信息技术在志愿服务资源配置中的集成和优化作用，促进志愿服务事业健康发展具有重要意义。成都深化"互联网+"思维，基于志愿服务信息化要求，开发了成都志愿者网。成都志愿者网集志愿服务管理、发动、组织、参与、宣传"五位一体"功能于一身，推进了志愿服务供需对接精准化、科学管理精细化、全面管理系统化、激励回馈众筹化，实现了全方位推广成都志愿服务成效。同时，成都志愿服务信息化建设也存在挑战与问题。成都在推进志愿服务纵深发展过程中，应充分释放科技支撑的潜力，积极探索志愿服务信息化路径，以实现志愿服务线上线下融合发展。

关键词： 志愿服务 信息化建设 成都志愿者网 成都

2014年3月，信息化首次被写入《政府工作报告》；2016年7月，中共中央办公厅、国务院办公厅印发《国家信息化发展战略纲要》，提出要将信息化贯穿我国现代化建设进程始终，信息化被提升到了国家战略的层面，各行业信息化发展战略规划相继出台。

志愿服务是现代文明社会不可或缺的一部分。近年来，在国家政策的大力支持下，中国志愿服务事业蓬勃发展。截至2018年12月底，在中国志愿服务信息系统注册的全国志愿者数量超过1亿人，志愿团体数超过57万余个。志愿者人数和志愿组织规模的不断扩大，对志愿服务管理工作提出了更高要求。有效整合志愿服务资源，促进志愿服务健康发展，需要充分利用信息化的技术优势，推动志愿服务与信息化的深度融合。2015年9月，中央文明办、民政部、共青团中央发布《志愿服务信息系统基本规范》，志愿服务信息化建设有了全国性的行业统一标准。

成都自1994年率先启动成都青年志愿者行动以来，在社会各界的高度关注和大力支持下，在全市广大热心市民的积极参与下，志愿服务发展速度不断加快。志愿服务规模从小到大、人数从少到多、覆盖领域不断扩展、服务水平稳步提升，已经成为全市参与面最广、参与程度最高的一项公益活动。但与此同时，志愿服务内容、志愿服务对象选择随意性大，志愿服务"供需矛盾"突出，志愿服务时间无法有效纪录等问题开始显现。针对这些问题，成都适时开通了成都志愿者网，推出了成都志愿者App，实现了志愿服务线上信息发布、招募报名、项目管理、交流互动等功能，并逐步开发数据分析、个性化定制、评价考核等子系统建设，为实现全市志愿服务的资源整合、信息互联和数据共享提供了重要的推动力。本文以成都志愿者网为案例对象，力图通过对其主要功能、创新实践、取得成效、现存问题及优化建议等方面进行深入解读和呈现，为推进成都志愿服务信息化建设和健康发展提供有效借鉴。

一　志愿服务信息化概述

（一）志愿服务信息化的概念和特点

志愿服务信息化，是指通过应用现代通信、计算机、网络、数据库等信息技术，开发和使用志愿服务资源，优化志愿服务管理的过程。根据融合程度由浅入深，志愿服务信息化可分为三个层次：第一层次的志愿服务信息化是指将现代通信、计算机、网络、数据库等信息技术手段应用于传统志愿服务，提升传统志愿服务的效率，创新传统志愿服务的项目内容；第二层次的志愿服务信息化是指通过打造各种类型的志愿服务信息平台，实现志愿者注册、项目发布、需求对接等功能，解决不同组织、个人的志愿服务管理需求；第三层次的志愿服务信息化是指充分利用互联网、大数据、云计算、移动网络等信息技术，将志愿服务各要素汇总至系统，实现志愿服务线上与线下的融合、互通，并依托信息技术支撑，观察、研判志愿者参与社会治理、志愿服务组织发展的态势，为志愿服务事业发展提供决策依据，支撑治理能力现代化。

志愿服务的信息化、网络化已成为当下开展志愿服务活动最有发展前景的一种方式。对比传统志愿服务活动开展模式，信息化志愿服务活动开展模式具有以下几个鲜明的特点。

一是融合。志愿服务信息化通过跨界融合的形式，将志愿者资源、志愿服务组织资源、社会公共资源与信息化资源进行有效融合。整合志愿数据资源，让不同地区、不同行业的志愿服务数据实现互联互通；整合社会公益资源，通过利用云技术，可以将分散的志愿服务资源通过云平台实现共享，提升志愿服务供需双方的匹配度；整合传播资源，提升志愿服务信息传播的触达率，让志愿服务更好地融入日常生活，让人们在日常的生活细节中也能感受到志愿文化，进而吸引更多的人参与志愿服务活动。

二是高效。志愿服务信息化可有效提升志愿服务的效率。利用志愿服务信息化平台，社会公众可以便捷注册成为志愿者，参与志愿服务，可以自行选择参与自己感兴趣的志愿团体和项目，在线记录、转移、接续自己的志愿服务时间。志愿服务组织可以按照规范的流程发布志愿服务项目，更加便捷地招募、管理志愿者；可以利用志愿服务网络信息资源，有效促进志愿服务资源的智能匹配和实时对接；还可以通过信息化平台开展志愿服务管理工作，有效加强对志愿服务的监控和反馈，对志愿服务项目进行及时纠偏。管理部门可以全面了解志愿服务情况，开展数据决策分析。

三是重塑。目前，大部分志愿服务组织采用的都是线下运行的模式，人员参与渠道在线下，活动组织方式也在线下，各志愿服务组织的影响区域较为分散，相互之间的联系也偏弱。志愿服务信息化可以实现线下、线上相结合的运营模式，扩大志愿服务的影响区域，实现不同志愿服务组织之间的互联互通。

四是人本。志愿服务信息化的便利性使得志愿服务组织能够根据志愿者的兴趣、专长等条件进行科学的分类管理，更加有针对性地招募、分配志愿者；同时，在信息分析和统筹协调下，志愿服务组织还能尽量将志愿者的服务意愿、特长优势和兴趣爱好作为工作分配的尺度，最大限度地发挥志愿者的特长，做到人尽其用。

五是开放。开放是信息化最重要的特征之一。志愿服务信息化可以借助覆盖范围广的特点，连接更多的志愿者、志愿服务组织和社会力量，形成开放包容的志愿服务生态，有助于志愿服务队伍的强健壮大，扩大志愿服务的社会影响力。

（二）志愿服务信息化平台的类型

志愿服务信息化的实现依赖于信息化平台。志愿服务信息化平台是一种以传统志愿服务为主体，以现代化信息技术辅助手段，促进志愿服务资源对接、推进志愿服务信息化发展的载体。近年来，国内各类志愿服务信息化平台建设发展迅速、类型广泛。

1. 志愿者管理平台

志愿者管理平台是在符合《志愿服务条例》等一系列志愿服务政策文件要求下，通过信息化的平台实现项目的团队管理、项目的快速发布、志愿者信息的灵活管理、志愿服务扫码签到、志愿保险的便捷购买、志愿回馈商城应用等功能，一般包括PC端、WEB网站、移动端，增强了志愿者与志愿服务管理者的黏性。

志愿者管理平台比较注重使用者体验，尤其是注册志愿者、志愿服务活动组织实施者的体验。与志愿服务行业管理平台相比较，功能相对更加简洁，注重互动和反馈。

2. 志愿服务行业管理平台

目前，志愿服务行业平台大多由全国及各地志愿服务管理机构开发和运营，具有官方或者半官方背景，主要服务于志愿服务管理者和志愿服务组织，为其提供志愿者和团队的注册和管理、志愿资源连接渠道、优秀案例分析、项目培训指导等多方面服务，方便志愿服务管理和资源对接。志愿服务行业管理平台大多以网站或 App 的形式呈现。两者基于同一个数据后台，可以实现所有相同的功能。行业平台的主要功能包括志愿者注册、志愿团体注册、志愿服务项目发布、志愿活动展示、信息动态等。

志愿服务行业管理平台是职能部门履行志愿服务职责的产物，其功能设置、风格样式、宣传推广路径、使用群体均具有行业或职能部门的显著特征。平台更加关注志愿服务管理者的需求，弱化志愿者的需求和体验。志愿服务行业管理平台是该部门或单位志愿服务工作推行中的基础设施，功能复杂，更加注重的是自上而下的单项沟通。

3. 社会化平台

社会化信息平台，以当下部分互联网企业开发、供公众免费使用，具有公益属性的志愿服务信息平台较为典型。此类平台本身具有互联网领域特点，容易引入大规模用户群体，更迅速、精准地进行社会传播，营造全民参与公益的文化氛围。社会化信息平台十分注重使用者的体验和感受，不断提高参与趣味性和获得感，能够推动政府部门、企事业单位和普通民众等群体的广泛参与。相比于其他平台，这一类型的平台，放大了传统志愿服务活动的效能，提升了志愿服务的影响力。社会化信息平台不仅局限于志愿服务，而是涵盖于公益慈善的范畴；倡导的志愿服务形式不仅局限于传统付出体力、时间型志愿服务，更加强调付出智力、知识、技能型志愿服务。

二 成都志愿服务信息化建设案例——成都志愿者网

（一）成都志愿者网建立的背景

成都志愿者网是成都目前正在使用的志愿服务信息化平台之一，它是由志愿服务管理系统、志愿者积分系统、志愿者培训系统"三系统"，志愿者大数据库、互联网、手机端应用（成都志愿者App、成都志愿者微博和微信公众号）、云端（成都市志愿服务地图）等多个终端应用共同组成的全媒体平台，也是全国第一个城市志愿者全媒体平台，在全国同类信息平台中处于领先水平。

成都志愿者网的建立，既是为了解决目前成都线下志愿服务平台在管理和服务中存在的种种问题，也是为了满足成都志愿服务事业发展的现实需求。近年来，随着经济发展水平的提高和社会的进步，成都志愿服务发展速度不断加快，已经成为全市提升社会建设水平、提高文明程度的重要力量，这对于成都志愿服务管理体系提出了更高要求。在成都市精神文明建设办公室（以下简称"市文明办"）指导下，成都积极顺应"互联网+"的发展趋势，适时提出了"互联网+志愿服务"的志愿服务信息化新思路。从2012年起，成都开通了"一网"（成都志愿网）、"一端"（成都志愿者App）、"两微"（成都志愿者微博、微信公众号）志愿者全媒体平台，搭建起全市志愿服务信息化管理体系，为全市志愿者和组织实现数据共享、项目对接、协作共事及参与交流，提供了高效畅通、及时稳定的便捷通道。整体而言，成都志愿服务的信息化管理水平走在全国前列。

成都志愿者网自运行以来，开放各级管理账号2.6万个，统筹覆盖全市各部门行业、专业队伍、基层骨干等，极大地激发了志愿服务的协同效应。平均每年净增注册志愿者超过30万人，近3年平均每年递增12.3%；平均每年新增志愿服务队伍超过3400支，近3年平均每年递增近10%。成都志愿者网数据显示，截至2018年底，成都注册志愿者人数达210.36万余人；全市已累计组建并注册志愿团队2.1万支，组织开展志愿服务活动21万余次。其中，仅2018年开展志愿服务活动就达77429场，平均每天开展活动212场。网站围绕市委中心工作发布志愿公益信息近3000条，网站日均页面浏览量20万次，流量、百度收录数量等排名在全国同类型网站中均居于前列。

（二）成都志愿者网的主要功能

成都志愿者网集志愿服务管理、发动、组织、参与、宣传"五位一体"

功能于一身,通过网站、App及微信公众号为用户提供志愿者登记注册、志愿服务项目发布招募、志愿服务活动分类查询、志愿服务时长记录、宣传展示、激励回馈等服务,实现志愿服务统筹调度、供需对接、监督指导、交互通信等功能。

一是实现统筹调度功能,推进志愿服务供需对接精准化。成都志愿者网现已构建起全市志愿服务地图,用户通过网站、移动端(含App和微信公众号)均可地图式查找志愿服务项目、岗位,实现志愿服务需求精准对接,让市民参与志愿服务更为便捷高效,推动志愿服务"人人可为、时时可为、处处可为"。成都志愿者网现已完成全市1358个学雷锋社区志愿服务站(点)的统筹调度,每月开展志愿服务活动平均不低于2次;将博物馆、图书馆、医院等公共服务设施纳入常态化志愿服务站点布局,在网站设置志愿服务岗位,统筹实现志愿者岗位发布和招募,现已为四川省人民医院、成都市妇女儿童中心医院、成都市第五人民医院及首批公共文化设施志愿服务站开放专属定制志愿服务记录凭证。

二是实现服务记录功能,推进志愿服务科学管理精细化。成都志愿者网现已实现利用志愿者人脸识别、活动专属二维码扫描对志愿服务时长进行记录。活动组织方每次项目结束后,可在线上以图文并茂的形式及时进行活动总结和评价。网站还可为注册志愿者和各级志愿服务组织在线提供志愿服务记录证明,志愿者可自行打印带有LOGO和防伪码的证明书,并附注志愿服务时长构成的全部活动清单。借助于网站的信息储存功能,成都不仅实现了志愿服务的精确记录,促成志愿服务过程线下高效执行、线上后续追踪评价,而且也为全市志愿服务总结表彰、星级志愿者认定、居住证积分志愿服务加分认证提供了官方依据。

三是实现监督指导功能,推进志愿服务全面管理系统化。依托成都志愿者网,市文明办专门研发建设后台督查管理系统,每月对1358个城乡学雷锋社区志愿服务站和志愿服务组织队伍的线上活动全面开展常态督查,并采取抽样调查的方式,由市民督查员报名参与线下志愿服务活动,现场收集志愿者和服务对象的满意度调查数据,按季度印发专题通报进行先进表扬和问题派发。近年来，督查系统运行良好，对推进全市志愿服务制度化、常态化具有积极的指导作用。

四是实现积分兑换功能，推进志愿服务激励回馈众筹化。成都志愿者网探索志愿服务众筹回馈机制，在全国率先搭建"开放式"志愿者激励回馈平台，调动社会各界广泛参与，为志愿者"众筹"激励保障服务或产品，领先北京、上海、广州、深圳等城市。成都各区（市）县、街道、社区、爱心企业（含中小企业、个体户等）、社会机构、公共服务机构、博物馆、公园等加入志愿爱心联盟，入驻成都志愿者积分商城，上传商品、产品及服务等，积极参与志愿者激励回馈保障。目前，成都志愿服务积分商城实物和服务近千种，由全市300余家爱心志愿联盟成员提供，部分商品兼具公益性，将残疾人手工艺品、慈善超市的线下产品整合纳入线上兑换，以购买服务的形式参与特殊人群关爱中来，提升城市温暖度和美誉度。

五是实现宣传展示功能，全方位推广成都志愿服务成效。在成都志愿者网与成都志愿者App开发上线后，市内各阵地开始使用此信息管理平台，精准展示市内资源与服务安排。同时，平台还开通了"志愿服务现场""志愿者风采"等栏目，讲述志愿故事、弘扬志愿精神；并定期举办成都志愿服务先进典型宣传推选活动，传颂突出事迹，推广创新做法，传播文明风尚。

（三）成都志愿者网的创新实践

作为全国第一个城市志愿者全媒体平台和四川省第一家市级层面的志愿服务第三方信息记录平台，成都志愿者网在充分利用互联网技术方面，有很多值得借鉴和推广的地方。

一是广泛运用新技术，应用操作简便快捷。成都志愿者网运用地图定位查找、二维码定制、证件识别比对等大量新技术，使易用性更强。其中，人脸识别技术在志愿者管理系统中的应用属全国首创。利用该技术，志愿者可以在手机客户端使用"扫脸打卡""拍照计时"等功能记录志愿服务时长。区别于传统方式，刷脸打卡为志愿者尤其是未成年志愿者和老年志愿者带来了极大的便利，同时还极大地简化了志愿者管理流程，减轻了管理者的统计工作,有效避免了服务时间漏记、误记情况的发生。

二是巧妙利用新媒体,发布宣传全网直达。成都志愿者网用媒体视角传播志愿公益资讯、呈现志愿服务先进人物故事、展示志愿服务特色项目等,通过理念、内容、形式、方法、手段等创新,提升全网发布宣传水平,搭建起立体化传播志愿服务文化的新媒体矩阵,抢占弘扬天府文化、传播公益志愿信息的主流阵地,为加快建设"友善公益之城"营造良好的社会氛围。自2018年以来,成都志愿者网先后推出了首套以成都志愿者为主题的表情包、成都志愿者系列漫画、《四分钟了解成都志愿者》视频短片、"友善公益温暖成都"H5,并通过微信、微博、社区活动等线上线下渠道宣传,相关宣传获得近千万人次阅读。团队策划制作的《4分钟了解成都志愿者》短视频,通过生动形象的动画形式,呈现了成都志愿服务的发展历程、现状以及参与志愿服务的方式、平台、回馈举措等,仅在新浪微博的阅读量就超过103万人次。

三是加强跨平台合作,创新志愿服务活动形式。成都志愿者网执行团队通过与阿里公益、摩拜单车、美团等知名互联网平台合作,在网络跨平台之间进行志愿服务活动形式创新,策划和推出"最美家乡人"公益活动、"一'骑'为了成都好"等活动。其中,"一'骑'为了成都好"志愿服务活动一经推出,迅速席卷社交媒体,引领全川超过3000万人响应绿色出行、文明骑行。

四是首批完成了与中国志愿服务网的数据匹配对接。中国志愿服务网是基于云技术与大数据的全国志愿服务信息系统,成都首批与中国志愿服务网建立了数据定期导入对接机制,实现了成都志愿者数据与全国系统的对接转续,为实现全市志愿服务的数据整合、统一管理提供了可能。

五是可以和成都的中心工作相结合,自由度较大。按照开放、共享理念,成都志愿者网已打造成为全市各级部门、行业单位、机构组织的数据共享平台,已向市委组织部、市委社治委、市民政局、市公安局、市妇联、市生态环境局、成都地铁,以及"天府市民云"平台、YOU成都、成都文明网、邛崃"大爱天府"公益平台、"志多星"系统等开放数据归集接口或建立数据对接机制,这将有助于其在全市范围内发挥沟通协调的平台作用。

（四）成都志愿者网取得的成效

成都志愿者网利用信息化等高科技手段能够帮助志愿服务更有效，在充分掌握成都现有志愿服务资源的基础上，推动建立辖区范围内志愿服务信息共享机制与资源整合机制，也有助于推动志愿者队伍稳定有序发展，提高志愿服务管理的科学化、精细化水平，提升志愿服务的专业质量，使志愿服务人人可为、处处可及。

一是促进了志愿服务双方的供需对接。在传统志愿服务线下管理模式下，由于缺少一个信息化平台居于"中枢"指挥，不仅诸多的志愿服务组织和志愿者无法形成工作合力，而且由于信息不能互联互通，也容易出现"部分志愿者找不到合适参加的志愿服务项目，而有些志愿服务项目缺乏志愿者响应"的问题。成都志愿者网通过互联网搭建了志愿服务供需对接平台，在一定程度上弥补了志愿服务实体网络受时间、空间制约的缺陷，通过征集筛选"供""需"都相对集中的服务项目，将志愿服务双方的需求与供给一对一对接，实现了服务需求、服务项目和志愿者"点菜式"的有效匹配，为志愿服务提供了精准化的契机和平台。

二是实现了线上线下志愿服务的资源整合。没有线下的布局，就无法实现线上志愿服务的规模增长；而没有线上志愿服务平台的支持，也无法实现对线下大规模志愿服务信息的有效管理。成都志愿者网将分散的志愿服务资源共享到统一平台，为志愿服务组织各方提供了相互联系、彼此协商资源配置、统一志愿标准、整合志愿力量的渠道，使不同类型的志愿服务组织能够借助服务网络汇集在一起，有助于整合各组织、各区域的志愿服务资源。

三是优化了志愿服务的管理。从志愿者的角度，依托成都志愿者网的信息分析和统筹协调功能，志愿组织可根据志愿者的服务意愿、特长优势和兴趣爱好等条件来分配任务，实现志愿者与服务岗位更好匹配，最大限度地发挥志愿者的专业特长，促进志愿服务资源的精准使用。而对于志愿组织而言，利用成都志愿者网可以规范、简化和优化志愿服务流程，有助于对大量的志愿服务项目和志愿者进行统一管理，可以大大提高自身的工作效率，实

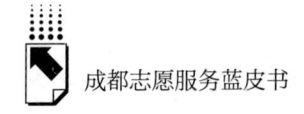

现志愿服务管理的优化升级。此外，借助成都志愿者网，能有效地对实时数据进行采集与分析，并根据分析结果进行规范化评估，从而帮助志愿组织及志愿者做出相应改善，促使其更好地开展志愿服务。

四是创新了志愿服务的内容和形式。传统志愿服务项目受地域、技术等限制，无法实现人人参与。成都志愿者网通过开发各种智慧载体，盘活了现有的志愿服务资源，激发了广大志愿者的积极性，也创新了志愿服务的内容和形式，使志愿组织能够设计出更多线上线下相结合的创新型志愿服务项目，不断提高志愿服务项目的趣味性。这有效推动了志愿者的社会覆盖和志愿服务项目的社会参与。

五是完善了志愿者的激励机制。信息化不仅带来了志愿者服务创新与工作便利，还带动建立更好的激励机制。基于网站的注册志愿者信息，除了开展星级志愿者资质认证外，成都志愿者网还积极创新志愿服务奖励机制，推出志愿者积分商城，将进行志愿服务积累的积分兑换成各种商品及作为"四个十佳"评选和积分落户的依据。这既能最大限度地调动志愿者的服务热情，促进志愿服务工作机制的不断完善，又能吸引越来越多的市民自觉投身志愿服务活动中来，使志愿服务真正成为一种生活习惯。

六是加强了志愿服务的传播。成都志愿者网的建立还起到了优化志愿服务传播渠道、扩大志愿服务传播的广度和深度的作用。依托成都志愿者网，志愿服务信息可以快速地扩散到每一个人的身边，助力形成人人参与的志愿服务文化氛围。同时，利用互联网受众面广的优势，公益组织和企事业单位可以借助网站制定多层次的推广方案，营造出吸引社会志愿者的平台环境。

三 成都志愿者信息化建设存在的问题

（一）志愿服务信息平台众多且未有效整合

除了上面提到的成都志愿者网外，针对不同行业、群体，成都党政相关部门还建立直接指导和管理的志愿服务信息化平台，成都各区（市）县独立开发志愿服务信息平台的情况比较普遍。据不完全统计，成都公共部门建立并在使用的志愿服务信息平台达22个。志愿服务网站五花八门，各平台之间缺乏数据的有效对接，既造成了公共资源的浪费，也难以在全市层面实现更大范围的数据对接和资源共享。志愿服务信息平台数量众多且平台间整合不足。部分信息平台各有统属，在建设和运行上都各自为政、互不联通，数据无法共享，形成众多"信息孤岛"。这不仅加大了信息获取的难度和信息流动障碍，使志愿者和志愿组织开展志愿服务难以得到完整的信息支持，造成信息资源的浪费；还由于缺乏统一完善的信息系统支撑，各个平台在志愿者和志愿服务队的注册招募、志愿活动的组织开展、志愿服务时长记录方面都存在交互重叠、多头管理的现象，这也给志愿者和志愿组织开展活动带来不便，不能形成整体合力。

造成这种现象的原因，一方面，自上而下条线分割的志愿服务管理体制，导致在国家层面，志愿服务信息系统各个部委重复建设，数据未能衔接，地方深受影响。如一段时间以来，民政系统独立开发使用的是全国志愿服务信息系统、共青团系统开发使用的志愿中国。在国家层面，志愿服务信息平台的整合仍在进行中。另一方面，成都市层面在一段时间内未能明确具体哪个平台作为全市志愿服务信息统一平台，以及统一整合的策略。如2017年国务院《志愿服务条例》颁布实施之后，才从法制的角度明确文明办统筹规划的职能。

（二）平台强调管理者需求弱化志愿者需求

当前的大多数志愿服务信息平台的建立、使用、运行过程，是一个自上而下的过程，以方便志愿服务工作管理者的需求为中心。以成都志愿者网为例，从网站提供的功能来看，目前成都志愿者网侧重于解决志愿服务管理中的困难，将绝大部分的精力投入解决地方政府、社会组织及企业志愿服务的信息管理需求，而忽略了网站的用户主体——志愿者的现实需求。志愿者只能通过网站提供的"活动招募""队伍建设"栏目被动选择参加志愿者活动或者加入志愿服务队，无法与志愿组织真正建立起服务意向，在服务过程中的现实需求和真实感受也无法通过平台得到反馈和重视。这造成志愿者在使用过程中的体验感欠佳，影响志愿者和志愿服务组织等重要利益相关的使用以及平台的推广。

（三）平台的管理权限和功能设置有待优化

一方面，目前部分志愿服务组织在平台管理使用权限有限。以成都志愿者网为例，管理机制仍然是依赖于自上而下行政管理体系的垂直系统，对于擅于横向联系动员志愿者的志愿服务组织授权有限，对于较为独立的大型企业、医院、学校等单位授权有限。志愿服务组织等单位在信息发布、信息审核、信息记录、信息反馈等方面及时性相对不足。这不利于平台发挥信息技术优势，导致志愿服务供给方难以充分利用信息化平台互动性强的功能，不能发挥运用信息化手段提高志愿组织服务效率的优势。

另一方面，功能较为单项难以产生交互和深度链接。如部分信息化平台的功能仅限于信息的单向发布，网站的服务功能局限于数据统计、活动信息发布和志愿者招募等，起到的主要是管理、公示和监督的功能，但是志愿者需求发布、培训需求、志愿服务体现分享以及与其他用户之间的即时协作功能缺失，难以使志愿者、志愿服务组织、志愿服务管理者产生深度链接。

此外，成都依赖于行政体系自上而下的垂直管理系统，造成信息沟通、信息传播层级较多，上下关系不对等，容易忽视基层诉求，直接影响信息沟通的有效性，挫伤其参与志愿服务事业的积极性。

（四）志愿服务数据信息的规范性仍需加强

建设志愿服务信息化平台的另一个主要目的是，推动志愿服务记录，实现异地转移和接续。这就要求必须统一志愿服务信息系统的数据格式和基本功能，奠定数据共享交换基础。然而，除市文明办主导的成都志愿者网外，一些区（市）县和志愿组织还自主开发了本地区、本组织的志愿服务信息管理系统。由于这些系统未执行统一的信息标准，不同系统在志愿服务时长记录、志愿服务激励表彰等方面都存在出入。数据管理不规范、不准确、难共享、利用率低，不仅影响了各系统志愿服务信息数据的有效对接和志愿者服务时长记录的转移、接续，而且也不便于志愿服务工作的考核评估，不利于志愿服务事业的长远发展。

四 优化成都志愿者网的发展建议

（一）落实政策要求，统一规范志愿服务信息标准

成都志愿者网是成都注册志愿者使用最多的平台，在成都志愿者网注册的成都志愿者数量远超其他职能部门和社会力量开发使用的志愿服务信息平台注册志愿者数量。成都志愿者网是官方指定唯一的志愿服务激励时长确认志愿服务信息化管理平台。有必要在实现单一平台内部志愿服务管理流程数据的平滑基础上，强调以成都志愿者网为中心的信息化建设方向，统一规范志愿服务信息系统的数据采集、功能作用、共享与交换、信息安全等，加快实现志愿服务数据对接、实时传递、信息汇总，确保志愿服务信息记录及时、规范、标准一致。

推进志愿服务信息化平台区域内的互联互通，可以通过用户登录互通、同步录入数据、积分互通、功能共用等形式，建立成都志愿者网与各区（市）县志愿服务信息平台的对接机制，整合管理全市志愿服务资源。协调各区（市）县使用成都志愿者网，或者对各区（市）县已有的志愿服务信息平台进行升级改造，分批次对接成都志愿者网，建立技术协同机制，推动实现全市22个区（市）县志愿服务信息平台的互联互通。

（二）拓展服务功能，满足志愿服务多元主体需求

首先，推动志愿服务信息平台从管理型向服务型转变。着力增强网站互动性。除了用于发布各项志愿活动信息外，还应在数据分析、志愿者管理及培训等多方面为志愿者与志愿组织提供信息交流的平台。开通网站留言板、

实名制论坛等功能，为服务对象提供需求发布的功能模块，为志愿者提供提问、交流的场所。同时，合理扩大志愿组织的管理权限，保持服务性和功能性的统一。设计捐助物资的功能，促进志愿服务与公益基金的对接；开发志愿服务资金募集的功能，为企业提供做慈善的平台，吸引有社会责任感的爱心企业商家参与到志愿服务中来，撬动企业资源。

其次，聚合、共享线上资源。聚合各平台、系统开发的线上积分兑换商城资源、志愿服务组织资源、志愿服务岗位资源、志愿服务需求资源、志愿服务课程资源，并在各平台间共享，使这些志愿服务服务资源成为公共资源，发挥更大的效用，推动志愿服务事业发展。

最后，融合线下阵地，打通线上线下志愿服务网络。成都已经初步建成"点—线—面—网"志愿服务阵地网络，线下志愿服务阵地分布广泛。各志愿服务阵地频繁开展志愿服务活动，经常组织实施志愿服务培训，通过直接运行或购买服务的方式，常态化运营阵地，志愿服务组织活跃，具有良好的志愿服务信息记录的条件。成都志愿服务信息平台融合线下志愿服务阵地，可以延展志愿服务空间，拓展志愿服务形式，实现线下服务线上记录，线上服务线下记录校对；线上发布活动信息线下实施，线下服务活动发布线上实施，以及志愿服务积分兑换线上线下资源共享，最终形成线上线下交互融合、相互促进的良好局面。

（三）开放信息化平台接口，融入社会治理实践

当前社会治理中公共服务网络化、智能化已经是大势所趋，社会治理迫切需要技术支撑。推动志愿服务信息平台融入社会治理实践，首先是要开放信息化平台接口，与社会公共服务及其他普惠服务信息平台实现对接，如成都志愿者网与市总工会的"成都职工"普惠服务平台、组织部的"蓉城先锋"党建平台、"天府市民云"等信息化平台建设相结合，推动行业平台向社会平台的转化。其次，发挥信息化平台技术优势，基于志愿服务大数据研判志愿者参与社区发展治理、志愿服务组织发展态势，为政策制定、领导决策提供依据，提升治理体系和治理能力现代化水平。

参考文献

［1］王锐兰、杨姚：《上海志愿服务信息化建设的比较与思考》，《西部皮革》2017年第21期。

［2］张莉萍、慎荣翔：《青年志愿服务信息系统的发展现状、问题及对策——基于"志愿中国"和"志愿汇"平台的研究》，《北京印刷学院学报》2019年第3期。

［3］杨雨、卢邦、鄢鑫等：《"互联网+"环境下志愿服务信息平台构建》，《科技创业月刊》2018年第1期。

［4］汪梦婧、刘依漪、魏梓梦等：《浅谈互联网思维下志愿服务信息平台的重新定位》，《科技经济导刊》2018年第2期。

调研篇

Research Reports

B.11
成都新时代文明实践中心建设试点调研报告

摘　要： 近年来，成都不断推进志愿服务制度化、常态化、社区化，为试点推进新时代文明实践中心建设奠定了良好基础。成都立足新时代文明实践中心，打造政治工程、振兴工程、思想工程、民心工程。在加快建设全面体现新发展理念的国家中心城市中，成都坚持以习近平新时代中国特色社会主义思想为指导，担当初心使命，聚焦高起点谋划、高质量发展、高水平推进、高效能助力，善用"营城之道"谱写成都新时代文明实践中心建设新篇章，助力新时代城市可持续发展。

关键词： 新时代文明实践中心　志愿服务　成都

自"不忘初心、牢记使命"主题教育活动开展以来,成都市委宣传部结合实际,创新形式、探索方法,在深、准、实上下功夫,以开展成都市新时代文明实践中心专题调研为切入口,守住初心、勇担使命,找准差距、狠抓落实,推动主题教育深入开展,取得扎实成效。深刻领会建设新时代文明实践中心,是推动习近平新时代中国特色社会主义思想深入人心、落地生根的政治工程,是助推城乡振兴的振兴工程,是进一步加强和改进基层思想政治工作的思想工程,是更好满足居民精神文化生活新期待的民心工程。调研组制定《成都市新时代文明实践中心专题调研方案》,着力破解成都市新时代文明实践中心建设中的痛点、难点,建立健全新时代文明实践中心的体制机制、政策体系和推进策略,明确成都市新时代文明实践中心发展思路,提升新时代文明实践中心的制度化、常态化。对标先进、查找差距、深化推进,在转作风上做表率、在解难题上树标杆、在抓落实上当先锋,高标准高质量深化"不忘初心、牢记使命"主题教育。

一 调研背景

习近平总书记关于新时代精神文明建设的系列重要讲话和指示,是深入推进新时代文明实践工作的行动纲领和根本遵循。习近平总书记强调,要推进新时代文明实践中心建设,不断提升人民思想觉悟、道德水准、文明素养和全社会文明程度。新时代文明实践中心工作的基本形式为志愿服务。党的十八大以来,以习近平同志为核心的党中央,高度重视志愿服务工作,总书记亲自指导、亲切关怀,主持会议通过系列文件,给优秀志愿服务团队回信,为中国志愿服务联合会第二次会员大会发贺信,参观视察雷锋纪念馆、朝阳里社区等,就志愿服务工作做出系列针对性、时代性很强的指示要求。明确提出志愿服务是社会文明进步的重要标志,是广大志愿者奉献爱心的重要渠道,强调志愿服务事业要同实现"两个一百年"奋斗目标、同建设社会主义现代化强国同行。要求各级党委和政府,在推进新时代文明实践中心建设上,要调动各方力量,整合各种资源,创新方式方法,为志愿服务搭建更多平台、给予更多支持，切实打通宣传群众、教育群众、关心群众、服务群众的"最后一公里"。

近年来，成都市加快建设全面体现新发展理念的城市，探索了志愿服务助力城乡社区发展治理、美丽宜居公园城市建设、乡村振兴等市委中心工作的实践路径，在全市建设了一批志愿服务示范站（点），不断推进志愿服务制度化、常态化，为试点推进成都市新时代文明实践中心建设奠定了良好基础。成都始终坚持习近平新时代中国特色社会主义思想，在充分总结现有工作的基础上，不断守正创新，为新时代持续提升市民文明素养、社会文明程度，营造向上向善的时代新风贡献力量。

二 调研原则

一是坚持理论研究与实践探索相结合。系统梳理新时代文明实践中心的价值主线和深刻内涵，准确把握新时代文明实践中心的概念内涵、本质特征、核心价值、运行模式，全面总结全市新时代文明实践中心、分中心、站（点、基地）的实践探索和经验成效，因地制宜提出加快推进建设的发展建议。

二是坚持需求导向和问题导向相结合。坚持以人民为中心的思想，精准把握和回应群众对美好生活的向往和需求，全面梳理问题清单，结合实地调研切实解决新时代文明实践中心供需对接、阵地打造、资源整合、评估体系等焦点难点问题。

三是坚持遵循规律与创新突破相结合。把握新时代文明实践中心的阶段性特点和规律，广泛运用统筹整合、智慧管理等新理念，全面强化国际化视野、互联网思维，深入领会平台构建、制度完善、队伍壮大、活动开展、常态长效等要求，创新推进新时代文明实践中心建设的政策、体制、机制、策略、保障，切实打通宣传群众、教育群众、关心群众、服务群众的"最后一公里"。

四是坚持试点推进与中心工作相结合。紧紧围绕"举旗帜、聚民心、育新人、兴文化、展形象"的使命任务，以群众在新时代的新期待、新需求为导向，结合乡村振兴、城乡社区发展治理、公园城市建设、"三城三都"打造等中心工作，切实找准新时代文明实践中心试点工作与中心工作的融合点，实现同频共振。

五是坚持对表对标与因地制宜相结合。深入学习贯彻中央、省委、市委对新时代文明实践中心工作要求，对标学习全国首批试点先行地区的主要做法和实践经验，充分结合成都本地实际，尤其要根据各区（市）县在城市发展战略中的定位和作用，因地制宜探索打造新时代文明实践特色亮点，推动在全国试点工作中形成"成都经验"。

三 成都新时代文明实践中心试点工作推进现状

（一）坚持"一把手"主抓，增强责任意识，坚定初心使命打造政治工程

1. 以"工作体系化"打造"一把手"工程

一是搭建三级工作组织体系。各区（市）县成立由书记任主任的新时代文明实践中心，发挥统筹、部署、组织职能，负责全面指导工作；乡镇、街道成立新时代文明实践分中心，由乡镇、街道党（工）委书记担任分中心主任，发挥枢纽、协调、推动职能；在村（社区）设新时代文明实践站，由村（社区）书记担任站长，发挥宣传、发动、落实职能，将新时代文明实践中心建设列为各区（市）县"一把手工程"。

二是构筑"6+N"实践阵地体系。整合六类公共服务平台资源，打通理论宣讲、教育服务、文化服务、科技科普、健身体育、社区便民六类公共服务平台，盘活资源、统筹使用，形成多层次、分众化、互动式的综合性文明实践阵地。按照"中心+基地"思路，建立"N"个文明实践基地，目前全市22个区（市）县均已制定本地新时代文明实践中心建设方案，共提出试点建设市级中心1个，县级中心22个，分中心45个，实践站（基地）

67个。

三是构建"1+3+N"志愿服务体系。组建一个志愿服务总队，联动各区（市）县、整合行业系统，组建成都市新时代文明实践志愿服务总队。建立三级志愿服务队伍，各区（市）县负责组建本地文明实践志愿服务总队，由区（市）县党政主要负责同志担任总队长，各镇（街道）、村（社区）分别成立新时代文明实践志愿服务队伍。整合N支志愿服务力量，统筹全市各类志愿服务力量，培养壮大社区服务组织和志愿者队伍，截至目前，全市整合成立区（市）县文明实践志愿服务队伍300余支。

2. 以"对标日常化"深化"一体两翼"格局

一是建立文明委领导、文明办负责、多部门联合的工作机制。借鉴山东、福建、浙江等地区管理体制机制的经验，以文明委名义印发《成都市新时代文明实践中心建设试点工作方案》，明确提出市文明委领导、市文明办具体负责，建立统筹协调推进全市新时代文明实践工作机制。建立联席会议制度，明确各成员单位职责分工，加强顶层设计和统筹规划，协调解决工作推进过程中的难点、焦点。目前，全市19个区（市）县建立了新时代文明实践中心志愿服务联席会议制度，定期研究解决问题，协调推进文明实践活动开展。

二是发挥成都市志愿服务联合会的核心枢纽作用。借鉴北京志愿服务联合会、全国志愿服务联合会以及广州、深圳志愿者指导中心等枢纽型平台的成功经验。3月，成都市成立市志愿服务联合会，打造市级新时代文明实践志愿服务枢纽型平台，整合资源、联络各方壮大新时代文明实践力量。此外，市文明办通过"百日红·孵化坊"推动各区（市）县文明办建立区（市）县级志愿服务联合会，目前锦江区、武侯区、蒲江县、邛崃市、郫都区等10个区（市）县建成了县级志愿服务联合会，其在新时代文明实践中发挥着积极作用。

三是落实专项资金、友善公益志愿基金的激励保障机制。借鉴北京、浙江、山东、江苏将文明实践资金列入市、县（区）两级财政预算以及浙江友善公益基金的经验。市委宣传部从创全国文明城市专项资金中统筹安排新时代文明实践试点工作专项经费，拟采取以奖代补的形式支持示范点位建设。目前，全市一半以上区（市）县已经落实2019年试点建设经费，并明确将此专项纳入2020年度预算。同时，依托友善公益·志愿服务专项基金助力新时代文明实践中心试点工作。

3. 以"学习常态化"探索"落地落实"路径

一是坚持对表学。通过对表中央、省委对新时代文明实践的要求，提出了"全域统筹、点面结合、示范带动"的试点原则，确立了搭建三级工作组织体系、构筑"6+N"实践阵地体系、构建"1+3+N"志愿服务体系、打造文明实践网络平台、总结文明实践试点经验五大任务，明确了学习实践科学理论、宣传宣讲党的政策、培育践行主流价值、丰富活跃文化生活四大类工作内容。

二是坚持对标学。组织相关人员前往浙江、山东、福建等全国先行试点地区进行实地学习，对当地新时代文明实践中心体系架构、平台搭建、资源整合、活动开展等情况进行深入系统考察学习，形成专题调研报告。通过对标和实地调研，确定了"八有"建设标准，即有天府文化解读、有活动场地、有工作机构、有志愿队伍、有管理制度、有规范标识、有服务菜单、有成效评价；形成了集中与分散、固定与流动、网上与网下、专题与组合相结合的推进方式，细化了成都新时代文明实践试点工作落地举措。

三是结合成都实际学。通过聚焦美丽宜居公园城市建设、城乡社区发展治理等成都中心工作，强调了新时代文明实践的重心落到城乡社区，文明实践功能融入日常服务；指出了要精准回应城乡群众所需所急所盼，盘活资源、统筹使用，形成多层次、分众化、互动式的综合性文明实践阵地；确立了深化志愿服务思路，让志愿服务成为新时代文明实践工作的中坚力量，推进志愿服务常态化、社区化、专业化、国际化，进一步彰显城市的现代性和软实力。

（二）助力城乡发展治理，聚焦中心工作，勇于担当作为打造振兴工程

1. 依托共建互享，发展有质量的新产业

成都市坚持将新时代文明实践工作与产业发展、农商文旅融合等方面进

行充分结合融入、共建互享,助力产业升级,提升经济发展质量。一是融合种植业。蒲江大兴镇分中心重点提供专业化、现代化、高端化的生态种植农业技术培训类文明实践服务,成立"水口红志愿服务队",组建"标准化生产技术志愿服务队",围绕网红水果的现代化种植、网络销售、"8S"标准化生产技术等进行一条龙培训和引领带动,切实为农民群众解决实际困难,带领群众增收致富。二是融合文创业。明月村实践站按照"党建引领、政府搭台、文创撬动、产业支撑、公益助推、旅游合作社联动"的发展模式,创新搭建以实践站为核心、辐射周边20余个新时代文明实践点(基地)的实践集群,引导新村民成为双创(乡创文创)引擎,老村民以房屋出租、在地创业、村内就业等方式投入美丽乡村建设。三是融合农博业。新津县张河果园子实践站探索脱贫攻坚互助自强路径,试点推进"农博+产业""农博+生态"主题实践站,促进农业会展、科技农业、文创农业、休闲农业、总部农业的融合发展,实现农民返乡,组建农博专业志愿服务队,促进美丽宜居公园城市的乡村表达。

2. 营造浓厚氛围,弘扬更文明的新风尚

新时代文明实践中心以创新文明载体、挖掘文明内涵、丰富活动形式等为着力点,弘扬时代新风。把文明的"种子"种入基层,逐步形成了"送文明""育文明""秀文明"相得益彰的新局面。一是大力弘扬邻里守望。实施"志愿服务暖社区,天府文化润邻里"嘉年华活动,覆盖全市上百个城乡社区,开展系列邻里守望志愿服务活动,将提升城乡文明程度、市民文明素养与增加城市文化底色相结合。二是加快推进移风易俗。组建全市433个市级"三美"(风尚新美、环境秀美、生活富美)示范村志愿者队伍,针对随地吐痰、乱扔垃圾、乱搭乱建等不文明行为,广泛开展文明劝导志愿服务活动,建立"乡风文明志愿岗",加快推进移风易俗,提升农民文明素质和农村社会文明程度。三是追求文明生活方式。锦江区盐市口街道分中心常态化组织"读书分享"活动,推进全民阅读。青羊区新时代文明实践中心组织了"公众科普,科学传播""文明实践服务健康""糖果换香烟""美丽童画"艺术疗育项目等一系列培养群众科学健康生活方式,提升群众生活品质的文明实践行动。

3. 围绕和谐宜居，建设高品质的新城市

新时代文明实践中心突出人在城市生活中的主体地位，聚焦和谐宜居，以生态宜居、矛盾调解、人才汇聚等为发展重点，打造有品质的新城市。一是开展人居环境整治。在全市新时代文明实践中心策划实施"花重锦官城"助绿志愿服务项目，整合市级部门、区（市）县、镇（街道）、村（社区）资源，面向城乡社区、院落、景点招募项目场景点位，联动公益组织、高校社团等志愿服务组织400余家，培育美丽宜居志愿者队伍百余支，持续开展环境保护宣传活动。二是推进社区发展治理。锦江区牛沙路社区实践站积极组织党员志愿者开展矛盾纠纷调处，培育孵化"晋哥聊天室"等个性化调解组织，在多方互动中摸清社情民意，在议事说理中化解居民矛盾纠纷，提升社区发展治理水平。三是吸引志愿服务人才。青羊区新时代文明实践中心统筹全区各类志愿服务人才力量，重点打造基层宣讲员、志愿者、文化骨干三支队伍，广泛动员党、政、军、民、学共同参与，引导和组织党政机关、国有企事业单位在职人员以及文化人才、科技能人、律师、"五老"人员、退休文化工作者、先进人物、文艺志愿者、大学生志愿者等加入志愿服务队伍，扩大文明实践力量。

（三）传播新思想新理念，弘扬天府文化，擦亮文明底色打造思想工程

1. 注重内容策划，为传播新思想汇聚动力

围绕学习实践科学理论、宣传宣讲党的政策、培育践行主流价值、传承弘扬天府文化等开展系列文明实践新思想传播活动。一是精心策划理论宣讲。引导党员群众深入学习习近平新时代中国特色社会主义思想。高新区新时代文明实践中心打通十类公共服务平台，创新开展"新时代·新芳草"主题理论宣讲、"新气象·新作为"主题文明实践活动；青羊区太升路街道文明实践分中心整合各种资源，指导社区开展系列以"讲"为主题的文明实践活动。二是深入开展"四大行动"。大力开展核心价值引领、天府文化

润城、先进典型示范、市民友善优雅"四大行动",引导群众文明习惯的养成,培育向上向善向美的精神。青白江区新时代文明实践中心推出了十大类近百项以弘扬雷锋精神、传承天府文化为主题的公民道德建设暨"新时代文明实践"系列宣传教育实践活动,先后开展各类志愿服务活动830余场次。高新区开展"新担当·新榜样"主题表彰评选。锦江区探索将天府文化与四川茶馆文化相结合,进行天府文化系列宣讲。三是创新创造文化品牌。温江区组织志愿者挖掘绿道沿线民俗文化,吸引企业商家成立"北林绿道商家志愿联盟",履行诚信服务,以优质的形象展示川西林盘上的"绿道文化",将临江村川西民俗文化馆、土桥村农耕文化馆、渡口村徐家院子民俗文化院落等纳入文明实践点位,创新文明实践文化品牌。

2. 突出参与体验,为践行新风尚拓展载体

将新时代文明实践融入群众日常生活、生产场景,创新探索可感知、可阅读、可欣赏、可参与的形式,结合城乡群众所需所盼拓展载体,传播新时代新思想。一是推进文明实践进社区院落。天府新区合江街道新时代文明实践分中心利用"流动党史馆"对各个村(社区)进行流动巡展,通过"展、演"等多种互动体验式活动,直接将文明实践送到了群众"家门口"。锦江区双桂路街道新时代文明实践分中心在院落设置"邻里之家"综合服务站,探索"党员志愿者+义工"的零距离院落服务模式。二是推进文明实践进公共设施。锦江区依托"文图两馆",打造新时代文明研习和礼仪养成基地。武侯区创新新时代文明实践活动"主题巴士",将社区巴士打造成流动新时代文明实践驿站,在巴士上开设文明宣传倡导活动,沿线串联多个新时代文明实践载体,不同主题和线路给群众全新的体验,成为城市文明的流动窗口。三是推进文明实践进企业楼宇。锦江区探索将新时代文明实践中心与营商环境相结合,利用仁恒置地、尚都广场、百扬大厦等大型商务楼宇建立的党群服务站,对辖区企业、职工进行理论宣传并开展服务。

3. 融合线上线下,为展示新形象提高效能

坚持把握好新时代文明实践线上和线下的关系,充分利用网络做好线下工作,线上传播新时代文明实践新风尚、正能量,通过线上、线下的配合、

结合、融合，增强文明实践针对性，提高专业化水平。一是融合"两微一端"。对成都市志愿服务网络信息平台（成都志愿者网、成都志愿者App、成都志愿者微信公众号）进行升级，将文明实践志愿服务纳入全市志愿服务数据库统一管理，完善志愿者招募、团队注册、活动发布、供需对接、服务记录等各环节，方便全市文明实践志愿队伍和志愿者开展活动。二是规范"六单"流程。通过网络征集、网格员问需、现场接待等方式了解群众需求，实现群众点单；依托文明实践中心（分中心、站）对群众需求进行统计归类，制定相应服务清单，并根据平台整合资源，派发至相关志愿服务队伍，各志愿服务队接单后，及时高效解决问题，最后由平台进行意见回访和征集，对相关服务进行评价总结。三是聚合线上线下。郫都区在"文明郫都"微信公众平台和郫都文明网上增设文明实践栏目，线上宣传文明实践新风尚、新思想。新都区开发微信端，将文明实践工作的"四大功能"全面整合到线上，送到群众指尖，推动线上线下良性互动。

（四）搭建实践阵地平台，回应群众需求，坚持营城聚人打造民心工程

1. 通过资源共享，实现文明实践服务要素聚合

新时代文明实践中心、分中心及各实践站基于自身特点，持续整合党政、社会组织、社区等力量，汇聚新时代文明实践平台、服务、项目、资金等要素，探索文明实践资源共享机制。一是整合多元主体。锦江区新时代文明实践中心基于行业特点，整合了组织部、教育局等党政、妇联、团委等群团等多元主体，组建18支文明实践志愿服务行业队伍。二是整合多样空间。整合现有综合文化服务中心、文化站、党群服务活动中心等基层空间以及"图文两馆"、科技馆、博物馆、妇女儿童中心、青少年活动中心等社会化空间，形成文明实践共享场景。新都区充分融合多样空间，聚合了妇女儿童之家、青年之家、便民服务中心、社区文化活动中心、党群服务中心等公共服务资源建成区级文明实践中心。三是整合多种形式。深化拓展"我们的节日"主题活动，组织开展"成人礼""志愿者礼""孝老传承礼"等礼仪

活动，常态化开展"中国梦歌曲大家唱"、惠民演出、乡村广场舞、地方戏曲会演、群众性体育比赛、读书看报、文艺培训等活动，整合多种活动形式，丰富活跃群众生活。

2. 依托场景营造，实现区域特色服务阵地打造

推动场景营造引领功能叠加，依托文明实践场景叠加生活服务、生产服务、生态体验等功能，将新时代文明实践中心打造为美丽宜居公园城市的新场景。一是生活场景＋服务场景。都江堰市彩虹社区实践站结合社治委亲民化改造，整合社区便民服务综合体成立实践站，拓展社区文体活动服务项目和内容，为居民提供"一站式"文明实践志愿服务，同时开展"契约式"服务。二是生产场景＋服务场景。锦江区盐市口文明实践分中心融合为企业提供服务的楼宇服务中心，建立商务楼宇企业数据库，做到"一楼一档"，动态掌握入驻企业情况和跟踪服务。同时，引入了中税答疑咨询服务公司，免费为辖区中小微企业提供税务咨询服务和税务培训。三是生态场景＋服务场景。温江区因地制宜，把绿道作为文明实践场景，大力开展绿道志愿服务，组织群众成立"北林绿道·和盛志愿者联盟"，在环线开展安全救护、文明劝导、交通疏导、环境保护等共建共治行动。北林绿道既是温江最美风景线，更是连接城市和乡村的文明线，绿道延伸到哪里，文明实践就传播扩散到哪里。

3. 聚焦群众需求，实现文明实践个性项目策划

新时代文明实践坚持以人民为中心，群众在哪里，工作的触角就要延伸到哪里；群众的需求在哪里，文明实践的重点就聚焦到哪里。各阵地聚焦群众多元化需求，设计特色化项目，为群众提供一系列基础和专业志愿服务。一是聚焦重点人群需求。青羊区新时代文明实践中心开展了2019暖冬行动，发动组织各类专业志愿者为社区困难群众、老弱病残和困境儿童等重点人群提供生活帮扶和邻里守望志愿服务8000余人次，发动社区辖区爱心商户进行结对帮扶，开展义诊、心理疏导、打扫卫生、义务理发等活动3000余次。二是聚焦专业领域需求。都江堰市积极对接农工党成都市委会，瞄准农村基层精品医疗资源不足，在柳街新时代文明实践分中

心创新推出中医康养服务品牌项目"林盘诊所",引入中医名家志愿者,打造为民服务的新品牌。三是聚焦文化繁荣需求。蒲江县明月村文明实践站充分挖掘"新村民"资源,积极策划、参与文明实践活动,组建"明月之花歌舞团""放牛班儿童合唱团""守望者乐队"等志愿服务队,开展"月是故乡明""草地音乐会""春笋艺术节""端午古琴诗会"等群众性文化活动,文明实践活动遍地开花。

四 成都市新时代文明实践中心试点工作存在的问题

成都在推进新时代文明实践中心试点建设工作上做了一些探索,取得了一些成效。对标北京、上海、广东、浙江、江苏、山东、福建等首批全国试点地区,从顶层设计、政策保障、阵地建设、资源整合、项目策划、激励回馈、新理念运用等维度进行对比分析,成都新时代文明实践中心建设还存在以下短板。

(一)系统思维不够深入,顶层设计有待健全

北京组建"26N"("2"代表文化组织员、文明实践指导员,"6"代表6支专业队伍,"N"代表社会力量)志愿服务队伍,系统解决"谁来做"问题。山东将新时代文明实践中心建设纳入乡村振兴战略进行系统谋划。通过对标,成都还存在以下问题:针对新时代文明实践中心"谁来做""做什么""怎么做"的谋划和思考还不深,在工作站位、格局视野、统筹推动、持续运营上需要进一步系统统筹;分层分级阵地系统化打造不足,属地化的中心—分中心—站的三级阵地体系不完善;部分区(市)县区级中心实体还没落实,部分试点实践站没有对应建立分中心,对于系统推进构建三级新时代文明实践组织体系存在缺乏顶层设计、统筹规划不足等问题;新时代文明实践与市委中心工作融合的系统性还不够,在乡村振兴战略、城乡社区发展治理、公园城市建设上需要进一步增强统筹各方、联动互助的能力和水平。

（二）资源整合不够充分，统筹力度有待增强

北京朝阳打造七彩社会动员联盟，打造全新的"6+1"服务体系（"6"代表6类企业联盟，"1"代表企业服务联盟）。山东日照深入整合五大平台，打造一村一品。广东中山共同设计"共享益菜单"。通过对标，成都还存在以下问题：对理论宣讲、教育服务、文化服务、科技科普、健身体育、社区便民六类公共服务平台的资源整合还不够深入，部分阵地平台不全；整合多渠道项目、资金、服务资源还不充分；与党政部门、妇联、工会群团等在项目活动、资金、人员等方面的结合融入、共享推进上力度还不够，还要进一步创新思维继续摸清、盘活资源。

（三）社会参与不够多元，联动合力有待激发

无锡宜兴打破传统的垂直型、行政化、单位式的志愿服务活动开展模式，建立打通联结城乡组织链。宁波慈溪建立8个市级志愿服务联盟，分块分片强化协商，加强社会化动员。通过对标，成都还存在以下问题：成都还侧重于行政发动，激发市场要素参与，调动社会资金、项目、人力资源等力量不足，采用"政府主导、市场主体、商业化逻辑"的新范式还需进一步加强；成都新时代文明实践中心试点工作从市里到基层，主要是各级宣传部门负责，部分党政部门、单位、企业、社会组织等参与新时代文明实践的意愿相对偏低、参与动力不足，加之激励回馈相对不足，未能充分聚合政府、市场、社会力量，形成有效供给新时代文明实践的合力。

（四）空间打造不够创新，阵地功能有待完善

山东、安徽探索了"一所多点"特色阵地系统。江苏结合沿海特色，打造"村头、码头、船头"文明实践阵地。北京延庆形成了18个文明实践所和423个文明实践站的强大阵地网。通过对标，成都还存在以下问题：空间打造中整体设计感不强，生活美学理念与地域特色融入不深，形式不够新颖，阵地的现代性、时尚感、体验感不足；同时，部分试点中心、分中心、

站的选址，未能将城乡距离、地理位置、资源禀赋等基础和核心要素加以综合考量，难以实现规模效应；部分阵地存在功能不全、功能不强等问题；未能充分整合相关资源，盘活特色的多维资源，形成有效协调机制；中心、分中心组织孵化等功能不明显。

（五）特色亮点不够凸显，品牌成效有待突出

浙江整合资源，社会化参与机制形成地域亮点。深圳"三区三有"（"校区有梦、园区有智、社区有爱"）成为贯彻新时代群众路线的品牌。通过对标，成都还存在以下问题：新时代文明实践中心、分中心、站的试点选择与成都元素融合还不够全面和深入，文明实践的成都表达还未明显品牌化，特色和亮点有待进一步凸显；在项目策划方面还停留在传统志愿服务的相关内容，在新时代文明实践的内容、项目形式、运行主体创新等方面仍然不足；在效果层面还停留在"做了什么"，缺乏足够的案例和数据呈现新时代文明实践的效果。

（六）智慧运营不够先进，网络思维有待深化

贵阳市构建以"1+5+N"为核心的新时代文明实践中心云平台系统。广东河源深化互联网思维，打造"指尖式"新时代文明实践中心。通过对标，成都还存在以下问题：利用互联网技术统筹和对接供需资源不足；各区（市）县普遍存在各自独立开发互联网系统的情况，难以在全市层面产生更大范围的数据对接和资源共享，需要进一步落实全市"一盘棋"的局面；中心、分中心、站的整体统筹、展示功能，智能化管理水平相对滞后，全方位、立体化呈现不足；在志愿服务组织管理和项目策划等方面也普遍以人工方式为主，智慧化平台待加强。

（七）总结宣传声势不够，社会影响有待提升

宁波慈溪在"新时代e支部"开设文明实践空中课堂，在政务公众号中增设"新时代文明实践"专栏强化宣传推广。南通借助新媒体传播优势，

实现文明实践空中传播、掌上传播、指尖传播。通过对标，成都还存在以下问题：总结宣传存在明显短板，缺乏对新时代文明实践做法的总结提炼和精准表达；文明实践的宣传表达不够新颖，"互联网+"思维运用不够灵活，传统媒体和新媒体没有聚合，文明实践的现代性、时尚感没有得到足够体现。部分点位还采取宣传展示一揽子上墙的传统做法，既不符合新时代基层阵地亲民化要求，又不能满足信息化时代拓展覆盖面、增强影响力、提升参与度的实际需要。

五 成都市新时代文明实践中心试点工作发展建议

坚持以习近平新时代中国特色社会主义思想为指导，担当初心使命，聚焦高起点谋划、高质量发展、高水平推进、高效能助力，善用"营城之道"谱写成都市新时代文明实践中心建设新篇章，助力新时代城市可持续发展。

（一）聚焦高起点谋划，以顶层设计完善文明实践新生态

1. 完善法规制度，常态长效强化工作保障

一是强化法制化保障。修订《成都市志愿服务条例》，强化法治保障，将志愿服务纳入城市荣誉评选要求，推动新时代文明实践工作与志愿服务制度化建设相结合，把新时代文明实践工作纳入志愿服务相关法规、政策、制度安排中，推进新时代文明实践志愿服务制度化、规范化、常态化发展。

二是构建制度化体系。制定成都市新时代文明实践中心试点建设工作系列制度，制定《成都市新时代文明实践中心试点建设工作评估细则》，形成阵地建设标准、文明实践队伍管理办法、"六单"服务流程等制度文件，引领新时代文明实践试点工作开展，提升志愿服务专业化、国际化、社区化水平。

三是推动科学化评估。建立新时代文明实践试点工作考核评估机制，市文明办牵头制定市级相关部门和各区（市）县三级示范点建设考核细则，设立"新时代文明实践综合评价指数"，从组织架构、阵地整合、队伍建

设、活动开展、社会影响等维度科学全面评价各区（市）县新时代文明实践中心试点建设工作，并开展动态评估，既能满足对试点工作的评估要求，又能引领新时代文明实践和志愿服务的跨越发展。

2. 紧扣城市战略，区域协同注重差异发展

一是聚焦空间战略，差异化协同发展。聚焦成都"东进、南拓、西控、北改、中优"城市空间发展战略，以新时代文明实践中心打造为新渠道、新路径、新载体，在推动城乡统筹发展、弘扬天府文化方面创新体制机制、整合资源，回应群众美好生活向往，为实现新时代成都"三步走"战略目标提供有力支撑。东进区域结合新时代文明实践工作注重产城融合；南拓区域以新时代文明实践助力营商环境改善，创新驱动发展的新引擎；西控区域以新时代文明实践打牢城市生态本底，确保城市可持续发展；北改区域以新时代文明实践聚焦人居环境、产业发展、区域协同、健全交通等，全方位助力城市更新；中优区域通过新时代文明实践重点传承巴蜀文明、发展天府文化，彰显成都文化特色，提升城市宜居性和市民归属感。

二是聚焦城乡发展，统筹化协同发展。基于城乡发展特点，科学规划新时代文明实践中心城乡发展的战略定位和路径策略。基础设施完善的城市地区，新时代文明实践中心要侧重整体联动、社企联动，全方位展现天府魅力，宜居宜业；资源相对匮乏的农村地区要利用新时代文明实践中心实现全面覆盖公共服务和社会管理配套，社集联动，激发内生动力，展现天府农耕，多业融合。

三是聚焦区域均衡，联动化协同发展。面对各区（市）县新时代文明实践工作推进不均衡的现状，借鉴广东整合资源全方位加快推进新时代文明实践工作，实施"七个一百"精品项目下基层的经验。进一步深化新时代文明实践中心联动互动，推动城市向乡村输送并下沉完善的工作机制、优秀的服务项目、成熟的志愿服务队伍，促进城乡、各功能区间志愿服务资源联动、共享。

3. 围绕中心工作，结合融入规划发展图景

一是聚焦公园城市建设。新时代文明实践中心助力塑造"家在园中"

城市生活空间，注重渗透社区、院坝、林盘、绿道等，融入群众日常生活。创造优质的绿色公共服务，依托新时代文明实践推动教育、医疗、文化等公共服务设施融入公园建设体系，让群众在生态中享有文明实践服务和享受文明生活，让绿色生态成为群众普惠福祉。

二是聚焦"三城三都"建设。围绕成都建设世界文创名城、旅游名城、赛事名城，国际美食之都、音乐之都、会展之都，深入推动赛事志愿服务、旅游志愿服务等专业领域发展，找准新时代文明实践中心与"三城三都"的融合点、切入口。

三是聚焦城乡社区发展治理。融合城乡社区发展场景，基于城乡社区服务场景、文化场景、空间场景、产业场景、智慧场景的不同形态和特点，以文明实践助力老旧城区改造、背街小巷整治、特色街区创建、社区服务提升、平安社区创建等城乡发展治理"五大行动"，提升社会治理体系和治理能力现代化水平。

（二）聚焦高质量发展，以党建引领规划文明实践新路径

1. 党建引领，示范带动文明实践发展方向

一是织牢基层"思想线"。充分发挥基层党员先进性模范性作用，建立党员志愿者宣讲队伍，紧紧围绕"举旗帜、聚民心、育新人、兴文化、展形象"使命任务，以典型示范、理论宣讲、服务结合的方式，让党的宣传思想工作在基层实起来、强起来，加强和改进基层思想政治工作。

二是织稳基层"组织线"。加强新时代文明实践中心基层党建工作，规范基层党组织建设，动态建立新时代文明实践直属党员、在职党员、流动党员等党员台账。在新时代文明实践中心建设过程中，全面推行"找党员、建组织、优机制、解难题、植文化"，符合条件的阵地、志愿服务组织全部建立党组织。

三是织密基层"服务线"。党员亮身份亮承诺，加入新时代文明实践志愿服务队伍，通过开展新时代文明实践活动，实现党员服务群众、党员带动群众，群众互助服务。坚持工作联结、队伍联建，把新时代文明实践中心试

点融入党的建设，以党员的志愿先锋行动凝聚各方力量共同参与文明实践。

2. 问需于民，精准回应文明实践目标愿景

一是文明实践对象化，关爱重点人群需求。新时代教育、医疗、扶老、托幼、助残是社会民生扶持的重点，是志愿服务的发力点，新时代文明实践工作需进一步向下延伸、向深发展，着力聚焦空巢老人、留守儿童、残障人士等重点人群的志愿服务需求，积极支持志愿服务组织开展扶贫、济困、扶老、救孤、恤病、助残等领域的志愿服务，提高重点人群的民生福祉。

二是文明实践社区化，回应基层群众服务需要。组织新时代文明实践进社区、进院落、进小区、进楼栋，重视社区居民需求调研、民意收集和服务反馈，将群众的需求、意见、向往融入新时代文明实践的政策制定、项目设计、服务优化、考核评估，促进志愿服务贴心化，提升群众的获得感、幸福感、安全感。

三是文明实践专业化，回应群众文明实践专业化需要。通过成立多级枢纽型平台志愿服务联合会、新时代文明实践中心智库、成都志愿者学院等系列举措，搭建全市志愿服务暨新时代文明实践中心专业化体系。聚焦群众法律、教育、文化等专业化需求，广泛推动企业、学校、医院、文化单位，立足本职位成立专业志愿服务队，引导医生、律师、教师、心理咨询师提供高质量、专业化服务。

3. 遵循规律，不断夯实文明实践基层基础

一是把握文明发展规律，文明实践与生态文明相结合。新时代文明实践中心必须融入文明建设中，新时代文明实践是文明工程，以文化人，成风化俗，培养群众文明新风。新时代文明实践中心要吸收生态文明的理念，实现中国特色志愿服务的生态化。

二是把握社会治理规律，文明实践与共建共治共享相结合。新时代文明实践是一项民心工程，要坚持以人民为中心的工作导向，在工作中精准把握和回应人民对美好生活的向往和需要，更好地提供教育文化、科技科普、体育卫生、社区便民等各类服务，着眼于凝聚群众、引导群众，助力国家治理

体系和治理能力现代化。

三是把握城市发展规律，文明实践与城市化进程相结合。新时代文明实践是一项振兴工程，须面对城市化进程中资源枯竭、公共服务不足、文化断裂等难点，顺应互联网趋势，建立健全城乡融合发展体制机制、精神文明建设政策体系，为城市经济建设、政治建设、文化建设、社会建设、生态建设注入新时代文明实践力量。

（三）聚焦高水平推进，以整合资源凸显文明实践新亮点

1. 资源共享，整合盘活多重资源

一是撬动企业资源。依托成都市企业志愿服务联盟，构建新时代文明实践企业参与平台，找准企业践行社会责任和参与新时代文明实践活动的最大公约数，有效打通新时代文明实践服务需求与企业志愿服务供应的供需通道，实现资源对接，推动企业开展文明实践活动。支持各区（市）县将新时代文明实践基地与企业微党校、职工之家等阵地平台建设相结合，推动新时代文明实践阵地向商务楼宇、工业园区等空间延伸。

二是联动志愿服务组织资源。依托成都市志愿服务联合会，以志愿服务为连接点和切入点，引导符合登记条件的志愿服务组织依法登记，鼓励支持各级新时代文明实践阵地连接引入或孵化培育志愿服务组织，凝聚、吸纳和发展一批活动规范有序、作用发挥明显、社会影响力强的优秀志愿服务组织参与新时代文明实践中心建设。

三是整合部门（单位）、辖区资源。广泛发动党政机关、辖区单位、文明单位、学校、医院等资源，加强党员志愿服务队伍、单位志愿服务队伍、学生志愿服务队伍、专业志愿服务队伍、社区志愿服务队伍建设，为新时代文明实践中心建设提供强大志愿力量。

2. 巧妙设计，构建系统连片集群

一是坚持生活美学理念。精心设计新时代文明实践中心、分中心、实践站阵地的统一LOGO、天府文化解读、智能化互动平台等建设要素，从生活美学出发，增强新时代文明实践要素的现代感、时尚性，将新时代文明实践

扎根社区、扎根市民生活、扎根市民心间。

二是坚持策划设计理念。明确各级阵地功能定位。新时代文明实践中心、分中心突出协调、管理、孵化、展示功能，兼顾服务功能。实践站突出协调、展示和服务功能。赋能各级阵地，保持服务性和功能性的统一。匠心设计文明实践项目。进一步利用新思维、新方式、新手段，冲破传统志愿服务的常规设计，在项目内容、项目形式、运行主体增强策划设计感，提升文明实践项目品质。

三是坚持连片打造理念。科学指导各区（市）县进行阵地选址。借鉴安徽桐庐规范化、标准化建设阵地，湖北宜都"869"明确三级阵地标准等实践探索，基于城乡距离、地理位置、资源禀赋、历史传统等综合考虑，指导中心、分中心、站的选址，坚持景区化、景观化打造新时代文明实践阵地集群，充分发挥新时代文明实践中心辐射和规模效应，构建美丽宜居公园城市。

3. 国际视野，融合中外提升水平

一是发展思路国际化。围绕新时代文明实践中心和志愿服务面临的突出问题，如法制化、激励回馈、志愿服务组织培育、社会动员等难点，精准对标国际先进地区，明确成都发展优势与劣势，吸收借鉴先进发展理念、具体举措，以国际视野拓宽新时代文明实践和志愿服务的发展思路，提升新时代文明实践中心服务大局的能力。

二是文化交融国际化。积极开展中外交流互动，探索成立外籍人士新时代文明实践基地。成立国际文化交流沙龙，开展包含陶瓷、美食、川剧、剪纸等非遗系列文化交流活动，推动传统文化"走出去"，开展川剧票友节、海外风情展系列，吸引外域文化"走进来"，以文化人加强外籍人士与本土人士的融合。

三是治理水平国际化。聚焦国际化社区建设，依托志愿服务，找准外企践行社会责任参与新时代文明实践的切入点，建立国际化社区治理协商机制，畅通外籍人士、涉外企业等参与社区建设、新时代文明实践的渠道，发动国内外资源助力新时代文明实践中心建设。

（四）聚焦高品质打造，以场景叠加彰显文明实践新价值

1. 精准化供给，实现文明实践可阅读、可感知

一是精心策划项目。制定文明实践服务清单，依托文明实践中心（分中心、站）对群众需求进行统计归类。统筹整合各中心、分中心、站志愿服务项目，合并优化志愿服务项目内容，形成可复制、可推广、可按需选择的文明实践服务清单。

二是畅通供需对接。优化"六单"特色化流程，进一步深化完善新时代文明实践"群众点单、平台统单、制单、派单，志愿者接单，群众评单"的闭环工作模式。充分发挥线上线下优势，切实解决群众需求、志愿服务组织需求、志愿者需求与志愿服务供给对接不充分不顺畅问题。

三是完善激励回馈。提升文明实践供给动力，众筹式搭建政策型、褒奖型、物质型、补偿型、成长型激励回馈全方位体系。将企业、自组织等志愿服务供给主体纳入新时代文明实践激励回馈表彰范围，发挥典型带动作用。开展全民参与新时代文明实践大比拼活动，以评促建，扩大新时代文明实践优秀项目、空间、志愿者、志愿者队伍的服务供给，增强文明实践感知度。

2. 场景化打造，实现文明实践可参与、可体验

一是构造多维场景。结合社区邻里中心、党群服务中心、志愿服务站等构造新时代文明实践社区场景；围绕商务楼宇、双创基地、工业园区、产业功能区等构造新时代文明实践生产场景；依托中小学、大学、科研院所等构造新时代文明实践教育场景；融合体育馆、博物馆、文化馆等公共文化设施场景以及天府绿道、川西林盘等构造新时代文明实践公共空间场景。

二是强化场景运用。通过新时代文明实践中心场景营造、场景叠加，把服务重心下沉到最基层单元，扩大参与覆盖面。强化文明实践场景运用，突出新时代文明实践中心建设的开放性。再造需求收集发布、服务组织实施、事后评价反馈全流程，以群众可进入、可感知、可欣赏的方式提升群众参与度。

三是增强场景体验感。运用新技术、新手段、新载体，丰富现代性、国

际范，以浸入式、互动化的参与形式提升群众体验感。在扩大群众参与率的基础上，增强文明实践的吸引力、感染力，使文明实践活动更具特色、更富活力，有效提升城市软实力和现代性。

3. 品牌化培育，实现文明实践可欣赏、可消费

一是打造天府文化品牌。充分挖掘巴蜀文明、天府文化的乐观包容、友善公益特质，以文化人、以德润城，推动志愿服务成为社会时尚、生活方式和价值追求，创建天府文化特色品牌，完善新时代文明实践文化涵养体系，打造新时代文明实践的成都底色。

二是打造"三城三都"品牌。坚持新时代文明实践中心助力成都世界文创名城、旅游名城、赛事名城，国际美食之都、音乐之都、会展之都的品牌创建，积极推动"三城三都"志愿服务设计和管理，善用国际化理念和新时代话语体系讲好成都故事。

三是打造"一中心一主题"品牌。区域培育，打造地区化亮点。成都新时代文明实践工作需立足于创新创造、优雅时尚、乐观包容、友善公益的特色特点，结合22个区（市）县的资源禀赋、发展定位、民风民情，坚持统筹发展，打造新时代文明实践地区化品牌亮点。

（五）聚焦高效能助力，以互联网思维开展文明实践新传播

1. 归集数据，建构文明实践"云体系"

一是加强数据整合。聚合线上资源，对成都市志愿服务网络信息平台（成都志愿者网、成都志愿者App、成都志愿者微信公众号）进行升级，并将其他端口的志愿服务暨新时代文明实践数据整合接入志愿服务网络信息平台。

二是提升数据应用。将文明实践志愿服务纳入全市志愿服务数据库统一管理，整合成都志愿者数据化平台、文明成都平台搭建新时代文明实践网络平台，建立志愿服务大数据发布机制。

三是发挥数据价值。将成都新时代文明实践信息对接纳入"天府市民云"，通过一站式"互联网+"公共服务平台连接更多资源推动新时代文明

实践中心试点工作，打造线上线下融合联动的服务体系。

2. 融合发展，共建文明实践"两个中心"

一是统筹"两个中心"建设。将新时代文明实践中心与融媒体中心建设统筹谋划、统筹建设。整合电视、广播、报纸、网络等多类型业务单元，充分导入网络直播等线上线下互动场景应用，借助线上线下融合发展优势，助力打造新时代文明实践中心。

二是统筹"两个中心"运用。将新时代文明实践中心运用与融媒体中心运用充分结合，利用微信、QQ、抖音、快手等互联网平台，把新闻宣传、政务服务、为民服务有机结合，使新时代文明实践活动更加便捷高效。

三是统筹"两个中心"展示。加强智能化手段使用，将传播的新科技、新手段、新方式应用在新时代文明实践中心建设中，充分利用AR/VR（增强现实/虚拟现实）、人工智能等智能化手段，全方位展现新时代文明实践的成效，增强文明实践体验感。

3. 创新宣传，助力文明实践"营城之道"

一是注重经验总结。充分发挥示范带动作用，加强各级总结材料的梳理、提炼，形成可视化、可复制、可推广的模式、经验。其中包括顶层设计、政策集成、阵地理念、项目开发等多维度，并将总结的经验、案例编撰成新时代文明实践中心系列丛书并结合融媒体等创新形式加以宣传，提高新时代文明实践工作的知晓率、好评率，构建"营城之道"。

二是丰富成果形式。将新时代文明实践工作的宣传推广纳入全市精神文明建设宣传的重要内容，融合新媒体、智能化场景等，丰富新时代文明实践成果。从文明实践切入，通过一批宣传片、微电影、歌曲、创意作品以及蜀绣、蜀锦、瓷胎竹编、糖画、川剧变脸等非物质文化遗产成果形式，加大宣传推广新时代文明实践中心营城战略。

三是联合媒体资源。综合运用各类宣传载体和文化阵地，不断更新新时代文明实践工作的政治内涵、服务内涵、社会内涵、城市内涵，整合全市内宣、外宣、网宣和社宣资源力量，积极协调和依托中央和省级主流媒体，与新浪网、腾讯网、网易、今日头条等知名商业网络媒体开展专项合作，进一步扩大媒体"朋友圈",凝聚宣传合力,构建成都市新时代文明实践工作"大宣传"格局,形成宣传报道新时代文明实践工作的强大舆论声势。

参考文献

[1] 潘加军:《解码新时代文明实践中心建设的"宜兴经验"》,《无锡日报》2019年8月28日。

[2] 赵婧:《新时代文明实践志愿服务的湖州探索》,《光明日报》2019年8月23日。

[3] 方婵娟:《农村新时代文明实践的途径和建议》,《西南林业大学学报》(社会科学)2019年第4期。

[4] 中共上杭县委宣传部:《"四轮驱动"打通服务群众"最后一公里"》,《思想政治工作研究》2019年第8期。

[5] 中共福安市委宣传部:《新时代文明实践中心建设的"福安路径"》,《思想政治工作研究》2019年第8期。

[6] 《新时代文明实践中心·福建省上杭县》:《思想政治工作研究》2019年第8期。

[7] 万亚伟:《浙江宁波市:志愿服务助力新时代文明实践》,《党建》2019年第7期。

[8] 吴小敏、谭今琼:《新时代文明实践的诸暨"算法"》,《小康》2019年第19期。

[9] 宫泉久:《提升传统文化价值 推动新时代文明实践》,《青岛日报》2019年6月21日。

[10] 张思明:《把握群众需求 推进新时代文明实践》,《群众》2019年第12期。

[11] 钟瑜:《海口:以"三个中心"推进新时代文明实践中心建设》,《今日海南》2019年第6期。

[12] 徐州日报评论员:《为新时代文明实践中心建设贡献"徐州智慧"》,《徐州日报》2019年5月28日。

[13] 雒树刚:《探索新时代文明实践中心建设"湖湘经验"》,《新湘评论》2019年第6期。

[14] 刘万春、邰凤:《打造新时代文明实践"海安样本"》,《思想政治工作研究》2019年第3期。

[15] 《新时代文明实践中心·江苏》,《思想政治工作研究》2019年第3期。

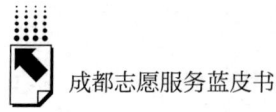

［16］魏晔玲、常静、徐涛：《把天线接到地线上——延庆新时代文明实践中心初探》，《前线》2019年第3期。

［17］《新时代文明实践中心·山东胶州》，《思想政治工作研究》2019年第2期。

［18］杨军剑：《新时代优化乡风文明实践的机制探析》，《决策探索（下）》2019年第1期。

［19］《探索新时代文明实践中心建设"慈溪路径"》，《思想政治工作研究》2019年第1期。

［20］《新时代文明实践中心·浙江海宁》，《思想政治工作研究》2019年第1期。

B.12
成都打造"友善公益之城"调研报告

摘　要： 立足建设国家中心城市、中国"志愿之城"试点城市新机遇，成都通过构建"一体多维"的统筹机制，打造"相互支撑"的保障机制，建立"资源整合"的联动机制，实现"供需对接"的互动机制等创新模式探索，在加强制度规范、夯实群众基础、拓展阵地平台、丰富项目内容、提升信息管理、涌现先进典型等方面取得系列成绩。但是，成都在文化提炼、顶层设计、政策保障、研究转化、专业培训、发展均衡、多元参与以及活跃度等方面仍然存在发展瓶颈。为进一步释放志愿服务发展空间，激发发展活力，成都需要通过提炼成都志愿精神、建立健全工作体系、支持发展志愿组织、完善提升培训研究、培育打造志愿品牌等举措，引领志愿服务发展新方向，延伸"友善公益之城"的内涵和外延，构建中国志愿成都模式。

关键词： 志愿服务　志愿模式　友善公益之城　成都

为进一步贯彻落实党的十九大提出的推进诚信建设和志愿服务制度化，强化社会责任意识、规则意识、奉献意识，探索新时代志愿服务的创新模式，完善成都市志愿服务组织体系，壮大志愿服务组织和志愿者规模，提升志愿服务发展水平，紧紧围绕贯彻落实成都市第十三次党代会关于发展"创新创造、优雅时尚、乐观包容、友善公益"天府文化的要求以及市委十三届二次、三次全会精神，成都市提出打造"友善公益之城"，在全市弘扬"奉献、友爱、互助、进步"的志愿精神，大力发展志愿服务事业，促进成都市志愿服务水平再上新台阶。

一 调研背景

（一）调研目的

一是系统梳理成都市志愿服务发展的历史和现状，深入分析成都市志愿服务发展过程中存在的突出问题。二是总结提炼成都市志愿服务发展的成效和经验，形成具有成都特色的志愿服务发展模式。三是明确成都市下一步志愿服务的发展方向，为成都市"友善公益之城"建设奠定坚实的基础。

（二）调研对象和内容

课题组通过资料收集、调研访谈和实地走访，共调研了成都市与志愿服务相关的94家单位，与有关部门、街道（乡镇）、社区（村）、社会组织和志愿服务组织代表、志愿者代表等100多人进行了访谈沟通（参见表1）。重点围绕全市志愿服务的发展现状、志愿服务发展过程中存在的主要问题、对成都市建设友善公益之城的意见和建议等问题进行了全面了解。

表1 调研对象具体分布

类别	相关部门	数量
市级部门	市文明办、市委组织部、市民政局、市教育局、市司法局、市卫计委、市科技局、市文广新局、市旅游局、市公安交管局、市公安消防局、市总工会、团市委、市妇联、市残联、市红十字会	16
区(市)县	高新区、武侯区、青羊区、成华区、金牛区、锦江区、天府新区、郫都区、双流区	9
街道（乡镇）	玉林街道、双楠街道、少城街道、草市街道、太升街道、西御河街道、保和街道、荷花池街道、水井坊街道、莲新街道、华阳街道、正兴街道、东升街道、黄甲街道、协和街道、西航街道、黄水镇	17

续表

类别	相关部门	数量
社区（村）	玉林东路社区、晋阳社区、锦绣社区、东街社区、团结社区、汇泽路社区、西北桥社区、营门口路社区、五福桥社区、栀子街社区、双柏社区、书院社区、岷阳社区、土地村、东明社区、棠湖社区、广都社区、星月社区、三江社区	19
社会组织和志愿服务组织	成都市文艺志愿者协会、成都云公益发展促进会、成都公益组织服务园、天府新区永兴志愿者协会、成都根与芽环境文化交流中心、成都市义工联合会、成都市锦江区爱有戏社区文化发展中心、成都市武侯区新空间青少年发展中心、成都益多公益服务中心、成都市高新区志愿者协会、成都云峰社会工作服务中心、成都市成华区543社工中心、浦江县青年志愿者协会、成都市天虎防灾减灾公益服务中心、成都市锦江区绿氧生态环境保护中心、成都市青白江区义工联合会、雷风减灾防灾应急志愿者总队、龙泉驿新市民志愿者协会、芳草义工总队、志愿红娘服务队、善工家园助残中心、欢行公益发展中心、成都市建中社会工作服务中心、成都市金牛区博爱家园社工服务中心、锦江区心海社会工作服务中心、"长者通"呼叫援助中心、郫都区明德社会工作服务发展中心、双流区志愿者协会、黄甲志愿服务中心、双流区法律志愿者协会	30
企业	三峡集团移民局工作局、中建蓉城公司、八益家具股份有限公司	3

（三）调研方法

一是资料研读。通过对成都市志愿服务相关资料进行研读分析，了解和获取相关信息内容。二是访谈沟通。与相关单位、组织、队伍及志愿者代表进行面对面访谈沟通，并与重点区（市）县的街道、社区等代表进行小范围访谈。三是召开座谈会。先后组织召开成都市市级有关部门座谈会、社会组织和志愿服务组织代表座谈会。四是实地走访。赴成都市志愿者服务活动中心、各区（市）县以及志愿服务组织机构进行实地参观走访。

二 成都市志愿服务发展现状

1994年1月，团市委青年志愿者新春热心行动的开展，拉开了成都志愿者行动的序幕，这也被当作成都市志愿服务的开端。2005年6月6日，《成都市志愿服务条例》颁布施行，这是全国第九部也是西部第一部志愿服务地方性法规，标志着成都市志愿服务向法制化方向发展。2008年，汶川地震救灾推动了全社会参与志愿服务的热情，2008年也被称为中国志愿服务元年，成都地处灾区，充分利用公众参与的积极性推动了全市志愿服务的发展，孵化和培育了一批志愿服务组织和优秀志愿者领袖。2009年以来，志愿服务工作统筹协调职能明确由成都市文明办承担，随着中央文明委、省文明委近年来的政策推动，以及成都市建设全面体现新发展理念的国家中心城市的契机，成都市志愿服务发展步入快车道，志愿服务组织体系不断完善，志愿服务组织和志愿者规模不断扩大，志愿服务已成为成都市城市文明的又一张名片。

（一）志愿服务制度规范不断加强

志愿服务统筹协调体系逐步形成，市文明委、市文明办牵头统筹，市民政局、团市委、各区（市）县等共同配合、合力发展，在组织规范、制度完善、经费保障等方面居于全国领先地位。2014年，成都市文明委制定《关于推进志愿服务制度化建设的实施意见》，从志愿服务招募注册制度、培训管理制度、供需对接制度、服务记录制度、激励回馈制度、政策和保障制度六个方面提出了建立健全志愿服务制度的具体意见。[1] 成都市文明办先后制发《成都市志愿者注册登记管理办法（试行）》、《成都市志愿服务供需对接制度（试行）》、《成都市志愿服务记录办法（试行）》和《成都市志愿者星级评定制度》。成都各区（市）县和相关部门也纷纷出台了相应制度，如市直机关工委2016年出台《关于进一步做好机关法治宣传志愿服务工作的通知》，市城管委2016年出台《关于印发走进城市管理共创美好家园城管志愿服务活动方案的通知》，市文联出台《成都文艺志愿者管理办法》等；青羊区出台《青羊区志愿服务公益积分兑换实施办法（试行）》、《青羊区志愿服务基层定期培训制度（试行）》和《青羊区志愿服务骨干队伍工作例会制度》；天府新区出台《天府新区志愿者和志愿服务组织激励回馈制度

---

[1] 参见《关于推进志愿服务制度化建设的实施意见》（成文明委发〔2014〕3号）。

（试行）》；武侯区出台《武侯区志愿服务注册登记管理办法》、《武侯区志愿服务供需对接制度（试行）》和《武侯区志愿服务记录办法》等。

（二）志愿服务群众基础不断夯实

成都市第十三次党代会提出"创新创造、优雅时尚、乐观包容、友善公益"的天府文化，成都城市文化为志愿服务发展提供了良好的土壤。成都近年来先后经受"5·12"汶川地震、"4·20"芦山地震等自然灾害，持续激发着当地市民的志愿服务热情，成都志愿服务的氛围相对北京、上海和广东的大型赛事推动而言，社会化基础方面在全国是独一无二的，有着天然的群众基础。大量外部志愿服务组织和志愿者把成都作为办公所在地，壮大了成都志愿者队伍，带动了志愿服务事业的发展，志愿服务良好氛围初步形成。成都市"乐观包容""友善公益"的天府文化与公益志愿服务内涵很接近，成都出现的高龄老人吃饭被免单、默默奉献的爱心"地铁哥"等事件，反映出市民友善和邻里互助的志愿文化，助推了成都志愿服务的发展。全市通过成都志愿者网（App）注册的志愿者达187万余人，志愿服务队2万余支，发布项目（活动）7万余个，注册志愿者人数占全市常住人口总数的比例已经超过13%，武侯区等地该数据已达到15%。2016年6月1日以后，成都志愿者网（App）新增志愿者超过35万人，新增志愿服务队伍近2000支，增长比例大幅提升，超过了10%。特色志愿服务队伍和组织纷纷涌现，如锦江区"局长志愿服务队"、"夹心群众"助爱天使志愿服务队，郫都区"少数民族手拉手"志愿服务队、"家庭医生志愿服务队"，高新区"志愿红娘"志愿服务队，成都云公益"非遗传承、法律志愿、医务社工、守护天使等20余支专业志愿服务队"，成都公益组织服务园高校志愿服务联盟等都成了推动当地志愿服务发展的重要力量。

（三）志愿服务阵地平台不断拓展

2015年，成都市委宣传部、市文明办建成成都市志愿者服务活动中心，将中心打造成为全市志愿服务的"一窗口、两基地、两平台"。"一窗口"

是指全市志愿者的服务窗口。依托成都志愿者网、成都志愿者App，面向全市志愿者和志愿服务组织开展注册登记、服务记录、星级评定、供需对接、激励保障等工作，是全市志愿服务咨询对接窗口。"两平台"是全市志愿服务供需对接平台和宣传展示平台。搭建全市志愿服务供需对接平台，建立成都学雷锋爱心联盟，创建线上线下全媒体志愿服务矩阵。搭建深化文明创建的宣传展示平台，整合新旧媒体，传播文明风尚。"两基地"是全市志愿服务的培训基地和活动基地。打造全市志愿者培训指导基地，积极引导、扶持和规范志愿服务培训制度化、常态化、专业化。打造全市志愿服务活动枢纽基地。全国首个雷锋精神种子志愿服务站落户活动中心，建立健全联动各社区志愿服务站协调机制。全市建成区社区100%已建立志愿服务站，成都市文明办在全市范围内连续组织开展学雷锋社区志愿服务示范站创评活动，已评选出140个示范站。贯彻落实《关于公共文化设施开展学雷锋志愿服务的实施意见》，在全市部分公共文化设施建立志愿服务示范站，如杜甫草堂博物馆、武侯祠博物馆、金沙遗址博物馆等。

（四）志愿服务项目内容不断丰富

成都市文明办统筹协调全市志愿者队伍有重点、有针对性地开展形式多样的服务活动，在服务社会、教育实践、传播文明等方面发挥了积极作用。一是关爱弱势群体志愿服务项目，连续多年开展"月亮集市—助残创意集市"、百炼成钢中重度残障青年就业促进计划、关爱老人"情系桑榆"、"百日红·帮扶坊"系列志愿项目。二是大型赛会志愿服务项目，成都志愿者先后参与财富全球论坛、世界华商大会、国家残运会、第五届西博会等大型活动，备受好评。三是关爱民生热点需求志愿服务项目，如"益呼百应"网络众筹志愿行动、"暖冬行爱传递主题志愿服务活动"、2017年"向雷锋致敬——我爱成都我为成都+1℃"志愿服务活动等。四是支持高校青年志愿服务活动，实施成都高校志愿服务进社区创客大赛、志愿服务理念进校园、社会主义核心价值观进高校等活动。五是探索创新型志愿服务项目，如"百日红·创新坊"、"百日红·孵化坊"、"微田园社区"、"一骑为了成都好"文明出行、"锦江公益茶馆志愿联盟"、"义仓"、"义集"、"穿越时空对话雷锋"等项目。

（五）志愿服务信息管理不断提升

成都市不断顺应"互联网＋"的发展趋势，提出"互联网＋志愿服务"的志愿服务信息化思路。目前，全市先后建立了"一网"（成都市志愿者网）、"一微"（成都市志愿者微平台）、"一热线"（成都雷锋热线）、"一园"（成都公益组织服务园）、"一云"（成都云公益发展促进会）、"一校"（志愿服务系统化培训基地）、"一刊"（《志愿服务·时刻在线》）、"一报"（成都志愿者全媒体平台）、"一中心"（成都市志愿者服务活动中心）9大志愿服务平台，为全市志愿者和组织实现数据共享、项目对接、协作共事及参与交流，提供了高效畅通、及时稳定的便捷通道。其中，成都志愿者（App）在全国率先实现地图查找项目、志愿者人脸识别扫码记录，并已完成微信公众号的同步登陆、记录等功能，成都志愿服务的信息化管理体系不断完善并初见成效，为成都志愿服务的规模化发展奠定了良好的信息化基础。

（六）志愿服务先进典型不断涌现

近年来，成都市志愿服务涌现出一批先进典型。以道德模范、身边好人为代表的志愿服务团队活跃开展各类志愿服务活动，第五届全国道德模范吴永秀成立东风渠救水志愿服务队，第六届全国道德模范提名奖秦坤组建欢行公益中心，第一届全国文明家庭获得者李婷华成立好心人爱心志愿服务队，中国好人靳建中成立建中爱心社等。在中宣部2015年和2016年"优秀志愿服务四个100"先进典型活动中，成都市武侯区善工家园志愿者郝成桃和成都市武侯区广福桥社区志愿者王美军当选"最美志愿者"，《成都晚报》"关爱农民工子女·名师一堂课"志愿服务项目、成都市莲新街道志愿服务中心创新示范基地项目和成都市"百日红·孵化坊"项目当选"最佳志愿服务项目"，成都市武侯区善工家园助残中心和成都市文艺志愿者协会当选

"最佳志愿服务组织",成都市武侯区玉林街道黉门街社区和武侯区晋阳街道晋阳社区当选"最美志愿服务社区"。在团中央中国青年志愿服务项目大赛中,蒲江县"3+2读书荟·阅读伴成长"获得关爱农民工子女类金奖等。

三 成都推进志愿服务制度化的经验模式

近年来,成都市志愿服务发展速度不断加快,志愿服务规模从小到大、人数从少到多、覆盖领域不断扩展、服务水平稳步提升,已经成为全市一项参与面最广、参与程度最高的公益活动,成为全市提高社会文明程度、提升市民文明素质的重要力量。成都市志愿服务发展有基础、有特色、有潜力,在推进志愿服务发展进程中成都勇于实践探索,取得了一些宝贵的经验,形成了一些有影响的典型经验,取得了良好的社会效益。

(一)构建了"一体多维"的统筹机制

经过多年的探索和实践,成都市志愿服务逐步形成了由市文明委领导、市文明办统筹,协调各有关单位和部门共同配合的"一体多维"的志愿服务组织领导机制,有效解决了全国普遍存在的"多头分散"管理的问题。市文明办专门成立志愿服务处,主要负责统筹协调有关部门、社会各界,营造有利于志愿服务事业发展的政策环境和社会环境,指导成都市志愿服务工作,推动全市志愿服务事业的发展。纵向上,各区(市)县文明委、文明办负责属地志愿服务的领导和管理,并向市文明委、文明办汇报;横向上,各有关部门负责自身业务领域志愿服务的归口管理。

(二)打造了"相互支撑"的保障机制

志愿服务的制度化建设是志愿服务保障的重要支撑。首先是加强法治保障,《成都市志愿服务条例》出台早,标志着成都市志愿服务法制化方向发展起步早。其次是建立健全各类制度,全市志愿服务招募注册、培训管理、供需对接、服务记录、激励回馈、政策保障六方面制度率先提出具体实施意见，为推进成都市志愿服务的发展奠定了基础。目前，市、区（市）县、街道（乡镇）、社区（村）四级志愿服务组织体系架构已完成。市委组织部党员志愿服务、团市委青年志愿服务、市文广新局公共文化设施学雷锋志愿服务、市文联文艺志愿服务等不同领域志愿服务百花齐放，一张"横到边、纵到底"的志愿服务组织体系网络正在逐步完善。

（三）建立了"资源整合"的联动机制

成都市注重发挥好政府的引领作用，做到政府引导不包办、统揽不包揽，充分整合社会组织和社会各界力量，注重民间社会组织和志愿服务组织的培育发展。2012年先后支持建成成都云公益发展促进会和成都公益组织服务园，为成都市志愿服务组织发展提供了枢纽型支持。目前，两家机构是全省首批入围省级文明单位的社会组织，是成都市5A级社会组织。成都云公益发展促进会入驻会员包括了成都市内外400余家公益机构和志愿者团队，服务领域覆盖了扶贫济困、扶幼助老、教育医疗、灾害应对、环保社区5大类14小类。成都公益组织服务园已为全市200余家公益机构和志愿组织提供孵化培训，搭建组织与政府、企业、媒体、高校、社区的需求对接和沟通合作，探索、扶持和培育公益组织发展的创新之路。

（四）实现了"供需对接"的互动机制

成都积极打造线上线下志愿服务组织体系网络，建立完善各级志愿服务阵地资源，并通过"九个一"平台完善建立文明成都公益地图和成都市志愿者管理信息系统，实现志愿服务信息的精准发布、招募报名、项目管理、交流互动、展示宣传等功能，常态化进行供需对接数据分析评估。目前，志愿服务大数据功能正在进一步强化，志愿组织、项目、志愿者和服务对象能实时对接、征集、筛选，供需双方能随时随地通过线上实现"菜单式"有效配置。线下阵地建设推动线上志愿服务的规模增长，线上志愿服务管理平台完成对线下大规模服务信息的有效管理，上下联动，有机结合，实现成都志愿服务的高效互动和科学管理。

四 存在的问题和挑战

全市志愿者工作与经济社会发展的要求相比，与国内外先进城市的发展水平相比，还存在一定的差距，总结为"五个不足"，值得认真应对并着力解决。

（一）志愿服务文化提炼相对不足

联合国前秘书长科菲·安南提出："志愿精神的核心是服务、团结的理想和共同使这个世界变得更加美好的信念。从这个意义上说，志愿精神是联合国精神的最终体现。"新加坡志愿服务的特点是"观念植入，文化融合"，民族融合、多元文化共同发展是新加坡志愿精神的具体实践，并从青少年入学就开始培养，同时作为一种教养植根民众之中，有"我做志愿者我光荣、我快乐"的共识。深圳市"来了就是深圳人，来了就做志愿者"的志愿服务文化，成为城市宣传"流行语"，"送人玫瑰，手有余香"的志愿服务理念入选深圳"十大观念"。目前，成都市志愿服务文化内涵尚未形成体系和深入人心，缺乏结合成都城市精神、融合"天府文化"传播弘扬的成都志愿服务文化提炼和宣传。成都志愿服务精神得以传承是摆在成都志愿服务工作者面前的一项重要工作。同时，应充分解读"友善公益"的文化内涵，加强舆论引导，积极培育正确的志愿服务文化内涵，为成都的下一步志愿服务工作提供方向。

（二）志愿服务政策保障相对不足

美国政府先后颁布《国内志愿服务修正法》《国家和社区服务法案》《志愿者保护法》等，2009年《爱德华·肯尼迪服务美国法》改革国家志愿服务体系，并通过立法等方式如设立相关奖项，为志愿者就学、求职提供便利。德国颁布《奖励志愿社会年法》和《奖励志愿生态年法》，鼓励16~27岁的青年投身社会或环保志愿服务，强化志愿服务教育辅导，志愿者在租税、交通、社保等方面享有优惠奖励。新加坡每年国庆日，获得最高等级奖励的志愿者将由总统亲自颁发公共服务勋章（PBM）和公共服务星条勋章（BBM、BBML）。英国、法国等也都有相应的政策鼓励年轻人参与志愿服务。对标上述发达国家志愿服务政策和法律保障，成都市现行《成都市志愿服务条例》已明显滞后，志愿者注册、权利保障、资金保障等方面操作性不强，教育培训、监督管理、激励回馈等方面存在法律"真空"，与志愿服务形势发展不相适应。

（三）志愿服务研究转化相对不足

目前，志愿服务学院已经成为各地志愿服务发展的标配。北京、陕西、山东、河北、广州、杭州、青岛、包头等省市相继建立了志愿者学院（志愿服务学院、志愿服务研究院），搭建志愿服务科研、培训合作、交流和项目管理咨询平台，为城市志愿服务事业发展提供智力支撑。其中，北京2011年成立北京志愿服务发展研究会，组建了一支拥有百名志愿服务领域权威专家、青年学者的人员队伍，编辑出版志愿服务研究图书23部27本、内部调研材料200多份；承担了志愿服务理论研究、学术交流和志愿者骨干培训等工作。成都市还没有成立专门从事志愿服务研究的机构，在蓉高校缺乏从事志愿服务研究的专家，全市志愿服务理论研究明显滞后，成都市志愿服务缺乏成果转化，与成都的志愿服务地位不相匹配，难以有效指导进一步的实践创新。

（四）志愿服务专业培训相对不足

欧盟国家大多建立了完善的志愿服务培训机制，公民从小就要接受相关专业训练，需具备从事志愿服务的基本技能，法国还分层分级设定了志愿服务必修课程和认证体系。北京、广州依托志愿服务发展研究会组织各类培训讲座，研究出版系列志愿服务培训教材。成都现有的志愿者培训专业程度不高、覆盖群体数量较少，缺乏系统的志愿服务培训体系，针对性也不强。志愿服务组织及广大志愿者缺乏专业指导及培训的现象较为普遍，一定程度上导致志愿者对志愿服务以及专业能力的认知不足，影响了服务的效果和质量。

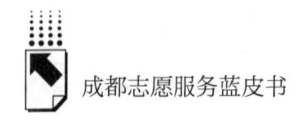

（五）志愿服务均衡发展相对不足

成都所辖22个区（市）县，志愿服务地区差异较大，存在发展不平衡的问题。从注册志愿者数量来讲，中心城区中武侯区、金牛区、锦江区、青羊区、成华区、高新区、天府新区的注册志愿者数量较多，中心城区和远郊县市的差异十分明显。从注册志愿服务队伍数量来看，中心城区注册志愿服务队伍数量明显高于远郊县市。

五　打造"友善公益之城"面临的机遇

2017年，成都市正式被纳入中国志愿服务联合会"志愿之城"建设试点城市。近年来，国内外志愿服务发展机遇良好，成都市正在加快建设全面体现新发展理念的国家中心城市，市第十三次党代会提出发展"创新创造、优雅时尚、乐观包容、友善公益"的天府文化，成都市建设"友善公益之城"面临前所未有的发展机遇。

（一）志愿服务蓬勃发展的国际机遇

志愿服务已成为全球的一项公共政策，联合国大会第七十届会议报告提出将志愿服务纳入下一个十年计划以及其后的和平与发展工作，纳入国家发展战略和全球战略，将志愿服务数据作为可持续发展目标监测的一部分，志愿服务正以其突出的社会效益受到越来越多国家政府和社会的重视。国外志愿服务主要是着眼于国家和社会的发展大局，在经济和文化领域中寻找服务模式，并将志愿服务与公民的个人成长、事业成就等紧密相连。志愿服务已成为全球的一项公共政策，国际志愿服务将越来越多地推动在教育、健康、治理、环保、可持续发展、安全与和平等领域作出更大贡献。

（二）志愿服务加快发展的国内机遇

党的十八大以来，中央对志愿服务工作的重视程度不断提高，习近平总书记多次给志愿服务组织回信或做重要指示，党的十九大报告中明确提出"推进诚信建设和志愿服务制度化，强化社会责任意识、规则意识、奉献意识"。《中华人民共和国慈善法》和《志愿服务条例》正式实施，为加快志愿服务制度化提供了有力法律保障。中央文明委出台《关于推进志愿服务制度化的意见》，中央深改组专题审议通过《关于支持和发展志愿服务组织的意见》《关于公共文化设施开展学雷锋志愿服务的实施意见》，中央多部门就志愿服务制度化出台文件进行安排部署。新政策成为志愿服务发展的重要推动力，促进志愿服务向规范化、专业化、常态化发展。近年来，全国志愿服务活动组织体系不断健全、服务方式与内容不断丰富，服务成效不断显现，志愿服务的社会价值认可度不断提升。《中国慈善发展报告（2017）》显示，2016年全国注册志愿者为7259.08万人，注册率为5.25%；包含未官方注册但参与服务的志愿者共计13480万人，占全国人口的9.75%。其中，约32.3%的为活跃志愿者，参与帮老、助残、扶贫、社区等18种主要领域的志愿服务活动[1]，志愿服务正成为一项具有广泛公众基础的社会事业，进入快速、活跃发展的新阶段，向着常态化、多元化、专业化、规范化、精细化、制度化、国际化方向迈进。

（三）国家中心城市建设的成都机遇

成都第十三次党代会提出建设全面体现新发展理念的国家中心城市。成都将全方位提升城市能级、全方位变革发展方式、全方位完善治理体系、全方位提升生活品质，把新发展理念转化为城市建设发展的生动实践。建设全面体现新发展理念的国家中心城市，肩负国家使命、体现国家意志、代表国家形象、引领区域发展，成都将切实增强"五中心一枢纽"支撑功能，坚持全球视野、国际标准，全面提升城市能级水平。同时，坚持完善城市体系与提升城市功能互促共进，重塑城市空间结构和经济地理，全面增强城市承载能力，不断提升城市宜居性和舒适度。志愿服务是推进社会治理体系创新

---

[1] 杨团：《中国慈善发展报告（2017）》，社会科学文献出版社，2017，第6~7页。

的有效方式，志愿服务能有效弥补政府在服务社会大众时存在的信息、能力、资源等方面的不足，通过开展志愿服务加强社区各主体之间的常态沟通、交流和联系，确立共同利益，建立相互信任，倡导主流价值文化，推动形成以社区为基础的命运共同体。国家治理体系和治理能力现代化的深入推进，将为志愿服务新时代的到来提供广阔的舞台和深入发展的机会。在全面建成小康社会的进程中，志愿服务的内涵和外延将得到极大延伸，参与志愿服务将逐渐成为一种社会时尚、生活方式和价值追求，成为社会普遍参与和认同的价值观。

六 打造"友善公益之城"的对策建议

为进一步深化全国文明城市建设，提升志愿服务发展水平，成都市从实际出发，从发展需要出发，从问题导向出发，着力夯实志愿服务发展基础，不断扩大志愿服务覆盖面，加快提高志愿服务专业化水平，有效提升成都"友善公益之城"影响力，现提出以下对策和建议。

（一）提炼成都志愿精神，传承发展"天府文化"

传承发展"天府文化"是践行社会主义核心价值观在成都的生动实践，提炼成都志愿精神是进一步弘扬"奉献、友爱、互助、进步"志愿精神的具体表现，打造"友善公益之城"要先完善打造成都志愿服务文化内涵体系，让成都志愿服务精神与"天府文化"的传承发展充分融合。

一是解读成都志愿精神的文化内涵。建议用"感恩、友善、包容、温暖"为"友善公益之城"提供文化引领，作为成都志愿精神。成都志愿服务的蓬勃发展始于2008年"5·12"汶川大地震，成都永远不会忘记来自社会各界的爱心帮助，"感恩"既表达成都人民的感恩情怀，也传承大灾有大爱的志愿精神；"友善"和"包容"是天府文化的内容，符合成都志愿服务精神特质，是传承发展"天府文化"的充分融入；"温暖"体现成都独特的市民文化，成都是一座有温度的城市，"邻里互助""尊老爱幼"在成都随处可见、经常可见，志愿服务让这座城市更有温度、更加温暖。提炼成都志愿的宣传口号，建议将"一切为了成都好，一起来做志愿者""友善公益，志愿蓉城"作为全市志愿服务的统一宣传标语并广泛传播。建议在全国首创设立城市志愿服务日，选取成都具有代表性的纪念日确立为每年"成都志愿者日"。

二是强化"友善公益之城"精神的贯穿融入结合。统一规范成都志愿服务形象，邀请本地热心公益、形象健康的社会知名人士、明星为志愿服务代言，拍摄制作成都志愿服务宣传片、微电影、公益歌曲、编排舞台剧、海报等，培育志愿服务文化自觉。以图册、动漫等形式，可视化展示成都志愿文化成果。以"文创+志愿"形式征集歌曲、诗歌、微小说、吉祥物、创意产品等，举办志愿服务文化节、志愿者礼等。在全市中小学开展"三个一"工程：读一本志愿服务读本，上一堂志愿服务课，参与一次志愿服务的活动。创建志愿服务文化广场、街区、公园等。

（二）建立健全工作体系，提升城市站位格局

拓宽视野，提高站位，对标国内外先进城市，瞄准国际一流水平，不断健全完善志愿服务工作体系，推动成都志愿服务事业健康可持续发展，建成与成都城市格局、定位相适应的志愿服务组织体系，形成布局合理、管理规范、服务专业、充满活力的新格局。

一是全新打造"一体两翼"的市级志愿服务工作平台。"一体"是成都市志愿服务联合会，发展壮大市级联合会，并逐步在区（市）县、街道（乡镇）同步建立各级志愿服务联合会，完善文明委领导、文明办统筹、部门配合、社会协力的"一体多维"志愿服务组织领导体系。建立党委政府、企事业单位、志愿服务组织和志愿者的沟通平台，发挥志愿服务组织的枢纽作用，整合吸纳社会力量，合力推进志愿服务工作迈上新台阶。"两翼"是成都市志愿服务学院和成都市志愿服务专项基金。高站位、大格局，立足成都，面向全国打造四川乃至中国志愿服务培训中心，联合高校建立志愿者培训基地，分层分级开展志愿者培训，加快培养一批志愿者

骨干和志愿服务组织管理人才。开设志愿服务专项基金，从加快精神文明建设全局构建多渠道、社会化的筹资机制，为开展志愿服务活动提供必要的经费保障。

二是加快完善提升成都志愿服务"六大机制"。强化法治保障机制。启动《成都市志愿服务条例》修订工作。健全志愿服务激励回馈机制，将荣誉激励与实际回馈相结合，一方面纳入城市荣誉评选活动（如"成都榜样"等）；另一方面整合部门、企业、商户、机构、个人等社会资源，搭建"全民志愿、众筹回馈"机制。构建"友善公益"测评考核机制。通过构建基础评价、发展评价指标体系，以测评推动各区（市）县齐同发展，减少区域发展不平衡的问题，推动成都志愿服务整体水平不断提升。完善志愿服务信息管理机制。着力解决多个信息平台多头管理现象，整合民政、团委、文联、红会等平台信息，在市级层面统筹规划，实现后台数据共享，形成全市志愿服务信息互联互通、共建共享格局。提升志愿服务项目供需对接机制。缺乏足够的志愿服务机会或缺乏有吸引力的志愿服务岗位是项目开发迫切需要解决的问题。按照"服务对象所需、志愿者所能"的原则，完善顶层设计，提出志愿服务项目指南，利用社区阵地挖掘居民志愿需求，开发志愿服务项目，整合全社会资源，实行全信息化供需对接、全电子化记录管理。探索年度展示交流机制。建议成都举办年度志愿服务展示交流会，搭建平台引入国内外优秀公益志愿机构，宣传推广优秀志愿服务经验做法，对接项目资源，孵化培育和提升本土志愿者团队和项目执行能力。

（三）支持发展志愿组织，助力创新社会治理

志愿服务组织是汇聚社会资源、传递社会关爱、弘扬社会正气的重要载体，是形成向上向善、诚信互助社会风尚的重要力量，是引领志愿服务有序规范发展的专业力量。近年来，志愿服务组织不断涌现，对推进精神文明建设、推动社会治理创新、维护社会和谐稳定发挥了重要作用。

一是加强培育和发展志愿服务组织。推进志愿服务组织的登记注册创新，在不违背志愿服务组织管理法律法规基本精神的基础上，探索按照活动

地域适当放宽成立志愿服务组织所需条件。推进志愿服务组织孵化机制，市级由成都市志愿服务联合会牵头，打造成都市志愿服务众创中心，鼓励有条件的区（市）县建立专门的志愿服务组织孵化基地，条件成熟可搭建市、区和街道三级孵化机制。培育枢纽性志愿服务组织，实现同类型、同性质、同领域志愿服务组织的孵化培育、协调指导、合作发展、自治自律、集约服务等。推进志愿服务组织承接公共服务项目，积极支持志愿服务组织承接扶贫、济困、扶老、救孤、恤病、助残、救灾、助医、助学等领域的志愿服务，加大财政资金对志愿服务运营管理的支持力度。培育企业志愿服务组织的发展，凝聚企业志愿者力量和加强队伍建设，强化交流学习，探索建立企业志愿服务的创新机制。培育学生志愿服务组织的发展，联动教育局将志愿服务纳入高校、中小学学习实践要求，从制度上推动学校开展志愿服务，以"项目+活动""志愿家庭"等模式培育学生志愿服务团队。培育党团员志愿服务组织，推动与党建、团建活动有效结合，发挥示范带头作用，逐步形成广大党团员志愿者"工作在单位、活动在社区、奉献多岗位"的管理模式。培育专业志愿服务组织的发展，积极鼓励探索在法律服务、抢险救灾、心理咨询、医疗卫生、文化艺术、网络维护、消防宣传等方面专业志愿服务队伍的建设、培训和认证的创新模式。培育国际志愿服务组织的发展，围绕成都市"三城三都"建设，依托文化交流、赛事会展、旅游美食、音乐文艺等，提升志愿服务国际化水平。

二是积极建设社区志愿服务生态圈。志愿服务社区化是保证志愿服务参与率的重要手段，激活"僵尸志愿者"的最有效方式是建立完善的社区志愿服务生态圈。优化社区志愿服务工作质量，提高阵地发挥巩固支撑、团队建设、信息搜集、项目发布、形象展示等功能的可靠性，提高社区志愿服务全媒体、多功能、全天候枢纽终端的便捷性，提高社区志愿服务供需对接的精准度，实现服务菜单实时更新、群众需求及时搜集、系统自动匹配推送等。大力培育社区志愿服务组织，加大对社区志愿服务组织的支持力度，深入开展社区营造计划，培养居民团队。统一社区信息收集发布平台，运用"互联网+"思维，实现社区志愿服务组织系统化、沟通即时化、项目创新化、工作日常化、活动品牌化，落地社区推动供需对接落实。探索社区志愿服务激励回馈模式，整合辖区社会资源，打造社区志愿服务激励回馈微生态圈。

（四）完善提升培训研究，突出专业志愿能力水平

城市志愿服务的理论研究和成果转化，是推动城市及时总结经验、发现不足、明确方向的重要途径，对志愿者进行分层分级分类培训有利于将理论研究成果转化为志愿服务的生动实践，并不断提升志愿服务工作的专业化水平和社会影响力。

一是提升志愿服务的理论研究和成果转化。建立成都市志愿服务专家咨询机制，引入国内外专家组建专家咨询团。连续撰写发布成都志愿服务年度发展报告或蓝皮书，提升社会各界对成都志愿服务的知晓率、认可度。安排志愿服务理论研究专项经费，每年确定工作发展的重点和热点课题，组织专门力量开展调查研究，推动提升本地志愿服务理论研究水平。定期举办志愿服务论坛和沙龙活动，组织不同领域的志愿服务组织和志愿者骨干，围绕特定主题开展研讨交流，分享志愿服务经验。采用"走出去"和"请进来"的方式，扩大志愿服务组织之间的交流合作。把成果转化纳入各区（市）县志愿服务测评指标，力争"一区（市）县一成果"，整体提升全市志愿服务水平。

二是加强志愿服务分层分级分类培训。建立分层、分级、分类培训制度，完善阶梯式、模块化的志愿服务培训机制，结合志愿者所需，重点围绕培训模块、培训阵地、培训师资、培训教程、培训档案、培训激励六大方面，创新培训方式和培训内容，创优培训效果，采取线上培训与线下实践相结合的方式，实现对志愿服务项目和志愿者团队"全过程、全培训、全服务"的工作目标。健全模块化培训机制，参照《中国志愿服务培训大纲》[①]，规范通用志愿者、专项志愿者培训工作，分为初级、中级、高级三个层级研

---

① 共青团中央青年志愿者工作部：《中国志愿服务培训大纲》，天津社会科学院出版社，2016，第7~9页。

发课程体系和搭建培训模块。加强培训阵地建设，依托志愿者学院，联动党校、高校、科研机构、社区学院、职业学校及基层宣传教育阵地等资源，探索建立志愿者培训基地，并结合网络优势拓展培训形式，完善志愿者培训多媒体课件库、视频资料库等。建立培训师资队伍，建立覆盖全面、师资完备的志愿者培训讲师团。开发志愿服务培训教程，分模块分技能分项目编撰培训教材，试点开发编制"社区志愿服务读本""中小学生、大学生志愿服务读本"等。建立各级志愿者培训档案，对参加培训的志愿者颁发相应的志愿服务岗位能力证书。完善志愿者培训激励制度，探索将志愿者培训情况作为获得志愿服务项目及公共资源资助的重要参考依据。

（五）培育打造志愿品牌，构建中国志愿成都模式

成都志愿服务工作应站在更高的站位和格局进行规划，立足成都，辐射四川，面向全国乃至世界。通过不断巩固在中西部志愿服务的中枢和领先地位，增强成都志愿服务在国内甚至国际的影响力，把志愿服务打造成为成都亮丽的城市名片。

一是注重成都志愿服务品牌塑造。分类梳理志愿服务品牌，理顺品牌体系，深化品牌活动和项目建设，重点打造志愿服务的品牌组织、品牌项目（活动）、品牌队伍，在文明旅游、生态环境保护、养老助残、教育医疗、科技文艺、应急救援、流动人口、扶贫救济、妇女儿童发展等与民生息息相关的重点领域发展一批重点示范志愿服务品牌。培育品牌组织，选择基础好、能力强、信誉高的组织，加大资金、人才、政策扶持力度，重点打造一些"自下而上"发展起来的志愿服务组织，发挥示范和引领作用。培育品牌项目，选择创意好、需求大、后劲足的志愿服务项目，"百日红"系列已经成功打造为志愿服务品牌项目，还需进一步创新提高。培育"明星"志愿者，充分发挥志愿者模范和骨干带动作用，发动有基础的"成都榜样"、道德模范、身边好人建立志愿服务团队，培养志愿服务事业"大V"带头人，通过志愿者个人影响力带动成都志愿服务的发展。

二是开拓创新志愿服务的成都模式。各地志愿服务相继都提出打造

"志愿之城"概念，成都要结合"天府文化"积极探讨"友善公益之城"的内涵和创新发展。尝试推动志愿服务的社会化运作，通过与企业、组织等的有效互动，在志愿服务资金、志愿者类型、志愿服务项目等方面创新探索多元化发展方式；开展志愿服务基础性、前沿性、应用性研究，形成一批有影响力、有城市特色的理论研究成果，引导城市创新志愿服务实践；党员志愿服务、学生志愿服务、专业志愿服务内容和方式可结合成都特色进行特色挖掘和创新策划；积极探索"互联网+志愿服务"，支持志愿服务组织安全合规利用互联网优化服务，创新服务方式，提高服务效能；在"一带一路"倡议下，探索志愿服务国际化发展方向。借助成都市加快建设全面体现新发展理念的国家中心城市的机遇，大胆创新，探索出志愿服务的成都模式，不断提升在全国的影响力和美誉度。

参考文献

[1] 田军：《志愿服务理论与实践》，知识出版社，2011。

[2] 陆士桢、张晓红、郭新保：《背景志愿服务模式研究》，北京出版社，2009。

[3] 莫于川：《中国志愿服务立法的新探索》，法律出版社，2009。

[4] 杨团：《中国慈善发展报告（2017）》，社会科学文献出版社，2017。

[5] 成都市精神文明建设办公室：《"互联网+志愿服务"成都打造"志愿者之城"》，《先锋》2016年第3期。

[6] 张光焰：《以公益为抓手传递向上向善力量——成都晚报创新核心价值观传播新路径》，《新闻战线》2015年第11期。

[7] 美国《志愿服务保护法》，https://www.govinfo.gov/content/pkg/PLAW-105publ19/pdf/PLAW-105publ19.pdf。

[8] 谭建光：《中国志愿服务发展的十大趋势——兼论"十三五"规划与志愿服务新常态》，《青年探索》2016年第2期。

[9] 王漠：《德国志愿服务立法的特点》，《新疆人大（汉文）》2016年第1期。

[10] 中华人民共和国国务院：《志愿服务条例》（国务院令第685号）。

[11] 中央精神文明建设指导委员会：《关于推进志愿服务制度化的意见》（文明委〔2014〕3号）。

附 录

Appendices

附录1　2005~2019年成都市志愿服务大事记

2005年

4月6日　《成都市志愿服务条例》颁布实施。这是全国第九部、西部第一部志愿服务地方性法规，标志着成都志愿服务向法制化方向发展。该条例界定了志愿服务、志愿者概念，明确了志愿者、志愿者组织、志愿服务对象的关系以及经费保障和支持措施等。

2008年

5月　汶川发生大地震。汶川大地震开启了成都志愿服务史上参与面最大、影响度最高的一次志愿行动。由于公众参与汶川大地震与北京奥运会的志愿服务热情，2008年又被称为"中国志愿服务元年"。

2009年

5月 《成都市突发公共事件志愿服务应急预案（试行）》《成都市应急志愿者管理暂行办法（试行）》出台，在全国范围内率先开启应急志愿服务制度化保障。

2011年

6月 《社会组织发展和公民志愿服务机制建设实施纲要》发布，提出加强公民志愿服务、培育品牌活动、打造服务平台、健全工作体系、加强志愿者队伍建设行动，有力促进了成都志愿服务发展。

8月20日 时任中共中央政治局常委、国家副主席习近平考察了国家电网成都高新供电公司党员服务队，对其进行表扬，并称赞队伍是"党和人民的连心桥"。

10月31日 成都市青年志愿者形象片主题曲《爱在成都》录制完成，这是成都首部志愿者形象宣传片，宣传片由成都市锦江区爱有戏社区文化发展中心制作，成都歌手张杰献唱。

2012年

5月 成都公益组织服务园在成都市民政局正式注册，其业务主管单位为市文明办。服务园宗旨是"服务公益团队，共享资源平台，致力城市幸福"，定位为志愿服务组织综合性支持型平台。其服务内容包括组织孵化、监管评估、资源对接等，致力于搭建与政府、企业、媒体、高校、社区沟通合作的平台。

6月15日 中欧应急管理合作项目启动暨中欧应急管理学院揭牌仪式在国家行政学院隆重举行。成都作为项目试点地区，就"志愿者队伍建设"

和"社区应急能力建设"两项展开试点。中欧应急管理合作项目是中国政府与欧盟委员会签署的政府间国际合作项目，是中欧双方加强应急管理领域长期、务实合作的重大举措。

9月 成都志愿服务网站发布实施，《成都晚报》完成了全国第一个城市志愿者全媒体平台搭建，成都市志愿者全媒体平台成为推动成都志愿服务发展的中坚力量。同时，成都志愿者微博正式开通。

11月29日 成都市民政局确定青羊区、成华区、金牛区、温江区为志愿服务记录制度试点地区。

2013年

2月26日 成都市文化志愿者协会在成都市民政局注册成立，协会首批发起单位共7家，由成都市文化馆牵头负责。同日，成都云公益发展促进会在成都市民政局直接登记，其宗旨为"云聚志愿精神，助力公益创新"，愿景为"成为推动志愿服务发展，促进人人公益的领航者"。

4月20日 芦山地震爆发，成都市公益组织420联合救援行动应运而生，在地震紧急救援、过渡安置、灾区重建中发挥了重要作用。

6月6~8日 "2013年成都财富全球论坛"在成都召开。成都青年志愿者成为论坛一道亮丽的风景线。

9月7日 成都文艺志愿者歌曲《快乐分享》在成都文艺志愿者协会成立大会上亮相。该歌曲由著名音乐家、四川省音乐家协会主席敖昌群联手本土著名诗人少城子创作，由著名川籍歌唱家廖昌永和著名歌唱家王丽达联袂演唱。

11月29日 成都市文艺志愿者协会在中国文联文艺志愿服务中心和市文明办的支持下，在成都市民政局正式登记注册，协会业务主管单位为成都市文化艺术界联合会。协会是由文艺志愿者、文艺志愿服务组织以及关心支持文艺志愿服务事业发展的单位和组织自愿组成的全市性、联合性、非营利性社会组织，是党和政府联系广大文艺志愿者的桥梁和纽带。

12月16日 《关于深化机关党组织和党员到社区"双报到"工作的通知》发布，提出争当社区义工。积极参与机关党组织和社区党组织开展的各种志愿服务活动，带头参加公益性社会组织开展的义工服务活动。每名机关在职党员每年累计完成义工服务时间不少于16小时。推行"党员义工日"，各单位党组织在每季度最后一周的周末，选择相对固定的1天或半天，集中组织开展形式多样的主题服务。主动服务群众。根据社区设置的服务岗位和服务项目，结合职业特点和自身特长，在社区认领至少1个公益服务岗位或服务项目，每年至少参加1次社区公益或志愿服务。

2014年

4月 为期三天的中欧应急管理合作项目成都试点工作坊召开，工作坊分为开幕式、分组讨论、实地考察和成果产出四个阶段。中方（国家行政学院）、欧方和成都三方相关官员、专家，部分区（市）县、市级部门和志愿者代表共计50余人参加。

8月1日 市文明委出台《关于推进志愿服务制度化建设的实施意见》，从志愿服务招募注册、培训管理、供需对接、服务记录、激励回馈、政策和保障六个方面提出了建立健全志愿服务制度体系的具体举措。

8月3日 鲁甸地震发生，成都志愿服务组织和志愿者积极响应，在紧急救援、过渡安置、灾区重建等过程中开展了心理疏导、伤员救治、恢复生产等志愿服务工作。

12月2日 《成都市志愿者星级评定制度》《成都市志愿者注册登记管理办法（试行）》《成都市志愿服务供需对接制度（试行）》《成都市志愿服务记录办法（试行）》发布实施，进一步完善了成都志愿服务制度体系。

12月4日 蒲江县"助残有我"青春关爱活动项目、成都市武侯区新空间青少年发展中心新市民子女"城市融入"项目荣获首届全国青年志愿服务大赛金奖项目。蒲江县青年志愿者协会"我们陪你一同成长"关爱农民工子女公益项目、成都市新都区小草公益服务中心新都区流浪乞讨人员救助站服务计划项目、四川省电子科技大学非物质文化遗产传承服务项目荣获首届全国青年志愿服务大赛银奖。

2015年

1月 成都志愿者App正式发布。

9月1日 《关于公共场所标准化志愿服务站（点）有关事项的通知》发布实施。为进一步加强成都标准化志愿服务站（点）的监督管理，规范志愿服务站点建设，市文明办统一制作了50台公共场所志愿服务车，投放于公园、广场、商业街区、地铁站等点位，用于开展公共文明行为劝导、关爱老弱幼残等志愿服务活动。

9月23日 《成都市志愿者和志愿服务组织激励回馈制度（试行）》出台，建立了以星级评定、优秀志愿者荣誉评选、推荐评选、宣传嘉奖为主的荣誉嘉许方式。对志愿服务激励回馈的内容和程序进行了规定，明确了出行优惠、参观旅览、医疗保险、就医保障、公共服务、培训优惠、生活帮扶、场地使用等九类志愿服务激励措施。

12月4日 共青团蒲江县委员会《3+2读书荟·阅读伴成长》项目荣获第二届中国青年志愿服务项目大赛金奖，成都中医药大学青年志愿者协会"五四计划"——阳光天使中医护理康复行动项目、金堂县读书人公益协会粉红故事——农村女童青春期关爱计划项目荣获第二届中国青年志愿服务项目大赛银奖，金堂县青年志愿者协会金堂县"青益水城"社区互助公益汇，共青团龙泉驿区第五小学校支部帮扶一人幸福一家——龙泉驿区第五小学校阳光助残志愿者服务荣获第二届中国青年志愿服务项目大赛铜奖。

12月 成都市志愿者服务活动中心投入使用。活动中心围绕传播志愿服务理念、传授志愿服务技能、开展志愿服务活动、打造志愿服务品牌策划开展相关工作，成为全市志愿服务组织和志愿者最主要的活动阵地。

2016年

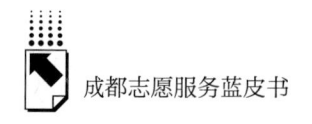

2月 成都市武侯区善工家园志愿者郝成桃、《成都晚报》"关爱农民工子女·名师一堂课"志愿服务项目、成都市莲新街道志愿服务中心创新示范基地项目、成都市武侯区善工家园助残中心入选2015年全国学雷锋志愿服务"四个100"先进典型。

4月11日 《中共成都市直属机关工作委员会关于进一步做好机关法治宣传志愿服务工作的通知》(成直委发〔2016〕7号)出台。

6月6日 成都市学雷锋志愿服务工作推进会暨志愿服务制度化现场会召开。会上交流了成都市学雷锋志愿服务工作的做法经验，部署了持续推动学雷锋志愿服务制度化常态化建设等重点工作。会议强调，要深入推进成都学雷锋志愿服务健康发展，形成向上向善、诚信互助的良好风尚，为顺利实现成都"十三五"发展目标，建设志愿之城、公益之都作出新的更大的贡献。40余个成都市志愿服务联席会成员单位，20个区（市）县和高新区、成都天府新区直管区相关负责同志参加会议。

12月 首届成都市学雷锋社区志愿服务示范站创评活动举行。经各区（市）县层层申报，通过材料审核、网络点赞、新闻媒体宣传展示、实地考察、问卷调查、项目答辩、评委评审等程序，共评选出成都市学雷锋社区志愿服务示范站70个（一级示范站15个，二级示范站25个，三级示范站30个）以及优秀志愿服务项目70个。

12月4日 成都市锦江区爱有戏社区文化发展中心义仓社区志愿服务、共青团蒲江县委青春建功绿色行动保护母亲河青年志愿服务项目、邛崃市新闻传媒中心我在深山有远亲公益互助活动、金堂县读书人公益协会梦想家——青少年生涯规划、成都市武侯区新空间青少年发展中心武侯区暑期社区公益托管项目获评第三届全国青年志愿服务大赛银奖。

12月7日 市文明办公布了2016年成都市"四个十佳"志愿服务名单。"四个十佳"包括十佳志愿者、十佳志愿服务项目、十佳志愿服务组织、十佳志愿服务社区。其中"十佳志愿者"有刘端元、梁益建、张晓清（女）、雷益群（女）、钟蓓（女）、王美军（女）、虎永芳（女）、田进、谢琴（女）、罗国菊（女），"十佳志愿服务项目"有成都市文化志愿者"名师大讲堂"项目、"志愿服务组织孵化培育"项目、"红色承诺"志愿服务项目、成都市教育系统留守儿童夏令营志愿服务项目、"成都雷锋热线"项目、成都动物园志愿者服务项目、"成都儿童保护周"项目、"文明旅游进社区"项目、"缓堵保畅交通先行"志愿服务项目、土地村"爱之家"志愿服务项目，"十佳志愿服务组织"有成都市文艺志愿者协会、成都市青年志愿者协会、成都市义工联合会、都江堰市春晖社会工作服务中心、成都市红十字会应急救护师资志愿服务队、成都公交东星职工志愿服务队、锦江区刘端元志愿服务队、武侯区心传青少年心理服务中心、成都市天府新区正兴镇社区管理服务青年志愿者协会、成都广播电视台产业运营中心音像社志愿服务队，"十佳志愿服务社区"有双流区协和街道三江社区、新都区新都街道状元街社区、高新区芳草街道蓓蕾社区、锦江区双桂路街道五福桥社区、龙泉驿区龙泉街道崇德社区、金牛区荷花池街道西北桥社区、蒲江县鹤山镇城南社区、天府新区永兴街道场镇社区、温江区柳城街道西街社区、都江堰市灌口街道柳河社区。

2017年

1月5日 市文明办主办的首届"成都市优秀志愿服务项目交流展示会"在成都志愿者服务活动中心举行，30多家公益组织交流展示了老人服务、儿童、残障人士及环境保护四个领域的50多个优秀志愿服务项目。

2月 成都市武侯区广福桥社区志愿者王美军、成都市"百日红·孵化坊"志愿服务项目、成都晚报全媒体志愿服务队、成都市文艺志愿者协会、成都市武侯区晋阳街道晋阳社区入选2016年全国学雷锋志愿服务"四个100"先进典型。

6月6日 成都市民政局关于推广应用全国志愿服务信息系统的通知出

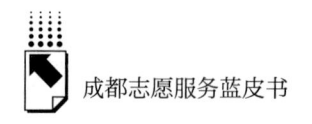

台，旨在推动成都市志愿服务信息化建设。

8月8日 九寨沟发生地震，成都志愿服务组织、企业、志愿者积极响应。

9月 成都市委在组织领导体制上进行重大创新，在市县两级党委序列设立城乡社区发展治理委员会，由市委常委、组织部部长兼任主要负责人，城乡社区发展治理工作把社区志愿服务纳入重要工作内容。

9月13~16日 联合国世界旅游组织第22届全体大会在成都召开，来自全球137个国家和地区、41个国际组织的1000多名代表参加了大会，是世界旅游组织大会史上参会人数最多、规模最大的一次盛会。大会经过招募选拔、专业培训、管理派遣、强化服务等环节，最终择优选拔出230余名成都大学生志愿者为此次大会提供志愿服务。

9月23日 第一届成都马拉松正式开跑，成都青年志愿者为体育盛会顺利实施提供了重要保障。

10月1日 《成都市社区应急志愿服务队管理办法》发布，文件规定了全市社区应急志愿服务队组织体系、招募条件、权利及义务、保障及培训、管理及调用、奖惩等具体办法。

11月3日 成都市委组织部、市委社治委、市文明办和市民政局联合印发《成都市深化社区志愿服务的实施方案》（成社治办发〔2017〕9号），把志愿服务纳入社区发展治理体系。

12月1~3日 第四届中国青年志愿服务项目大赛暨志愿服务交流会在成都举行。赛会由团中央、中央文明办、民政部、水利部、中国残联、中志联、四川省委、四川省政府、成都市委、成都市政府主办。交流会举办了公益创业赛和示范项目创建会，共计179个组织参与中国青年志愿服务公益创业赛全国赛，188个项目参与全国青年志愿服务示范项目创建活动的评选。其中，成都地区有5个组织、5个项目参与评选。参赛组织和活动以路演的形式进行展示，经专家评审后，最终产生金奖10个、银奖40个、铜奖50个、提名奖120个。

12月3日 首届"在社区、爱成都"2017成都社区志愿服务周活动启动。

12月5日 第二届成都市学雷锋社区志愿服务示范站创评活动完成。通过推荐申报、展示点赞、常态督查、项目督导、实地考察、项目答辩、评委评审等程序，共评选出成都市学雷锋社区志愿服务示范站70个（一级示范站15个，二级示范站25个，三级示范站30个）以及优秀志愿服务项目70个。

12月5日 成都志愿者网（App）积分商城正式上线运行，这是成都市首个面向全市志愿者的积分商城。

12月17日 市文明办公布了2017年成都市"四个十佳"志愿服务名单。其中"十佳志愿者"有王振芳、董泽英、叶小玲、周东、王畅、刘道笠、高亮、王可成、周孟棋、张莉，"十佳志愿服务项目"有成长益+1项目、天使关爱在身边、早晚奉献一小时·志愿服务在一线、成都志愿服务信息管理项目、"点点金沙"系列公益活动、"志愿服务理念进校园"项目、祥和儿童之家、"百日红·创新坊"项目、"心雨梦工厂"未成年人工作室、社区文艺自助坝坝宴，"十佳志愿服务组织"有成都市锦江区蓝天应急救援中心、大邑县黑籽儿社会服务中心、国网成都供电公司"蒲公英"青年志愿服务队、成都市建中社会工作服务中心、成都市双流区黄龙溪镇志愿者服务中心、成都市双流区志愿者协会、成都市文化馆学雷锋志愿服务支队、四川大学锦城学院青年志愿者协会、成都旅游协会、崇州青年应急救援服务中心，"十佳志愿服务社区"有成都天府新区华阳街道安公社区、锦江区水井坊街道锦官驿社区、金牛区荷花池街道东一路社区、温江区涌泉街道凤凰社区、高新区桂溪街道双吉社区、都江堰市永丰街道友爱社区、郫都区郫筒街道蜀都新邨社区、新都区新都街道新军街社区、简阳市简城镇安象街社区、成华区猛追湾街道祥和里社区。

2017年底 成都志愿者微信公众号正式发布。

2018年

3月9日 成都市政府网站正式发布《成都市居住证积分入户管理办法实施细则（试行）》，首次提出申请人参加的志愿者服务时长纳入居住证积

分，最高不超过10分。

3月 成都晚报志愿者服务总队秘书长钟蓓、四川省凉山惜缘爱心团队志愿者曹永能、成都市金牛区欢行公益发展中心、成都天府新区华阳街道安公社区入选2017年全国学雷锋志愿服务"四个100"先进典型。

5月11日 "社会力量救灾论坛"在成都举行，论坛由中国慈善联合会主办，四川省红十字会、四川省社会力量参与防灾减灾救灾统筹中心、爱德基金会、中国扶贫基金会、中国红十字基金会、深圳壹基金公益基金会、南都公益基金会、四川省红十字基金会等承办。论坛旨在探讨在防灾减灾救灾工作中建立政社协作机制、加强社会组织能力建设、促进企业参与等议题。来自政府、社会组织、企业、学界的200多位代表参加。

10月27日 成都马拉松上午7点30分鸣枪起跑，2.8万名成都青年志愿者助力体育盛会。

11月 第三届成都市学雷锋社区志愿服务示范站开展创评答辩。本次创评活动不同于以往两届直接提名示范站，新增了示范站升级和示范站特色项目创评两个环节。答辩会除了邀请专业评审导师，还设立了由社区居民、社区工作人员、社会组织工作人员等组成的大众评审团。此次创评共评选出三类示范站120个，包括提名示范站80个，三级升二级示范站20个，二级升一级示范站10个，特色项目10个。

12月5日 由四川省文明办主办，由省志愿服务基金会、市文明办承办的"四川志愿·携手圆梦"2018年度四川省暨成都市志愿服务先进典型展示交流活动在成都举行。活动分享了四川省志愿服务先进经验，并对2018年度"四川省十佳志愿服务项目""四川省十佳志愿服务组织""四川省十佳志愿服务社区""四川省十大最美志愿者"进行了现场颁奖、表彰。

12月11日 成都市教育局联合成都市委社治委、市文明办、团市委等启动"天府学堂·金丝带"计划，将每月的11日定为成都市中小学生志愿服务日。同时发布了"金丝带"首批成都中小学生十大志愿服务行动计划。

12月13日 市文明办公布了2018年成都市"四个十佳"志愿服务名单。其中"十佳志愿者"有李峻虎、何超群（女）、何小伊（女）、黄若愚、毕莹（女）、杜灿灿（女）、高慧兰（女）、陈果（男）、刘豫川健、周俊明，"十佳志愿服务项目"有"情系蓝天"航空科普知识进校园志愿服务项目、"我爱成都救在身边"大型急救知识与技能培训志愿服务项目、"花重锦官城"系列环保专业志愿服务项目、义仓"一勺米·邻里互助"计划志愿服务项目、成都地铁"温暖回家路"系列志愿服务项目、友善公益志愿大讲堂项目、"百日红·文书坊"项目、"熊猫，微微一笑很倾城"熊猫志愿者服务项目、成都大学"小红帽"爱心义务家教项目、"440"志愿服务项目，"十佳志愿服务组织"有华西临床医学院"杏林风"青年志愿者服务队、成都市金牛区欢行公益发展中心、成都市双流区法律服务志愿者协会、成都金沙遗址博物馆志愿者团队、成都观鸟会、国家电网四川电力（成都连心桥）共产党员服务队、成都公交志愿服务队、成都幸福家社会工作服务中心、蓉城金秋志愿服务总队、彭州市文艺志愿者协会，"十佳志愿服务社区"有郫都区郫筒街道伏龙社区、天府新区兴隆街道场镇社区、武侯区晋阳街道晋吉社区、成华区跳蹬河街道锦绣社区、都江堰市银杏街道壹街社区、新都区大丰街道高家社区、青羊区黄田坝街道民安社区、高新区石羊街道三元社区、双流区协和街道长顺社区、新都区新都街道新兴社区。

12月22日 第二届"在社区·爱成都"2018成都社区志愿服务周活动启动。在全国首创设12月22日为"社区志愿服务日"，发布成都社区志愿服务之歌《爱在邻里间》，同时号召全市社区志愿者积极行动，从身边做起、从社区做起，共创美好家园。

2019年

2月14日 成都市财政局、成都市人社局联合印发《成都市中小学生课后服务实施意见》，提出要全面提升学生综合素质，弘扬志愿服务精神，延伸社区教育功能。

2月19日 四川省成都晚报社雷锋热线志愿服务项目、国家电网四川电力（成都连心桥）共产党员服务队、成都市武侯区玉林街道玉林北路社

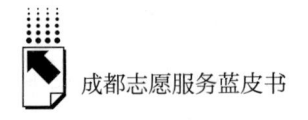

区、成都市金牛区九里堤街道北路社区入选2018年全国学雷锋志愿服务"四个100"先进典型。

2月27日 2021年第31届世界大学生夏季运动会成都筹备工作委员会成立。"筹委会"下设筹委会办公室和11个工作组，其中志愿者工作组由成都团市委牵头负责。

3月1日 成都环保志愿服务联合会正式成立，成都环保志愿服务联合会是全国首家环保志愿服务联合性社会组织。协会确定每年3月作为"成都环保志愿服务月"，每年3月1日作为"成都环保志愿者日"。

3月1日 由市文明办指导，成都晚报社、成都志愿者全媒体平台主办的"向雷锋致敬·我在成都学雷锋"大型志愿服务活动开启。成都晚报社、成都志愿者全媒体平台联合全市社区、志愿服务组织、公共文化机构等共同推出"2019年成都志愿服务生活指南"，该指南包括公共服务、文化教育、社区治理、关爱陪伴、生态环保五大系列，共计56个志愿服务项目，活动时间跨度覆盖全年，为全市市民及志愿者们提供了超过2000个志愿服务岗位。

3月20日 成都市志愿服务联合会（以下简称"成志联"）正式成立。"成志联"的法人形式为社会团体，首批会员共50个，会员由团体会员和个人会员两类构成。其中，团体会员的类型有全国文明单位、全国志愿服务最美社区、学校（大、中、小学）、成都市公共文化设施开展学雷锋志愿服务首批示范单位、在市民政局注册的社会组织（志愿服务组织）等；个人会员有在蓉荣获全国道德模范、中国好人、最美志愿者，以及社会知名人士、志愿服务领域专家学者等。

4月 《成都市新时代文明实践中心建设试点工作方案》（成文明委〔2019〕3号）正式发布，该方案明确了落实新时代文明实践工作的内容、方法、步骤。

6月17日 市委宣传部等印发《成都市志愿服务激励办法（试行）》（成宣〔2019〕5号），明确了志愿服务认定，细化了关爱礼遇、教育评优、就业创业、落户加分、文体优惠、医疗卫生等志愿者激励措施，志愿服务组织重点培育，培训交流等志愿服务组织激励方式以及社区志愿服务激励细则。

8月8～18日 第十八届世界警察和消防员运动会在成都市9个区（市）县近30个场馆举行。共有来自70多个国家和地区的1万名运动员挑战56个比赛项目。通用志愿者、城市志愿者、开闭幕式志愿者、竞赛志愿者为赛会提供全方位志愿服务。

8月28日 2021年成都第31届世界大学生夏季运动会志愿者招募启动。赛会计划在蓉高校和全社会招募选拔1500名骨干志愿者、3万名赛会志愿者、50万名城市志愿者，开展大运会志愿者形象大使推广等活动，建设1500个体现"国际范、成都味、青春活力"的城市志愿服务站点。

11月5日 由市委宣传部、市文明办主办的成都企业志愿服务联盟成立大会暨第一次培训交流活动在菁蓉汇路演大厅举行，成都企业志愿服务联盟正式宣告成立。首批联盟成员包括成都全搜索科技责任有限公司、国家电网成都公司、中建三局成都公司、美团成都分公司、星巴克成都公司等数十家企业。

11月18日 第四届成都市学雷锋社区志愿服务示范站开展创评答辩。通过推荐申报、展示点赞、常态督查、项目督导、实地考察、项目答辩等程序，共评选出提名升三级示范站10个、特色项目30个。

12月5日 省文明办联合13家省直有关部门（单位）共同组织开展了第七届"四川志愿·携手圆梦"志愿服务先进典型宣传推选活动。经各市（州）文明办和省直有关部门（单位）层层民主评议，通过媒体宣传展示、公众网络投票、评委评审、网上公示等程序，推选出高慧兰等"四川省百名优秀志愿者"、"全民志愿服务训练营"志愿服务项目等"四川省十佳志愿服务项目"、成都大学青年志愿者协会等"四川省十佳志愿服务组织"、成都市新都区新都街道东环路社区等"四川省十佳志愿服务社区"、蒲斌等"四川省十大最美志愿者"。

12月17日 市委社治委在全市开展的2019年成都市社区志愿服务"十大感动人物"和品牌项目推选工作结束。经公开征集、资格筛选、组织评审、核查确认等环节，评出2019年成都市社区志愿服务"十大感动人物"和社区志愿服务品牌项目。

12月22日 第三届"在社区·爱成都"2019成都社区志愿服务周启动。2017年以来，成都市围绕深入推进社区发展治理，推出"在社区·爱成都"社区志愿服务品牌，2019年以"社区志愿服务361行动"为主线，聚焦志愿者主动参与、邻里关爱互助，旨在提升社区志愿服务影响力、促进社区志愿服务常态化。

12月 市文明办评选出2019年成都市"六个十佳"志愿服务名单。其中"十佳志愿者"有蒲斌、刘峰（女）、陈乔乔（女）、胡洋、吴文全、徐予晗（女）、陈乐为（女）、王从亮、龚明、简雪艳（女），"十佳志愿服务项目"有"仙姐在线"智慧社区O2O综合便民互助公益服务项目、全民志愿服务训练营项目、大熊猫繁育研究基地科普志愿服务项目、"高小志"爱心机器人志愿服务项目、郫都区"高校+支部+农户"乡村振兴志愿服务项目、应急救护知识公益课堂项目、新兴街道"爱帮扶"互联网帮扶平台志愿服务项目、成都市青羊区"青益+"志愿服务品牌建设项目、南虹村社区爱心冰箱项目、"点亮社区"志愿者公益品牌项目，"十佳志愿服务组织"有成都博物馆志愿者团队、成都大学青年志愿者协会、芳草义工总队、成都市科普志愿者服务总队、成都理工大学青年志愿者协会、成都市新都区金东社会工作服务中心、成都天府新区志愿者协会、成都市社会体育指导员协会、成都市武侯区新空间青少年发展中心、成都市郫都区臻古堂家具博物馆，"十佳志愿服务社区"有成华区保和街道和美社区、青羊区苏坡街道清源社区、武侯区簇桥街道锦城社区、都江堰市幸福街道彩虹社区、天府新区正兴街道苏码头社区、锦江区书院街街道华星路社区、新都区新都街道东环路社区、高新区合作街道顺江社区、温江区涌泉街道瑞泉馨城社区、武侯区跳伞塔街道南虹村社区，"十佳志愿服务企业（单位）"有成都市棕北中学、成都地铁运营有限公司、成都动物园（成都市野生动物研究所）、四川大学锦城学院、英特尔产品（成都）有限责任公司、成都市大嘴霸王餐饮管理有限公司、成都市急救指挥中心、成都天齐锂业有限公司、成都星巴克咖啡有限公司、成都全搜索科技有限责任公司,"最美志愿服务家庭"有李婷华家庭、刘端元家庭、江艳家庭、卢廷俊家庭、刘飞家庭、唐润家庭、吴丽萍家庭、雷蕾家庭、张燕家庭、史俊家庭。

附录2 中共成都市委宣传部等9部门关于印发《成都市支持和发展志愿服务组织的实施意见》的通知

成文明办发〔2018〕37号

各区（市）县委宣传部、文明办、社治委、教育局、民政局、财政局、总工会、团委、妇联：

2018年7月10日，市委全面深化改革领导小组第十八次会议审议通过了《成都市支持和发展志愿服务组织的实施意见》，现予印发，请认真贯彻落实。

中共成都市委宣传部

成都市精神文明建设办公室

中共成都市委城乡社区发展治理委员会

成都市教育局

成都市民政局

成都市财政局

成都市总工会

共青团成都市委员会

成都市妇女联合会

2018年7月24日

成都市支持和发展志愿服务组织的实施意见

为深入贯彻习近平新时代中国特色社会主义思想和党的十九大精神，贯彻落实中宣部、中央文明办、民政部等8部门《关于支持和发展志愿服务组织的意见》（文明办〔2016〕10号）和全国《志愿服务条例》精神，以及省委宣传部、文明办、民政厅等8部门《关于支持和发展志愿服务组织的实施意见》（川文明办〔2017〕39号）要求，进一步加快推进志愿服务制度化，支持和发展志愿服务组织，推动社会治理创新，传承和弘扬天府文化，塑造城市精神，结合我市实际提出如下实施意见。

一 总体要求

（一）指导思想

以习近平新时代中国特色社会主义思想为指导，深入学习贯彻党的十九大精神，全面落实习近平总书记来川视察重要讲话精神，全面落实省委十一届三次全会精神和市委十三届三次全会精神，大力发展"创新创造、优雅时尚、乐观包容、友善公益"的天府文化，坚持以培育和践行社会主义核心价值观、满足人民日益增长的美好生活需要为出发点，以推进志愿服务制度化、塑造城市精神为目标，以能力建设为基础，以建立健全政策制度、完善体制机制、增强法律保障为重点，积极支持发展志愿服务组织，为加快建设全面体现新发展理念的城市、奋力实现新时代成都"三步走"战略目标凝聚力量。

（二）基本原则

坚持服务大局、统筹协调。坚持党的全面领导，把支持和发展志愿服务组织纳入经济社会发展大局，正确处理志愿服务组织与其他社会服务提供主体之间的关系，统筹不同领域、不同类型的志愿服务组织发展。

坚持弘扬文化、塑造精神。引导志愿服务组织弘扬"天府文化"，以新发展理念凝聚城市精神，以"友善公益"提升市民道德水准，建设友善互助、美丽宜居、开放包容、共建共享的和谐社区、人文城市。

坚持分类指导、突出特色。注重服务与管理并举，遵循志愿服务组织发展规律，指导各类志愿服务组织明确定位、强化管理、提升能力、突出特色、创新方式、拓展领域，不断提高志愿服务专业化科学化水平。

坚持正确引导、依法自治。坚持党委领导、政府监管，确保志愿服务组织发展的正确方向。引导志愿服务组织按照法律法规和章程开展活动，依法自治。

坚持创新发展、多方参与。鼓励党政机关、群团组织、企事业单位、其他社会组织和基层群众性自治组织建立志愿服务队伍，形成志愿服务工作合力，扩大志愿服务社会覆盖。

（三）主要目标

到2020年，基本建成与建设全面体现新发展理念的城市和实现新时代成都"三步走"战略目标相适应的志愿服务组织体系，培育一批引领主流价值、弘扬天府文化、践行改革发展的志愿服务组织，广泛参与公共服务供给和社区发展治理。初步建成以覆盖全市城乡社区为基础的基层志愿服务组织和服务体系，进一步发展壮大以专业知识和技术为支撑的各类专业志愿服务组织，加快推进全市志愿服务专业化、社区化、数据化建设。志愿服务组织发展环境得到优化，服务范围不断扩大，基本覆盖社会发展各领域、群众生活各方面，以新发展理念引领高质量发展、创造高品质生活、实现高效能治理，以友善公益传递文明、促进关爱，提升城市文明水平，增强城市发展温度，塑造城市精神，引领"友善公益之城"走向世界。

二 加强志愿服务组织培育管理

（一）建立健全志愿服务组织体系

搭建成都市志愿服务联合会，鼓励有条件的区（市）县、部门成立志愿者协会（联合会、总队），健全形成市、区（市）县、街道（乡镇）、社区（村）志愿服务枢纽组织（队伍）体系全覆盖。以党政机关、国有企事业、高等院校、非公有制经济组织、社会组织等为重点，发展党员、职工、青年、巾帼、老年、助残志愿者及文化、教育、卫生、法律、旅游、扶贫、应急、科普、生态、赛会（展会）等专业志愿服务队，壮大网络文明传播志愿服务队，达到相关要求可依法登记为志愿服务组织。加快实施社区总体营造，培养壮大社区志愿服务组织（队伍）。推动各级文明单位建立机构健全、管理顺畅的学雷锋志愿服务队，积极开展志愿服务，注册志愿者人数不少于单位人数的30%。全国文明单位每年开展学雷锋志愿服务活动不低于12次，省级最佳文明单位不低于8次，省级、市级文明单位不低于6次。

（二）推进志愿服务组织依法登记

坚持积极引导发展、严格依法管理的原则，提供便捷高效的服务，引导符合登记条件的志愿服务组织（队伍）依法登记。针对目前部分志愿服务组织规模小、注册资金不足、缺乏相应专职人员和固定场所的实际，在不违背社会组织管理法律法规基本精神基础上，可以按照活动地域适当放宽成立志愿服务组织所需条件。各区（市）县、各部门要在活动场地、活动资金、人才培养等方面提供优先支持，激发志愿服务组织依法登记的积极性与主动性。经单位领导机构或基层群众性自治组织同意成立的志愿服务组织（队伍），可以在本单位、本社区内部开展志愿服务活动。鼓励已登记的志愿服务组织为其提供规范指导和工作支持。

（三）完善志愿服务组织监督管理

建立登记管理机关、业务主管单位、行业管理部门、行业组织和社会公众等多元主体参与，行政监管、行业自律和社会监督有机结合的监督管理机制。完善登记管理机关评估、资助方评估、服务对象评估和自评有机结合的志愿服务组织综合评价体系，研究成都市志愿服务组织认证管理机制。逐步引入第三方评估机制，定期对志愿服务组织的基础条件、内部治理、工作绩效和社会评价等进行跟踪评估，将评估情况作为政府购买社会服务、社会各界资助以及落实相关优惠政策的重要依据。将志愿服务组织守信情况纳入社会组织诚信指标体系。探索研究志愿服务组织负面清单,对业务活动与志愿服务宗旨、性质严重不符的志愿服务组织建立退出机制;志愿服务组织行为违反法律法规规定的,依法追究相关法律责任。

三 提升志愿服务组织能力

(一)完善组织内部治理

已登记的志愿服务组织要依据章程建立健全独立自主、权责明确、运转协调、制衡有效的内部治理结构。具备条件的志愿服务组织应设立党的组织,并围绕党章赋予基层党组织的基本任务开展工作;暂不具备条件的,要明确责任单位指导开展党建工作,条件成熟时及时建立党的组织。坚持党建带群建,充分发挥群团组织的积极作用。志愿服务组织应当为党群组织开展活动、发挥作用提供必要支持。要完善组织决策、执行、监督制度和内部议事规则,建立健全人、财、物管理制度和内部信息披露制度。要准确、完善、及时地向社会公开志愿服务组织的基本情况、年报、财务收支、捐资使用、服务内容、奖惩情况等重要信息,接受有关部门的监督管理和社会监督,提升志愿服务组织的社会公信力。有会员单位或分支机构的,应指导其加强内部管理。

(二)创新人才培养机制

建立全市志愿服务组织人才示范培训机制,依托在蓉高校、各级党校等教育培训机构建立志愿者培训基地(学院),加快培养一批长期参与志愿服务、熟练掌握服务知识和岗位技能的志愿者骨干,着力培养一批富于社会责任感、熟悉现代管理知识、拥有丰富管理经验的志愿服务组织管理人才。国家机关、群团组织、企事业单位、其他社会组织和基层群众性自治组织要积极支持本单位、本社区的专业人才加入志愿服务组织。建立志愿服务组织分级分类培训体系，要注重招募、使用专业志愿者，建立健全志愿者日常管理培训制度，对于专业性要求高的志愿服务项目，要强化专业知识和技能培训，不断提高志愿者能力素质。引导志愿服务组织通过规范招募、科学管理、创新服务，培养、吸引和留住优秀志愿者。

（三）增强组织造血功能

通过优秀志愿服务交流展示会、志愿服务项目大赛等有效举措，提升志愿服务组织战略谋划、项目运作和宣传推广能力，通过优秀的服务项目和服务品牌争取各方资源，吸引资助者。支持志愿服务组织通过承接公共服务项目、参与公益创业和公益创投、争取政府支持与社会捐赠等多种途径，妥善解决志愿服务运营成本问题，为组织持续发展提供动力。

（四）加强志愿服务行业自律

加大对各级各领域志愿服务组织的扶持发展力度，充分发挥其在志愿服务组织管理中的先行规范和自我约束作用，引导行风建设，加强行业监督，为志愿服务组织监管提供有力辅助；充分发挥行业组织在志愿服务组织服务中的牵头和协调作用，促进行业沟通，反映行业诉求，推动行业创新，为志愿服务组织发展争取有力支持。各区（市）县、部门要为志愿服务行业组织发挥行业监督约束作用、加强道德建设创造良好环境，适当引导志愿者的价值观和伦理守则取向，建立健全与行业发展相适应、覆盖全面、运行有效、作用明显的行业自律体系。

四 强化志愿服务组织阵地建设

（一）完善志愿服务示范站点

持续推进城乡社区志愿服务示范站建设，鼓励街道（乡镇）、城乡社区为志愿服务组织提供服务场所，支持利用闲置空间就近引入公益性和专业化志愿服务组织，搭建社区志愿服务平台，开展社区志愿服务，助力社区发展治理；鼓励依托小区院落物业单位等机构成立志愿服务队，吸纳志愿服务组织常态化入驻。各地公共图书馆、博物馆、文化馆、美术馆、科技馆、纪念馆以及天府绿道、川西林盘、城乡社区公园、车站、空港、医院、景区、服务区等公共设施要积极招募志愿者，设立志愿服务站（点、岗）。具备条件的农村建制镇（乡）要成立志愿服务组织，推动志愿服务向农村延伸发展。

（二）建立志愿服务组织指导中心

将成都市志愿者服务活动中心打造为市级志愿服务组织指导中心，着力孵化培育志愿服务枢纽组织、平台机构，开展志愿服务组织管理、培训、交流等工作。鼓励有条件的区（市）县建立志愿服务组织指导分中心，积极吸纳志愿服务组织进驻，在组织孵化、项目策划、能力培养、合作交流等方面提供针对性支持，并积极培育和发展社区志愿服务组织，以专业化志愿服务助推创新社区发展治理。发挥志愿服务组织与机关、群团、企事业单位、其他社会组织和基层自治组织的沟通，鼓励银行、会计师事务所、律师事务所等专业机构为志愿服务组织提供免费的资金证明、审计、法律咨询等服务。

（三）建好志愿服务数据化平台

立足需求，着眼民生，鼓励引导志愿服务组织与群众需求有机结合，通过进一步建好、用好"成都志愿者"信息系统（成都志愿者网和App），建立志愿服务供需有效对接机制和服务长效机制。鼓励各级各类志愿服务组织依托成都志愿者网（App）开展注册招募、信息发布、展示交流、积分兑换等。加强志愿服务数据化管理，保护志愿者隐私，及时、完整、准确记录志愿者参加志愿服务的信息，规范志愿服务记录证明，科学开展志愿者星级认定。加快推进成都志愿者信息基础数据归集到全国志愿服务信息系统，实现数据互联互通。

五 提高志愿服务组织服务水平

（一）积极推进志愿服务组织承接公共服务项目

认真贯彻落实《国务院办公厅关于政府向社会力量购买服务的指导意见》（国办发〔2013〕96号）、《政府购买服务管理办法（暂行）》（财综〔2014〕96号）、《关于推进政府向社会力量购买服务工作的意见》（川办发〔2014〕67号）和《成都市政府购买服务暂行办法》（成办发〔2015〕21号）有关要求，积极支持志愿服务组织承接扶贫、济困、扶老、养老、救孤、恤病、助残、救灾、助医、助学、文化、生态等领域的志愿服务，加大财政资金对志愿服务运营管理的支持力度。全面普及运用成都志愿服务信息平台等载体，及时发布政府安排由社会力量承担的服务项目，为志愿服务组织获取相关信息提供便利。

（二）创新志愿服务方式方法

要推进"互联网+志愿服务"，支持志愿服务组织安全合规地利用互联网优化服务，创新服务方式，提高服务效能。要推广"菜单式"志愿服务，引导志愿服务组织公开本组织志愿者技能、特长和提供服务时间等信息，与群众需求有机结合，实现供需有效对接。要扎实推进"社会工作者+志愿者"协作机制，建立志愿服务组织与社会工作服务机构等社会组织的常态化合作机制，充分发挥社会工作者在组织策划、项目运作、资源连接等方面的专业优势，形成协调配合、共同开展服务的格局，注重可持续性和操作性，促进志愿服务专业化规范化。积极推广志愿服务组织培育和管理经验，建设成都市优秀志愿服务组织库和优秀志愿服务项目库，鼓励志愿服务组织制定不同领域的志愿服务标准及行动指引，引领带动其他志愿服务组织制度化科学化规范化发展。

(三)打造"友善公益"志愿服务品牌

围绕打造"友善公益之城",大力实施"核心价值引领、天府文化润城、先进典型示范、市民友善优雅"四大行动,精心培育志愿服务品牌,在服务精准脱贫攻坚、"三城三都"建设、生态文明建设、乡村振兴战略、城乡社区发展治理创新、美丽宜居公园城市建设等重大战略和中心工作上,培育打造一批推得开、叫得响的志愿服务品牌项目;放眼国际,秉持开放包容的原则,探索国际志愿服务项目交流合作;建设一批活动规范有序、作用发挥明显、社会影响力强的示范性志愿服务组织。持续开展全市学雷锋志愿服务先进典型评选,指导各级各类志愿服务牢固树立项目意识、品牌意识,以项目品牌化、专业化助推志愿服务组织发展常态化、长效化。进一步扩大学雷锋志愿服务示范基地、社区示范站(点)覆盖面,持续深化、优化"百日红"孵化坊、创新坊、文书坊、帮扶坊等重点品牌志愿服务项目。发挥道德模范等先进人物的示范引领作用,打造一批以道德模范、成都榜样为核心组建的志愿服务团队。

六 夯实志愿服务组织发展保障

(一)加强组织领导

坚持党委政府领导,落实中央文明委、省文明委、市文明委工作部署,文明办要发挥好牵头作用,民政部门要切实履行行政管理工作职能,各级文明委成员单位要分工协作,共同推进志愿服务组织健康发展。各区(市)县、有关部门要注重研究、规划和推动志愿服务事业发展,建立健全支持和发展志愿服务组织的长效机制,推动志愿服务工作常态化制度化。各级党政领导干部要充分发挥示范带头作用,积极参与志愿服务活动。广大公务员、专业技术人员、企事业单位干部职工、公众人物、先进典型人物等要积极加入志愿服务组织,参加志愿服务活动。共产党员、共青团员要作志愿服务活动的表率。

（二）加大经费支持

要逐步扩大财政性资金对志愿服务组织发展的支持规模和范围，加强对志愿服务组织的财政政策支持，落实各项财税优惠政策。积极推进政府购买服务，支持志愿服务组织立足自身优势，承接相关服务项目。单位领导机构和基层群众性自治组织对单位、社区内部志愿服务组织开展志愿服务活动，要给予经费支持。依法大力发展志愿服务基金，开设"友善公益·志愿服务专项基金"，鼓励自然人、法人和其他组织向依法成立的志愿服务组织捐赠，切实加强管理，积极搭建爱心企业、爱心人士与志愿服务组织之间的桥梁，引导社会资金参与支持志愿服务组织发展。鼓励多渠道筹资为志愿者购买保险，鼓励保险公司与志愿服务组织合作，为志愿服务活动承保，为志愿服务组织健康持续发展提供有力保障。

（三）完善激励机制

各区（市）县、有关部门要结合全国、全省及全市学雷锋志愿服务先进典型宣传推选、志愿服务示范评选活动等，对优秀志愿者、志愿服务组织、志愿服务项目、志愿服务站（点、岗）、志愿服务社区等先进典型进行表扬奖励，对有良好志愿服务记录、表现优异的志愿者进行嘉许回馈。鼓励机关、学校和企事业单位招录公务员、学生或招聘员工时，在同等条件下优先录用有志愿服务经历且表现突出者。鼓励公共文化体育场所、旅游景点、商业机构对优秀志愿者给予消费优惠。对家庭遭受自然灾害、罹患重病、严重伤残、生活困难的优秀志愿者提供帮扶支持，发动社会各界给予关心关爱、帮扶救助。依托成都志愿者网（App），进一步完善志愿服务积分兑换机制，壮大学雷锋爱心联盟。

（四）营造良好氛围

在全社会大力弘扬雷锋精神和友善公益的天府文化，弘扬奉献、友爱、互助、进步的志愿精神，培育学雷锋志愿服务文化。大力培养、树立和宣传志愿服务先进典型，强化价值引领。推动学雷锋志愿服务更好走进百姓日常生活，走进城乡社区、广大家庭、人们视野，形成弘扬志愿精神的生活情景和社会氛围。各级各类媒体要经常性宣传志愿服务，深入挖掘具有成都特色的志愿服务文化元素，做好成都志愿者主题歌曲的征集传唱、主题公益广告的制作刊播，总结推广志愿服务经验，宣传志愿服务组织在提高市民文明素质和社会文明程度、创新社会治理、保障改善民生中的重要作用，为志愿服务组织发展营造良好氛围。

附件：《成都市支持和发展志愿服务组织的实施意见》任务分工表

附件　《成都市支持和发展志愿服务组织的实施意见》任务分工表

内容	牵头单位	责任单位	备注
（四）建立健全志愿服务组织体系	市文明办	市委组织部、市委社治委、市委宣传部、市直机关工委、市教育局、市民政局、市公安局、市司法局、市环保局、市城管委、市水务局、市文广新局、市卫计委、市旅游局、市防震减灾局、市总工会、团市委、市妇联、市文联、市科协、市残联、市红十字会，各区（市）县	
（五）推进志愿服务组织依法登记	市民政局	各区（市）县	
（六）完善志愿服务组织监督管理	市民政局	市文明办、市总工会、团市委、市妇联、市文联、市科协、市残联、市红十字会，各区（市）县	
（七）完善组织内部治理	市民政局	市委组织部、市委社治委、市总工会、团市委、市妇联、市文联、市科协、市残联、市红十字会，各区（市）县	
（八）创新人才培养机制	市民政局 市文明办	市教育局、市人社局、市总工会、团市委、市妇联、市文联、市科协、市残联、市红十字会，各区（市）县	
（九）增强组织造血功能	市民政局 市文明办	市财政局、市总工会、团市委、市妇联、市文联、市科协、市残联、市红十字会，各区（市）县	
（十）加强志愿服务行业自律	市民政局	市委宣传部、市文明办、市总工会、团市委、市妇联、市文联、市科协、市残联、市红十字会，各区（市）县	
（十一）完善志愿服务示范站点	市文明办	市委社治委、市委宣传部、市民政局、市房管局、市交委、市林业园林局、市文广新局、市卫计委、市旅游局、市政府火车站管委办，各区（市）县	
（十二）建立志愿服务组织指导中心	市文明办	市委社治委、市民政局、市总工会、团市委、市妇联、市文联、市科协、市残联、市红十字会，各区（市）县	

附录2　中共成都市委宣传部等9部门关于印发《成都市支持和发展志愿服务组织的实施意见》的通知

续表

内容	牵头单位	责任单位	备注
（十三）建好志愿服务数据化平台	市民政局 市文明办	市委社治委、市总工会、团市委、市妇联、市文联、市科协、市残联、市红十字会,各区(市)县	
（十四）积极推进志愿服务组织承接公共服务项目	市民政局	市文明办、市财政局、市教育局、市文广新局、市总工会、团市委、市妇联、市文联、市科协、市残联、市红十字会,各区(市)县	
（十五）创新志愿服务方式方法	市民政局	市文明办、市教育局、市总工会、团市委、市妇联、市文联、市科协、市残联、市红十字会,各区(市)县	
（十六）打造"友善公益"志愿服务品牌	市委宣传部 市文明办	市委社治委、市民政局、市总工会、团市委、市妇联、市文联、市科协、市残联、市红十字会,各区(市)县	

附录3　中共成都市委宣传部等7部门关于印发《成都市公共文化设施开展学雷锋志愿服务的实施意见》的通知

成文明办发〔2018〕36号

各区（市）县委宣传部、文明办、教育局、民政局、文广新局、林业园林局、科协：

2018年7月10日，市委全面深化改革领导小组第十八次会议审议通过了《成都市公共文化设施开展学雷锋志愿服务的实施意见》，现予印发，请认真贯彻落实。

中共成都市委宣传部
成都市精神文明建设办公室
成都市教育局
成都市民政局
成都市文化广电新闻出版局
成都市林业园林局
成都市科学技术协会

2018年7月16日

成都市公共文化设施开展学雷锋志愿服务的实施意见

为认真贯彻习近平新时代中国特色社会主义思想和党的十九大精神，根据中宣部、中央文明办等7部门《关于公共文化设施开展学雷锋志愿服务的实施意见》（文明办〔2016〕22号）和省委宣传部、省文明办等6部门《四

附录3　中共成都市委宣传部等7部门关于印发《成都市公共文化设施开展学雷锋志愿服务的实施意见》的通知

川省公共文化设施开展学雷锋志愿服务实施意见》（川文明办〔2017〕27号）精神，落实市委加快推进高质量发展、建设美丽宜居公园城市的要求，进一步推进我市学雷锋志愿服务制度化建设，着力推动天府文化研究、实践、转化和发展，充分发挥公共文化设施培育和践行社会主义核心价值观的重要作用。现就深入推进公共图书馆、博物馆、文化馆（站）、美术馆、科技馆（科普基地、科普场馆）、革命纪念馆、基层综合性文化服务中心、高校和中小学图书馆、少年宫等（以下统称"公共文化设施"）学雷锋志愿服务工作，提出如下意见。

一　总体要求

（一）指导思想

以习近平新时代中国特色社会主义思想为指导，深入学习贯彻党的十九大精神，全面落实习近平总书记来川视察重要讲话精神，全面落实省委十一届三次全会和市委十三届三次全会精神，传承弘扬天府文化，推进公共文化设施志愿服务站点建设，引导各级志愿者广泛参与文化志愿服务，壮大学雷锋志愿服务队伍，积极传播"奉献、友爱、互助、进步"的志愿精神，塑造友善公益的城市名片，为加快建设全面体现新发展理念的城市、奋力实现新时代成都"三步走"战略目标凝聚力量。

（二）基本原则

坚持正确导向。牢固树立以人民为中心的工作导向，树立红色阵地意识，把社会主义核心价值观贯穿结合融入文化志愿服务，引导人们服务他人、奉献社会，主动承担社会责任，共同建设美好生活，使全社会形成积极向上的精神追求和健康文明的生活方式。

坚持文化育人。弘扬中华民族优秀文化，传承巴蜀文明，发展天府文化，传播城市生活美学，以文铸魂、以文化人、以德润城、以文塑城、以文立品，引领城市文明进步。推动社会主义文化繁荣兴盛，推动天府文化研究传播和

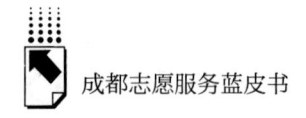

实践养成，深度融入城市建设、街区改造、绿道建设，加强天府文化创作。

坚持示范带动。抓好图书馆、博物馆、文化馆、美术馆、科技馆（科普基地、科普场馆）以及天府绿道、川西林盘、城乡公园等场所的志愿服务，自上而下、逐次推进，以点带线、以线促面，建设一批活动规范有序、作用发挥明显、社会影响力强的示范单位，树立公共文化设施开展志愿服务榜样和标杆，带动各类志愿服务组织和服务项目健康发展，推动学雷锋志愿服务制度化常态化。

坚持改革创新。把支持和发展公共文化设施志愿服务纳入文化体制改革，促进基本公共文化服务标准化、均等化。深化志愿服务内容和形式创新，因地制宜，科学规划，突出特色，打造品牌。深化文化志愿服务管理模式创新，鼓励志愿者自我教育、自我管理、自我服务，提高志愿服务效率，提升志愿服务水平。以开放文化为引领，着力推进志愿服务国际化。

（三）工作目标

为加快建设全面体现新发展理念的城市，紧扣新时代成都"三步走"战略，以世界文化名城为发展目标，到2020年，与成都市高品质公共服务设施体系相匹配的志愿服务体系基本建成，美丽宜居公园城市特点初步显现、天府文化魅力充分彰显。以志愿服务引领市民生活方式，提升市民文明素质和社会文明程度，增强城市国际美誉度和世界知名度。公共文化设施志愿服务队伍不断壮大，组织充满活力，活动常态开展，成为全市学雷锋志愿服务的品牌、弘扬天府文化的窗口、塑造城市精神的阵地、涵养开放包容的重要载体。到2018年底，全市公共文化设施开展学雷锋志愿服务首批30个示范单位志愿服务工作扎实推进、形成效应。

二 壮大公共文化设施志愿服务队伍

（一）志愿者服务内容

公共文化设施志愿者，是指以自己的时间、知识、技能、体力等，在公共文化设施提供志愿服务的个人。公共文化设施志愿者一般从事四类服务：一是弘扬天府文化，主要是传承和弘扬"创新创造、优雅时尚、乐观包容、友善公益"的天府文化；二是社会教育，主要是讲解导览、公共教育、文化活动等；三是专业服务，主要是参与文创开发、藏品登记、专业研究、文献翻译、陈列展览等；四是辅助管理，主要是行政运行、信息咨询、秩序维护等。

（二）志愿者招募范围

公共文化设施要坚持以需求为导向招募社会志愿者，也可招募本单位职工利用工余时间参加志愿服务。鼓励面向社会招募身体健康的老年志愿者，发挥他们时间充裕、服务热情高、生活阅历丰富的优势，形成公共文化设施志愿者的稳定力量。鼓励从文化单位、研究机构、专业院校招募志愿者，支持专家学者和社会知名人士积极参与，发挥他们的专业优势，提升志愿服务专业化水平。支持依法登记的社会组织特别是慈善组织及其志愿者队伍，协同公共文化设施开展志愿服务、培训和管理。倡导青少年学生到公共文化设施参加力所能及的志愿服务，培养志愿服务意识，提高社会实践能力，增强社会责任感。

（三）志愿者招募条件

公共文化设施志愿者一般应年满18周岁，具备与从事志愿服务相应的民事行为能力、身体条件、服务时间、服务技能和人文素养，能够参加志愿服务培训及相关活动。自觉遵守国家法律法规，具有良好品行，工作负责，热情礼貌，友好协作。不满18周岁的未成年人经其监护人同意或由其监护人陪同，可参加与其年龄、身心状况相适应的文化志愿服务活动。

三　完善公共文化设施志愿服务组织体系

（一）成立志愿服务组织

全市各级公共文化设施可根据志愿服务需要，经单位领导机构同意，在本单位成立志愿服务队。达到登记条件的，可向民政部门申请依法登记；暂不具备条件的，可向已登记相关志愿服务组织申请成为他们的会员单位或分支机构，接受其规范指导和工作支持。鼓励志愿服务组织（社会组织）孵化基地支持公共文化设施志愿服务组织的启动成立、初期运作、项目开发、合作交流等，帮助提升公共文化设施志愿服务能力。公共文化设施可根据自身实际，设计制作有统一志愿服务标识的帽子、臂章、马甲、绶带等，并在开展志愿服务活动时统一佩戴，树立良好形象。

（二）设立志愿服务站点

公共文化设施要结合自身实际，按照"有天府文化的内涵解读、有统一规范的标识标牌、有适于开展工作的场所及活动场地、有志愿服务站点管理人员、有规范的规章制度、有相对稳定的志愿服务队伍、有志愿者和志愿服务对象的档案、有常态化可持续的志愿服务项目、有必要的投入经费"的"九有"标准，设立志愿服务站（点）；通过成都志愿者网（App）连接市级部门、区（市）县和社会资源，完善志愿者、服务对象和服务项目的对接平台。建立健全科学有效的志愿服务管理制度，编写志愿服务手册或服务指南，为志愿者开展服务提供基本遵循和依据。要安排专人做好志愿服务的组织、管理和保障工作，引导志愿者与公共文化设施工作人员协同配合，合力提高服务效能。

四 强化公共文化设施志愿服务项目体系

（一）坚持项目化运作

公共文化设施要坚持以需求为导向，以传承和弘扬天府文化为内涵，把面向群众、服务社会摆在首位，结合自身特点，精心设计开展定位明确、针对性强、效果好的文化志愿服务项目。合理安排志愿者岗位和志愿服务内容，明确服务标准和工作流程，规范志愿者行为，提高服务质量，打造品牌项目，扩大志愿服务社会影响。鼓励符合规定条件的公共文化设施志愿服务组织，积极承接政府购买公共文化服务项目。

（二）坚持常态化服务

公共文化设施要以"传承和弘扬天府文化"为主要内容，充分利用春节、清明、端午等传统节日以及"七一"、"十一"等纪念日，组织开展形式多样的志愿服务活动。公共图书馆、文化馆、美术馆等要组织志愿者开展讲解导览、公共教育、文化活动等社会教育类志愿服务。博物馆、科技馆（科普基地、科普场馆）、革命纪念馆等要组织志愿者参与文创开发、藏品登记、专业研究、文献翻译、陈列展览等专业服务类志愿服务。要引导和动员社会各级志愿者参与行政运行、信息咨询、秩序维护等辅助管理类志愿服务。要组织文化志愿者到村文化中心、乡村学校少年宫开展文艺辅导、文化活动、文化宣传等志愿服务，实施乡村少年宫专业辅导员志愿服务工程，扩大项目规模，充实服务内容，丰富农村群众、未成年人精神文化生活，提高农村文化建设水平。

（三）积极拓展服务范围

公共文化设施要立足单位、聚焦服务，不断拓展志愿服务领域，扩大志愿服务覆盖面。开展面向老年人、未成年人、残疾人、农民工和生活困难群众的志愿服务，大力弘扬天府文化，传承尊老爱老、扶危济困、助人为乐的传统美德，促进社会和谐，维护社会稳定。鼓励与大中学校结对子，成为大中学生课外活动和社会实践基地，设计适合学生年龄特点的志愿服务项目。倡导社会合作，组织志愿者走进天府绿道、川西林盘、城乡社区、城市公园、党政机关、企事业单位等，走进脱贫攻坚第一线，举办知识讲座、展览展示、文艺演出、阅读推广等，传播先进文化，普及科学知识。积极探索"互联网＋志愿服务"，助推志愿服务专业化、特色化和精准化。促进机场、火（汽）车站、旅游集散中心、会展场馆、体育场馆、医院等公共服务设施志愿服务建设。树立国际视野，引入国际资源，秉承开放与包容原则，鼓励国际文化志愿服务交流。

五　健全公共文化设施志愿服务管理制度

（一）做好志愿者招募和注册

公共文化设施要根据志愿服务的需要，通过成都志愿者网（App）或中国志愿服务网及时发布志愿服务项目（活动），明确志愿服务所需的条件和要求，组织开展经常性招募和临时性招募，使志愿服务有人做、做得好。依托成都志愿者网（App），建立成都市文化志愿者信息库，建立完善志愿者注册管理制度，保护志愿者隐私。志愿者在注册时，应提供真实身份信息、服务技能、服务时间、联系方式等个人基本信息。

（二）加强志愿者培训和管理

公共文化设施要根据志愿服务要求，以提升志愿者素质和能力为重点，组织学习培训，开展研讨交流，不断提高志愿者服务意识、服务能力和服务水平。加强志愿者骨干培养，使他们成为公共文化设施志愿服务的中坚力量。跟踪掌握志愿者接受培训、参加服务的情况，评估服务效果，及时改进提高，实现志愿者、服务对象和服务项目的有效衔接。坚持管理与服务并重，尊重志愿者意愿和劳动成果，保护志愿者合法权益，吸引和留住优秀志愿者。

（三）健全志愿服务考核激励机制

公共文化设施要按照《关于规范志愿服务记录证明工作的指导意见》（民发〔2015〕149号）和成都注册登记、供需对接、服务记录、星级评定等制度要求，通过成都志愿者网（App），及时、完整、准确记录志愿者参加公共文化设施志愿服务的信息，规范出具志愿服务记录证明，做好志愿者星级认定工作。要开展以志愿服务时间和服务质量为主要内容的综合评价，调动和保护志愿者的积极性和服务热情，充分体现志愿服务自愿、无偿、利他、平等的特点，建立志愿者激励回馈制度。按照"谁证明谁负责"原则，逐步建立志愿服务虚假证明责任追究制度和监督检查制度。全市将采用学雷锋志愿服务示范站创评、"四个十佳"志愿服务先进典型推选、星级志愿者评定等活动，定期对优秀志愿者、志愿服务组织、志愿服务项目和志愿服务站点进行嘉许奖励。

（四）加强志愿服务保障和支持

公共文化设施要将开展学雷锋志愿服务纳入事业发展规划，列入重要议事日程，制定保障措施和支持措施，促进志愿服务持续健康发展。要结合实际制定落实方案，明确具体责任部门和责任人，扎实推进工作落实，不断提高志愿服务的科学化、规范化和社会化水平。要保障志愿者必要的工作条件，为开展志愿服务提供必要的经费支持。根据志愿服务活动需要，为志愿者提供适当的交通、误餐等补助，购买必要保险、提供基本保障，切实维护志愿者正当权益。

六　加强公共文化设施志愿服务组织领导

（一）明确工作职责

各区（市）县、各部门要认真落实市文明委工作部署，把推动公共文化设施志愿服务纳入学雷锋志愿服务总体工作，与我市建设全面体现新发展理念的城市、创建全国文明城市等工作结合起来统筹推进。各区（市）县文明办要发挥好牵头作用，各级民政部门要切实履行行政管理工作职责，宣传、教育、文化、科技等有关部门要结合工作职能，发挥自身优势，扎实推进公共文化设施学雷锋志愿服务工作常态化开展。公共文化设施行业组织和各级志愿服务队要发挥联络协调作用，推动行业性和区域性学雷锋志愿服务活动开展。

（二）加强宣传教育

依托各级各类媒体、公共文化设施等宣传阵地，加大学雷锋志愿服务宣传教育力度，普及学习雷锋、奉献他人、提升自己的志愿服务理念，弘扬天府文化、塑造城市精神。把学雷锋志愿精神纳入青少年思想道德建设之中，体现到市民公约、乡规民约、行业规范之中，增强学雷锋志愿服务意识，使之成为人们的自觉行动和生活方式，营造支持和参与公共文化设施学雷锋志愿服务的良好社会氛围。

（三）发挥示范作用

全市首批30个示范单位要认真制定公共文化设施学雷锋志愿服务具体工作方案，逐一明确志愿者数量、岗位、条件和报名方式，在市级媒体公布，形成社会声势，广泛吸引志愿者参与，激励示范单位发挥带头作用，走在前列。公共文化设施单位的领导干部、共产党员、共青团员要做出表率，积极参加学雷锋志愿服务。各相关部门（单位）要积极组织优秀志愿服务组织、优秀志愿者、道德模范等，参与公共文化设施志愿服务，开展志愿服务宣讲、志愿服务理念普及等活动。各级文明单位要组织志愿者到公共文化设施开展学雷锋志愿服务。

附件：1.《成都市公共文化设施开展学雷锋志愿服务的实施意见》任务分工表

2. 成都市公共文化设施开展学雷锋志愿服务首批30个示范单位名单

附件1　《成都市公共文化设施开展学雷锋志愿服务的实施意见》任务分工表

责任单位	主要内容	备注
市委宣传部	负责全市公共文化设施学雷锋志愿服务工作的宣传教育;负责牵头组织爱国主义教育基地开展学雷锋志愿服务。	
市文明办	负责统筹规划、协调指导、督促检查全市公共文化设施开展学雷锋志愿服务工作,将先进典型纳入全市志愿服务经验推广和激励回馈;组织发动文明单位、道德模范、美德少年等积极参与公共文化设施学雷锋志愿服务。	
市文广新局	负责牵头组织全市公共图书馆、博物馆、文化馆(站)、美术馆、部分革命纪念馆、基层综合性文化服务中心等开展学雷锋志愿服务工作。	
市民政局	负责牵头组织全市烈士纪念设施开展学雷锋志愿服务工作;负责发动社会组织协同公共文化设施开展学雷锋志愿服务。	

续表

责任单位	主要内容	备注
市教育局	负责牵头组织规模较大的全市中小学图书馆开展学雷锋志愿服务；负责牵头发动学校统一组织在校学生参与公共文化设施学雷锋志愿服务，并纳入学生课外活动和社会实践内容；负责牵头组织城市、乡村学校少年宫广泛开展志愿服务活动。	
市林业园林局	负责牵头组织成都大熊猫繁育研究基地、成都动物园、成都植物园等局属公园开展学雷锋志愿服务。	
市委社治委	负责牵头组织党群服务中心内社区公共文化设施开展学雷锋志愿服务。	
市规划局	负责牵头组织成都规划馆开展学雷锋志愿服务。	
团市委	负责牵头组织全市高校图书馆、青少年宫等开展学雷锋志愿服务；负责组织发动青年参与公共文化设施学雷锋志愿服务活动。	
市文联	负责统筹成都市文艺志愿者协会，组织文化艺术志愿者深入公共文化设施开展志愿服务活动。	
市科协	负责牵头组织全市科技馆、科普基地、科普场馆开展学雷锋志愿服务。	
各区(市)县	按照属地原则，负责组织本地公共文化设施开展学雷锋志愿服务。	

附件2　成都市公共文化设施开展学雷锋志愿服务首批30个示范单位名单

图书馆（8个）：

成都图书馆、锦江区图书馆、青羊区图书馆、龙泉驿区图书馆、新都区图书馆、都江堰市图书馆、简阳市图书馆、崇州市图书馆

博物馆（8个）：

成都市博物馆、建川博物馆群、刘氏庄园博物馆、成都武侯祠博物馆、成都杜甫草堂博物馆、成都金沙遗址博物馆、青白江区博物馆、成都市永陵博物馆

文化馆（4个）：

成都市文化馆、锦江区文化馆、都江堰市文化馆、高新区芳草街道综合文化活动中心

美术馆（2个）：

成都画院（成都市美术馆）、温江区美术馆

科技馆（科普基地、科普场馆）（2个）：

成都大熊猫繁育研究基地、成都动物园

革命纪念馆（5个）：

红军长征邛崃纪念馆、成都市烈士陵园（含十二桥烈士墓）、金堂县烈士陵园、成都战役烈士陵园、青白江区彭家珍大将军专祠

规划馆（1个）：

成都市规划馆

后 记

为了深入了解和掌握成都志愿服务发展情况，成都市志愿服务联合会与社会科学文献出版社合作，由王忠平副教授担任主编，编撰出版了《成都志愿服务发展报告（2020）》。

本书编撰出版历时一年多时间，倾注了十多位专家学者的智慧和心血，专家学者的辛勤付出和不懈探索，确保了本书的科学、严谨和专业。

在本书编撰过程中，面向全市近百个职能部门单位、公共文化设施机构、街道、社区、社会组织、企业展开调研。感谢广大志愿者朋友们的参与和支持，为本书提供了丰富的第一手基础资料。全书数据、资料如无特殊说明，均来自调研所得或成都志愿者网。

特别感谢成都市委宣传部、成都市文明办、成都市委组织部、成都市委社治委、成都市民政局、成都市文广旅局、成都市教育局、成都市应急管理局、成都市司法局、成都市生态环保局、成都市公园城市建设管理局、成都市卫健委、共青团成都市委、成都市红十字会、成都市慈善总会、成都市文联、成都市妇联、成都晚报社（成都志愿服务网），以及成都杜甫草堂博物馆、成都市大熊猫繁育基地、成都武侯祠博物馆、成都金沙遗址博物馆、成都市图书馆、成都画院、成都市文化馆、成都动物园、武侯区文明办、高新区文明办、锦江区文明办、成华区文明办、金牛区文明办、青羊区文明办、龙泉驿区文明办、温江区文明办、新都区文明办、青白江区文明办、双流区文明办、郫都区文明办、蒲江县文明办、大邑县文明办、金堂县文明办、新津县文明办、都江堰市文明办、彭州市文明办、邛崃市文明办、崇州市文明办、简阳市文明办、温江区柳城街道、武侯区玉林街道、武侯区晋阳社区、武侯区玉林东路社区、金牛区九里堤北路社区、青羊区清源社区、高新区永安社区、高新区兴蓉社区、天府新区安公社区、温江区岷江村、锦江区华星路社区、成华区祥和里社区、成华区和美社区、高新区供电公司、中建三局、英特尔产品（成都）有限责任公司、天齐锂业股份有限公司、成都星巴克咖啡有限公司、成都公益组织服务园、成都云公益发展促进会、成都市爱有戏社区发展中心、成都市义工联合会、成都市双流区法律服务志愿者协会、成都市金牛区欢行公益发展中心、成都龙泉驿区全域543社工中心、成都高新区志愿者协会、成都天虎应急救援队、成都环保志愿服务联合会、成都新空间社会工作服务中心、龙泉驿区新市民志愿者协会、成都城市河流研究会、成都高新区益多公益服务中心、成都高校公益组织联盟等单位提供的支持和帮助。

最后也要感谢团队成员——张营、钟金秀、林海萍、肖丹、史常亮的辛苦付出和努力，历时一年，阅读梳理了大量资料，经过反复修改完善，最终把《成都志愿服务发展报告（2020）》呈现给读者。

编者

2020年5月

Abstract

Annual Report on Development of Voluntary Service in Chengdu (2020) comprises five parts, namely the General Report, Topical Reports, Special Reports, Research Reports and Appendices. It is Chengdu's first report to systematically and comprehensively reflect the development status of Voluntary Service in the city as a whole.

The General Report comprehensively summarizes the basic situation of three developmental stages of Voluntary Service in Chengdu, including stable development (before 2008), accelerating prosperity (2008 ~ 2013) and universal popularization (2014 ~ 2019). This section systematically explains that developing from and rooted in the *Tianfu* culture of friendliness and public welfare, achieving breakthroughs with the public welfare actions of earthquake relief and integrated with the city strategy of continuous development, Voluntary Service in Chengdu has gradually progressed towards prosperity. Chengdu has accelerated construction of the park city demonstration area that implements the new development concept, has firmly insisted on theory innovation, system innovation, practical innovation and cultural innovation, has been a domestic leader in aspects such as social drive, organization incubation and cultivation, and the city spirit blending and community development and governance, all of which advance together to form the "Chengdu Logic" with distinct characteristics and obvious advantages, and which has achieved significant progress in the Voluntary Service. Finally, this section sets out development suggestions under the new situation, new tasks and new concept.

The Topical Reports summarizes the breakthroughs in recent years, such as Legalization of Voluntary Service, Emergency Voluntary Service, Community Voluntary Service, Literary and Cultural Voluntary Service and Student Voluntary Service, presents innovative practice in the fields above and extracts the relevant innovation experience through investigation of these special topics. The Special

Reports carries out in-depth research and presents the significant achievements made by Chengdu in the fields of Voluntary Service practices such as organization development, project innovation, construction of bases and informatization. At the same time, the chapter distills and summarizes relevant practices. The Researces Reports focuses on the combination of theory and practice and includes the reports of basic investigations carried out by Chengdu around the key tasks of Voluntary Service, which are respectively the investigation report on the pilot construction of New Era Civilization Practice Center in Chengdu and the investigation report on building the "City of Friendliness and Public Welfare" in Chengdu. The appendices includes major Voluntary Service events in Chengdu from 2005 to 2019 as well as *Implementation Opinions of Chengdu on Supporting and Developing Voluntary service Organizations* and *Implementation Opinions of Carrying out Learning-from-Leifeng Voluntary Service in Public Cultural Facilities of Chengdu City*, which have been debated and approved by the Chengdu Steering Committee for Comprehensively Deepening Reform.

Keywords: Voluntary Service; Volunteer; Voluntary Organization; Chengdu

Contents

Ⅰ General Report

B. 1 2019 Annual Report on Development of Voluntary Service
in Chengdu / 001

Abstract: Developing from and rooted in the Tianfu culture of friendliness and public welfare, achieving breakthroughs with the public welfare actions of earthquake relief and integrated with the city strategy of continuous development, Voluntary Service in Chengdu has gradually progressed towards prosperity and successively experienced three developmental stages including stable development (before 2008), accelerating prosperity (2008~2013) and universal popularization (2014~2019). In recent years, Chengdu has accelerated construction of the park city demonstration area that implements the new development concept, has firmly insisted on theory innovation, system innovation, practical innovation and cultural innovation, has adhered to the development orientations of institutionalization, socialization and communalization and has been a domestic leader in aspects such as social drive, organization incubation and cultivation, city spirit blending and community development and governance, all of which advance together to promote the Voluntary Service and which have achieved significant progress, enabling Voluntary Service to take the lead across the country and contributing Chengdu's experience to a Voluntary Service with Chinese characteristics. Facing new opportunities, Voluntary Service in Chengdu has focused on operating the city and gathering forces to continuously explore new approaches to govern a modern megacity, open up a new situation of co-

construction, co-governance and sharing and help promote the modernization of the national governance system and governance capacity.

Keywords: Voluntary Service; Community Development and Governance; Tianfu Culture; Chengdu

Ⅱ Topical Reports

B. 2 Annual Report on Development of Voluntary Service Legalization Construction in Chengdu　　　　　　　　　　　　　／039

Abstract: Voluntary Service Legalization is an important part of law-based governance. Voluntary Service Legalization is not only influenced by international advocacy and national policies but also by the fact that it is an inevitable requirement for the standardized development of Voluntary Service. The contents of Voluntary Service Legalization include basic concept definition, volunteers, Voluntary Service Organizations, Voluntary Service management specifications, and Voluntary Service guarantees and incentives. In the practice of legalization, different countries have emphasized different aspects, and China also has its own characteristics from the central to local levels. The political, economic, cultural and social environments in Chengdu provide a good foundation for Voluntary Service Legalization. The legalization process of Voluntary Service in Chengdu has generally progressed through four stages: initiation and exploration, preliminary establishment, gradual maturity and diversified development. In the exploration and practice of Voluntary Service Legalization, Chengdu has achieved the good results from the municipal level to all functional departments and then to the district (city) and county levels. At the same time, Chengdu has also been facing new challenges in development of the new era. At present and in the future, the key directions of Voluntary Service Legalization in Chengdu are and will be to improve the strategic concept and value concept and to timely revise and improve the existing regulations and rules, while also expanding the supporting systems for Voluntary Service and strengthening the implementation mechanism and legalization effect at the same time.

Keywords: Voluntary Service; Rule of Law; Legal Regime Construction; Chengdu

B. 3   Annual Report on Development of Emergency Voluntary
       Service in Chengdu   / 064

Abstract: Emergency Voluntary Service after the Wenchuan Earthquake of 2008 marked the beginning of the large-scale development of Voluntary Service in Chengdu. Emergency Voluntary Service is a field where the social forces of Chengdu have participated to a greater extent to play a relatively large role. The development of Emergency Voluntary Service in Chengdu progressed from decentralization to unification, from empirical response to scientific and legislated response and from single subject to multiple subjects. Focusing on the pre-event, during-event and post-event stages of emergencies and around the work of prevention, action, speech and construction, Chengdu has developed a series of innovative practice; it has also achieved obvious results with empirical approaches such as government and community collaboration, openness and cooperation, grass-roots coverage, standardized development, and incentive and feedback.

Keywords: Emergency Voluntary Service; Emergency Management; Disaster Governance; Chengdu

B. 4   Annual Report on Development of Community Voluntary
       Service in Chengdu   / 092

Abstract: Important components of social governance are to improve community governance capacity and build a modern community governance system, and Community Voluntary Service is an important part of improving the community governance system. As the most grass-roots unit of social governance, the community has become an effective carrier of Voluntary Service to help social governance innovation. In recent years, Chengdu has beautified communities with Voluntary Service to update the livable park city, enriched community formats to create vibrant scenes of life with Voluntary Service, cultivated community culture with Voluntary Service to carry forth the heritage of friendly and elegant culture, built the community ecosystem with Voluntary Service to ensure the good and quality lifestyles, and shaped the community mentality with Voluntary Service so that harmonious civilization becomes fashionable and commonplace. Chengdu has explored a series of practical approaches of Voluntary Service to deepen urban and rural community development and governance and has formed the Chengdu logic of Community Voluntary Service.

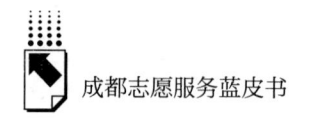

Keywords: Voluntary Service; Community Governance; Chengdu

B.5 Annual Report on Development of Cultural and Literary Voluntary Service in Chengdu / 118

Abstract: Through innovative practice such as building a multi-party participation system, cultivating teams with unique characteristics, improving the working system, building a multi-dimensional space, exploring the information platform and conducting international exchanges, Chengdu has achieved significant results in Cultural and Literary Voluntary Service. With the clear project-driving characteristics, cultural and literary voluntary service projects in Chengdu has developed into four categories of project systems, namely response, municipal promotion, district / county initiation and community building, and has enriched the spiritual and cultural life of the people, promulgated *Tianfu* culture and implemented the socialist core values in a welcomed and down-to-earth manner. In the future, Cultural and Literary Voluntary Service in Chengdu will focus on dimensions such as institutionalization, normalization, precision, branding, internal cultivation and external connection, striving to comprehensively improve the quality of Cultural and Literary Voluntary Service.

Keywords: Cultural Voluntary Service; Literary Voluntary Service; Volunteer; Chengdu

B. 6 Annual Report on Development of Student Voluntary Service in Chengdu / 150

Abstract: Under the guidance of the relevant department of the Party committee and the government, Student Voluntary Service in Chengdu has formed a diverse joint force by uniting social forces to enter the mature and in-depth development stage of Student Voluntary Service in Chengdu. This has presented the Chengdu characteristics of having significant effects on practical education, strengthening social participation and mobilization and increasing community field services. For many years, Student Voluntary Service in Chengdu has conducted effective experiments in the aspects of improving the institutional mechanism, expanding the service fields, building of the typical teams and a normal operation mechanism, construction of the bases and platform and the collaborative development of government and community, and has achieved significant results in the organic combination of serving society while strengthening moral education and cultivating people as well as reasonable unity of focusing on key areas and radiating outward, in promoting development of normal services and characteristic services and in the complementary and supplementary relationship between standardized management and institutional guarantees.

Keywords: Student Voluntary Service; Youth Volunteer; Chengdu

Ⅲ Special Reports

B. 7 The Research on Voluntary Service Organizations in Chengdu / 177

Abstract: The rapid development of Voluntary Service Organizations in

Chengdu not only benefits from the promotion of broader national policy but also depends on the support of the Voluntary Service environment in Chengdu. Through practice and innovation, Voluntary Service Organizations in Chengdu have had an increasingly improved organization system, continuously enhanced organization brand influence, continuously strengthened professionalization and rich and diversified organization types, and an ecosystem of Voluntary Service Organizations has been formed. Voluntary Service Organizations in Chengdu have become an important subject of social governance and have explored development models of Voluntary Service such as incubation of the volunteerism, professional Voluntary Service organizations, supportive Voluntary Service Organizations, community self-organizing Voluntary Service Organizations and corporate Voluntary Service Organizations. Voluntary Service Organizations in Chengdu have achieved significant results through institutional guarantees and professional development and by taking root in and serving communities.

Keywords: Voluntary Service Organizations; Social Governance; Community Service; Chengdu

B. 8　The Research on Voluntary Service Projects in Chengdu

／199

Abstract: Based on new requirements of the new era, Chengdu has continuously consolidated and innovated the system of voluntary service projects, improved its ability to service the overall plan of the Party and government work to meet social demands, focused on the main fields and strengthened innovation in the overall planning and principles of voluntary service projects. Normalized projects such as "Watery Blossoms Covering Jin'guan Town" and "Art Lights Up Dreams" have continued to meet the people's daily demands; branded projects such as "Hundred-day Red" and "Law Station" have increasingly expanded the social influence of Voluntary Service; and characteristic projects such as "Panda Class" and "Social Life Teahouse" have innovatively expressed *Tianfu* culture. At the same time, Chengdu has deepened innovative thinking to continuously explore dimensions such as solutions, service content, resource integration and forms of service to help voluntary service projects be sustainable and reproducible.

Keywords: Voluntary Service; Voluntary Service Projects; Volunteer; Chengdu

B. 9　The Research on Voluntary Service Bases in Chengdu　/ 223

Abstract: There are numerous Voluntary Service bases of multiple types in Chengdu, and through multi-party linkage and collaborative participation of government and community, a three-dimensional layout of "point" "line" "plane" and "net", each supporting and complementing the others, has been preliminarily formed. Through the operation of "point", "line", "plane" and "net", Voluntary Service bases in Chengdu have formed multiple operation mechanisms and have practically given play to the functions of Voluntary Service platforms at all levels to help offline development of Voluntary Service in Chengdu. Facing the new situation and new demands, in the future, Voluntary Service bases in Chengdu will strengthen overall planning and achieve new breakthroughs in Voluntary Service through measures such as establishing Voluntary Service base management methods, deepening the exchange and cooperation mechanisms between the various bases and improving the Voluntary Service base systems.

Keywords: Voluntary Service Bases; "Point-line-plane-net"; Volunteer; Chengdu

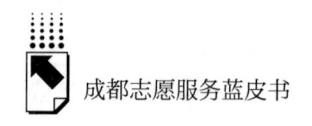

B.10　The Research on Information Construction of Voluntary

　　　　Service in Chengdu　　　　　　　　　　　　　　　／248

Abstract：Voluntary Service information construction is of great significance for enabling information technology to fully play integration and optimization roles in Voluntary Service resource allocation and promoting healthy development of the Voluntary Service. Chengdu deepens the "Internet ＋" thinking and has developed the Chengdu Volunteer website based on Voluntary Service information requirements. Integrated with the "five-in-one" functions of Voluntary Service management, initiation, organization, participation and publicity, Chengdu Volunteer has boosted the precision of supply-demand connection, refinement of scientific management, systematization of comprehensive management and crowd funding of incentive and feedback of Voluntary Service, and realized the effect of all-round promotion of Voluntary Service in Chengdu. At the same time, there are also challenges and problems in Voluntary Service information construction in Chengdu. In the process of boosting development in the depth and breadth of Voluntary Service, Chengdu should fully unleash the potential of scientific and technological support and actively explore Voluntary Service information approaches to realize integrated online and offline development of Voluntary Service.

Keywords：Voluntary Service；Information Construction；Chengdu Volunteer；Chengdu

Ⅳ　Research Reports

B.11　Investigation Report on Pilot Construction of the New Era

　　　　Civilization Practice Center in Chengdu　　　　　／264

Abstract：In recent years, Chengdu has continuously enhanced the Institutionalization, normalization and communalization of Volunteerism to lay a good foundation for the pilot construction of the New Era Civilization Practice Center. Based on the New Era Civilization Practice Center, Chengdu has built the political project, revitalization project, ideological project and popular opinion project. In accelerating the construction of the national central city comprehensively reflecting the new development concept, Chengdu has insisted on the guidance of Xi Jinping Thought on Socialism with Chinese Characteristics for a New Era, undertaken the original intention and mission, focused on planning from a high starting point, high-quality development, high-level promotion and high-efficiency assistance and made good use of "the rules of city operation" to write a new chapter in the construction of the New Era Civilization Practice Center in Chengdu so as to help the sustainable development of the city in the new era.

Keywords: New Era Civilization Practice Center; Voluntary Service; Chengdu

B. 12　Investigation Report on Building the "City of Friendliness and Public Welfare" in Chengdu　　　　　　　　　　　　　　　/ 289

Abstract: Based on the new opportunities of building the national central city and a pilot of China's "Volunteer City", Chengdu has made series of achievements in aspects such as strengthening institutional norms, consolidating the mass base, expanding the bases and platforms, enriching project content, promoting information management and launching advanced models. These achievements have been attained through exploring innovative models such as building the "multiple dimensions in one" overall planning mechanism, building the "mutual support" guarantee mechanism, establishing "resource integration" linkage mechanism and realizing the "supply-demand connection" interaction mechanism. However, Chengdu still has development bottlenecks in aspects such as cultural extraction, top-level design, policy guarantees, research and transformation, professional training, balanced development, multi-party participation and degree of activity. In order to further expand the space and stimulate the vitality of Voluntary Service development, Chengdu needs to guide the new development direction of Voluntary Service, extend the principles and external manifestations of "City of Friendliness and Public Welfare" and build the Chengdu model of Chinese volunteering through measures such as distilling the voluntariness of Chengdu, establishing and perfecting the working system, supporting and developing volunteer organizations, improving and promoting training and research and cultivating and building volunteer brands.

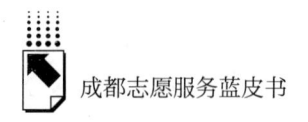

Keywords: Voluntary Service; Volunteer Model; City of Friendliness and Public Welfare; Chengdu

V Appendices

Appendix 1　Events of Voluntary Service in Chengdu from 2005 to 2019　/ 309

Appendix 2　The Notice of 9 Departments Such As Propaganda Department of Chengdu Municipal Committee of the CPC on Issuing
Implementation Opinions of Chengdu City on Supporting and Developing the Voluntary Service Organizations　/ 324

Appendix 3　The Notice of 7 Departments Such As Propaganda Department of Chengdu Municipal Committee of the CPC on Issuing
Implementation Opinions of Carrying out Learning-from – Leifeng Voluntary Service in the Public Cultural Facilities of Chengdu City　/ 336

Postscript　/ 347

权威报告·一手数据·特色资源

皮书数据库
ANNUAL REPORT(YEARBOOK) DATABASE

分析解读当下中国发展变迁的高端智库平台

所获荣誉

- 2019年，入围国家新闻出版署数字出版精品遴选推荐计划项目
- 2016年，入选"'十三五'国家重点电子出版物出版规划骨干工程"
- 2015年，荣获"搜索中国正能量 点赞2015""创新中国科技创新奖"
- 2013年，荣获"中国出版政府奖·网络出版物奖"提名奖
- 连续多年荣获中国数字出版博览会"数字出版·优秀品牌"奖

成为会员

通过网址www.pishu.com.cn访问皮书数据库网站或下载皮书数据库APP，进行手机号码验证或邮箱验证即可成为皮书数据库会员。

会员福利

- 已注册用户购书后可免费获赠100元皮书数据库充值卡。刮开充值卡涂层获取充值密码，登录并进入"会员中心"—"在线充值"—"充值卡充值"，充值成功即可购买和查看数据库内容。
- 会员福利最终解释权归社会科学文献出版社所有。

数据库服务热线：400-008-6695
数据库服务QQ：2475522410
数据库服务邮箱：database@ssap.cn
图书销售热线：010-59367070/7028
图书服务QQ：1265056568
图书服务邮箱：duzhe@ssap.cn

卡号：746367917945

S 基本子库
SUB DATABASE

中国社会发展数据库（下设12个子库）

整合国内外中国社会发展研究成果，汇聚独家统计数据、深度分析报告，涉及社会、人口、政治、教育、法律等12个领域，为了解中国社会发展动态、跟踪社会核心热点、分析社会发展趋势提供一站式资源搜索和数据服务。

中国经济发展数据库（下设12个子库）

围绕国内外中国经济发展主题研究报告、学术资讯、基础数据等资料构建，内容涵盖宏观经济、农业经济、工业经济、产业经济等12个重点经济领域，为实时掌控经济运行态势、把握经济发展规律、洞察经济形势、进行经济决策提供参考和依据。

中国行业发展数据库（下设17个子库）

以中国国民经济行业分类为依据，覆盖金融业、旅游、医疗卫生、交通运输、能源矿产等100多个行业，跟踪分析国民经济相关行业市场运行状况和政策导向，汇集行业发展前沿资讯，为投资、从业及各种经济决策提供理论基础和实践指导。

中国区域发展数据库（下设6个子库）

对中国特定区域内的经济、社会、文化等领域现状与发展情况进行深度分析和预测，研究层级至县及县以下行政区，涉及地区、区域经济体、城市、农村等不同维度，为地方经济社会宏观态势研究、发展经验研究、案例分析提供数据服务。

中国文化传媒数据库（下设18个子库）

汇聚文化传媒领域专家观点、热点资讯，梳理国内外中国文化发展相关学术研究成果、一手统计数据，涵盖文化产业、新闻传播、电影娱乐、文学艺术、群众文化等18个重点研究领域。为文化传媒研究提供相关数据、研究报告和综合分析服务。

世界经济与国际关系数据库（下设6个子库）

立足"皮书系列"世界经济、国际关系相关学术资源，整合世界经济、国际政治、世界文化与科技、全球性问题、国际组织与国际法、区域研究6大领域研究成果，为世界经济与国际关系研究提供全方位数据分析，为决策和形势研判提供参考。

法律声明

"皮书系列"(含蓝皮书、绿皮书、黄皮书)之品牌由社会科学文献出版社最早使用并持续至今,现已被中国图书市场所熟知。"皮书系列"的相关商标已在中华人民共和国国家工商行政管理总局商标局注册,如LOGO( )、皮书、Pishu、经济蓝皮书、社会蓝皮书等。"皮书系列"图书的注册商标专用权及封面设计、版式设计的著作权均为社会科学文献出版社所有。未经社会科学文献出版社书面授权许可,任何使用与"皮书系列"图书注册商标、封面设计、版式设计相同或者近似的文字、图形或其组合的行为均系侵权行为。

经作者授权,本书的专有出版权及信息网络传播权等为社会科学文献出版社享有。未经社会科学文献出版社书面授权许可,任何就本书内容的复制、发行或以数字形式进行网络传播的行为均系侵权行为。

社会科学文献出版社将通过法律途径追究上述侵权行为的法律责任,维护自身合法权益。

欢迎社会各界人士对侵犯社会科学文献出版社上述权利的侵权行为进行举报。电话:010-59367121,电子邮箱:fawubu@ssap.cn。

社会科学文献出版社